U1021354

东吴史学文丛

丛书主编 王卫平 池子华

学步集

周书灿 著

苏州大学出版社
Soochow University Press

图书在版编目(CIP)数据

学步集 / 周书灿著. —苏州：苏州大学出版社，2014.7

(东吴史学文丛 / 王卫平，池子华主编)

ISBN 978-7-5672-0841-4

Ⅰ.①学… Ⅱ.①周… Ⅲ.①中国历史—古代史—文集 Ⅳ.①K220.7-53

中国版本图书馆 CIP 数据核字(2014)第 159701 号

书　　名	学步集
著　　者	周书灿
责任编辑	巫　洁
出版发行	苏州大学出版社 (苏州市十梓街 1 号　215006)
印　　刷	苏州工业园区美柯乐制版印务有限责任公司
开　　本	700 mm×1 000 mm　1/16
印　　张	15.25
字　　数	290 千
版　　次	2014 年 7 月第 1 版 2014 年 7 月第 1 次印刷
书　　号	ISBN 978-7-5672-0841-4
定　　价	39.00 元

苏州大学版图书若有印装错误，本社负责调换

苏州大学出版社营销部　电话：0512－65225020

苏州大学出版社网址　http://www.sudapress.com

总　序

苏州大学是国家“211 工程”重点建设高校和江苏省属重点综合性大学，其前身为创建于 1900 年的东吴大学。1952 年全国院系调整时，东吴大学与苏南文化教育学院、江南大学数理系等合并为苏南师范学院，同年定名为江苏师范学院，在原东吴大学校址办学。1982 年经国务院批准改名为苏州大学。迄今为止，苏州大学已是一所拥有 6 个校区、113 年办学历史的著名高校。

历史学是苏州大学的传统学科之一，其源头可以追溯到东吴大学时期。1952 年江苏师范学院成立之初，设历史专修科；1955 年，原北京师范大学历史系主任、著名史学家柴德赓教授受命南下，创建了江苏师范学院历史系。

“文革”结束以后，历史系在学科建设、教学研究、人才培养、学术交流等方面均取得长足发展。在此期间，中国史中的太平天国史、江南社会经济史等逐步成为历史系的特色研究领域，出版了《太平天国在苏州》《左宗棠评传》《苏州手工业史》《六朝史》等颇具影响的学术著作；世界史教师也通力合作，先后编写了《世界古代史》《世界近代史》《世界现代史》《世界当代史》等系列教材，在高校历史学界产生了较大影响。

继 1983 年中国近现代史、世界史成功申报硕士点后，1991 年中国近现代史专业开始招收博士研究生，并于 1994 年正式取得博士学位授予权。1993 年以后，中国近现代史学科还被江苏省政府列为重点建设学科。1995 年，结合苏州大学院系调整，历史系更名为社会学院。

现在的社会学院包含了 5 个系 8 个本科专业，而历史学系无疑居于龙头地位。进入 21 世纪以后，苏州大学历史学科的发展更为明显，学科建设和科研水平不断提高。2005 年，历史学被评为一级学科硕士点；2007 年，获评历史学博士后流动站；2008 年，历史学专业成为江苏省品牌专业，中国古代史获评江苏省精品课程；2010 年，历史学被评为一级学科博士点，后因一级学科的变化，调整为中国史一级学科博士点和世界史一级学科硕士点。与此相应，中国史成为江苏省一级学科重点学科。而历史学科教师承担的国家社科基金课题每年均有斩获，成为科研中的一个亮点。

从“九五”时期开始，历史学科即参与苏州大学“211 工程”建设项目，并作出了积极贡献，先后出版了“苏南发展研究丛书”、“苏南历史与社会研究丛书”、“吴文化研究丛书”等系列研究成果。在此过程中，我们积极落实学校“服务社会”的办学宗旨，努力服务于地方经济与社会发展，为各级政府部门既提供了有效的决策咨询服务，又承担了多项大型文化工程的建设任务，如：《苏州通史》（编纂）、“苏州文献丛书”（古籍整理）等；还构建了“江苏省吴文化研究基地”、“江苏省红十字运动研究基地”等重要科研平台。所有这些，都为学科建设和人才培养打下了坚实的基础。

苏州大学历史学科的发展，源于长期办学的深厚积累，得益于学校领导及相关职能部门的大力关心和支持，更是与广大教师的辛勤耕耘、努力工作分不开的。为此，2012 年 9 月，经历史学科诸同仁的充分商讨并得到社会学院的同意，我们决定编辑出版“东吴史学文丛”。“东吴史学文丛”收录了我校历史学科多位在职教授的研究成果，每位教授的成果单独成集。它们在一定程度上反映了各位教授的成长历程和治学特色。

在“东吴史学文丛”的编辑出版过程中，王玉贵教授付出了大量的劳动，苏州大学出版社的领导和各书稿责任编辑给予了大力支持，在此一并表示感谢！

苏州大学社会学院院长
王卫平

目　录
Contents

学术史

古史传说与文明探源

大禹传说的流变与整合

——“层累说”的再检讨

西汉时期杰出的史学家司马迁在《史记·五帝本纪》中说:“学者多称五帝,尚矣。然《尚书》独载尧以来;而百家言黄帝,其文不雅驯,荐绅先生难言之。孔子所传宰予问《五帝德》及《帝系姓》,儒者或不传。余尝西至空桐,北过涿鹿,东渐于海,南浮江淮矣,至长老皆往往称黄帝、尧、舜之处,风教固殊焉。”在司马迁看来,《五帝德》和《帝系姓》方有五帝的记载,但以上两部著作没有广泛流传,所以,其对于黄帝的各种传说采取的更多的是怀疑的态度。与此同时,司马迁强调儒家的经典著作《尚书》对尧、舜以来的史事已有记载,该段历史明显较黄帝时期的传说增加了不少可信的内容。尽管如此,司马迁还是一再告诫后人,其在各地走访过程中,所听到的有关五帝时期的大量传说,内容并不完全一致。司马迁在“书间有缺”〔1〕的情况下,结合自己的走访,“择其言尤雅者”〔2〕,勉强拼凑出《五帝本纪》。实际上,这位杰出的历史学家已经很清楚地告诉我们,“他的本意还不是要我们盲目地加以信用,而是提供一些较为可靠的线索,甚至包含自相矛盾的线索,等待着后人进一步实事求是地研究”〔3〕。但值得注意的是,继《五帝本纪》之后,司马迁在《夏本纪》中用了大量篇幅叙述了传说中的大禹时期的“历史”。自此以后一直到清代晚期,绝大多数中国学者确信,大禹是中国文明起源与国家形成过程中颇具重要作用的“信史”人物。直到顾颉刚先生受近代疑古思潮的深刻影响提出著名的“层累地造成的中国古史”〔4〕观,司马迁以来的传统观点才开始发生根本性的动摇。自此以后,大禹和大禹文化一直是学术界普遍关注的重要话题。尤其近年来,豳公盨和郭店楚简、上博简的发现,使这一争论已久的话题,历经半个多世纪的沉寂之后,再度成为古史学界高度关注的学术热点之一。本文拟结合新出土考古学资料,对大禹传说的缘起及流变、整合过程加

〔1〕《史记·五帝本纪》,中华书局,1959年,第46页。

〔2〕《史记·五帝本纪》,中华书局,1959年,第46页。

〔3〕徐中舒、唐嘉弘:《〈山海经〉和“黄帝”》,《山海经新探》,四川省社会科学院出版社,1986年,第98页。

〔4〕顾颉刚:《与钱玄同先生论古史书》,《努力周报》附刊《读书杂志》第九期,1923年5月6日。

以简单剖析，试图恢复该阶段历史的部分真实面貌。

一、山川神主：西周时期大禹的神格及治水传说的真实性

在豳公盨发现之前，基本可以认定为西周时期古籍文献的《尚书》《诗经》某些篇章屡有对大禹神格的记载。为进一步说明当时人们对大禹传说的“识记”，兹分别对以上文献中有关大禹传说的文字资料逐一进行细致的考察。

1. “禹平水土，主名山川”——《吕刑》中禹的身份

以前，学术界通常依据汉代《书序》，以《吕刑》为周穆王时期作品。经当代史学家研究，“《吕刑》只能是吕王之作”[1]，“成于西周‘申吕方强’时”[2]，因而是较为可信的西周文献。《吕刑》云：“皇帝清问下民……乃命三后恤功于民：伯夷降典，折民惟刑；禹平水土，主名山川；稷降播种，农殖嘉谷。三后成功，惟殷于民。”其中，禹“主名山川”，杨筠如先生《尚书核诂》引《左传》襄公十一年云：“司慎司盟，名山名川，群神群祀，先王先公，七姓十二国之祖，明神殛之，则名山川三字当连读，非命名之谓也。”[3]顾颉刚先生则进一步解释说：“‘主名山川’即‘为山川神主’。《夏本纪》云：‘于是天下皆宗禹之明度数声乐，为山川神主。’此即对于《吕刑》‘主名山川’之解说也。‘主’为‘神主’，则其指禹为名山大川之神可知。”[4]甚确。从以上文字可以看出，在西周时期的吕王看来，禹和伯夷、稷皆为上帝派来的天神，各司其职。当代史学家认为，“只是因为《吕刑》是吕国作品，是吕王之作，所以才把自己的祖宗放在夏族祖宗和姬姓祖宗的前面”[5]。撇开这一神话传说的不同来源，我们仍然可以清晰地获知，《吕刑》所记西周时期人们心目中禹的身份，确为山川之神。

2. “洪水芒芒，禹敷下土方”——《商颂·长发》对大禹治水传说的追述

《诗经》被认为是西周、春秋时期的文献，历来学术界没有疑义。然而对于《商颂·长发》的制作年代的确定，学术界分歧较大。《诗序》说《长发》为“大禘”之诗，王国维先生疑《商颂》五篇乃“宗周时宋人所作”[6]，郭沫若先生进一步指出，《商颂》“是春秋宋襄公时正考父所作”[7]。值得注意的是，周代宋国贵族为殷人之后，《商颂》虽为春秋时期宋人拟作，但保留了许多殷商时期人们的“识记”。如《长发》中屡屡提及“帝立子生商”“帝命不违”“上帝是

---

〔1〕 顾颉刚、刘起釪：《尚书校释译论》第四册，中华书局，2005年，第2090页。

〔2〕 顾颉刚、刘起釪：《尚书校释译论》第四册，中华书局，2005年，第2095页。

〔3〕 杨筠如：《尚书核诂》，陕西人民出版社，1959年，第302页。

〔4〕 顾颉刚：《顾颉刚读书笔记》第六卷，台北联经出版事业公司，1990年，第4121页。

〔5〕 顾颉刚、刘起釪：《尚书校释译论》第四册，中华书局，2005年，第2088页。

〔6〕 王国维：《古史新证——王国维最后的讲义》，清华大学出版社，1994年，第3页。

〔7〕 《郭沫若全集·历史编》第一卷《中国古代社会研究·补记九·夏禹的问题》，人民出版社，1982年，第309页。

禘，帝命式于九围”，《玄鸟》中屡屡言及“天命玄鸟，降而生商”“古帝命武汤，正域彼四方”，《殷武》中屡言“天命多辟，设都于禹之绩”“天命降监，下民有严”，以上文字渗透着西周以来浓厚的天命思想，所以，学术界普遍认为，《长发》等诗篇中保存有不少较为真实的西周时代的历史信息。

《长发》记载：“洪水芒芒，禹敷下土方。”郭沫若先生以为，“所谓土方即是夏民族”，又云“‘禹敷下土方’当为禹受上帝之命下降于土方之国（即后之华夏、禹迹、禹甸、禹域），以敷治洪水”〔1〕。郭氏的解释大体不误，唯此“土方”是否即甲骨卜辞中的方国之名，或即夏民族，则疑问颇多。新发现的豳公盨铭文首句曰：“天令（命）禹尃（敷）土、隓山、濬（叡）川。”《禹贡》开篇亦云：“禹敷土，随山刊木，奠高山大川。”“禹敷下土方”之“方”，《集传》曰：“四方也。”很明显，“禹敷土方”与豳公盨铭文和《禹贡》中的“禹敷土”意义相同，即治理、平治水土。郭先生认为禹是受上帝之命来到人间，则较有道理。“天”和“下民”显然不在同一世界，由此可以推测，《长发》既言“禹敷下土方”，则禹并非来自“下民”中间，而应是奉帝之名从天上来到人间的神。《长发》在对大禹治水传说进行追述时，显然仍是将禹视为神灵的，认为他是奉天帝之命来到人间平治水土的。显然，从《长发》中的以上文字可以看出，尽管大禹治水的传说更加广为流传，但禹的身份仍然是神，而不具有人格。

3. 豳公盨铭对大禹治水传说的记述

豳公盨是迄今发现的有关大禹传说记载的最早的青铜器。自2002年豳公盨被保利艺术博物馆发现以后，已有不少学者对该盨的长篇铭文进行深入系统的研究〔2〕。该器铭文开篇明确提到：“天令（命）禹尃（敷）土、隓山、濬（叡）川”，这与《尚书·吕刑》《诗·商颂·长发》所载“禹平水土，主名山川”“洪水芒芒，禹敷下土方”的记载颇为一致，不仅证明长期流传于民间的大禹治水的传说至迟于西周时期已在民间广为传播，同时也表明西周时期人们心目中的大禹尚不具有人格，而只是奉上帝之命来到人间治水的。由于豳公盨较之《诗经》《尚书》中的以上文字时代性更为明确，因此该盨铭文的发现，正可以对顾颉刚先生早年有关大禹传说的某些论断进行一次全面的检讨和有益的补正。

首先是大禹传说发生的时间问题。根据前文中《尚书·吕刑》《诗·商颂·长发》等文字并结合豳公盨铭文进行综合分析，则知大禹治水的传说至迟

〔1〕《郭沫若全集·历史编》第一卷《中国古代社会研究·补记九·夏禹的问题》，人民出版社，1982年，第309页。

〔2〕李学勤：《论豳公盨及其重要意义》，《中国历史文物》2002年第6期；裘锡圭：《豳公盨铭文考释》，《中国历史文物》2002年第6期；朱凤瀚：《豳公盨铭文初释》，《中国历史文物》2002年第6期；李零：《豳公盨发现的意义》，《中国历史文物》2002年第6期。

于西周中期以前的确已经发生。但问题的关键在于,以上可以认定为西周时期的文献中有关大禹治水的记载表明,该传说最初发生的时代,未必恰就在西周中期,而可能起源更早,否则,不可能于西周中期该传说便一下子在民间广为传播。裘锡圭先生即曾指出:“虽然豳公盨恰好是西周中期器,但是这并不能成为指出顾氏‘禹是西周中期起来的’说法的证据。在此盨铸造的时代,禹的传说无疑已经是相当古老的被人们当作历史的一个传说了。不然,器主是决不会把禹的事写进一篇有明显教训意义的铭文,铸在准备传之子孙的铜器上。”〔1〕事实上,我们若反复推敲顾氏早年有关大禹传说发生的若干论断,则不难发现,目前学术界对顾氏的某些有价值的论断尚存在一些不小的误解。1923 年 2 月,顾氏在致钱玄同先生的复函中,首次系统地公布了其著名的“层累说”,并谈到其对大禹传说发生的认识:“商族认为禹为下凡的天神,周族认禹为最古的人王,可见他们对于禹的观念,正与现在的人对于盘古的观念一样……禹是西周时就有的,尧、舜是春秋末年才起来的。”〔2〕1923 年 8 月,顾氏就古史问题回答刘掞藜、胡堇人二先生的文中说:“禹是西周中期起来的,尧、舜是春秋后期起来的。”〔3〕综观顾氏的以上论断,则不难发现,顾氏在强调“商族认为禹为下凡的天神”的同时,也透露出大禹和大禹治水的传说并非始于西周中期,而是殷商时期商族中已有此传说;顾氏在未获得新的考古学资料作为支持的同时,实事求是地讲到“禹是西周中期起来的”,并非表明顾氏绝对肯定大禹和大禹治水的传说是自西周中期才开始发生的,他只是以西周中期为大禹治水“起来”的时间,这一点,目前的学术界似乎没有完全读明白。因此,笔者以为,《尚书·吕刑》《诗·商颂·长发》和豳公盨铭文中的文字资料不是对顾氏有关大禹治水传说发生时间论断的反证,而恰与顾先生的论断完全一致。

其次是西周时期大禹的身份问题。根据前文的分析,在《尚书·吕刑》《诗·商颂·长发》和豳公盨铭文中,禹均是受天命来到人间平治水土的,其尚不具有西周以后的充分的“人格”。顾颉刚先生在强调商族以禹为“下凡的天神”的同时,继续讲道:“西周中期,禹为山川之神;后来有了社祭,又为社神(后土)。”〔4〕顾先生的以上观点一度在学术界引起激烈的争论。1957 年 5 月 14 日,徐旭生先生在其《中国古史的传说时代》一书的序言中论及顾氏“层累说”提出后学术界的回应及其个人的观点:“1923 年前后顾颉刚、刘掞藜二先

〔1〕 裘锡圭:《新出土先秦文献与古史传说》,《北京大学中国古文献研究中心集刊》第 4 辑,北京大学出版社,2004 年。
〔2〕 顾颉刚:《与钱玄同先生论古史书》,《努力周报》附刊《读书杂志》第九期,1923 年 5 月 6 日。
〔3〕 顾颉刚:《讨论古史答刘胡二先生书》,《努力周报》附刊《读书杂志》第十二期,1923 年 8 月 5 日。
〔4〕 顾颉刚:《讨论古史答刘胡二先生书》,《努力周报》附刊《读书杂志》第十二期,1923 年 8 月 5 日。

生，对于大禹是否天神，是否有实在的人格的讨论哄动一时……当时史学界的普通意见似有利于顾氏，可是我个人虽对于他的工作有较高的评价，却绝以为他走得太远，又复失真，所以颇不以他的结论为是。”〔1〕随着𤼈公盨的发现，顾氏早年的某些论断被学术界重新提出，并不断促使学术界对其作更为深入的思考。综合《尚书·吕刑》《商颂·长发》中的文字分析，顾说颇有一定的道理。裘锡圭先生结合𤼈公盨铭文说：“在较早的传说中，禹确是受天，即上帝之命来平治下界的水土的……与此盨铭文可以互证，顾颉刚的有关意见完全正确。”〔2〕受“走出疑古”学术思潮影响至深的部分学者则称“(𤼈)公盨铭文中的‘天命禹’……并不能作为禹是神而文王不是神的充要条件”〔3〕，并批评顾氏“在成见引导下做循环论证”〔4〕，似有矫枉过正之嫌。事实上，顾先生对西周时期大禹身份的论断，是颇为严谨的。1923 年 2 月，顾氏在致钱玄同先生的复函中说：“商族认为禹为下凡的天神，周族认禹为最古的人王，可见他们对于禹的观念，正与现在的人对于盘古的观念一样。”〔5〕顾先生强调了商周之际，禹在人们心目中的形象发生了重大的变化，而且这一变化于西周、春秋时期仍在继续：“其(禹)神职全在土地上，故其神迹从全体上说，为铺地，陈列山川，治洪水；从农事上说，为治沟洫，事耕稼。耕稼与后稷的事业混淆，而在事实上必先有了土地然后可兴农事，易引起禹的耕稼先于稷的观念，故《閟宫》有后稷缵禹之绪的话。又因当时神人的界限不甚分清，禹又与周族的祖先并称，故禹的传说渐渐倾向于‘人王’方面，而与神话脱离。”〔6〕又说：“到鲁僖公时，禹确是人了。”〔7〕顾先生一方面认为在西周时期大禹具有山川之神和社神的典型神格，同时又承认西周以后，大禹逐渐完成了由神到人的身份的转变。由此可见，顾氏并非绝对地打击禹的人格，片面强调禹的神格。不唯如此，《尚书·洪范》〔8〕云：“天乃锡禹洪范九畴，彝伦攸叙。”《国语·鲁语

〔1〕 徐旭生：《中国古史的传说时代》(修订本)序，科学出版社，1960 年。

〔2〕 裘锡圭：《新出土先秦文献与古史传说》，《北京大学中国古文献研究中心集刊》第 4 辑，北京大学出版社，2004 年。

〔3〕 李锐：《由新出土文献重评顾颉刚先生的“层累说”》，《人文杂志》2008 年第 6 期。

〔4〕 李锐：《由新出土文献重评顾颉刚先生的“层累说”》，《人文杂志》2008 年第 6 期。

〔5〕 顾颉刚：《与钱玄同先生论古史书》，《努力周报》附刊《读书杂志》第九期，1923 年 5 月 6 日。

〔6〕 顾颉刚：《讨论古史答刘胡二先生书》，《努力周报》附刊《读书杂志》第十二期，1923 年 8 月 5 日。

〔7〕 顾颉刚：《与钱玄同先生论古史书》，《努力周报》附刊《读书杂志》第九期，1923 年 5 月 6 日。

〔8〕 对于《洪范》的制作年代，学术界尚存在较大争议。王国维先生以为在周初，刘起釪先生认为当西周时期，杜勇先生以为当春秋时期，郭沫若先生更以为在战国时期，刘节先生更以为当战国末年。参见王国维：《古史新证——王国维最后的讲义》，清华大学出版社，1994 年；刘起釪：《〈洪范〉成书时代考》，《中国社会科学》1980 年第 3 期；杜勇：《〈洪范〉制作年代新探》，《人文杂志》1995 年第 3 期；《郭沫若全集·历史编》第二卷《十批判书》，人民出版社，1982 年；刘节：《〈洪范〉疏证》，《东方杂志》第二十五卷第二期，1928 年 1 月。笔者以为，西周略早，战国略晚，其更大可能为春秋时期文献。

下》云:“昔禹致群神于会稽之山,防风氏后至,禹杀而戮之。”显然到《尚书·洪范》《国语·鲁语》成书时,在当时人们心目中,大禹的形象仍是半神半人。显然,就西周、春秋时期大禹身份的问题,顾先生的见解显然比试图对极端疑古学派错疑所不应疑的学术倾向进行“纠偏”和“走出疑古”过远的学者们,更具有科学、理性的因素。

第三,大禹治水传说发生的地域和《禹贡》制作时代问题。随着考古学资料的日渐丰富和古史研究的进一步深入,大禹治水传说的真实性已经基本得到学术界的普遍认可。近年来,山西襄汾陶寺、河南辉县孟庄等龙山时代的城址中,相继发现洪水泛滥留下来的痕迹。有的学者认为,陶寺遗址的废弃可能与洪水泛滥有关。[1]有的学者认为孟庄龙山城址在龙山文化晚期至二里头时期以前毁于洪水的迹象十分明显。[2]在黄河下游的平原地区,距今4000多年的龙山时代的遗址多位于高于周围数米的人工堆筑的“堌堆”之上,“显然是为了防御洪水的危害”[3]。考古学资料进一步表明,龙山文化晚期洪水发生的地域具有一定的广泛性,不仅黄河流域,而且包括淮河流域乃至长江流域均有洪水发生的考古学证据。有的学者认为,长江中下游流经的地区,居民多居住于平原地区,洪水带来的危害远甚于黄河中游地区。低温、洪涝等自然灾害的频发,地下水位的上涨,使长江流域相当繁盛的稻作农业遭到毁灭性打击,可能是长江流域文明化进程遭到挫折的重要原因之一。[4]很显然,龙山文化晚期,全国范围内如此普遍的洪水传说正是西周以来大禹治水传说发生的深厚土壤。顾先生云:“禹是南方民族神话中的人物……商、周间,南方的新民族有平水土的需要,酝酿为禹的神话。这个神话的中心点在越(会稽);越人奉禹为祖先。自越传至群舒(涂山),自群舒传至楚,自楚传至中原。流播的地域既广,遂看得禹的平水土是极普遍的。”[5]顾氏又说:“禹的故事最有名的两个地方是涂山与会稽。涂山在淮河旁,淮河的水患至今依然。会稽在浙东,浙东以山多之故,时发山洪……所以两地尽可都有洪水的传说……禹的故事所以能由越、舒流传至中原,亦因中原有黄河的水患,有求得一水神(或一个有治水的大神通之人)之需要,恰由越、舒传了一个禹来,于是就十分的信奉了。《周颂》没有禹,决是禹不出于中原的一个重要证据……我以为《禹贡》作于战国,不过是战国时人把当地的地域作一整理而托

〔1〕 梁星鹏、严志斌:《陶寺城址的发现及其对中国古代文明起源研究的学术意义》,《中国社会科学院古代文明研究中心通讯》2002年第3期。
〔2〕 袁广阔:《关于孟庄龙山城址毁因的思考》,《考古》2000年第3期。
〔3〕 王巍:《公元前2000年前后我国大范围文化变化原因探讨》,《考古》2004年第1期。
〔4〕 王巍:《公元前2000年前后我国大范围文化变化原因探讨》,《考古》2004年第1期。
〔5〕 顾颉刚:《讨论古史答刘胡二先生书》,《努力周报》附刊《读书杂志》第十二期,1923年8月5日。

之于禹迹，原无意义可循，不必为之讲通。”[1]在我们今天看来，顾先生“禹是南方民族神话中的人物”和大禹治水的神话“自越传至群舒（涂山），自群舒传至楚，自楚传至中原”“《周颂》没有禹，决是禹不出于中原的一个重要证据”等论断，的确证据略显薄弱，值得学术界进一步思考，但其根据越、舒等地普遍存在大禹治水的故事，从而推断“禹的平水土是极普遍的”，“《禹贡》作于战国，不过是战国时人把当地的地域作一整理而托之于禹迹”，则确至为精当。近年来有的学者据𤕌公盨铭文中禹平治水土的传说，重申王国维[2]、辛树帜先生[3]当年提出的《禹贡》成书于西周中期说[4]。事实上，仅仅以𤕌公盨铭文“天令（命）禹尃（敷）土、隓山、叡（濬）川”与《禹贡》“禹敷土，随山刊木，奠高山大川”文字的雷同为据，推断《禹贡》成书于西周中期，疑点是比较多的。就目前所掌握的西周时期的文献和金文资料，包括𤕌公盨铭文，均难以找到《禹贡》中九州之制和五服之制的影子，显然，《禹贡》的成书年代必然在禹画九州的传说发生之后。

这里还应说明的是，《吕刑》中包含有浓厚的“明德慎罚”的思想：“鳏寡有辞于苗，德威惟畏，德明惟明。”𤕌公盨铭文更以大量文字叙说了大禹治水“为政以德”之事。从《尚书》的《康诰》《君奭》《梓材》《召诰》及西周青铜器班簋、大盂鼎铭文可知，敬德思想“是周人所独有的思想”[5]。由此可知，西周时期所谓大禹治水“为政以德”的论述，显然是后起的传说，西周以前的人们不可能有此观念。

二、春秋时期大禹由神格向人格的转化及大禹传说的丰富扩大

文献和考古学材料表明，春秋时期有关大禹的传说日渐丰富。除了王国维先生所举《秦侯敦（簋）》《齐侯镈钟》提到禹之外，《诗经》《论语》《左传》《国语》等文献中均有有关禹的记载。综合各种传说，不难发现，春秋时期大禹逐渐完成了由神到人的关键性转变，同时，在西周大禹治水传说的基础上，大禹的事迹更为丰富。

1. 大禹身份由“山川神主”向“夏宗”和“人王”的转变

综合春秋时期的各种传说，不难发现，在此阶段，大禹的身份已完成了由西周时期的“山川神主”向“夏宗”和“人王”角色的转换。一方面，大禹治水的

[1] 顾颉刚：《古史辨》第一册，上海古籍出版社，1982年，第209—210页。

[2] 王国维：《古史新证——王国维最后的讲义》，清华大学出版社，1994年，第3页。

[3] 辛树帜：《禹贡制作时代的推测（初稿）》，《西北农学院学报》1957年第3期。

[4] 岳红琴：《禹贡成书于西周中期说》，《学海》2006年第2期；岳红琴：《禹贡成书时代考》，《图书与情报》2006年第5期；岳红琴：《𤕌公盨与禹贡成书时代》，《中原文物》2009年第3期。

[5] 《郭沫若全集·历史编》第一卷《青铜时代·先秦天道观之进展》，人民出版社，1982年，第335页。

传说继续流传并逐步被时人认定为“信史”。如《左传》昭公元年记载：“天王使刘定公劳赵孟于颍，馆于洛汭。刘子曰：‘美哉禹功！明德远矣。微禹，吾其鱼乎！’”《国语·郑语》说：“夏禹能单平水土，以品处庶类者也。”《国语·周语下》则历叙鲧、禹史迹：“其在有虞，有崇伯鲧，播其淫心，称遂共工之过，尧用殛之于羽山。其后伯禹念前之非度，厘改制量，象物天地，比类百则，仪之于民，而度之于群生，共之从孙四岳佐之，高高下下，疏川导滞，钟水丰物，封崇九山，决汨九川，陂障九泽，丰殖九薮，汨越九原，宅居九隩，合通四海，故天无伏阴，地无散阳，水无沈气，火无灾烊，神无间行，民无淫心，时无逆数，物无害生，帅象禹之功，度之于轨仪，莫非嘉绩，克厌帝心。皇天嘉之，祚以天下，赐姓曰‘姒’、氏曰‘有夏’，谓其能以嘉祉殷富生物也，祚四岳国，命以侯伯，赐姓曰‘姜’、氏曰‘有吕’，谓其能为禹股肱心膂，以养物丰民人也。”《国语·周语下》和《郑语》不仅将大禹治水的传说进一步丰富，而且开始逐步“明确”鲧、禹与夏的关系。《国语·鲁语上》则更进一步为传说的黄帝、颛顼、鲧、禹“建立”起同出一源的“家谱”：“夏后氏禘黄帝而祖颛顼，郊鲧而宗禹。”以后这种传说继续流传，到战国时期，《礼记·祭法》沿用了春秋时期人们的传说：“夏后氏亦禘黄帝而郊鲧，祖颛顼而宗禹。”由此可见，至迟于春秋时期，这一观念已基本形成。早在20世纪30年代初，郭沫若先生即据文献和考古学资料纠正了顾先生早年提出的“禹和夏没有关系”〔1〕的推论，明确指出：“在春秋时代一般人之信念中，确承认商之前有夏，而禹为夏之先祖”〔2〕，“禹与夏就文献中所见者确有关系，此必为夏民族之传说人物，可无疑”〔3〕。

除了治水传说外，春秋时期禹的“人王”身份日渐定型。《诗·鲁颂·閟宫》说：“后稷……奄有下土，缵禹之绪。”《论语·先间》《论语·泰伯》则分别有“禹稷躬稼而有天下”和“禹……菲饮食而致孝乎鬼神，恶衣服而致美乎黻冕，卑宫室而尽力乎沟洫”的记载。顾颉刚先生讲到春秋大禹的身份：“到鲁僖公时，禹确是人了”〔4〕，“《鲁颂·閟宫》……把他看作一个最早的人王……《论语》……把他看作一个耕稼的人王”〔5〕。从以上文字可以看出，春秋时期，大禹身份不仅完成了由“山川神主”向“人王”的变化，神格逐渐淡化，人格日益突出，而且他的“事迹”不再局限于平治水土，开始与“躬稼”相联系，摇身变成了一个“耕稼的人王”，显然，于大禹传说流变过程中，人们不断将后起的

〔1〕 顾颉刚：《讨论古史答刘胡二先生书》，《努力周报》附刊《读书杂志》第十二期，1923年8月5日。
〔2〕 《郭沫若全集·历史编》第一卷《中国古代社会研究·补记九·夏禹的问题》，人民出版社，1982年，第306页。
〔3〕 《郭沫若全集·历史编》第一卷《中国古代社会研究·补记九·夏禹的问题》，人民出版社，1982年，第309页。
〔4〕 顾颉刚：《与钱玄同先生论古史书》，《努力周报》附刊《读书杂志》第九期，1923年5月6日。
〔5〕 顾颉刚：《古史辨》第一册，上海古籍出版社，1982年，第52页。

传说迭相添加,层层累积。顾先生对春秋时期大禹身份的转变如是分析:“西周中期,禹为山川之神;后来有了社祭,又为社神(后土)。其神职全在土地上,故其神迹从全体上说,为铺地,陈列山川,治洪水;从农事上说,为治沟洫,事耕稼。耕稼与后稷的事业混淆,而在事实上必先有了土地然后可兴农事,易引起禹的耕稼先于稷的观念,故《閟宫》有后稷缵禹之绪的话。又因当时神人的界限不甚分清,禹又与周族的祖先并称,故禹的传说渐渐倾向于‘人王’方面,而与神话脱离。”[1]这一转变到战国时期仍在继续。《韩非子·五蠹》说:“禹之王天下也,身执耒臿以为民先,股无胈,胫不生毛。”综合以上文字,则知顾先生的以上分析,极有道理。

2. “禹画九州”传说的发生及其衍变

《左传》襄公四年引《虞人之箴》谓:“芒芒禹迹,画为九州,经启九道。”《国语·周语下》记周灵王二十二年,太子晋论禹治水之事说:“封崇九山,决汩九川,陂障九泽,丰殖九薮,汩越九原,宅居九隩,合通四海。”这是有关禹画九州的最早记载。以后,《尚书·禹贡》《周礼·职方》及《吕氏春秋·有始》《尔雅·释地》及新出上博简《容成氏》等先秦、秦汉时期的文献皆有九州具体名称,尤其是《禹贡》九州数千年来长期被学术界认为即禹所规划的九州。随着考古学和古史研究的深入,迄今为止,已经很少有人再将《禹贡》九州和禹画九州相联系,但还是有不少学者仍然确信“禹画九州,这个基本事实,是可信的”[2],甚至仍有人继续相信《禹贡》九州即大禹所规划的九州[3]。因禹画九州的传说为本文所讨论的重要内容之一,故不得不继续探讨。

先秦时期的文献和考古学材料表明,九州概念至迟于春秋时期已经发生。春秋时期齐灵公时期的青铜器《齐侯镈钟》铭文论及成汤“有严在帝所,咸有九州,处禹之都”。此外,《诗·商颂》中的“九有”“九围”,《国语·鲁语》中的“九土”,历代注疏家均释为“九州”。《商颂》五篇据《史记·宋世家》说是宋襄公时的作品,则九州的概念至迟于春秋时期已经发生。尤其值得注意的是,上博楚简《容成氏》谈到大禹治水及划分九州的事情,其中所述九州的名称和地域范围与《禹贡》等传世文献所记不同,是一个独立的系统。有的学者以为竹书反映的九州在禹治水前即已存在[4],也有学者认为上博楚简《容成

[1] 顾颉刚:《讨论古史答刘胡二先生书》,《努力周报》附刊《读书杂志》第十二期,1923年8月5日。
[2] 金景芳:《中国奴隶社会史》,上海人民出版社,1983年,第17页。
[3] 邵望平:《〈禹贡〉九州的考古学研究》,《考古学文化论集》(二),文物出版社,1989年;陈剩勇:《九州新解》,《东南文化》1995年第4期;朱渊清:《禹画九州论》,北京大学考古学研究中心、北京大学震旦古代文明研究中心《古代文明》(第5卷),文物出版社,2006年。
[4] 陈伟:《竹书容成氏所见的九州》,《中国史研究》2003年第3期。

氏》九州约形成于两周之际或春秋前期〔1〕,更有学者认为简文《容成氏》九州和《尚书》九州应属同一个系统,只是由于时代和版本不同,整理者有所增益,甚至改变,从而造成一些差异……从最早源头说,《尚书·禹贡》九州说应该是最早的〔2〕。事实上,竹书反映的九州在禹治水前即已存在的观点还很值得进一步推敲,尤其是目前尚缺乏可靠的夏代乃至更早的文字资料进行佐证;而且根据前面的分析,春秋以前人们所论九州仅是一个虚浮的观念,从未形成一个轮廓。因此,《容成氏》九州的地域划分似乎不大可能早于春秋时期。

"州"的原义,许慎《说文·川部》云:"水中可居者曰州,水周绕其旁。昔尧遭洪水,民居水中高土,故曰九州。《诗》曰:'在河之州。'一说,州,畴也,各筹其土而生也。"顾颉刚先生说:"这两义其实可以联系起来,就是这一块与那一块地有分别的意思,仿佛今所谓区域。"〔3〕顾先生结合大量材料对"州"与"岳"的演变情况作了较为系统的考察,得出以下结论:"当时西周尚没有九州的观念,更不必说殷和夏。自西周之末到春秋时,在今河南省的西部和陕西省的东南部,有个姜姓民族的居住地,唤做九州。大约在春秋中叶把这小区域的九州放大为禹迹的九州,奄盖当时的天下,但没有确定这个九州名及其疆界。到战国时,因吞并的结果,小国之数日减,仅存几个强国(如秦、楚)或古国(如周、卫),约略与九州相当,遂使九州之说益臻具体化,而有《禹贡》等分州之书出现。"〔4〕文中顾先生推测《左传》昭公四年司马侯所论"九州之险"的九州都在陆浑之戎的区域里,这一个九州的区域极像汉的弘农郡。这"九州"是九个州的集合之名,还是很多州的集合之名,抑或是一个地方的专名呢?对于这些,我们无法知道。在缺乏相关材料作为可靠证据时,顾先生这一结论显然是谨慎的,也是科学的。在顾先生的这篇文章发表前后,著名历史学家徐中舒〔5〕、辛树帜〔6〕、郑杰祥〔7〕等先生均以为《左传》昭公四年司马侯所论"九州之险"的九州即夏代的九州。这一看法,颇为值得重视。如果以后该论点能够获得更为可靠的论据的支持,则对于流传已久的对禹画九州历史真相的认识,将有很大的帮助。

3. "天赐禹洪范九畴"和禹刑传说的产生及扩大

《尚书·洪范》追述箕子的话:"我闻在昔,鲧陻洪水,汩陈其五行,帝乃震

〔1〕 晏昌贵:《上海博物馆藏战国楚竹书(二)中容成氏九州柬释》,《武汉大学学报》(哲学社会科学版)2004年第4期。
〔2〕 易德生:《上博竹简容成氏九州刍议》,《江汉论坛》2006年第5期。
〔3〕 顾颉刚:《州与岳的演变》,燕京大学《史学年报》1933年第5期。
〔4〕 顾颉刚:《州与岳的演变》,燕京大学《史学年报》1933年第5期。
〔5〕 徐中舒:《再论小屯与仰韶》,《安阳发掘报告》1931年第3期。
〔6〕 辛树帜:《禹贡新解》,农业出版社,1964年,第52页。
〔7〕 郑杰祥:《试论夏代历史地理》,《夏史论丛》,齐鲁书社,1985年。

怒,不畀洪范九畴,彝伦攸斁。鲧则殛死,禹乃嗣兴,天乃赐禹洪范九畴,彝伦攸叙。”天赐大禹洪范九畴的传说,在《洪范》产生之前,文献和青铜器铭文中未曾论及。顾颉刚、刘起釪先生以为,《洪范》原稿由商代流传至周,经过了加工,到春秋前期已基本写定为今日所见的本子。[1]既然如此,“天赐禹洪范九畴”的故事就难以为春秋以前的信史。《洪范》是一篇上古时期统治“大法”的经典,其中五行、五事、八政、五纪、建用皇极、乂用三德、明用稽疑、念用庶征、向用六福、威用六极等纲领显然是杂糅了殷周以来的各种政治思想和哲学为当时的统治者施政提供参考,时人编织出“天赐禹洪范九畴”的神话,以维护其崇高的地位。若将其视为大禹时代的真实历史,显然疑点不少。例如,“德政”的思想显然是周代的统治思想,卜筮的“筮”也是周代的概念,将金、木、水、火、土结合起来称为“五行”也是从该篇作品成书时代开始的。总之,洪范九畴绝非殷周以前的历史和哲学观念,自然不可能和大禹发生关联。

《左传》昭公六年载:“夏有乱政,而有禹刑。”《尚书·康诰》中提到文王治国是德刑并用,并将“明德慎罚”作为施政方针。在后期的文献中,虽然有禹刑、汤刑及纣之炮烙之刑等,但由于材料的缺乏,究竟禹刑、汤刑包括哪些条款,无法确知。尤其炮烙之刑最早见于《荀子·议兵》《韩非子·难一》《韩非子·难二》《韩非子·喻老》及《吕氏春秋·顺民》等战国文献,后司马迁虽在《史记·殷本纪》《史记·周本纪》中加以综合,但该刑是否存在,则疑问颇多。春秋时期,郑、晋等中原地区的国家普遍制定刑书。《左传》昭公六年载:“三年,郑人铸刑书。”《左传》昭公二十九年云:“冬,晋赵鞅、荀寅帅师城汝滨,遂赋晋国一鼓铁,以铸鼎。著范宣子所为刑书焉。”《左传》定公九年载:“郑驷歂杀邓析而用其竹刑。”《左传》昭公六年记载了叔向对子产所说“昔先王议事以制,不为刑辟”的话,然后指出:“夏有乱政,而作《禹刑》;商有乱政,而作《汤刑》;周有乱政,而作《九刑》。三辟之兴,皆叔世也。”按照叔向的说法,春秋以前的统治者,以德治国,并不使用刑法,夏、商、周虽然有《禹刑》《汤刑》《九刑》,但都是在王朝衰落的时代方使用的,并由此预测“郑其败乎”。通过以上文字,约略可知,叔向以为,其先王之世,并未刑辟,《禹刑》应出现于夏朝衰落时期,并非大禹时代的产物。顾颉刚先生举《尚书·吕刑》《左传》僖公二十五年、《国语·晋语六》《国语·鲁语上》等先秦文献以证“兵刑不分,古代之事也,兵刑分为二,秦汉以下之事也”[2],甚是。《左传》僖公二十五年云:“德以柔中国,刑以威四夷。”《国语·晋语六》记范文子的话:“夫战,刑也。”《国语·鲁语上》记臧文仲之言:“大刑用甲兵。”在此历史观念支配下,叔向以后的人们渐渐将《禹刑》与大禹联系起来,并增加了该方面的素材。《国语·鲁语下》

---

〔1〕 顾颉刚、刘起釪:《尚书校释译论》第三册,中华书局,2005年,第1218页。

〔2〕 顾颉刚:《浪口村随笔》卷之二《古代兵刑无别》,辽宁教育出版社,1998年,第50页。

言及:“昔禹致群神于会稽之山,防风氏后至,禹杀而戮之。”笔者以为,防风氏的故事可能起源于东夷地区,综合各方面的材料推测,防风氏战败南徙则极有可能是今天浙江境内大禹传说的最早的源头。[1]战国时期,有关大禹征服四夷的素材更为丰富[2],应该说均为《禹刑》传说的进一步扩大[3]。

4.“禹合诸侯于塗山,执玉帛者万国”传说发生的地域及来源

《左传》哀公七年记载景伯的话说:“禹合诸侯于涂山,执玉帛者万国。”从以上记载可知,该故事至迟于春秋晚期已开始流传,在此以前,文献和青铜器铭文中并无该方面的素材,直到战国时期,禹又与涂山氏女建立起了联系。《吕氏春秋·音初》云:“禹行功,见涂山氏之女。禹未之遇而巡省南土,涂山氏之女乃令其妾,待禹于涂山之阳。”《楚辞·天问》则进一步说:“禹之力献功,降省下土四方,焉得彼涂山女,而通之于台桑?”可见,春秋以后,禹合诸侯于涂山的古史渐渐发生分化,涂山氏开始和禹建立姻亲关系。

值得注意的是,较“禹合诸侯于涂山”的故事更早,《左传》昭公四年记载椒举对楚子所讲的一段话说:“夏启有钧台之享,商汤有景亳之命,周武有孟津之誓,成有岐阳之蒐,康有丰宫之朝,穆有涂山之会,齐桓有召陵之师,晋文有践土之盟。”此外,椒举还提到“夏桀为仍之会,有缗叛之;商纣为黎之蒐,东夷叛之;周幽微大室之盟,戎狄叛之”。显然,在春秋时期楚人的观念中,夏启、商汤、周武王分别为三代的建立者,夏桀、商纣、周幽王则为三代国家的亡国之君,因而文中只字不提大禹的传说。《左传》哀公七年“禹合诸侯于涂山”与昭公四年“穆有涂山之会”,两次会盟均在同一地点举行,是历史的真实记载,还是后人识记的“错位”,值得很好地研究。王玉哲先生说,“穆有塗山之会”似乎是破徐以后,周人在淮水流域举行的威服东南夷的盟会。[4]李修松先生考证说,皋陶的氏族即涂山氏,涂山氏山岳崇拜的源头在山东,涂山是涂山氏及其后裔所崇拜的神山,随着其族裔的迁徙而将这种山岳崇拜带往各地,从而在不同的地方留下了涂山及相关的传说。[5]李先生的观点有一定的道理,可以揭示出上古时期的一部分历史真相。《左传》文公五年记载:“五年春……六人叛楚即东夷。秋,楚成大心、仲归帅师灭六。冬,楚公子燮灭蓼。臧文仲闻六与蓼灭,曰:‘皋陶、庭坚不祀忽诸,德之不建,民之无援,哀哉!’”臧文仲为春秋时期鲁国人,他以为淮河流域的六人为传说中皋陶之后,事实

---

〔1〕 周书灿:《大禹与防风氏传说的发生与分化》,《绍兴文理学院学报》2008年第3期。

〔2〕 《山海经·大荒北经》:“禹堙洪水,杀相繇。”《荀子·成相》:“禹有功,抑下鸿,辟除民害逐共工。”《吕氏春秋·召类》:“兵所自来者久矣……禹攻曹、魏、屈骜、有扈,以行其教。”《庄子·人间世》:“禹攻有扈。”《墨子·非攻下》《墨子·兼爱下》等则详细记载了禹征三苗之事。

〔3〕 周书灿:《虞夏之际族群流徙、混融的考古学研究》,《贵州师范大学学报》2008年第5期。

〔4〕 王玉哲:《中国上古史纲》,上海人民出版社,1959年,第153页。

〔5〕 李修松:《涂山汇考》,《中国史研究》1999年第2期。

上，不唯如此，古代文献所透露的大量有价值的信息表明，淮河流域的徐、舒各族在族源上可能均与东方夷族有关。由此可知，《左传》哀公七年“禹合诸侯于涂山”的传说，出自春秋晚期鲁人景伯之口，一点也不令人感到奇怪。

根据前文分析，西周以来大禹传说的最基本的素材即为大禹奉天命平治水土，春秋时期，随着大禹的身份由山川神主向“夏宗”和“人王”转变，大禹治水的传说流传更为广泛。顾颉刚先生说：“禹的故事最有名的两个地方是涂山与会稽。涂山在淮河旁，淮河的水患至今依然。会稽在浙东，浙东以山多之故，时发山洪……所以两地尽可都有洪水的传说。”[1]因此，洪水可能仍是“禹合诸侯于涂山”故事发生的最原始的素地。治水显然不可能是大禹一个人所能完成的工程，联合“万国诸侯”，进行较大范围的合作，则是极合情理的事。《史记・夏本纪》《史记・殷本纪》和《史记・秦本纪》等称益、后稷及商之始祖契、秦之始祖柏翳等四方侯伯均曾参与大禹的治水活动，在我们今天看来，此虽非皆为信史，但其足以从侧面透露出虞、夏之际部落联盟制的若干真实的史影。只是，在淮河流域大禹治水传说的基础上，春秋时期的人们将周穆王破徐威服徐淮各族与大禹治水联合各族进行会盟的史事，进行巧妙地移花接木，同时又增加了“执玉帛者万国”的新的素材，从而使得发生于淮河流域的各种不同时期的传说逐渐错位。而战国时期的文献中增加了禹娶涂山氏及禹省南土、禹省四方的传说之后，春秋晚期流传于鲁国一带的这一古老传说逐渐定型，后人日渐信以为真。

其次，还要说明的是，春秋晚期流传于鲁国一带的所谓“执玉帛者万国”的传说，一方面是春秋以来禹的“人王”地位的直接反映，同时也揭示了早期贡纳关系的部分历史实际。从商周时期的历史考察，不难确知，四方诸侯有向商王、周天子贡纳方物的义务，但这种义务关系是建立在自愿或强制的基础上，则因时而化，不可一概而论。万国诸侯向大禹贡纳玉帛的古老传说，应有不少较为可信的历史素材，而该传说以后则逐渐扩大，构成《禹贡》“任土作贡”及《史记・夏本纪》“禹乃行相地宜所有以贡”传说的最早源头。显然《禹贡》中九州名称及九州贡物、贡道等的确定，必然更在“执玉帛者万国”的传说之后。

综上所述，春秋时期的大禹不仅完成了由山川神主向“夏宗”和“人王”的角色的转变，同时，随着各地大禹传说的更加丰富，作为“夏宗”和“人王”的大禹在平治水土的基础上又被添加了画九州、接受天赐洪范大法、制定《禹刑》、戮防风氏、涂山会盟诸侯、接受“万国”诸侯贡献玉帛等新的“事迹”。以后，大禹的传说多元并起并进一步丰富，大禹的形象也随之不断发生着新的变化。

---

〔1〕 顾颉刚：《论禹治水故事书》，《古史辨》第一册，上海古籍出版社，1982年，第209—210页。

三、战国时期大禹传说的多元并起与“层累”积聚

综前所述，春秋时期青铜器铭文《秦侯敦（簋）》《齐侯镈钟》和《左传》《国语》等文献有关大禹“史事”的记载表明，春秋时期，大禹的各种传说在各地已经广泛流传。顾颉刚先生说：“春秋时人对于禹的观念，对于古史的观念，东自齐，西至秦，中经鲁、宋，大部分都很是一致。”〔1〕根据前文的论述，不难发现，顾先生这一说法是较为符合春秋时期的历史实际的。战国时期，随着百家争鸣局面的展开，包括大禹传说在内的古史经过诸子的不断加工、改造，多元并起，成为诸子宣传自己的政治主张的“依据”。《山海经》《世本》《竹书纪年》《郭店楚简》《上博简》等则进一步为大禹建立起资料更为翔实的“家谱”，《禹贡》则将西周、春秋以来大禹治水、规划九州、任土作贡、建立五服制度等“事迹”进行了系统的整理，大禹的事迹在百家争鸣的学术背景下经过学者们的充分改造，呈现出丰富多彩、栩栩如生的人王面貌。

1. 治水传说进一步细化

西周、春秋以来大禹治水的传说，至战国时期，已完全成为信史。《汉书·沟洫志》载有贾让上奏汉哀帝的一段话，详述了战国、秦汉时期隄防建筑的若干情况：

> “盖堤防之作，近起战国，雍防百川，各以自利。齐与赵、魏以河为竟。赵、魏濒山，齐地卑下，作堤去河二十五里。河水东抵齐堤，则西泛赵、魏，赵、魏亦为堤去河二十五里……今堤防狭者去水数百步，远者数里。近黎阳南故大金堤，从河西西北行，至西山南头，乃折东，与东山相属。民居金堤东，为庐舍，往十余岁更起堤，从东山南头直南与故大堤会。又内黄界中有泽，方数十里，环之有堤……东郡白马故大堤亦复数重，民皆居其间。从黎阳北尽魏界，故大堤去河远者数十里，内亦数重，此皆前世所排也。河从河内北至黎阳为石堤，激使东抵东郡平刚；又为石堤，使西北抵黎阳、观下；又为石堤，使东北抵东郡津北；又为石堤，使抵西北魏郡昭阳；又为石堤，激使东北。百余里间，河再西三东，迫厄如此，不得安息。”

战国时期，随着各国不断兴修水利工程，鲧迹、禹迹大量增加。笔者曾就鲧迹分布与鲧之传说的地域分野问题进行考察，认为大量后起的鲧的遗迹和传说，只能诠释为一种普遍发生在一定地域的文化现象，将其完全视为可靠的信史，显然是不科学的。〔2〕在此阶段，禹治水的传说屡屡见于《尚书·益稷》《墨子》《孟子》《吕氏春秋》等文献，而且诸子书中增加了不少背景资料和

〔1〕 顾颉刚：《古史新证跋》，《古史辨》第一册，上海古籍出版社，1982 年，第 267 页。
〔2〕 周书灿：《鲧之传说的地域分野与鲧生高密的历史地理学解析》，《人文杂志》2008 年第 6 期。

更多的细节：

《尚书·益稷》："禹曰：'洪水滔天，浩浩怀山襄陵，下民昏垫。予乘四载，随山刊木，暨益奏庶鲜食。予决九川距四海，浚畎浍距川……'"

《墨子·兼爱中》："古者禹治天下，西为西河渔窦，以泄渠孙皇之水。北为防原派，注后之邸、嘑池之窦；洒为底柱，凿为龙门，以利燕代、胡、貉与西河之民。东方漏之陆，防孟诸之泽；洒为九浍，以楗东土之水，以利冀州之民。南为江、汉、淮、汝，东流之注五湖之处，以利荆楚、干越与南夷之民。"

《孟子·滕文公上》："禹疏九河，瀹济、漯而注诸海，决汝、汉，排淮、泗而注之江。然后中国可得食也。当是时也，禹八年于外，三过其门而不入。"

《孟子·滕文公下》："当尧之时，水逆行，泛滥于中国，蛇龙居之……使禹治之，禹掘地而注之海；驱蛇龙而放之菹。水由地中行，江、淮、河、汉是也。险阻既远，鸟兽之害人者消，然后得平土而居之。"

《吕氏春秋·古乐》："禹立，勤劳天下，日夜不懈。通大川，决壅塞，凿龙门，降通漻水以道河，疏三江五湖，注之东海，以利黔首。"

值得注意的是，战国时期的文献不仅"明确"了大禹治水所采用的疏导的方法和治水的范围，而且较早出现了"禹八年于外，三过其门而不入"的传说。以后，以上传说经司马迁进行综合、整理和划一，构成了《史记·夏本纪》的重要素材。

2. 九州和贡赋、五服制度的构拟

禹画九州、制定贡赋和五服的传说，自春秋以来已在民间普遍流传。成书于战国时期的《山海经·海内经》云："鲧复生禹，帝乃命禹卒布土以定九州。"在春秋以来古老传说的基础上，经过战国时期的学者的加工、整理，形成了《禹贡》的基本面貌。《禹贡》的制作年代，历来学界聚讼纷纭，争论不止。[1]根据前文分析可知，春秋时期的文献和青铜器铭文中虽有禹画九州的传说，但并没有论及九州轮廓和区划。《禹贡》是最早论及大禹导山导水、划分九州、制定贡赋、建立五服的文献，但目前学术界已基本上无人将其和大禹联系在一起。

1923年6月1日，顾颉刚先生致函胡适先生论及《今文尚书》著作时代问题，其中专门有一节，为"禹贡作于战国考"。顾氏提出了以下几点意见："1. 古代对于禹的神话只有治水而无分州。2. 古代只有种族观念而无一统观念。3. 古代的'中国'地域甚不大。4. 战国七雄的疆域开辟得大了，故有一统观念；交通便了，民族糅杂得多了，故无种族观念。因此九州之说得以成立，而秦始皇亦得成统一之功。5. 邹衍'大九州'之说即紧接着九州之说而

〔1〕 周书灿、张洪生：《〈禹贡〉研究概论》，《河北师范大学学报》2001年第2期。

来。6. ‘分野’之说亦由九州之说引起。7. 九州州名及各地名初见在何时？何书？8. 九州州名的来历(取义)。9. 九州疆域与七国疆域的比较。10. 九州名称未尝统一，贡赋服属之说亦未尝统一，故《吕氏春秋》《尔雅》《周官》《逸周书》与《禹贡》之说均不同。11. 所以考订《禹贡》为战国时书而非秦汉时书之故。(一、禹尚是独立而非臣于舜；二、每州尚无一定的一个镇山；三、不言‘南交’。)”[1]以后，顾先生又屡屡言及“五服制是在西周时代实行过的，到战国而消亡；九州制是由战国时酝酿，到汉末而实现”[2]。今天看来，顾先生的分析颇有见地。以后，司马迁在《史记・夏本纪》中基本照录《禹贡》全文，显然是由于对《禹贡》的成书背景未能作科学分析及受历史观念局限所致。

3. 禹的世系、年代和禹都、禹陵等的流传

战国时期，古代文献中有关大禹“家世”的资料开始逐渐丰富。在《国语・鲁语上》“夏后氏禘黄帝而祖颛顼，郊鲧而宗禹”和《礼记・祭法》“夏后氏亦禘黄帝而郊鲧，祖颛顼而宗禹”之旧说的基础上，《世本・帝系》和《大戴礼・帝系》更编排了颇为近似的自传说中黄帝到大禹同出一源的帝王家谱式的“世系”。雷学淇辑《世本・帝系》云：“黄帝生昌意，昌意生高阳，是为帝颛顼……颛顼五世而生鲧，鲧生高密，是为禹。”《大戴礼・帝系》云：“黄帝产昌意，昌意产高阳，是为颛顼……颛顼产鲧，鲧产文命，是为禹。”与以上传说不同的是，《山海经・海内经》对黄帝到鲧的世系作了如是编排：“黄帝生骆明，骆明生白马，白马是为鲧。”综合以上文献则知，战国时期的著作均以传说中黄帝为鲧、禹的始祖，这似乎已成为当时人们的“共识”，但从黄帝到鲧、禹的代数，则相互抵牾，不能统一。尤其《山海经・海内经》的传说，与前面的两种传说区别较大，表明其应自有独立的来源。白马的传说在古代氐族流传甚广[3]，似其为《史记・六国年表》“禹兴于西羌”及《集解》皇甫谧引孟子语：“禹生石纽，西夷人也”传说的最早源头。不唯如此，《路史・发挥》引《竹书纪年》更进一步讲到：“黄帝至禹，为三十世。”由于材料极度匮乏，这些晚出的材料究竟有多少可信的成分，的确无法确知。

顾颉刚先生说：“自从春秋以来，大国攻灭小国多了，疆域益大，民族日益合并，种族观念渐淡而一统观念渐强，于是许多民族始祖的传说渐渐归到一条线上，有了先后君臣的关系，《尧典》《五帝德》《世本》诸书就因此出来。”[4]顾氏这一论断不仅可以从文前所论禹之世系的构建得到印证，也可以从新出

---

〔1〕 顾颉刚：《论〈今文尚书〉著作时代书》，《古史辨》第一册，上海古籍出版社，1982 年，第 202—203 页。

〔2〕 顾颉刚：《中国古代地理名著选读・禹贡注释》，科学出版社，1959 年，第 3 页。

〔3〕 徐中舒、唐嘉弘：《川甘边区白马人属古氐族说》，四川民族研究所编印：《白马藏人族属问题讨论集》，1980 年 9 月。

〔4〕 顾颉刚：《答刘胡两先生书》，《努力周报》附刊《读书杂志》第十一期，1923 年 7 月 1 日。

土的上博简《子羔》篇获得新的支持。裘锡圭先生结合新出土竹书,对顾先生当年的论断作如是评论:“顾氏认为我国古代各族都出自黄帝的大一统帝王世系,是战国以来各族不断融合、各国逐渐趋于统一的大形势的产物。这显然是很有道理的”,“顾颉刚关于大一统帝王世系的见解,应该是相当接近事实的”,“讲古史的《容成氏》,讲尧之前历史的部分,竹简残损较严重,但可以看出并不存在《五帝德》所说的那种五帝系统。这也是对顾说有利的”〔1〕。目前,在“走出疑古时代”理论误导下的少数“信古”“复古”派学者,试图以《世本·帝系》和《大戴礼·帝系》所编排的帝王世系和《路史·发挥》引《竹书纪年》的年代数作“重建黄帝谱系”的努力,这必然会给蓬勃发展的中国古史研究带来一系列负面和消极影响,也会对中国古史史料学建设和科学方法论的建立造成严重的危害。〔2〕

战国时期,随着大禹传说逐渐被改造成为“信史”,禹都、禹陵等也渐渐统一起来。《汉书·地理志》注引《汲郡古文》、《续汉书·郡国志》注引《汲冢书》分别云“(禹)居阳城”“禹都阳城”,《史记·封禅书》正义引《世本》说:“夏都阳城,避商均也。又都平阳,或在安邑,或在晋阳。”同时期传世文献《孟子·万章上》亦云:“禹避商均之子于阳城。”战国以后,“禹都阳城”的说法逐渐被史学家认定为信史。王国维先生一方面谈到“尧都平阳,舜都蒲阪,禹都安邑,俱辟在西北”〔3〕,一方面又强调说“禹时都邑”“无可考”〔4〕,在我们今天看来,王先生的态度是颇为严谨的。禹都阳城有几种说法,登封王城岗是理由最充分的一个,它与文献上记载的禹都阳城的时代、位置比较吻合。2002年和2004年,在河南登封王城岗遗址发现一座面积达30万平方米的龙山文化晚期大城址,这是目前在河南发现的最大的龙山文化城址。龙山文化晚期的遗迹还有祭祀坑、灰坑等。出土遗物有陶器、石器、骨器等,以陶器为主。王城岗大城的发现,为早期夏文化研究和禹都阳城的确认提供了重要资料。〔5〕有的专家认为王城岗大城可能就是“禹都阳城”。〔6〕禹都阳城屡见于古代文献记载,尤其战国时代的文献《世本》所记,似当有一些若干可信的线索。阳城地望的确定对于研究夏朝早期历史地理颇为重要。

与此同时,禹葬会稽的说法亦广为流传。《墨子·节葬下》云:“禹东教乎九夷,道死,葬会稽之山。”《墨子·节葬下》“禹葬会稽”的记载可能源自《国

〔1〕 裘锡圭:《新出土先秦文献与古史传说》,《北京大学中国古文献研究中心集刊》第4辑,北京大学出版社,2004年。

〔2〕 周书灿:《目前古史研究中的“信古”、“复古”倾向评析》,《社会科学评论》2009年第2期。

〔3〕 王国维:《观堂集林》卷十《殷周制度论》,中华书局,1959年,第451页。

〔4〕 王国维:《观堂集林》卷十《殷周制度论》,中华书局,1959年,第451页。

〔5〕 方燕明、刘绪:《河南登封市王城岗遗址2002、2004年发掘简报》,《考古》2006年第9期。

〔6〕 方燕明:《登封王城岗城址的年代及相关问题探讨》,《考古》2006年第9期。

语·鲁语下》"昔禹致群神于会稽之山"及禹戮防风氏的传说。"禹致群神于会稽"和戮防风氏的传说另见于《韩非子·饰邪》和《史记·孔子世家》等。《韩非子·饰邪》云:"禹朝诸侯之君会稽之上,防风之君后至而斩之。"说明以上传说至迟于战国时期已在民间广为流传。顾祖禹《读史方舆纪要》卷九十一《浙江三·湖州府》武康县封山下曰:"今县境即古防风氏封守之地也。唐时改此为防风山。又禺山,在封山东南二里,相传防风氏都此。"又提到风渚湖,"志云:湖即古防风氏所居之地"。事实上,顾祖禹用"相传"二字,则表明其对这些材料的真实性存疑。根据前文分析,禹会会稽与禹葬会稽可能均为九夷的传说。钱穆先生说:"若禹会会稽,则中国地名至今惟有一会稽可指,即今浙江之会稽是,而馀则终疑其不然。纵谓禹会会稽,其事本身即系一传说而非信史,然传说之起,在其当时,亦不能大背清理。春秋中叶以前,黄河两岸中原诸侯,恐怕不知有浙江之会稽,即以春秋末叶及战国时代之地理形势论之,会诸侯亦不必到此偏区僻壤。"[1]但钱先生以为,"当时人谓禹会会稽者,其所指实非今浙江之会稽"[2],则未必属实。会稽为春秋、战国时期越国都城所在,越为夏人之后,不仅见于文献记载,而且也有考古学材料可资证明。根据《史记·越王句践世家》的记载,夏族支裔应该在少康之后陆续进入今浙江境内,并和当地土著民族逐渐融合,许多民族史学家认为,以上记载是颇有根据的。业师唐嘉弘先生曾经分析,南中国特别是岭南和东南沿海地区普遍发现的靴形器物或靴形钺,并非仅仅为南中国"断发文身"的越族风格的文物或越族特有的文化。"很有可能,这些靴形器物的共源乃出自北中国经常使用黑色石钺(玄钺)的夏族。在夏族后代子孙繁衍增殖和裂变的过程中,逐渐扩散和演化。"[3]既然越为夏人之后,春秋、战国时期在越国都城会稽一带衍生"禹会会稽"和"禹葬会稽"的传说,自然并不奇怪。这一出自越族的古老传说,经过长期流传,到汉代内容更为丰富。为著述《史记》,司马迁"年二十而南游江、淮,上会稽,探禹穴"[4],这表明,司马迁对今浙江境内的禹迹是进行过实地考察的。但作为一位态度严谨的史学家,司马迁并非将以上传说视为绝对真实可靠的信史,其对浙江境内的大禹文化的源头也仅仅追溯至夏后帝少康之时。《史记·越王句践世家》说:"越王句践,其先禹之苗裔,而夏后帝少康之庶子也。封于会稽,以奉守禹之祀。"显然,司马迁只是提到太康以后,夏人支裔才进入今浙江境内,但在《史记·夏本纪》中,司马迁还是依据

---

〔1〕 钱穆:《再论〈楚辞〉地名答方君》,《禹贡》半月刊第七卷第一二三合期,1937年4月。

〔2〕 钱穆:《再论〈楚辞〉地名答方君》,《禹贡》半月刊第七卷第一二三合期,1937年4月。

〔3〕 唐嘉弘:《论"百越"的源流及其葬制》,《中国古代民族研究》,青海人民出版社,1987年,第520页。

〔4〕 《史记》卷一百三十《太史公自序》,中华书局,1959年,第3293页。

先秦时期的文献记载和汉代会稽一带的古老传说，半信半疑地讲道："十年，帝禹东巡狩，至于会稽而崩。"如果将其视为信史，《史记·六国年表》"禹兴于西羌"、《史记·封禅书》正义引《世本》"夏都阳城，避商均也。又都平阳，或在安邑，或在晋阳"等地域上的纠葛将永远无法解释清楚。

4. 征三苗、有扈氏，逐共工及巡省四方等传说兴起的背景

战国时期，统一成为人心所向的历史发展趋势，战争是实现统一的必然之路。在此背景下，禹征三苗、有扈氏，逐共工等故事逐渐兴起。

征三苗的传说较早见于《国语·周语下》："黎、苗之王……上不象天，而下不仪地，中不和民，而方不顺时，不共神祇，而蔑弃五则。是以人夷其宗庙，而火焚其彝器，子孙为隶，下夷为民。"韦昭在为以上文字作注时讲道："黎，九黎。苗，三苗。少皞氏衰，九黎乱德，颛顼灭之。高辛氏衰，三苗又乱，尧诛之。"《国语·周语下》虽然言及诛灭三苗之事，但以为其为传说中帝尧之时"史事"。《尚书·尧典》《孟子·万章上》等战国时期的文献则分别称"窜三苗于三危""杀三苗于三危"的是舜。但较《孟子》略早的《墨子·非攻下》和《墨子·兼爱下》不仅言及禹征三苗之事，而且颇为详细。《墨子·非攻下》云："昔者三苗大乱，天命殛之。日妖宵出，雨血三朝，龙生于苗，犬哭乎市，夏冰，地坼及泉，五谷变化。民乃大振。高阳乃命玄宫。禹亲把天之瑞令以征有苗。四电诱祇。有神人面鸟身，若瑾以侍。搤矢有苗之祥，苗师大乱，后乃遂几。禹既已克有三苗，焉磨为山川，别物上下，卿制大极，而神民不违，天下乃静，此则禹之所以征有苗也。"如果以上文字还包含了不少神话，《墨子·兼爱下》引《禹誓》的记载，则已略似信史："禹曰：'济济有众，咸听朕言。非惟小子，敢行称乱，蠢兹有苗，用天之罚。若予既率尔群对(邦)诸群(君)，以征有苗。"尤其《墨子·兼爱下》引《禹誓》之辞，或当依此前之古老传说，应有所本。战国以后，《战国策·魏策一》将三苗居地进一步明确："昔者三苗之居，左彭蠡之波，右洞庭之水，文山在其南，而衡山在其北。恃此险也，为政不善，而禹放逐之。"三苗为政不善，被禹放逐，显系先秦以来的误传。如果按照较为一致的说法，彭蠡、洞庭、衡山等地皆在江南，显然又与上文所引《史记·六国年表》"禹兴于西羌"、《史记·封禅书》正义引《世本》"夏都阳城，避商均也。又都平阳，或在安邑，或在晋阳"、《墨子·节葬下》："禹东教乎九夷，道死，葬会稽之山"等传说，在地域上发生新的纠葛。钱穆先生试图用地名迁徙的理论调和三苗居地与"禹都阳城"等说法上的矛盾[1]，似乎略有道理，但如果将战国、秦汉以来大禹传说的多元并起和"层累"积成的宏观背景加以综合考察，则不难发现钱氏所谓地名迁徙的理论基础仍显得相当薄弱。

---

[1] 钱穆：《古三苗疆域考》，《燕京学报》1932年第十二期。

除征三苗之外,《庄子·人世间》言及"禹攻有扈",《荀子·成相》云"禹有功,抑下鸿,辟除民害逐共工",《吕氏春秋·召类》另有"禹攻曹、魏、屈骜、有扈"。由此可见,战国时期大禹对周边族群进行军事征服的传说已日益丰富。笔者以为,以上传说概皆与民族融合背景下族群之间的流徙与文化交流有关,其中有若干可信的历史素材,但更多的则是后起的观念。[1]

同样,在《左传》哀公七年"禹合诸侯于涂山,执玉帛者万国"传说的基础上,战国时期的文献中禹又与涂山氏成了亲戚,而且增加了禹省南土、禹省四方的内容。《吕氏春秋·音初》云:"禹行功,见涂山氏之女。禹未之遇而巡省南土,涂山氏之女乃令其妾,候禹于涂山之阳。"《楚辞·天问》则进一步说:"禹之力献功,降省下土四方,焉得彼涂山女,而通之于台桑?"如果说《左传》哀公七年"禹合诸侯于涂山,执玉帛者万国"仅仅言及部落联盟制阶段部落之间会盟的问题,那么《吕氏春秋·音初》《楚辞·天问》则已经将大禹塑造成大一统背景下的"帝王"形象。司马迁在《史记·夏本纪》中也确信大禹已建立了巡狩之制:"十年,帝禹东巡狩,至于会稽而崩。"司马迁不仅将禹巡狩所达地点定得更远,甚至到了今天浙江一带,而且他还根据《尚书·尧典》中的材料,在《史记·五帝本纪》中将巡狩制度追溯至更为遥远的尧舜时代:"于是帝尧老,命舜摄行天子之政,以观天命……岁二月,东巡狩,至于岱宗,祡,望秩于山川。遂见东方君长,合时月正日,同律度量衡,修五礼五玉三帛二生一死为贽。五月,南巡狩;八月,西巡狩;十一月,北巡狩:皆如初。"与此同时还提及远古时期"五岁一巡狩,群后四朝"的所谓古制。关于巡狩之制,《孟子·梁惠王下》说得很清楚:"天子适诸侯曰巡狩。巡狩者,巡所守也。"该书《告子下》说:"天子适诸侯,曰巡狩;诸侯朝于天子,曰述职。""天子""诸侯"显然是文明社会的政治概念,前已论及,大禹所处时代为部落联盟制阶段,既无"天子",也无"诸侯"之称,因此,如果将《吕氏春秋·音初》《楚辞·天问》及《史记·夏本纪》乃至《史记·五帝本纪》中的文字全部视为虞、夏之际的信史,显然疑点是比较多的。

5. 禅让及篡夺两种传说的分歧

尧、舜、禹、益之间的关系问题,文献中有两种截然不同的说法。

《孟子·万章上》说:"昔者舜荐禹于天,十有七年,舜崩,三年之丧毕,禹避舜子于阳城,天下之民从之,若尧崩之后不从尧之子而从舜也。禹荐益于天下,

---

[1] 周书灿:《三苗南迁与湖南境内虞夏传说的发生》,《贵州民族研究》2007年第5期;周书灿:《文化播迁与山东境内大禹传说探析》,《河北师范大学学报》2008年第1期;周书灿、毛长立:《共工氏流徙的考古学考察》,《文物春秋》2008年第2期;周书灿:《大禹与防风氏传说的发生与分化》,《绍兴文理学院学报》2008年第3期;周书灿:《虞夏之际族群流徙、混融的考古学研究》,《贵州师范大学学报》2008年第5期;周书灿:《民族认同与高密境内的鲧、禹传说》,《苏州科技学院学报》2009年第4期。

七年，禹崩，三年之丧毕，益避禹之子于箕山之阴。朝觐讼狱者不之益而之启，曰：'吾君之子也。'讴歌者不讴歌益而讴歌启，曰：'吾君之子也。'……启贤，能敬承继禹之道……孔子曰：'唐虞禅，夏后殷周继，其义一也。'"在郭店楚简《唐虞之道》和上博简《子羔》《容成氏》出土之前，《孟子·万章上》中的一段文字，是关于禅让传说的最早且较为系统的记录。裘锡圭先生说，《唐虞之道》和上博简《子羔》《容成氏》的作者的时代"大概早于孟子，最晚也应与孟子同时"。《唐虞之道》和《子羔》《容成氏》都是竭力推崇禅让的。它们的作者还都认为，在夏代之前曾经相当普遍地实行过禅让制。由此可知，早于孟子或与孟子同时的战国儒家中，有些人是非常推崇禅让制的。[1]1936年，顾颉刚先生于《史学集刊》第一期发表《禅让说起源于墨家考》一文。新出土资料纠正了顾氏先前的某些推断，但不少学者仍然颇为重视《禅让说起源于墨家考》一文的学术贡献。如裘锡圭先生即曾指出："顾氏指出战国时代盛传的尧舜禅让等传说，把受禅者说成有贤德的平民，这种说法只有在战国时代的社会背景下才能产生，决不反映历史事实。这是完全正确的。"[2]综合以上分析可知，夏代之前确曾较为普遍地存在过禅让制，其不可能皆为战国时期儒家、墨家毫无根据的虚构，这一点，目前学术界已基本上持赞同观点。

与以上说法截然不同的是较孟子时代稍晚的荀子、韩非子等的观点。《荀子·正论》指出："世俗之为说者曰：'尧舜擅让。'是不然。天子者，势位至尊，无敌于天下，夫有谁与让矣？"他由此断言："夫曰尧舜擅让，是虚言也，是浅者之传，陋者之说也。"继荀子之后，《韩非子·说疑》更对尧、舜、禹之间继承的关系提出了与《孟子》等完全不同的说法："舜逼尧，禹逼舜……人臣弑其君者也。"尤其从禹到启之间的权力争夺，不少文献记载较为一致。《韩非子·外储说右下》："禹爱益，而任天下于益。已而以启人为吏。及老，而以启为不足任天下，故传天下于益，而势重尽在启也。已而启与友党攻益而夺之天下，是禹名传天下于益，而实令启自取之也。"《晋书·束皙传》引《纪年》云："益干启位，启杀之。"以后刘向辑录《战国策·燕策一》亦有与《韩非子·外储说右下》极类似的文字："禹授益，而以启为吏。及老，而以启为不足任天下，传之益也；启与支党攻益而夺之天下。是禹名传天下于益，其实令启自取之。"以上几段文字说明，大禹所处的时代，正是禅让制开始遭到破坏，世袭制逐渐确立的转折时期。以后，司马迁对这一时代背景并未真正搞清楚，所以"夏本纪"中没有透露出这一历史信息，而仅仅用了"益之佐禹日浅，天下未

〔1〕 裘锡圭：《新出土先秦文献与古史传说》，《北京大学中国古文献研究中心集刊》第4辑，北京大学出版社，2004年。

〔2〕 裘锡圭：《新出土先秦文献与古史传说》，《北京大学中国古文献研究中心集刊》第4辑，北京大学出版社，2004年。

洽，故诸侯皆去益而朝启”寥寥数语，将这一历史转折时期的重要史事，完全掩盖了。

综上所述，战国时期大禹的传说，内容更趋丰富。但值得注意的是，除了少量传说为西周以来的旧说外，“很多古史记载都受到作者的观点的影响，甚或是为了适应一定的观点而加以改造的”〔1〕。正因为如此，我们应对战国时期流传的大禹的各种传说进行科学的缕析和深入的研究。与此同时，战国时期大禹传说的不断丰富，在一定程度上进一步验证了顾颉刚先生“层累说”的科学性。

四、司马迁对西周以来大禹传说的取舍与统一

综前所述，西周以来见于传世文献和新出土文献中的大禹传说，随着时间的推移和时代的变迁，不断完善和丰富。西汉时期杰出的史学家司马迁充分收集了自西周以来有关大禹的种种传说，并做了大量的实地调查。在对各种不同的传说进行了比较取舍之后，司马迁初步完成了大禹文化的“定型”与“统一”。

通读《史记·夏本纪》，则不难发现，经过司马迁“统一”后的大禹“史事”主要包括以下几个方面：

(1) 自传说中的黄帝到禹的“家世”；

(2) 洪水传说、鲧治水失败及舜举禹治水；

(3) 禹联合益、后稷治水成功，开九州；

(4) 定贡物、贡道，划九州，定五服；

(5) 明度数声乐，为山川神主；

(6) 受舜荐举而即天子位；

(7) 授政皋陶、举益任政；

(8) 东巡狩，崩会稽，授益天下，禹子启即天子之位。

《史记·夏本纪》不仅保留了大禹为山川神主和治水的较为原始的素材，同时亦塑造了出自传说的黄帝之后的大禹定九州五服，政令天下的一代“君王”形象。尤其《史记·夏本纪》对大禹划九州、定贡赋和五服的记载，文字最多，说明司马迁对《禹贡》所记，笃信不疑。随着先秦史研究的深入，学术界已很少有人将《禹贡》所记区域范围与九州、五服之制，与传说中的大禹相联系，这表明，司马迁对先秦时期流传已久的大禹传说的综合和“统一”，是有历史局限的。还应注意的是，对于先秦以来流传于不同时期的涂山之盟、征伐四夷、禅让制的破坏等传说，司马迁则几乎一字不提，这也表明其对于不断发生

〔1〕 李学勤：《古本〈竹书纪年〉与夏代史》，《华夏文明》第一集，北京大学出版社，1987年。

流变的各种古老传说的考订，尚不够深入。因此，在我们今天看来，司马迁对大禹文化的综合、“定型”和“统一”与先秦时期真实的大禹形象，有着不小的出入。若以《史记·夏本纪》所记大禹史事作为夏代之前的“信史”，显然疑问不少，问题多多。

20世纪20年代以来，自顾颉刚先生提出著名的“层累地造成的中国古史”观以后，信古与疑古之间的学术交锋就从来没有停止过。本文就大禹文化的发生、流变、综合、定型与统一的过程，从一个侧面证明，疑古永远是解开历史谜团的一把钥匙，顾颉刚先生的“层累地造成的古史”观的著名理论，是科学的。

（原载《文史》2011年第1辑）

鲧之传说的地域分野与鲧生高密的历史地理学解析

鲧是先夏史研究中颇为值得关注的关键性人物。先秦文献中留下不少有关鲧之活动的记载,在我们今天看来,这些内容各异甚至自相矛盾的文字记录,包含许多产生于不同历史时期、来自于不同地域的传说资料,将其完全视为可靠的信史,显然是不科学的。然而,将中华先民数千年留下来的有关鲧之史事的内容丰富的传说资料,一概视为古人毫无根据的向壁虚构,同样是有问题的。廓清神话传说背后的重重迷雾,揭示远古历史的本来面目,是先秦史研究的重要内容之一。田野考古工作的全面展开与考古学研究的逐步深入,文化人类学、历史地理学、民俗学等学科的蓬勃发展,为这一有重要价值的研究不断提供更为丰富的研究素材和日臻科学的方法理论。本文拟在此学术背景下,重新提出鲧之传说中若干聚讼纷纭的问题,并予以较为全面系统的考察,以期求教于学术界的同仁和方家。

一、鲧之传说的综合考察及若干真实史影的分析

先秦文献中,屡屡有鲧之传说的记载。若将这些传说资料综合起来,系统地加以考察,则可以获得不少有重要价值的历史信息。

《左传》僖公三十三年:"舜之罪也殛鲧,其举也兴禹。"

《左传》文公二年:"祀,国之大事也,而逆之,可谓礼乎? ……故禹不先鲧,汤不先契,文、武不先不窋。"

《左传》桓公三年:"昔尧殛鲧于羽山,其神化为黄熊,以入于羽渊,实为夏郊,三代祀之。"

《国语·周语下》:"其在有虞,有崇伯鲧,播其淫心,称遂共工之过,尧用殛之于羽山。"

《国语·周语下》:"其兴者,必有夏、吕之功焉;其废者,必有共、鲧之败焉。"

《国语·鲁语上》:"鲧鄣洪水而殛死,禹能以德修鲧之功。"

《国语·鲁语上》:"夏后氏禘黄帝而祖颛顼,郊鲧而宗禹。"

《尚书·洪范》:"在昔,鲧堙洪水,汨陈其五行。帝乃震怒,不畀其洪范九畴,彝伦攸斁。鲧则殛死,禹乃嗣兴。"

《国语·晋语五》:“是故舜之刑也殛鲧,其举也兴禹。”

《国语·晋语八》:“昔者鲧违帝命,殛之于羽山,化为黄熊,以入于羽渊,实为夏郊。”

《国语·吴语》:“今王既变鲧、禹之功,而高高下下,以罢民于姑苏。”

《山海经·海内经》:“黄帝生骆明,骆明生白马,白马是为鲧。”

《山海经·海内经》:“鲧窃帝之息壤以湮洪水,不待帝命。帝令祝融杀鲧于羽郊。”

《尚书·尧典》:“流共工于幽州,放驩兜于崇山,窜三苗于三危,殛鲧于羽山,四罪而天下咸服。”

《孟子·万章上》:“舜流共工于幽州,放驩兜于崇山,杀三苗于三危,殛鲧于羽山,四罪而天下咸服。”

《墨子·尚贤》:“昔者伯鲧,帝之元子,废帝之德庸,既乃刑之于羽郊。”

《楚辞·天问》:“伯禹腹鲧,夫何以变化?”

《吕氏春秋·君守》:“夏鲧作城。”《世本·作篇》(茆泮林辑本)亦载:“鲧作城郭。”

综合以上材料,不难发现,先秦文献所载鲧之史迹大体上可以归纳为以下几点:

(1) 鲧与尧、舜所处的时代相当,为崇地部落首领;

(2) 鲧采用堵的办法治理洪水失败,而被殛;

(3) 鲧被殛的地点是在羽山、羽渊一带;

(4) 鲧、禹系父子关系,禹继承鲧的事业,治水成功;

(5) 鲧始作城郭。

值得注意的是,在长期口耳相传的过程中,有关鲧的某些史事也出现不小的分歧:

(1)《左传》桓公三年说鲧被尧所殛;《山海经·海内经》说“帝令祝融杀鲧于羽郊”;《尚书·尧典》《孟子·万章上》则说“殛鲧于羽山”者是舜。这大概是由于传说时代的人名、地名及年代均存在很多未知因素,大同小异,可略而不论。

(2)《左传》桓公三年和《国语·晋语八》均提到,鲧被殛于羽山后,“化为黄熊”,此种传说未见于其他同时期的文献记载,说明该种传说并不普遍流行,而只是发生于某些特定的区域。

(3)《左传》文公二年和《国语·鲁语上》提到鲧和禹都作为夏的先祖受到夏人的祭祀。《尚书·尧典》《孟子·万章上》则均将鲧列为四罪之一,出入较大。这说明,鲧的传说在流传过程中由于受到学者们认识和理解方面的局限,不断发生讹变。

从《国语》的记载看,东周时期,鲧的传说在周、晋、鲁等地流传较为广泛,从地域上讲,以上地区大体上均在黄河中下游地区。随着田野考古工作的全面展开，有关鲧在以上地区的某些传说逐渐得到考古学资料的印证，可信度大大增加。

远古时期洪水的传说具有一定的普遍性，其广泛流传于国内外的许多民族中。这一点早已引起学术界的高度关注。近年来，山西襄汾陶寺、河南辉县孟庄等龙山时代的城址中，相继发现洪水泛滥留下来的痕迹。有的学者认为，陶寺遗址的废弃可能与洪水泛滥有关。〔1〕孟庄龙山城址在龙山文化晚期至二里头时期以前毁于洪水的迹象十分明显。〔2〕在黄河下游的平原地区，距今4000多年的龙山时代的遗址多位于高于周围数米的人工堆筑的“堌堆”之上，“显然是为了防御洪水的危害”〔3〕。以上材料充分表明，先秦文献中鲧治洪水的传说，绝非空穴来风，而是史前时期确曾发生过的重大历史事件。

同样，鲧作城郭的传说也逐渐得到考古学材料的证明。1993年—1995年国家文物局考古领队培训班所发掘的郑州西山仰韶时代晚期城址，距今5300—4800年，这是迄今我国发现年代最早的古城遗址。〔4〕到龙山时期，古城址的数量迅速增加。目前考古工作者在山西、河南、山东境内发现的龙山时期的城址主要有襄汾陶寺〔5〕、登封王城岗〔6〕、淮阳平粮台〔7〕、新密古城寨〔8〕、辉县孟庄〔9〕、郾城郝家台〔10〕、安阳后岗〔11〕、章丘城子崖〔12〕、寿光边

〔1〕梁星鹏、严志斌：《陶寺城址的发现及其对中国古代文明起源研究的学术意义》，《中国社会科学院古代文明研究中心通讯》2002年第3期。

〔2〕袁广阔：《关于孟庄龙山城址毁因的思考》，《考古》2000年第3期。

〔3〕王巍：《公元前2000年前后我国大范围文化变化原因探讨》，《考古》2004年第1期。

〔4〕杨肇清：《新石器时代考古获重大发现——郑州西山仰韶晚期遗址面世》，《中国文物报》1995年9月10日。

〔5〕中国社会科学院考古研究所山西工作队、临汾地区文化局：《山西襄汾县陶寺遗址发掘简报》，《考古》1980年第1期；中国社会科学院考古研究所山西工作队、临汾地区文化局：《陶寺遗址1983年—1984年Ⅲ区居住址发掘的主要收获》，《考古》1986年第9期。

〔6〕河南省文物研究所、中国历史博物馆考古部：《登封王城岗遗址的发掘》，《文物》1983年第3期；河南省文物研究所、中国历史博物馆考古部：《登封王城岗与阳城》，文物出版社，1992年；方燕明：《河南登封王城岗遗址发现龙山晚期大型城址》，《中国文物报》2005年1月28日1版。

〔7〕河南省文物研究所：《河南淮阳平粮台龙山文化城址试掘简报》，《文物》1983年第3期。

〔8〕蔡全发、马俊才、郭木森：《河南新密市发现龙山时代重要城址》，《中原文物》2000年第5期；河南省文物考古研究所、新密市炎黄历史文化研究会：《河南新密市古城寨龙山文化城址发掘简报》，《华夏考古》2002年第2期。

〔9〕袁广阔：《河南辉县发现龙山文化城址》，《中国文物报》1992年12月6日；河南省文物考古研究所：《河南辉县市孟庄龙山文化遗址发掘简报》，《考古》2000年第3期。

〔10〕河南省文物研究所：《郾城郝家台遗址的发掘》，《华夏考古》1992年第3期。

〔11〕中国社会科学院考古研究所安阳工作队：《1979年安阳后岗遗址发掘报告》，《考古学报》1985年第1期。

〔12〕中央研究院历史语言研究所：《城子崖》，1934年；山东省文物考古研究所：《城子崖遗址又有重大发现，龙山岳石周代城址重见天日》，《中国文物报》1990年7月26日。

线王[1]、邹平丁公[2]以及阳谷、东阿、茌平三县相连的八座龙山文化城址[3]等。以上考古学资料表明，先秦文献中鲧作城郭的传说，必然有大量真实的历史素材，较为可信。

同样，鲧治水失败被殛的传说，似乎也可以从中外民族史、民族志中找到旁证。

英国著名人类学家詹·乔·弗雷泽在其《金枝》一书中对某些民族的习俗作了较为系统的论述：

> "在早期社会的一定阶段，人们以为国王或祭司有天赋的超自然力量，或是神的化身。与这种信念相一致，他们还认为自然的过程也或多或少在他的控制之下，如果气候不好，庄稼歉收，以及其他类似的灾难，他都要负责……因此，如果旱灾、饥馑、疫病和风暴发生，人民便归咎于国王的失职或罪尤，从而相应地鞭笞、桎梏以惩治之，如果他执拗不悔，便废除他的王位，甚至处死他。"[4]

以上记载，在商、周时期，亦可找到类似的例证：

《史记·殷本纪》："帝太甲既立三年，不明，暴虐，不遵汤法，乱德，于是，伊尹放之于桐宫……帝太甲居桐宫三年，悔过自责，反善，于是伊尹乃迎帝太甲而授之政。"

《国语·周语上》："厉王虐，国人谤王。邵公告曰：'民不堪命矣！'王怒，得卫巫，使监谤者，以告，则杀之，国人莫敢言，道路以目……三年，乃流王于彘。"

古今学者对先秦文献所载"殛鲧于羽山"之"殛"，历来有两种不同解释，或释为"诛杀"，或释为"流放"。太甲和厉王都曾遭到流放，虽最终结局不同，但实质上确与鲧治水失败被殛有诸多相似之处。只是历史发展到商周时期，与鲧所处时代相比，社会形态发生了重大变化，因此发生了太甲桐宫之幽和厉王奔彘，氏族部落阶段的原始民主制因素日渐衰退，但其残余在早期国家阶段仍继续发挥作用并对国家政治生活产生重要影响。

综上所述，先秦文献中有关鲧的诸多传说的记载，均有大量可信的历史素材，较为真实地反映出文明社会前夕的若干史影，我们应在对其进行科学分析的基础上，有机地结合考古学、文化人类学等相关学科的丰富资料，逐步揭示出真实的历史面目。

---

〔1〕 杜在忠：《边线王龙山文化城堡的发现及其意义》，《中国文物报》1988 年 7 月 15 日。

〔2〕 山东大学历史系考古教研室：《邹平丁公发现龙山文化城址》，《中国文物报》1991 年 1 月 12 日。

〔3〕 山东省文物考古研究所、聊城地区文研室：《鲁西发现两组八座龙山文化城址》，《中国文物报》1995 年 1 月 22 日。

〔4〕 詹姆斯·乔治·弗雷泽著，徐育新、汪培基、张泽石译：《金枝》，大众文艺出版社，1998 年，第 256 页。

二、从鲧迹分布看鲧之传说的地域分野

由于时代久远，鲧的传说中显然增加了不少后人附会的成分，如目前保留在全国各地的"鲧堤"等遗迹，数量颇多，如果一概将其视为鲧时所筑，则必然会由于与历史事实多相互抵触而产生一系列混乱。为了进一步搞清文化播迁背景下历史与传说先后发生的次第，兹将笔者所搜集到的各地传说中的"鲧堤"等遗迹列举如下：

名称	地点	传说内容	出处
鲧堤	河南浚县	浚县北有鲧堤；内黄亦有之	《正德大名府志》，上海古籍书店，1981年
鲧堤	河南滑县	在废临河县西十五里，鲧治水筑	康熙《滑县志》第二卷《封域志·山川》，国家图书馆分馆编《清代孤本方志选》第二辑，线装书局，2001年
鲧堤	河南濮阳	鲧堤在开州（今濮阳）西十里，鲧治水所筑	咸丰《大名府志》（一）卷之五《山川》，《中国地方志集成·河北府县志辑》，上海书店，2006年
鲧堤	河南内黄	内黄界中有泽，方数十里，环立有堤盖鲧所筑，以捍孟门者也	《汉书·沟洫志》
鲧堤	河南安阳	寰宇记，安阳县鲧堤，鲧所筑以捍孟门水，今谓之三仞城	四部丛刊续编，册二十七，《大清一统志》卷一百九十七《河南安阳》，引《寰宇记》
鲧堤	河北威县	旧志载自堂阳延入甘陵经威县邵固集北……今邵固集东堤址仍存	《民国威县志》卷二《舆地志·古迹》，《中国地方志集成·河北府县志辑》，上海书店，2006年
金堤	河北故城	在故城县西南，又有鲧堤，在县西南三十里，自广宗县入县境，相传鲧治水时所筑，皆横亘千里	四部丛刊续编，册十六，《大清一统志》卷二十二，《河北故城》
鲧堤	河北清河	即大堤村，相沿所称，赵王河之东岸也	《民国清河县志》卷二《舆地志·河渠》，《中国地方志集成·河北府县志辑》，上海书店，2006年

续表

名称	地点	传说内容	出处
古堤	山东冠县	古堤或谓之鲧堤	《道光冠县志》卷一《山川》,《中国地方志集成·山东府县志辑》,凤凰出版社,2004年
鲧堤	山东德平	相传为伯鲧所筑,约十余里	四部丛刊续编,册二十五,《大清一统志》卷一百六十二,《山东德平》
古堤	山东临清	寰宇记,鲧堤在历亭县东三十五里	四部丛刊续编,册二十六,《大清一统志》卷一百八十四,《山东临清》,引《寰宇记》
鲧堤	山东博平	旧志西距禹堤是也,或曰鲧堤,《山海经》云鲧窃帝之息壤(原文误作"城")以堙洪水,然亦不可考云	《道光博平县志》卷二《地理·山川纪》,《中国地方志集成·山东府县志辑》,凤凰出版社,2004年
羽山	山东蓬莱	寰宇记,即殛鲧处,按殛鲧于羽山在东海	四部丛刊续编,册二十六,《大清一统志》卷一百七十三,《山东蓬莱》,引《寰宇记》
羽山	山东郯城	禹贡羽山,鲧殛羽山,其神化为黄熊入于羽渊,则此羽山为鲧殛处无疑矣	四部丛刊续编,册二十六,《大清一统志》卷一百七十七,《山东郯城》,引《禹贡》

值得注意的是,以上材料反映出鲧的传说基本上集中发生在今河南东北、河北东南及山东境内。将发生在以上区域内的鲧的传说全部视为信史,显然疑点颇多。

古代文献较为一致地称鲧为崇伯。如前引《国语·周语下》明确提到"其在有虞,有崇伯鲧"。崇地所在,长期以来学术界争议甚大,其中影响较大的是陕西丰镐说和河南嵩县说。《史记·周本纪》"崇侯虎"下《正义》引皇甫谧说:"夏鲧封。虞、夏、商、周皆有崇国,崇国盖在丰镐之间。《诗》云'既伐于崇,作邑于丰',是国之地也。"周原11号窖穴所出22号、156号卜骨分别有"虫伯""虫"之刻辞。上古崇在冬部,床母;虫在冬部,定母。音同字假,故有的学者以为"虫伯似为崇伯"[1]。然韦昭在为《国语·周语上》"昔夏之兴也,融降于崇山"一语作注时则说:"崇,崇高山也。夏居阳城,崇高所近。"王念孙《读书杂志·汉书杂志·崇高》说:"古无'嵩'字,以'崇'为之,故《说文》有

〔1〕 徐锡台:《周原出土的甲骨文所见人名、官名、方国、地名浅释》,《古文字研究》第一辑,中华书局,1979年。

'崇'无'嵩'。经传或作'嵩',或作'崧',皆是'崇'之异文。"顾颉刚、刘起釪先生说:"'崇'就是后代的'嵩',亦即现在河南登封附近的嵩山一带地,现在的嵩县显然也是沿其旧称的地境之一。"[1]目前,不少学者更倾向于崇伯所在为今河南嵩县一带。[2]以上两种说法,孰是孰非,暂且不论,但可以肯定的是,古代文献所载崇伯鲧的地望不当在晚出材料所见的今河南东北、河北东南及山东境内等地范围内。正因为如此,以上区域范围内的鲧的遗迹和传说,不断受到学术界的质疑。如清康熙十三年刻本《临清县志》载:"禹未尝为堤,即鲧堙洪水亦不当在此地。"不久前,考古工作者曾对河北临西一处据说早于大禹治水的"鲧堤"进行发掘,"鲧堤"被新近的考古发现证明为宋代黄河大堤。[3]总之,将今天河南东北、河北东南及山东境内的"鲧堤"等遗迹,皆视为大禹治水前崇伯鲧所筑,显然难以令人完全信服。

与此同时,则似乎很容易发现,鲧的传说从发生到衍变,地域范围逐步扩大,并且地理范围主要集中在古代黄河下游地区,历史的真实性越来越小,传说因素不断增加。今天河南东北、河北东南及山东境内大量鲧的传说的发生,似乎在很大程度上与古代黄河下游地区堤防工程的修建有较为密切的关系。根据谭其骧先生的研究,先秦时期,黄河下游河道能够确知的主要有三条,即"禹贡"河、"山经"河和"汉志"河。前两道在今河北平原偏西,沿太行山北麓北流。《山经》所载大河下游大致北流至永定河冲积扇南缘,折东走今雄县、霸县一线,至今天津市区附近入海;《禹贡》所载大河下游在今深县与《山经》所载大河别流,穿过平原中部,于青县以东入海;而《汉志》所载河道则离开了太行山东麓,经豫东北、鲁西北、冀东南,至黄骅县入境。上述三条河道在战国中期以前或迭为主次,或同时存在,而以流经《汉志》所载大河为常。[4]《汉志》所载河道流经豫东北、鲁西北、冀东南广大地区,地势低平,河水定期泛滥,所以战国、秦汉时期堤防建筑颇为普遍。《汉书·沟洫志》载贾让上奏汉哀帝的一段话,详述了战国、秦汉时期堤防建筑的若干情况:

"盖堤防之作,近起战国,雍防百川,各以自利。齐与赵、魏以河为竟。赵、魏濒山,齐地卑下,作堤去河二十五里。河水东抵齐堤,则西泛赵、魏,赵、魏亦为堤去河二十五里……今堤防狭者去水数百步,远者数里。近黎阳南故大金堤,从河西西北行,至西山南头,乃折东,与东山相属。民居金堤东,为庐舍,往十余岁更起堤,从东山南头直南与故大堤

---

〔1〕 顾颉刚、刘起釪:《〈尚书·西伯戡黎〉校释译论》,《中国历史文献研究集刊》第1集,湖南人民出版社,1980年。

〔2〕 徐中舒:《西周史论述》(上),《四川大学学报》1979年第3期;金景芳:《中国奴隶社会史》,上海人民出版社,1983年,第109页;马世之:《文王伐崇考》,《史学月刊》1989年第2期。

〔3〕 魏振军、王文化:《河北临西"鲧堤"原为宋代黄河大堤》,《人民日报》2004年9月20日第五版。

〔4〕 谭其骧:《汉代以前的黄河下游河道》,《历史地理》创刊号,1981年。

会。又内黄界中有泽,方数十里,环之有堤……东郡白马故大堤亦复数重,民皆居其间。从黎阳北尽魏界,故大堤去河远者数十里,内亦数重,此皆前世所排也。河从河内北至黎阳为石堤,激使东抵东郡平刚;又为石堤,使西北抵黎阳、观下;又为石堤,使东北抵东郡津北;又为石堤,使西北抵魏郡昭阳;又为石堤,激使东北。百余里间,河再西三东,迫厄如此,不得安息。"

从以上文字可以看出,战国、秦汉时期,黄河下游地区堤防建筑颇为普遍。这些数量众多的堤防正是衍生出今豫东北、鲁西北、冀东南大量"鲧堤"遗迹的素地和产生丰富的鲧的传说的沃土。从这重意义上讲,大量后起的鲧的遗迹和传说,只能诠释为一种普遍发生在一定地域的文化现象,将其完全视为可靠的信史,显然是不科学的。

三、鲧生高密的历史地理学解析

《世本·帝系篇》云:"颛顼生鲧,鲧生高密,是为禹。"《世本·帝系篇》又云:"鲧娶有莘氏之女,谓之女志,是生高密。"宋衷注:"高密,禹所封国。"鲧生高密的传说流传已久,显然应该有一些历史依据。然而,由于缺乏相关的佐证材料,《世本·帝系篇》所言"鲧生高密"的传说,显然也存在诸多相互矛盾之处。《世本·帝系篇》说"鲧生高密,是为禹",则似乎高密当作人名,而宋衷又云"高密,禹所封国",显然高密又成了地名。至于说高密为"禹所封国",则更系臆说。因为鲧、禹所处的时代,既无所谓的分封,更无所谓的封国。尤其前面已作分析,鲧的传说最初应发生于今河南嵩县一带。高密作为地名,沿用至今,二者之间距离过于悬远。从族属上讲,其自然应分属于不同的族群,两个地区之间的新石器时代晚期的考古学文化面貌差异也很大。对鲧生高密的传说如何理解,的确是先夏史研究中的一个不小的难题,很值得学术界进行深入的思考。

在近代疑古思潮兴起之前,封建时代的史学家往往将鲧生高密视为信史,在我们今天看来,这一考察远古时期历史问题的方法显然存在很大的局限性。近现代疑古派学者顾颉刚先生先后撰写《九州之戎与戎禹》[1]和《鲧禹的传说》(与童书业先生合作)[2],从论证大禹的天神性和神职出发,认为大禹只是神话中的人物,是主管山川田土的神,不可能治水,更不可能划定九州,"无论如何,遍治四方名山一事,在禹的时代决计不是人力所能的"。尤其自《鲧禹的传说》发表后,鲧禹父子变成了人神两栖的人物,鲧、禹被彻底逐出

---

〔1〕《禹贡》半月刊第七卷第六、七期合刊,1937年,收入《古史辨》第七册下编,上海古籍出版社,1982年,第117—142页。

〔2〕顾颉刚:《古史辨》第七册下编,上海古籍出版社,1982年,第142—195页。

历史。迄今为止，在绝大多数史学家看来，鲧、禹仍然是史前的政治领袖或文化英雄，而在原始宗教信仰领域则一直杂厕于神鬼妖怪之中，或者他们自身就是非人的怪物了。如童书业先生即指出，“鲧禹之传说大概起于西方古代民族……至于鲧禹是否夏族之先，姑假定为是，然亦非无可疑之处。鲧禹神话极丰富而复杂，是否确有其人而为古代部落酋长，后渐神话？亦只能存疑，现时尚不能臆断”[1]。然而，在考古学研究全面深入和“走出疑古”思潮的影响下，越来越多的学者则更加确信鲧禹的传说中包含有较为真实可靠的历史内容，不可全盘否定。尤其根据前文分析，先秦文献中有关鲧的诸多传说的记载，即包含有大量可信的历史素材，能够较为真实地反映出文明社会前夕的若干史影。因此，对于《世本·帝系》“鲧生高密”的记载还是有必要进行一番深入的分析。

兹从“密”字入手，对以上文献记载中的若干疑点进行一番新的探讨。《尔雅·释山》：“山如堂者密。”邢昺疏：“释曰言山形如堂室者名密。”徐中舒先生说：“我国地势西北高，东南低。古代各族人民总是从高向低迁徙……高辛氏所反映的是地处低地，森林覆盖茂密，居住区为遮蔽较为阴暗的地方居民；而高阳氏则反映高原地带林木早经砍伐，阳光普照的农业区。”[2]既然“密”最初可能用作泛称，“高密”就很有可能泛指远古时期某些“如堂室者”的地形。《国语·周语下》称鲧为“崇伯”，前文已作分析，“崇”用作地名，即嵩也，在今河南嵩山一带。嵩山在古代文献中又称嵩高山或崧高山。《诗·大雅·崧高》：“崧高维岳，骏极于天。”《毛传》：“崧，高貌，山大而高曰崧。”按照《国语·周语下》的说法，鲧治洪水的方法起初和共工氏类似，“壅防百川，堕高堙庳”，最终导致治水失败。到伯禹的时候方将治水方法加以改进，“高高下下，疏川导滞，钟水丰物，封崇九山，决汨九川，陂鄣九泽”，以疏导为主。从“堙”到“导”，既是远古先民治水经验逐渐丰富的反映，同时也与治水地域地理形势不断发生变化有关。《尚书·禹贡》记载远古时期先民“降丘宅土”，所谓“降”，概指洪水退后中华先民逐渐从地势较高的“丘”地迁移至地势相对平坦的平地上生产生活的客观历史实际。这一点，在考古学资料中也有反映。张之恒先生曾经对中国新石器时代遗址的分布规律进行过深入探讨。张先生指出，黄河流域新石器时代早中期遗址分布于太行山和豫西山地与华北平原的交汇区，新石器时代晚期遗址则扩展到渭河平原、华北平原和黄淮平原。[3]综合以上材料，不难确知，《世本·帝系篇》“鲧生高密”的传说，大体上反映了远古时期鲧及其治水的传说，发生在地势较高的今天河南嵩山

〔1〕 童书业：《春秋左传研究》，上海人民出版社，1980年，第18—19页。
〔2〕 徐中舒：《先秦史论稿》，巴蜀书社，1992年，第18—19页。
〔3〕 张之恒：《中国新石器时代遗址的分布规律》，《四川文物》2007年第1期。

一带,《世本》作者硬是将“生活”之意的“生”,机械地理解为“生育”的意义,从而主观地杜撰出“颛顼生鲧,鲧生高密,是为禹”的帝王家谱式的世系。以后,山东省境内更有“高密”县名,原本纯属巧合,但由于受地域观念影响,“高密”不仅成了禹本人的“名字”,更成了大禹的“封国”,以讹传讹,谬种流传,误人不浅。

综合以上论述,大体可以获得以下几点基本认识:

(1) 先秦文献中有关鲧的诸多传说的记载,均有大量可信的历史素材,较为真实地反映出文明社会前夕的若干史影,我们应在对其进行科学分析的基础上,有机地结合考古学、文化人类学等相关学科的丰富资料,逐步揭示出其真实的历史面目。

(2) 战国、秦汉时期,黄河下游地区堤防建筑颇为普遍。这些数量众多的堤防正是衍生出今豫东北、鲁西北、冀东南大量“鲧堤”遗迹的素地和产生丰富的鲧的传说的沃土。从这重意义上讲,大量后起的鲧的遗迹和传说,只能诠释为一种普遍发生在一定地域的文化现象,将其完全视为可靠的信史,显然是不科学的。

(3)《世本·帝系篇》“鲧生高密”的传说,大体上反映了远古时期鲧及其治水的传说,发生在地势较高的今天河南嵩山一带,《世本》作者硬是将“生活”之意的“生”,机械地理解为“生育”的意义,从而主观地杜撰出“颛顼生鲧,鲧生高密,是为禹”的帝王家谱式的世系,其与历史实际大相径庭。

(原载《人文杂志》2008 年第 6 期)

洞庭湖流域初期社会复杂化与文明化进程研究

长期以来，中国文明起源问题一直是国内外史学界和考古学界普遍关注和高度重视的一个世界性重大课题。20世纪70年代以来，重大考古发现层出不穷，无论是田野考古涉及的地域还是发现的遗迹、遗物的数量都具有空前的收获，从而为研究中国文明起源这一重大问题提供了丰富的实物资料。尤其在长江流域新石器时代考古发掘的推动下，长江流域文明起源问题成为近年来中国古史研究的一个新的热点。洞庭湖流域是探索我国长江中游地区文明起源的重要区域之一，对洞庭湖流域初期社会复杂化与文明化进程这一学术问题进行一番较为深入细致的探讨，有利于使整个中国文明起源的研究得到深化，使诸多相关学术难题得到较好的解决。

一、澧水流域和沅江下游新石器考古学文化序列与洞庭湖流域初期社会复杂化进程

根据目前洞庭湖流域的新石器时代考古学资料的文化内涵分析，该流域新石器时代文化主要分布在洞庭湖西北岸澧水流域和沅江下游、湘江和资江中下游、沅江中上游、湘江和资江上游四个地区。其中，洞庭湖西北岸澧水流域和沅江下游一带，考古工作做得最多。自1974年冬以来，考古工作者对澧县三元宫遗址〔1〕，澧水流域和沅江下游一带澧县丁家岗〔2〕、彭头山〔3〕、八十垱〔4〕、孙家岗〔5〕、城头山〔6〕，安乡县汤家岗〔7〕、划城岗〔8〕，临澧县胡家

〔1〕 湖南省博物馆：《澧县梦溪三元宫遗址》，《考古学报》1979年第4期。
〔2〕 湖南省博物馆：《澧县东田丁家岗新石器时代遗址》，《湖南考古辑刊》第1辑，岳麓书社，1982年。
〔3〕 湖南省文物考古研究所、澧县文物管理所：《湖南澧县彭头山新石器时代早期遗址发掘简报》，《文物》1990年第8期。
〔4〕 湖南省文物考古研究所：《湖南澧县八十壋新石器时代早期遗址发掘简报》，《文物》1996年第12期。
〔5〕 湖南省文物考古研究所、澧县文物管理处：《澧县孙家岗墓群发掘简报》，《文物》2000年第12期。
〔6〕 湖南省考古研究所、湖南省澧县文物管理所：《澧县城头山屈家岭文化城址调查与试掘》，《文物》1993年第12期；湖南省文物考古研究所：《澧县城头山古城遗址1997—1998年度发掘简报》，《文物》1999年第6期。
〔7〕 湖南省博物馆：《湖南安乡县汤家岗新石器时代遗址》，《考古》1982年第4期。
〔8〕 湖南省博物馆：《安乡划城岗新石器时代遗址》，《考古学报》1983年第4期。

屋场[1],石门县皂市(下层)[2],津市罗家台[3]等新石器时代文化遗址进行了大面积的科学发掘,该区域的考古学文化编年已较为清楚。就目前所掌握的考古学资料看,该地区的新石器时代考古学文化从距今9000年开始,大致可以建立起彭头山文化(距今9000～7800年)—皂市下层文化(距今7800～6800年)—汤家岗文化(距今6800～6300年)—大溪文化(距今6300～5200年)—屈家岭文化(距今5200～4600年)—石家河文化(距今4600～3800年)的发展序列。以上考古学文化有着独立的文化来源,一脉相承,自成体系,继承关系颇为清晰。彭头山文化内涵明显不同于长江中游地区过去已确认的考古学文化,表现出原始古老的面貌。彭头山遗址所出石器除极少量磨制小型石锛、凿和装饰品棒、珠、管外,绝大多数为打制的砾石石器和黑色燧石小石器。砾石石器中出现了极少的粗陋的盘状器。此后这些黑色燧石小石器和打制的盘状器,一直见之于大溪文化早期以前的各个文化中。汤家岗文化的白陶圈足盘、罐、釜等器物上,刻印、戳印等装饰手法,均可在皂市下层文化中找到渊源。汤家岗文化八角星纹的源头更可上溯至岳阳坟山堡遗址皂市下层文化出土的八角形镂孔垫座。[4]汤家岗文化第三期,大溪文化的因素增多,如出现了豆、斜直壁圈足碗、鼓形器座、支座等与大溪文化器物相同的器物,彩陶也更多。以后,该文化受到前屈家岭文化的强烈影响,形成了屈家岭文化划城岗类型。石家河文化时期,澧水流域和沅江下游一带考古学文化地方特色更为明显。如该区陶器以泥质陶为主,夹砂陶次之,中期曾有较多的夹炭陶,中期多红褐、黑褐陶,晚期红陶增多。实足高柄杯,细长饰竹节状棱的平底或圈足壶形器(长颈扁腹壶),直领锐折腹下腹内收的平底壶形器、觚形杯、盆形大孔甑等,均具有鲜明的地方特色。总之,大量考古学资料表明,洞庭湖西北岸澧水流域和沅江下游一带的新石器时代考古学文化不仅同黄河流域及长江上游、下游等地区的文化面貌迥然不同,而且同长江中游的鄂西、汉东地区的新石器时代文化内涵也有不少差异。正如有的学者指出,“湘鄂两省大溪文化在诸多方面差异显著,可能已不是同一文化不同地方类型所包容得了的”,“湘鄂两省新石器文化结构体系……抑或是两种不同的文化体系结构”[5]。由此可见,该区域的新石器时代考古学文化独立起源后,在或多或少地受到外来考古学文化影响的同时,基本上是在本地土著文化的主导下相对独立地

---

〔1〕 湖南省文物考古研究所:《湖南临澧县胡家屋场新石器时代遗址》,《考古学报》1993年第2期。

〔2〕 湖南省博物馆:《湖南石门皂市下层新石器遗存》,《考古》1986年第1期。

〔3〕 津市市文物管理所:《湖南津市古遗址调查报告》,《江汉考古》1993年第1期。

〔4〕 何介钧:《长江中游史前文化暨第二届亚洲文明学术讨论会纪要》,《考古》1996年第2期;任式楠、吴耀利:《中国新石器时代考古学五十年》,《考古》1999年第9期。

〔5〕 尹检顺:《论鄂西与洞庭湖区新石器时代早期文化序列及相互关系》,《江汉考古》1998年第2期。

发展的。

综上所述,澧水流域和沅江下游一带的新石器时代考古学文化谱系连贯,是沿着独立的道路单线推进的,不仅如此,该区域各个时期的考古学文化在中国原始文化中具有与中原地区相当的发展水准,发展进程与黄河流域新石器时代考古学文化基本保持同步。考古学家普遍认为,长江中游地区的大溪—石家河时期相当于仰韶时代中晚期和龙山时代。[1]这一时期,无论是黄河流域还是长江流域,社会形态都发生着显著变化,如聚落发生明显的分化,大型中心聚落和防御性的城堡普遍出现,随葬品数量、品质和墓葬空间分布差异加大,战争与暴力的遗存增加,等等。有的学者指出:“这一时期是探讨初期社会复杂化和中原地区文明起源的关键时期。”[2]洞庭湖流域初期社会复杂化过程实际上就是该地区文明因素的孕育过程。根据目前所发现的考古学资料可知,大溪—石家河时期,洞庭湖流域初期的社会复杂化的表现,归纳起来,主要有以下几个方面。

洞庭湖流域初期的社会复杂化首先表现为稻作农业长足发展。长江中游地区有着非常悠久的稻作农业传统,发达的稻作农业被认为是长江流域古代文明产生的基础。[3]目前,随着考古学资料的日渐丰富与史前农史研究的深入,长江中游地区是稻作农业的起源地[4]这一观点得到越来越多学者的支持。大量考古学材料表明,澧水流域和沅江下游一带是我国乃至世界稻作农业的发祥地之一,其历史可以上溯至彭头山文化和皂市下层文化时期。近年来,考古工作者在澧县彭头山[5]、八十垱[6]、李家岗[7]、下刘家湾[8]、曹家湾[9]等地均发现彭头山文化时期的稻谷遗存,在临澧胡家屋场[10]发现皂市下层文化时期的稻谷遗迹。尤其值得注意的是,八十垱遗址发掘过程中,收集有稻谷稻米近 1.5 万粒。它们不仅是世界上已发现的稻谷稻米最早者之一,而且数量惊人,超过了国内其他各点收集数量的总和。更喜人的是,其保

---

〔1〕 严文明:《龙山文化与龙山时代》,《文物》1981 年第 6 期。
〔2〕 郭立新:《长江中游地区初期社会复杂化研究》绪论,上海古籍出版社,2005 年,第 6 页。
〔3〕 严文明:《长江流域在中国文明起源和早期发展中的地位和作用》,《古代文明研究通讯》2001 年第 8 期。
〔4〕 刘志一:《关于稻作农业起源问题的通讯》,《农业考古》1994 年第 3 期;向安强:《中国稻作起源问题之检讨》,《东南文化》1995 年第 1 期。
〔5〕 湖南省文物考古研究所、澧县文物管理所:《湖南澧县彭头山新石器时代早期遗址发掘简报》,《文物》1990 年第 8 期。
〔6〕 张文绪:《中国古栽培稻的研究》,《农业考古》1998 年第 1 期。
〔7〕 郭学仁:《湖南新石器时代农业试探》,《农业考古》1991 年第 1 期。
〔8〕 向安强:《长江中游史前稻作遗存的发现与研究》,《江汉考古》1995 年第 4 期。
〔9〕 向安强:《长江中游史前稻作遗存的发现与研究》,《江汉考古》1995 年第 4 期。
〔10〕 湖南省文物考古研究所:《湖南临澧县胡家屋场新石器时代遗址》,《考古学报》1993 年第 2 期。

存状况非常良好，有的出土时甚至新鲜如初，有的还见近1厘米长的芒。据中国农业大学水稻专家初步观察研究，这些稻谷之间个体变异幅度大，群体面貌十分复杂，粒型长宽比最大的和最小的差近3倍。还有些稻粒外形虽然接近现代的籼稻或近现代的粳稻，但又区别于现代的粳稻群体特征和面貌。专家认为，应将它们定名为"八十垱古稻"〔1〕。该区域发现的大溪、屈家岭文化时期的稻谷遗存的地点主要有澧县丁家岗〔2〕、安乡汤家岗〔3〕、澧县都督塔〔4〕、澧县三元宫〔5〕、澧县城头山〔6〕、澧县梦溪〔7〕、澧县宋家台〔8〕等。1993—1994年城头山遗址的发掘过程中，在解剖南城墙时，发现了大溪文化早中期大围壕，壕沟淤泥中出土的植物籽实、茎叶经鉴定属于栽培作物的有稻、粟、大麻、薏苡、冬瓜、小葫芦瓜等；还发现大量编织物、木件及动物遗骸。其中尤以稻作遗存最丰富，在不到3米长的一段壕沟内，出土了数以斤计的碳化稻米和稻谷。经初步研究，这些稻谷可能为水生，稻种类型与现代稻有所不同，以小粒型为主，为栽培稻，具有籼、粳两个品种。〔9〕1996年冬，解剖城头山古城址东城墙时，在第一期城墙和最早的文化层之下、生土之上，发现了汤家岗至大溪文化时期的两期水稻田。土样中可拣选出根须、稻梗、稻叶、碳化稻谷及蓼科、竹叶、田螺等动植物标本，尤其是剖面所见的植物根须与现今稻田根须毫无二致。在显微镜下观察，泥土中单位面积内水稻稻叶和稻壳矽质体的数量与现代稻田十分接近。1997年，在城头山东城墙及其内部开了15个探方，清理出田埂3条，3条田埂之间形成长方形的稻田2丘。同时还发现了与水稻田配套的原始灌溉系统，已发现的3个圆形的水坑和3条浅水沟，均在高出稻田或位于稻田之间的原生土层。〔10〕城头山发现的古稻田配套灌溉系统，充分显示出史前阶段长江中游地区先民们先进的水稻栽培技术及管理水准。综上所述，澧水流域和沅江下游一带的稻作农业源远流长，尤其到大溪—石家河时期，该地区的水稻栽培技术和管理水准都获得了长足的发展，较为发达的稻作农业为该地区初期社会复杂化奠定了经济基础。洞庭湖流域文明的诞生与该地区较为发达的稻作农业有着颇为密切的关系。

---

〔1〕 张文绪、裴安平：《澧县八十垱出土稻谷的研究》，《文物》1997年第1期。
〔2〕 湖南省博物馆：《澧县东田丁家岗新石器时代遗址》，《湖南考古辑刊》第1辑，岳麓书社，1982年。
〔3〕 向安强：《长江中游史前稻作遗存的发现与研究》，《江汉考古》1995年第4期。
〔4〕 安强：《湖南澧县都督塔原始农业遗址》，《农业考古》1991年第3期。
〔5〕 湖南省博物馆：《澧县梦溪三元宫遗址》，《考古学报》1979年第4期。
〔6〕 顾海滨：《湖南澧县城头山遗址出土的新石器时代水稻及其类型》，《考古》1996年第8期。
〔7〕 湖南省博物馆：《澧县梦溪新石器时代遗址试掘简报》，《文物》1972年第2期。
〔8〕 向安强：《长江中游史前稻作遗存的发现与研究》，《江汉考古》1995年第4期。
〔9〕 顾海滨：《湖南澧县城头山遗址出土的新石器时代水稻及其类型》，《考古》1996年第8期。
〔10〕 湖南省文物考古研究所：《澧县城头山古城遗址1997—1998年度发掘简报》，《文物》1999年第6期。

聚落明显分化与大型城址的出现是洞庭湖流域初期社会复杂化的又一表现。洞庭湖西北岸澧水流域的围沟聚落早在彭头山文化和皂市下层文化时期就已出现。目前该地区正式发掘的聚落点有彭头山文化的澧县彭头山〔1〕、八十垱〔2〕李家岗遗址以及皂市下层文化的临澧县胡家屋场遗址〔3〕等,其中八十垱遗址和胡家屋场遗址属于典型的围沟聚落。自1993年开始发掘的澧县八十垱遗址是一处时代较早的新石器时代环壕聚落遗址,距今约8000年,聚落面积3.5万平方米,发掘面积1100平方米。该遗址发现了目前我国最早的聚落壕沟和围墙,300米的壕沟与古河道相连,使八十垱遗址成为一个围沟聚落。就目前的考古学材料看,与彭头山至皂市下层文化类似的聚落数量少,零星分布,聚落内部既不见在造型及品质等方面都十分突出的居住房屋,也没有随葬品种类特殊、数量众多的墓葬,在聚落外部也没有发现等级分化的证据,表现出平等的自然发展态势。〔4〕到大溪—屈家岭文化时期,该地区聚落数量成倍增长,规模逐渐增大,环壕聚落演变为城址。1991年开始进行发掘的澧县城头山〔5〕新石器时代古城,始建于大溪文化早期,距今6000年,是目前所知中国最早的一座城。城头山城址外形略呈圆形,外圆直径325米,由护城河、夯土城墙、城门、夯土台基和道路组成。以城址为中心,分布着数百处大溪、屈家岭至石家河文化的遗址,表明城头山城址代表当时的一个中心聚落,而且在相当长的时期内是人类活动和居住的场所。城址内的手工作坊、居址、中心建筑、墓地及公共设施等布局规范,并有专门的祭祀场所。城头山城址东北约15千米处另有一座古城址——澧县鸡叫城,1998年和2002年进行了两次发掘。城墙内坡有一聚落壕沟,开口于第7层下,所出陶片全部为黑皮陶,时代属于屈家岭中期偏早阶段。在Ⅱ期城墙下还叠压一个圆锥形土台,台顶中央有一直径为2.5米的红烧土堆,厚约1米,与土台顶持平。该土台可能与修筑Ⅱ期城墙所举行的祭祀活动有关。修筑年代始于屈家岭文化中晚期,随后进行大规模的重建和再建,到石家河文化时期形成了具有城墙、护城河等完善的防御体系的聚落活动中心。〔6〕有的学者指出:“以厚硕的城垣或兼有护城壕(河)为设施工程的城址,是一定历史阶段出现的一种全新

〔1〕 南省文物考古研究所、澧县文物管理所:《湖南澧县彭头山新石器时代早期遗址发掘简报》,《文物》1990年第8期。

〔2〕 湖南省文物考古研究所:《湖南澧县八十垱新石器时代早期遗址发掘简报》,《文物》1996年第12期。

〔3〕 湖南省文物考古研究所:《湖南临澧县胡家屋场新石器时代遗址》,《考古学报》1993年第2期。

〔4〕 裴安平:《澧阳平原史前聚落形态的特点与演变》,《考古》2004年第11期。

〔5〕 湖南省考古研究所、湖南省澧县文物管理所:《澧县城头山屈家岭文化城址调查与试掘》,《文物》1993年第12期;湖南省文物考古研究所:《澧县城头山古城遗址1997—1998年度发掘简报》,《文物》1999年第6期。

〔6〕 湖南省文物考古研究所:《澧县鸡叫城故城址试掘报告》,《文物》2002年第5期。

的聚落形态，它是社会内部严重分化和战争冲突频繁的产物，也是社会大变动产生深刻变化的一种历史性标志。”〔1〕城头山遗址祭坛上的墓葬和西南区发现的连体房屋均清晰地表明，社会分化与私有制的一切变革，这里都在逐步完成。〔2〕石家河文化时期澧水流域聚落数量迅速膨胀，众多的聚落以空前的密度聚成一团，聚落群团初现历史舞台。有的学者指出，石家河文化时期澧阳平原聚落形态的这种分化与重组共存的现象，“应该是这个社会正在向文明迈进的标志”〔3〕。

通过以上分析可知，洞庭湖西北岸澧水流域和沅江下游地区基本上是在特定的区域内沿着独立的道路单线推进的，而洞庭湖流域初期社会的复杂化也同样是在这一相对独立的文化区内独立进行的，稻作农业的长足发展及聚落的分化与大型城址的出现，同长江中游以外的诸多区域相比，均表现出颇为鲜明的地域特色和一定的先进性。但石家河文化中期以后，该地区的史前文化不知去向，洞庭湖流域初期社会复杂化进程突然中断。石家河文化中期以后，洞庭湖西北岸古城址相继废弃，有的学者解释与洪水期的到来有一定的关系〔4〕，也有学者将该地区聚落锐减、规模变小、文化和社会发生一定程度的衰变与公元前2000年前后气候异常、灾害频发、农业生产遭到严重破坏相联系〔5〕，这些均有一定的道理。这一历史现象的发生，是否另有其他方面的原因，还有进行继续探讨的必要。

二、中原青铜文明对洞庭湖流域文明化进程的影响

考古学材料表明，公元前2000年前后，由于自然和社会、内部与外部的原因，正当我国大部分地区考古学文化普遍出现衰变、文明化进程或多或少地改变了方向的时候，黄河中游地区的二里头文化却在继承河南龙山文化因素的基础上，广泛吸收了周围地区文化的一些因素，保持了文化的兴盛与社会进步。与此同时，中原地区率先进入了早期国家阶段，并由此掀开了我国文明时代的历史篇章。以后中原青铜文明迅速向周边地区辐射，对周边地区产生了强烈的影响，加速了各地区的文明化进程。殷商和西周早期，澧水流域和湘江下游地区是受到中原青铜文明影响较为强烈的地区，在中原青铜文明的影响下，至迟在西周中期，洞庭湖流域已开始步入文明时代。

中原青铜文明对洞庭湖流域的影响有可能追溯至二里头文化时期。目

〔1〕 任式楠：《中国史前城址考察》，《考古》1998年第1期。
〔2〕 裴安平：《澧阳平原史前聚落形态的特点与演变》，《考古》2004年第11期。
〔3〕 裴安平：《澧阳平原史前聚落形态的特点与演变》，《考古》2004年第11期。
〔4〕 王红星：《长江中游地区新石器时代遗址分布规律、文化中心的转移与环境变迁的关系》，《江汉考古》1998年第1期。
〔5〕 王巍：《公元前2000年前后我国大范围文化变化原因的探讨》，《考古》2004年第1期。

前,考古学家普遍承认,中原文化摧毁南方地区文化体系并取代一些地区的土著文化,差不多同时发生在二里头时期的盘龙城和荆南寺遗址。根据目前所掌握的考古资料可知,二里头文化在长江中游地区的分布并不普遍,所见遗存也不丰富。长江沿线和鄂北地区是二里头文化遗存分布较为集中的地区。二里头文化通过荆南寺遗址向南对湘北地区、向西对三峡地区甚至更西地区产生影响,二里头文化的觚、盉(或鬶)、深腹罐均可以在与这些地区相当或略晚的遗存中找到变体或异形。〔1〕发现于石门皂市对河桅岗的一座墓葬,出土器物包括玉璋、玉版、残豆柄、残圈足等〔2〕,以上器物均显示出中原二里头的文化特征。尽管这一现象的历史背景尚有待于继续研究,但二里头文化直接或间接对洞庭湖西北地方产生过影响,则是不可否认的事实。但总的来看,二里头文化在长江中游地区分布并不普遍,所见遗存亦不丰富,所以其对洞庭湖流域文明化进程的影响并不明显。

自二里冈时期开始,中原青铜文明对湘北地区的影响逐步加强,这在考古学方面表现颇为明显。在湘江下游地区,从20世纪80年代起,考古工作者对岳阳市郊铜鼓山〔3〕,岳阳县对门山〔4〕、老鸹洲〔5〕、费家河〔6〕、温家山〔7〕、樟树潭〔8〕,汨罗市玉笥山〔9〕,望城县高砂脊〔10〕等遗址进行发掘,建立起从商代二里冈下层至西周早期的编年,并初步明晰了其文化特征。湘江下游地区商周时期的考古学文化可以分为前后两段,每段又可以分为3～4期。前段以铜鼓山Ⅰ—Ⅲ期、樟树潭下层为代表,时代相当于中原二里冈下层至二里冈上层与殷墟一期之际,后段相当于中原殷墟一至四期,并延续至西周早期。前段文化面貌一脉相承,除偶见属于土著文化成分的小口高领罐、花边圈足碗外,其

〔1〕 张昌平:《夏商时期中原与长江中游地区的文化联系》,《华夏考古》2006年第3期。

〔2〕 王文建、龙西斌:《石门县商时期遗存调查——宝塔遗址与桅岗墓葬》,《湖南考古辑刊》第4辑,岳麓书社,1987年。

〔3〕 湖南省文物考古研究所、岳阳市文物工作队:《岳阳市郊铜鼓山商代遗址与东周墓发掘报告》,《湖南考古辑刊》第5辑,《求索》增刊,1989年。

〔4〕 岳阳市文物工作队:《岳阳县对门山商代遗址发掘报告》,《湖南考古辑刊》第6辑,《求索》增刊,1994年。

〔5〕 向桃初、易礼勤:《岳阳县老鸹洲商代遗址》,《中国考古学年鉴(1995年)》,文物出版社,1997年。

〔6〕 湖南省博物馆、岳阳地区文物工作队、岳阳市文管所:《湖南岳阳费家河商代遗址和窯址的发掘》,《考古》1985年第1期。

〔7〕 湖南省岳阳市文物管理处:《湖南岳阳温家山商时期坑状遗迹发掘简报》,《江汉考古》2005年第1期。

〔8〕 岳阳市文物管理处发掘资料。参见湖南省文物考古研究所:《湖南省考古工作五十年》,《新中国考古五十年》,文物出版社,1999年。

〔9〕 郭胜斌、何捷:《汨罗玉笥山商代遗址》,《中国考古学年鉴(1994年)》,文物出版社,1997年。

〔10〕 湖南省考古研究所、长沙市博物馆、长沙市考古研究所、望城县文物管理所:《湖南望城高砂脊商周遗址的发掘》,《考古》2001年第4期。

余器物均为中原常见器形,如陶鬲、斝、爵、甗、簋、大口缸、大口尊、夹砂罐等,且表现出与中原文化有着同步变化的现象。因此,商文化因素在整个文化中起着支配作用,可以径直称为商文化。目前,学术界普遍将其归于商文化盘龙城类型。从樟树潭上层开始,以后历经铜鼓山Ⅳ期、老鸹洲、对门山、温家山、玉笥山直至费家河阶段,属于晚商阶段,虽然文化面貌发生巨大变化,但中原青铜文明对该地区的影响在考古学中仍然有不少反映。该阶段陶器类的器形表现得极为复杂,其中除了高领釜、矮领釜、小釜、折沿釜、内环耳釜、内壁有一周箅托的甗形器以及圆锥足、扁平三角足、扉棱足和侧装长方形扁平足的鼎,重新回复到本地史前时期以釜、鼎为主要炊器的组合状态,属于商代晚期该地地方类型性文化的典型性器物外,有一群是继承商代早中期的器物,包括鬲、斝、甗、簋、尊、大口缸等,但形式发生了明显变化,表现为中原传入器物的异化形态。[1]在澧水流域,自20世纪60年代以来,考古工作者先后重点发掘了石门皂市[2]、宝塔[3],澧县斑竹[4]、保宁桥[5]、文家山[6]、慈利江垭[7]等遗址。该地区文化构成十分复杂,陶器中占主导地位的是釜、鼎、高领罐和碗形豆等体现本地文化因素的器物,鬲、簋、假腹豆等体现商文化因素的器物在早中期也居于重要地位。[8]所以,考古学家普遍认为,该地区商时期的文化是受商文化强烈影响的本地青铜文化。

中原青铜文明对洞庭湖流域文明化进程的影响还可以通过对洞庭湖流域出土的商周时期的玉器、青铜器等特征的分析加以说明。目前,湖南省境内商代玉器出土的地点主要有宁乡黄材炭河里[9]、王家坟山[10]、三亩地[11],石门

---

〔1〕《湖南省考古工作五十年》,《新中国考古五十年》,文物出版社,1999年。

〔2〕周世荣:《湖南石门县皂市发现商殷遗址》,《考古》1962年第3期;湖南省文物考古研究所:《湖南石门皂市商代遗存》,《考古学报》1992年第2期。

〔3〕王文建、龙西斌:《石门县商时期遗存调查——宝塔遗址与桅岗墓葬》,《湖南考古辑刊》第4辑,岳麓书社,1987年。

〔4〕何介钧、曹传松:《湖南澧县商周时期古遗址调查与试掘》,《湖南考古辑刊》第4辑,岳麓书社,1987年。

〔5〕何介钧、曹传松:《湖南澧县商周时期古遗址调查与试掘》,《湖南考古辑刊》第4辑,岳麓书社,1987年。

〔6〕何介钧、曹传松:《湖南澧县商周时期古遗址调查与试掘》,《湖南考古辑刊》第4辑,岳麓书社,1987年。

〔7〕湖南省文物考古研究所:《湖南省考古工作五十年》,《新中国考古五十年》,文物出版社,1999年。

〔8〕中国社会科学院考古研究所:《中国考古学·夏商卷》,中国社会科学出版社,2003年,第480页。

〔9〕高至喜:《湖南宁乡黄材发现商代铜器和遗址》,《文物》1963年第12期。

〔10〕湖南省博物馆:《湖南省工农兵群众热爱祖国文化遗产》,《文物》1972年第12期。

〔11〕湖南省博物馆:《湖南博物馆》,文物出版社,1983年,第161页。

县皂市桅岗村官山[1]、衡阳市郊杏花村[2]、双峰县金田乡月龙村[3]、新宁县飞仙桥乡[4]等。湖南出土的这几批商代玉器除新宁县飞仙桥出土的玉环出自墓葬外,其余均系窖藏。这些玉器,如玉环、玉玦、玉管、玉珠、玉璜、玉鱼、玉柄形器、玉簪等绝大部分具有商代晚期玉器的特征,有的和商代晚期安阳殷墟出土的玉器的纹饰、形制风格完全一样,具有典型的殷商文化特征,应是完全继承中原殷商文化的琢玉技术制造的,甚至就是由中原输入的。有的玉器,在中原殷商文化区中能找到与其类似的器物,但又在某些方面进行了不同程度的加工和改造,因此,其在形制和纹样上带有一定的地域特色。[5]洞庭湖流域出土的商和西周早期的青铜器数量众多。湘江和资江下游屡有年代相当于中原晚商时期的青铜器出土,其中尤以宁乡所出铜器最为著名。如宁乡县(市)黄材乡的寨子村曾出土人面方鼎、铜瓿(内出224间铜斧)和铜卣(内满储玉管、玉珠,计1172颗);黄材的栗山村张家坳曾出分裆鼎(鼎口沿内铭"已丙"二字);黄材的月山铺转轮山曾出土四羊方尊;黄材檀木桥曾出铜镞;黄材木梆子山曾出觚、戈、矛、镞;老粮仓乡的杏村湾师古寨出有象纹铜铙和兽面纹铜铙,其中的伏虎兽面纹铙体形硕大。另有诸多传世铜器已失具体出土地点,但知为宁乡所出,如著名的人面方尊、四羊方尊、虎食人卣[6]。此外,岳阳[7]、望城[8]、湘潭[9]、株洲[10]、醴陵[11]、

〔1〕 王文建、龙西斌:《石门县商时期遗存调查——宝塔遗址与桅岗墓葬》,《湖南考古辑刊》第4辑,岳麓书社,1987年。原报告写作璋1件,钺3件,有的专家据器物分析,似乎璋应改为圭,钺应改为璋更合适。参见喻燕姣:《略论湖南出土的商代玉器》,《中原文物》2002年第5期。

〔2〕 郑钧生、唐先华:《湖南衡阳发现商代铜卣》,《文物》2000年第10期。

〔3〕 黄纲正、蔡慕松:《浏阳、双峰出土商周青铜器》,《湖南文物》1986年第1辑。

〔4〕 邵阳市文物管理处、新甯县文管所:《湖南新宁县发现商至周初青铜器》,《文物》1997年第10期。

〔5〕 喻燕姣:《略论湖南出土的商代玉器》,《中原文物》2002年第5期。

〔6〕 中国社会科学院考古研究所:《中国考古学·夏商卷》,中国社会科学出版社,2003年,第480页。参见高至喜:《商代人面方鼎》,《文物》1960年第10期;高至喜:《湖南宁乡黄材发现商代铜器和遗址》,《考古》1963年第12期;湖南省博物馆:《湖南省博物馆新发现的几件铜器》,《文物》1966年第4期;熊传新:《湖南宁乡发现一批商周青铜器》,《文物》1983年第10期;盛定国、王自朋:《宁乡月山铺发现商代大铜铙》,《文物》1986年第2期;长沙市博物馆:《湖南宁乡老粮仓出土商代铜铙》,《文物》1997年第12期。

〔7〕 岳阳市文物管理处:《岳阳市新出土的商周青铜器》,《湖南考古辑刊》第2辑,岳麓书社,1984年。

〔8〕 湖南省考古研究所、长沙市博物馆、长沙市考古研究所、望城县文物管理所:《湖南望城高砂脊商周遗址的发掘》,《考古》2001年第4期。

〔9〕 袁家荣:《湘潭青山桥出土窖藏商周青铜器》,《湖南考古辑刊》第1辑,岳麓书社,1982年;何介钧:《湘潭县出土商代豕尊》,《湖南考古辑刊》第1辑,岳麓书社,1982年。

〔10〕 湖南省文物考古研究所:《湖南省考古工作五十年》,《新中国考古五十年》,文物出版社,1999年。

〔11〕 熊传新:《湖南醴陵发现商代铜象尊》,《文物》1976年第7期。

津市[1]、新宁[2]等地也多次出土晚商铜器。洞庭湖流域所出商周青铜器中，一部分有着极其鲜明的地方特色，一部分与中原所出别无二致。如1990年津市涔淡农场一座商墓中出土铜觚、铜爵各1件，形制与中原常见商式铜器无异。1996年冬，考古工作者对望城高砂脊的西周早期遗址和墓葬进行发掘，在M1出土11件铜鼎、1件铜尊以及多件铜兵器和工具。这11件铜鼎中有5件形制较大，完全与中原商式铜器相同。1件上有“酉”字族徽，无疑由中原制作。另6件鼎和1件铜尊器形很小，总体形态似商器但有变异。高砂脊出土的其他青铜器中，具有商代晚期风格的器物还有矛、戈和刀。青铜刀刀锋上翘，背上有扉棱，装饰斜列的余纹，与殷墟出土的铜刀基本相同。

对于洞庭湖流域所出与中原地区别无二致的商代陶器、玉器和商周时期的青铜器的历史背景，不少学者作出过分析。如有的学者指出，在商文化二里冈时期，商王朝政治、军事力量的猛烈扩张，带来了商文化的迅猛扩展。在长江中游地区，二里冈时期的各种原居文化无不被或强或弱地打上了商文化的烙印。铜鼓山商文化的出现，理应是商文化南下所致，其文化渊源当是中原文化。殷墟阶段商文化对湘江下游的影响一直持续到商末。[3]关于湖南出土商代玉器的背景和内涵，有的学者曾作出过推测：商人的一支或一部分至迟在商代晚期就到达了宁乡黄材、衡阳一带，他们在带来青铜器的同时，也带来了玉器和玉料；与殷人同来的，应该还有琢玉工匠，玉工们在继承中原琢玉技术的基础上，吸收本地土著民族由来已久的琢玉风格，创造了既有中原玉雕艺术风格，又有浓厚地方特色的玉器。[4]洞庭湖流域出土商周时期青铜器的背景和内涵、文化和民族属性等重大学术问题，长期悬而未决。有的学者认为，湘江流域所出商周时期青铜器，一部分是在中原制造后传入的，包括与中原器物器形同类、纹饰完全相同，甚至有铭文的尊、簋、卣、鼎、觚、爵、觯等，其传入时间或认为可能晚至西周中晚期；而有的学者则认为应和器物自身年代相同或相近，姑且认定湖南出土的一部分大型、铸造复杂的青铜器来源于中原地区。近年来有的学者提出“湖南的商周铜器可能主要是三苗部落的一支在汉水流域铸造和使用、商末周初受周人所迫其主力迁入湘江流域时带来的”[5]的观点，并强调指出，宁乡铜器群最大可能是在商末周初周人灭

---

[1] 谭远辉：《湖南涔淡农场发现商代铜器墓》，《华夏考古》1993年第2期。

[2] 邵阳市文物管理处、新宁县文管所：《湖南新宁县发现商至周初青铜器》，《文物》1997年第10期；邵阳市文物管理处：《湖南新宁县发现商至周初青铜器》，《文物》2000年第10期。

[3] 郭胜斌：《铜鼓山商代遗存文化因素分析》，《江汉考古》2001年第4期。

[4] 喻燕姣：《略论湖南出土的商代玉器》，《中原文物》2002年第5期。

[5] 向桃初：《湖南商代晚期青铜文化的性质及其与殷墟文化的关系》，《考古耕耘录——湖南中青年考古学者论文选集》，岳麓书社，1999年。

商和开发汉水流域的背景下,商遗民及江汉地区土著势力南逃进入湖南时带来和来本地后铸造的[1]。也有人从商末到西周早中期的高砂脊遗址出土了商式铜器和带腰坑与二层台的墓葬推测,“高砂脊青铜器的所有者可能是商遗民”[2]。以上材料表明,商代和西周早期,中原青铜文明对洞庭湖流域的土著文化产生过较为强烈的影响,这在一定程度上加速了该地区文明化的进程和文明时代的到来。湖南境内以圆雕玉兽、玉龙、足形器佩、镂空的盘龙纹玉佩为代表的玉礼器,以青铜乐器铙和镈为代表的具有浓厚地方特色的商周时期的青铜器以及西周时期城址炭河里城址和规格较高、可能为大型宫殿的房屋建筑基址、铸铜作坊等一系列重大考古发现[3],表明至迟在西周中期,洞庭湖流域在经历了漫长的初期社会复杂化进程后,在中原青铜文明的影响下,已经开始跨过文明时代的门槛。

三、洞庭湖流域文明起源、演进及相关问题的思考

关于文明起源的标志,中外学术界已进行过长期的探讨。就中国文明起源的情况看,大多学者认为,城市、青铜器铸造、礼乐制度、文字以及国家的出现等均是构成文明的要素。近年来一系列重大的考古发现表明,在中原青铜文明的强烈影响下,至迟在西周中期,以宁乡、望城为中心的湘中地区已具备了文明的诸多要素,湘江流域已经率先进入了文明时代。这里从以下几个方面加以论述。

首先是城市的出现。根据前面的分析,早在新石器时代晚期的大溪—屈家岭文化时期,澧水流域的环壕聚落已经开始演变为城址。但同黄河流域史前时期的古城相比,澧水流域新石器时代的古城则呈现出更多原始性。屈家岭时期长江中游地区修建大量城壕的主要目的和直接动因,有的学者认为是防止外敌入侵[4],有的学者则以为是出于防御洪水的需要[5]。就澧水流域史前古城的情况而论,似乎以上两方面的因素都应存在。从考古学材料看,澧水流域以城头山、鸡叫城为代表的中心城址和周围大小聚落并未形成初级国家规模,因此,以上史前古城址仅仅具有颇为明显的城堡性质,并不具有早期国家阶段的城邑、城市的性质和功能。2001—2005 年度,考古工作者对宁乡炭河里西周时期古城址进行了发掘,发现、解剖并确认了西周时期的城墙,

---

〔1〕 向桃初:《炭河里城址的发现与宁乡铜器群再研究》,《文物》2006 年第 8 期。

〔2〕 中国社会科学院考古研究所:《中国考古学·两周卷》,中国社会科学出版社,2004 年,第 140、353 页。

〔3〕 湖南省文物考古研究所、长沙市考古研究所、宁乡县文物管理所:《湖南宁乡炭河里西周城址与墓葬发掘简报》,《文物》2006 年第 6 期。

〔4〕 张之恒:《长江流域史前古城的初步考察》,《东南文化》1998 年第 2 期。

〔5〕 鲁西奇:《新石器时代汉水流域聚落地理的初步考察》,《中国历史地理论丛》1999 年第 1 辑。

揭露2座大型人工黄土台建筑基址，清理出2座可能为宫殿建筑的大型房屋遗迹。在城内外均发现了与城墙同时期的壕沟线索，并对壕沟的走向、形成原因、沟内堆积情况及时代等进行了发掘和研究。该城址的始建年代不早于商末周初，使用年代主要在西周早中期，废弃年代可能为西周晚期。考古学家认为，“炭河里城址应该是一个区域青铜文化的中心聚落或都邑所在地”[1]。炭河里西周方国都城遗址高墙宽壕和规模宏大的宫殿建筑的发现，说明湘江中下游地区已经进入了考古学家所说的古城古国阶段，而且也是该地区进入文明时代的重要标志之一。

与文明时代相关联的还有青铜铸造技术的发明和青铜文化的发展。湖南是南方出土商周青铜器最多的省份。以前，学术界通常将湖南出土的商周铜器按文化面貌分为中原型、混合型和地方型三类。中原型是在中原地区铸造、由商人南下带来的，混合型是商人在本地铸造或是本地民族在中原工匠指导下铸造的，而地方型则是本地越民族自身的产品。有关资料表明，湘江下游地区出土的大量青铜器，绝大部分为本地铸造。湘江流域的宁乡和望城是近年来出土商周时期青铜器较多的地方。宁乡出土青铜器数量最多，种类最齐全，分布最集中，并且风格独特，具有一定的代表性。据不完全统计，湖南出土的400多件青铜器中，有300多件来自宁乡境内，其中不乏稀世珍品。出土如此制作精良、数量众多、独特风格的青铜器，表明宁乡在商周时期应该是洞庭湖流域一重要的青铜文化中心。目前在宁乡发现有大量青铜器的区域，基本上都在黄材盆地一带，因此有的学者把炭河里城址和宁乡铜器群联系起来，认为“炭河里城址与宁乡铜器群有非常密切的关系，两者应该属于同一个古代政治或文化共同体”[2]。望城高砂脊西周时期的墓葬出土铜器中有极少数可以肯定是中原铸造的产品。另外，多数铸造技术粗劣、胎质较薄的小铜鼎和武器、工具等，从铜质和铸造技术方面观察，明显是在本地铸造的，据AM1、AM5推测，年代在西周早期后段至西周中期前段。其中不少器物已经孕育了本地春秋以后“越式”铜器的典型特征。从以上材料大体可以作出以下推断：随着商文化从南方撤退，铜鼓山类型商文化消失，以湘江下游为中心的洞庭湖流域，地方文化迅速崛起，到西周中期，通过与各周围地方文化重新组合，完成了本地区新石器文化向青铜文化的过渡，“至迟从西周晚期开始，在模仿商和西周青铜器的基础上，制造出了具有本民族特点的青铜器”[3]，形成了具有地方特点的土著青铜文化。

---

〔1〕 湖南省文物考古研究所、长沙市考古研究所、宁乡县文物管理所：《湖南宁乡炭河里西周城址与墓葬发掘简报》，《文物》2006年第6期。

〔2〕 向桃初：《炭河里城址的发现与宁乡铜器群再研究》，《文物》2006年第8期。

〔3〕 湖南省文物考古研究所：《湖南省考古工作五十年》，《新中国考古五十年》，文物出版社，1999年。

随着考古学研究的深入,更多的学者普遍赞同礼的产生和中国文明的形成紧密相联,礼乐制度是中国文明固有的特点和组成部分。以湘江下游为中心的洞庭湖流域所出商周时期的大部分陶器、青铜器和玉器,是作为礼器使用的,它们是贵族身份的象征。以湘江下游为中心的洞庭湖流域所出商周时期的青铜器,除了一小部分用作兵器、工具和装饰品外,出自墓葬中的铜鼎、铜尊等毫无疑问应该是用作随葬品埋入地下的,一部分出土情况不明的青铜器亦可能类似江西大洋洲商周遗存的性质,为人们进行浮沉之祭时用的祭品[1]。尤其应该强调的是,洞庭湖流域所出以铙和镈为代表的具有浓厚地方特色的商周时期的青铜乐器,数量可观,亦反映出洞庭湖流域的居民进行祭祀山川时是礼、乐联用的。有的学者推测,湖南境内伴随青铜器窖藏出土的商代玉器是祭祀山川的祭品。[2]以上材料表明,西周时期洞庭湖流域已经产生了礼乐并逐渐建立起与中国文明起源紧密联系的具有浓郁地方特色的礼乐制度。

学术界通常认为与文明起源相关联的要素还有文字,但就目前所掌握的材料看,商代和西周早期洞庭湖流域的土著民族尚没有发明和使用本民族的文字。部分带铭文的商周时期的青铜器,铭文内容和书写风格与商周金文完全一致,这些文字显然不是土著民族的文字。春秋中期以后,楚文化入主湘江下游并逐渐向南推进,洞庭湖流域逐渐融入楚青铜文化圈。在中原商周青铜文明的直接影响及春秋中期后与楚文化的交融过程中,洞庭湖流域的古越族逐渐掌握和使用商周金文和楚国文字,从而将洞庭湖流域的青铜文明不断向前推进。

综上所述,炭河里西周方国都城遗址高墙宽壕和规模宏大的宫殿建筑的发现,青铜器的冶铸和青铜技术的发展,具有浓郁地方特色的礼乐制度的产生以及文字的使用等,表明至迟到西周中期,以湘江下游地区为中心的洞庭湖流域已经出现了早期国家。值得注意的是,望城高砂脊的西周时期墓葬和宁乡炭河里西周城址及墓葬中所出土铜器中有矛、戈、刀和斧等兵器,这从一个侧面说明以湘江下游为中心的洞庭湖流域早期国家同中原地区的早期国家类似,是在部族间的频繁的战争中催生的。

综合文献记载和考古学资料可知,夏商周时期,以湘江下游地区为中心的洞庭湖流域,民族成分和文化面貌颇为复杂。扬越、三苗等古族的早期活动地域均在今湘江下游洞庭湖流域一带。高砂脊和宁乡一带的铜器应有不同的来源,可能属于扬越、三苗等不同的民族。《史记·楚世家》说:“当周夷王之时,王室微,诸侯或不朝,相伐。熊渠甚得江汉间民和,乃兴兵伐庸、扬越,至于鄂。”又

[1] 唐嘉弘:《关于江西大洋洲商周遗存性质的问题》,《中原文物》1994年第3期。
[2] 喻燕姣:《略论湖南出土的商代玉器》,《中原文物》2002年第5期。

称其“皆在江上诸蛮之地”。《国语·郑语》记载史伯的话：“芈姓，夔、越。”《汉书·地理志》颜师古注引臣瓒语：“越为芈姓，与楚同族。”扬越与楚是否同族，由于文献资料贫乏，难以说得清楚。至于《潜夫论·志氏姓》所说“芈姓之裔……或封于夔，或封于越”则恐与先秦时期的历史与制度相去更远。但西周、春秋时期的湖南是古扬越族的主要聚居区，不仅散见于零星的文字记载，还可以得到考古学材料的印证。1983年以前湖南出土和采集的西周铜器62件，均为当地越人器物。[1]前面所论望城高砂脊的西周时期墓葬出土铜器，其中不少器物已经孕育了本地春秋以后“越式”铜器的典型特征，为西周、春秋时期湖南是古扬越族的主要聚居区的论点进一步提供了考古学方面的支持。因此，在春秋中期楚文化进入湘江下游并逐渐向南推进之前的相当长的历史时期内，扬越族应该是洞庭湖流域的最早的土著民族，以湘江下游地区为中心的洞庭湖流域从新石器时代以来历经夏、商、西周的土著文化应当主要为扬越族所创造。

三苗族早期的活动地域，《战国策·魏策一》中曾记载：“昔者，三苗之居，左彭蠡之波，右有洞庭之水，文山在其南，而衡山在其北。”由于以上地名存在不少争议，所以学术界对三苗族的早期活动地域莫衷一是，聚讼纷纭。钱穆先生曾依《汉书·地理志》认为，衡山在河南南召县，不是今日的湖南衡山；而文山乃《国语·齐语》中桓公伐楚济汝逾方城所望见的汶山。古籍中所说的洞庭和彭蠡，也并不是后世所说的洞庭湖和鄱阳湖。“古者三苗疆域，盖在今河南鲁山嵩县卢氏一带山脉之北，今山西南部诸山，自蒲阪安邑以至析城王屋一带山脉之南，夹黄河为居，西起蒲潼，东达荥郑，不出今河南北部山西安部广运数百里间也。”[2]《史记·五帝本纪》和《礼记·檀弓下》等史籍均记载舜征三苗的故事，《墨子·非攻下》对禹征三苗之事记载得更具体。有的学者认为：“在龙山文化之晚期，中原地区的河南龙山文化的确大举向南扩展……而到二里头文化早期，淮河上游地区几乎遍布该文化的一、二期遗存……这或许正是文献率称的‘禹攻三苗’‘舜伐有苗’的体现。”[3]显然，三苗进入今湖南境内是较晚的事。《礼记·檀弓》等晚出文献所载“舜葬苍梧之野”及湖南境内禹的传说可能是三苗进入湖南境内后产生的。三苗族进入洞庭湖流域的时间，文献中没有明确记载。如果前举“湖南的商周铜器可能主要是三苗部落的一支在汉水流域铸造和使用、商末周初受周人所迫其主力迁入湘江流域时带来的”的观点能够成立的话，则该族至迟在西周初年已进入洞庭湖流域。因此，三苗族也是洞庭湖流域青铜文明的主要创造者之一。

考古学资料表明，商末周初进入洞庭湖流域的还有南迁的商人。西周早

〔1〕 高至喜：《论湖南出土的西周青铜器》，《江汉考古》1984年第3期。
〔2〕 钱穆：《古三苗疆域考》，《燕京学报》1932年第12期。
〔3〕 宋豫秦、李亚东：《夷夏东西说的考古学考察》，《夏文化研究论集》，中华书局，1996年。

中期高砂脊遗址出土商式铜器和带腰坑与二层台的墓葬，已经充分说明了这一点。高砂脊位于湘江下游，是中原商文化自江汉平原进入洞庭湖东南的湘江流域的一个理想的驻地。西周中期以后，随着周朝对南土经营规模的扩大，周朝政治、军事力量曾一度进入洞庭湖流域。古本《竹书纪年》曾提到"穆王起师，至于九江"，笔者以为即指西周王朝政治、军事力量伸入至今湖南省北部古越人所居之洞庭湖一带。〔1〕由此可见，在以湘江下游地区为中心的洞庭湖流域文明化的过程中，中原地区的商周文明都曾对洞庭湖流域的文明化进程和文化面貌产生过重要的影响。但和长江以北的江汉地区相比，其影响还是有着相当大的区别的。二里冈时期由于商朝政治、军事力量的进入，盘龙城早商文化与二里冈商文化呈现出诸多一致之处。无论盘龙城为中原王朝派出的是军事据点抑或为方国，这里臣服于商、向中央王朝承担纳贡义务的地位似乎为论者所广泛认同。〔2〕西周时期昭王南征和对汉阳诸姬进行封建，一度使江汉地区直接纳入西周王朝的南土之域。商代早期和西周早中期，江汉地区的青铜文明是中原商周青铜文明的有机组成部分。而洞庭湖流域除了商代早期和西周中期以前商周中原商周青铜文明对湘北洞庭湖一带产生过较为强烈的影响外，其他地区商周时期的考古学文化基本上以土著文化为主。西周中期以后，随着洞庭湖流域逐步进入文明时代，当地文化获得空前发展，并逐步将商周文化的影响排斥在外。宁乡炭河里城址于西周晚期废弃，是战争的破坏还是自然灾害所致，还有待于进一步探讨。此外，西周晚期以后直到春秋中期楚文化进入湘江流域之前，湘江下游地区宁乡、望城一带，是否发生了早期国家解体抑或政治中心转移，有必要深入思考和研究。但有一点是很清楚的，这就是从西周晚期到春秋中期以前，洞庭湖流域的文明化进程仍在继续进行，洞庭湖流域的民族融和、文化交流逐步告一段落。楚国对洞庭湖流域的开发始于春秋中期。目前，在洞庭湖沿岸的澧县、岳阳等地发现了春秋中期的楚墓，春秋晚期的楚墓则已达于湘中地区，几乎遍布湘江洞庭湖地区。战国时期尤其是战国中晚期楚墓数量急剧增多，下限与秦汉时代相接。〔3〕这表明，从春秋中期起，以湘江下游地区为中心的洞庭湖流域的青铜文明完全纳入楚系青铜文化圈，从而构成源远流长的湖湘文化的源头。

（原载《苏州大学学报》2012 年第 1 期）

---

〔1〕 周书灿：《古本〈竹书纪年〉"穆王起师，至于九江"解》，《云梦学刊》2004 年第 6 期。

〔2〕 刘莉、陈星灿：《中国早期国家的形成——从二里头和二里冈时期的中心和边缘的关系谈起》，北京大学中国考古学研究中心、北京大学古代文明研究中心：《古代文明》第一卷，文物出版社，2002 年。

〔3〕 中国社会科学院考古研究所：《中国考古学·两周卷》，中国社会科学出版社，2004 年，第 140、353 页。

庄蹻王滇与云南地区文明化进程初论

一、庄蹻王滇的传说及学术论争

汉代以来文献中多有庄蹻王滇的传说，兹分别述之如下：

《史记·西南夷列传》：

“始楚威王时，使将军庄蹻将兵循江上，略巴、黔中以西。庄蹻者，故楚庄王苗裔也。蹻至滇池，地方三百里，旁平地，肥饶数千里，以兵威定属楚。欲归报，会秦击夺楚巴黔中郡，道塞不通，因还，以其众王滇，变服，从其俗，以长之。”

《汉书·西南夷两粤朝鲜传》：

“始楚威王时，使将军庄蹻将兵循江上，略巴、黔中以西。庄蹻者，楚庄王苗裔也。蹻至滇池，方三百里，旁平地，肥饶数千里，以兵威定属楚。欲归报，会秦击夺楚巴、黔中郡，道塞不通，因乃以其众王滇，变服，从其俗，以长之。”

《后汉书·西南夷传》：

“初，楚顷襄王时，遣将庄豪从沅水伐夜郎，军至且兰，椓船于岸而步战。既灭夜郎，因留王滇池。以且兰有椓船牂牁处，乃改其名为牂牁。”

《华阳国志》卷四《南中志》：

“周之季世，楚顷襄王遣将军庄蹻溯沅水、出且兰，以伐夜郎，植牂牁，系船于是。且兰既克，夜郎又降，而秦夺楚黔中地，无路得反，遂留王滇池。蹻，楚庄王苗裔也。以牂牁系船，因名且兰为牂牁国。”

综合以上材料，不难发现，庄蹻王滇之事，应为汉代以来流传于西南地区的旧说，或当包含有一定可信的历史信息。然而以上传说在流传过程中不断发生讹变。从以上记载中，即明显可以发现，以上几段文字中有以下两点明显的区别：

首先，《史记·西南夷列传》《汉书·西南夷两粤朝鲜传》《华阳国志》卷四《南中志》均说王滇的楚国将军是庄蹻，而《后汉书·西南夷传》则称是庄豪。

其次，《史记·西南夷列传》《汉书·西南夷两粤朝鲜传》说庄蹻王滇之事发生于楚威王略巴、黔中之时，而《后汉书·西南夷传》《华阳国志》卷四《南中志》则称庄豪(蹻)王滇发生于楚顷襄王年间伐夜郎之时，时间相差五十多年。

唐代学者杜佑较早发现这一古老传说流变过程中产生的若干歧异，他试图对以上疑问进行疏通：

“按：《史记》及《汉书》皆云，楚威王时使庄蹻略巴、黔【中】以西，至滇池，欲归，会秦夺楚巴、黔中郡，因以其众王滇；后十余岁，秦灭之。又按：楚自威王后，怀王立三十年，至顷襄王二十二年，秦昭襄王遣兵攻楚，取巫、黔中郡地。《后汉史》则云，顷襄王时，庄豪王滇。豪即蹻【也】。【若】庄蹻自威王时将兵略地，属秦陷巫、黔中郡，道塞不还，凡经五十二年，岂得如此淹久？或恐《史记》谬误，班生因习便书。范晔所记，详考为正。又按：庄蹻王滇，后十五年顷襄王卒，考烈王立二十五年，幽王立十年，王负刍立五年而楚灭，后十五年而秦亡，何故云蹻之王滇后十余岁而秦亡，斯又未之详也。”〔1〕

以后，清代学者王先谦基本赞同杜佑的观点。〔2〕事实上，在我们今天看来，杜佑对庄蹻王滇一事的考证，仍有不少继续探讨的余地。早在民国时期，周钟岳等学者即从“人误”“姓误”“名误”“时误”“路误”“国治误”六个方面进行综合分析，认为“庄蹻王滇，古多误传”〔3〕，并对杜佑“范晔所记，详考为正”的观点提出不同意见：“史公去庄蹻未远，又亲至西南夷境，必可传信。”〔4〕当代学者黄懿陆先生综合前人观点，亦明确指出：“范晔毕竟晚司马迁 500 余年，而司马迁又晚于他认为庄蹻王滇的时间 200 多年。两者相加，庄蹻王滇距范晔有 700 年之久。孰是孰非，很难考究出个所以然。而且，按照司马迁的学识、阅历，他也不应该对庄蹻王滇一事做出十分不合逻辑的记叙！”“尽管司马迁的记载略有瑕疵，其主要时间的真实性，则稳如泰山不可动摇！”〔5〕总之，随着学术界对庄蹻王滇之事探讨的不断深入，司马迁所载庄蹻王滇之事所包含的若干可信素材越来越引起学术界的关注和重视。

二、庄蹻王滇的历史真相

应该强调的是，杜佑的以上解释，的确并没有将庄蹻王滇这一纷繁复杂的问题完全说清楚。如蹻、豪二字，文献流传中致误的可能性极小。直到 20 世纪 60 年代，蒙文通先生引述《尚书序》“西旅献獒”，《经典释文》载马融云：

〔1〕《通典》卷一百八十七《边防三》，王文锦、王永兴、刘俊文、徐庭云、谢方点校：《通典》第五册，中华书局，1988 年，第 5055—5056 页。

〔2〕王先谦：《后汉书集解》第七十六卷《南蛮西南夷传》，中华书局，1984 年，第 995 页。

〔3〕转引自宁超：《滇国、滇越国、哀牢国、掸国、八百媳妇国史料汇编》，云南民族出版社，1996 年，第 71 页。

〔4〕转引自宁超：《滇国、滇越国、哀牢国、掸国、八百媳妇国史料汇编》，云南民族出版社，1996 年，第 71 页。

〔5〕黄懿陆：《滇国史》，云南人民出版社，2004 年，第 24 页。

“獒作豪，酋豪也。”《孔疏》引郑康成说：“獒读若豪；西戎无君，名强大有政者为酋豪。”《汉书·赵充国传》中西羌有先零豪、枹罕豪、大豪、中豪、下豪等名称，都是少数民族首领的名称。所谓“庄豪”，当是属于此类，它和“庄王”之名当是同一性质，而不是某个人物的姓和名。“豪”和“蹻”读音接近，当以作豪为正。[1]以后，徐中舒先生作进一步申论：“滇王庄蹻之蹻，原当作豪。《后汉书·西南夷传》将此庄蹻分属于滇王和夜郎两传中，在滇则成为庄蹻，在夜郎则称为庄豪。蹻、豪同音，只是声调有平上之分，在口语上原可互通。庄蹻历史得自传闻，作蹻作豪，虽可互通，但在文法上则显有区别；蹻仅为个人的私名，豪则为酋豪的通称。”[2]以后，徐中舒、唐嘉弘先生又继续论及该问题：“豪、蹻古同在幽部，蹻即豪之音转，范氏于此强分豪、蹻为二人，实无足取。”[3]蒙文通、徐中舒、唐嘉弘几位史学大家结合民族学、音韵学方面的材料，提出庄蹻为个人私名、庄豪为酋豪通称的观点，破千古之谜，可谓独步千古。然近日周宏伟先生对杜佑以来的看法重新提出怀疑，并列举了三条理由以证庄蹻、庄豪并非一人：其一，庄蹻入滇和庄豪入滇的时间、路线、任务完全不同；其二，二人身份不同，王滇者庄蹻既为楚庄王苗裔，王夜郎者又为庄蹻之后代，作为庄蹻子孙辈的庄豪及其继位者，自然不能与庄蹻混同为一人；其三，从上古豪、蹻二字的读音看，二字只是韵部近同，而声纽完全不同。[4]宏伟先生恰恰忽略了民族学上“豪”为“酋豪的统名”这一客观事实，将庄蹻、庄豪强分为二人，未免又犯了范晔等人的错误，由于立论基础薄弱，所以只能揭示出问题的表象。其据此立论提出“庄蹻入滇，实为入蜀，庄豪入滇，实际为入夜郎”[5]，所谓“新”论，显然是学术研究的倒退。

不唯如此，由于先秦秦汉文献记载自身存在复杂性，有关庄蹻王滇的传说中的诸多历史谜团，迄今尚未一一破解。黄懿陆先生备举马曜、徐中舒、方国瑜、王玉哲、李埏、杨宽、王宏道、徐帆等先生就庄蹻王滇问题的一系列激烈论争[6]，但我们有理由相信，以上论争为我们科学地揭示庄蹻王滇的部分历史真相，日渐奠定更为坚实的史料和理论基础，是大有作用的。仁者见仁，智者见智，本乃学术研究过程中的正常现象。当今学者应该对前人已有研究成果充分尊重，批判继承，将学术研究不断引向深入，从而在此基础上进一步揭示出历史的真相。庄蹻王滇的传说，自然存在不少可疑之处，因而长期受到不少学者的怀疑。如蒙文通先生即认为，庄蹻王滇之事，在先秦诸子书中并

---

〔1〕 蒙文通：《庄蹻王滇辨》，《四川大学学报》1963 年第 1 期。

〔2〕 徐中舒：《试论岷山庄王与滇王庄蹻的关系》，《思想战线》1977 年第 4 期。

〔3〕 徐中舒、唐嘉弘：《夜郎史迹初探》，《贵州社会科学》1980 年第 1 期。

〔4〕 周宏伟：《庄蹻入滇与庄豪入滇非一事辨》，《西南大学学报》2009 年第 1 期。

〔5〕 周宏伟：《庄蹻入滇与庄豪入滇非一事辨》，《西南大学学报》2009 年第 1 期。

〔6〕 黄懿陆：《滇国史》，云南人民出版社，2004 年，第 26—31 页。

无记载,因而是不可信的。[1]近年来有的学者通过分析滇池地区的“滇文化”田野考古发掘资料,觉得已经出土的滇文化器物中实在看不出什么楚文化的影响,因而也认为传世文献所谓“庄蹻王滇”乃子虚乌有。[2]更有学者指出:“无论是检阅文献还是田野考古资料来看……庄蹻王滇的事实不能成立。”[3]以上对于古代文献中庄蹻王滇传说的怀疑乃至完全否定显然是不可取的。庄蹻王滇的传说既然屡见于汉代以来的文献,该传说自然有其较为古老的历史素材和漫长的流变过程。正如黄懿陆先生所说,“庄蹻王滇是否真实的问题其实根本不应出现”[4]。问题的关键是我们应如何对这一古老传说进行科学的分析,在历史唯物主义理论指导下,实事求是地探明其历史真相。

值得注意的是,庄蹻王滇的传说虽最早出自司马迁的《史记·西南夷列传》,但庄蹻之名则早已屡屡出现于先秦时期的文献:

《荀子·议兵》:“齐之田单、楚之庄蹻、秦之卫鞅、燕之缪虮,是皆世俗之所谓善用兵者也。”“唐蔑死,庄蹻起,楚分而为三四。”

《韩非子·喻老》:“庄蹻为盗于境内而吏不能禁。”

《商君书·弱民》:“唐蔑死于垂沙,庄蹻发于内,楚分为五。”

通读以上记载,不难发现,先秦文献中的庄蹻是一个“善用兵”的“盗”的形象。就时间而论,以《荀子》的时代为早,《商君书》则基本承袭《荀子》的记录,而《韩非子》则综合《荀子》以上记载及该篇“盗兵”等文字改造而来。在我们今天看来,以上文字,虽然就时代而论,较《史记》《汉书》《后汉书》时代略早,但史料价值远远不及前三史。李学勤先生指出:“翻阅战国诸子的作品,不难看到很多古史记载都受到作者的观点影响,甚或是为了适应一定观点而加以改造的。”[5]这里有不少疑问需要作进一步探讨。一方面,诸子书所记庄蹻“史事”与《史记》《汉书》《后汉书》所记庄蹻王滇之事并无任何关联,而且诸子书所记从未见载于《竹书纪年》等先秦时期史料价值较高的文献。徐中舒先生即曾指出:“战国时代,楚国有两个庄蹻……一个是楚国贵族,建国南中,一个是发难郢中,使楚国分为三、四,立场不同,事迹各异。他们的年代接近,名号相同,只是偶然的巧合。”[6]徐老所论,指出了长期以来学术界有关庄蹻王滇之事纷争的关键,亦为我们科学地破解庄蹻王滇的诸多历史谜团奠定了较为坚实的基础。

在此基础上,徐中舒先生对庄蹻王滇故事的缘起作了详细论述:“《史记》

---

〔1〕 蒙文通:《庄蹻王滇辨》,《四川大学学报》1963年第1期。

〔2〕 张增祺:《“庄蹻王滇”的真伪问题》,《中国西南民族考古》,云南人民出版社,1990年。

〔3〕 蒋志龙:《滇国探秘》,云南教育出版社,2002年,第355页。

〔4〕 黄懿陆:《滇国史》,云南人民出版社,2004年,第34页。

〔5〕 李学勤:《古本〈竹书纪年〉与夏代史》,《华夏文明》第一集,北京大学出版社,1987年。

〔6〕 徐中舒:《试论岷山庄王与滇王庄蹻的关系》,《思想战线》1977年第4期。

庄蹻王滇之说，存在的问题，确是不少。司马迁作《西南夷传》，有许多都是他亲身经历的见闻，翔实可信；但有关滇王的部分，则得之于传闻，也是很明显的事实。元鼎元年（公元前 111 年），他‘奉使西征巴、蜀以南，南略邛、笮、昆明’（《史记·太史公自序》），其时正当汉武帝采纳张骞的建议，发间使四道并出，求通身毒（印度）、大夏而被阻于邛、笮、昆明之时。他的使命就是查办历史使节被阻于昆明的案件，同时他也调查通往印度的道路。《史记·大宛列传》对于这些任务，也作了一番交代。他说：‘昆明之属无君长，善寇盗，辄杀略汉使，终莫得通；然闻其西可千余里，有乘象国，名曰滇越。’滇越是由昆明到印度的中途站，是古代云南保山以西的一个部落。因此，他只到了昆明（古代昆明在洱海地区，不是现在滇池的昆明），而没有进入滇池。庄蹻的故事，他只在昆明得自传闻，而不能再作进一步的调查，存在一些问题，也是难以避免的。总之，他为我们保存了这些原始的地方史料，信以传信，疑以传疑，功绩长在人间，是永远不会磨灭的。”[1]徐先生的论述，为我们正确探明庄蹻王滇的事实真相指明了正确方向。

西南地区有岷山庄王的古老传说。蜀郡严（庄）道，原以岷山庄王居此而得名。《蜀记》云：“秦灭楚，徙严（庄）王之后于此，故谓之严（庄）道。”徐中舒先生说：“秦灭六国徙楚庄王后于此，虽不可信，但庄道之名出于楚庄王，则是蜀地相传的旧说，还是可信的。”[2]岷山庄王的史迹见于《竹书纪年》。《竹书纪年》出自魏襄王墓，是魏国史官编写的编年史，所以是研究战国时期历史的第一手资料，比《史记》更为翔实可信。《竹书纪年》又载梁惠成王十年（公元前 361 年）“瑕阳人自秦道岷山青衣水来归”，说明当时魏、蜀交通，确已存在。徐中舒先生说：“岷山庄王的故事流传于魏，就不是魏人所能臆造的荒唐之言。”[3]徐先生在对楚国黄金的来源、春秋时期楚国在楚雄的移民等问题进行深入分析的基础上，指出岷山庄王是楚王在丽水地区的代理人，滇王的南迁发生于秦灭巴、蜀封樗里子疾为严庄君之时，庄蹻就是岷山王国的最后一个庄王，其年代上距楚威王十一年，下距顷襄王十七年。[4]徐先生以庄蹻王滇的故事由岷山庄王南迁演变而来，对于探明庄蹻王滇的事实真相颇具有重要的启发意义。

按照徐中舒先生的推测，庄蹻王滇是由岷山庄王南迁的故事演变而来的。显然，庄蹻王滇经历了一段漫长的过程。《竹书纪年》中有岷山庄王的传说，徐先生指出：“《竹书纪年》所载桀伐岷山之事，固不足信；但岷山庄王在魏襄王以前

---

〔1〕 徐中舒：《试论岷山庄王与滇王庄蹻的关系》，《思想战线》1977 年第 4 期。
〔2〕 徐中舒：《试论岷山庄王与滇王庄蹻的关系》，《思想战线》1977 年第 4 期。
〔3〕 徐中舒：《试论岷山庄王与滇王庄蹻的关系》，《思想战线》1977 年第 4 期。
〔4〕 徐中舒：《试论岷山庄王与滇王庄蹻的关系》，《思想战线》1977 年第 4 期。

已在蜀郡庄道建立了一个岷山王国，则是千真万确，不容否认的事实。”〔1〕徐先生进一步推测，庄蹻就是岷山王国的最后一个庄王，秦灭巴蜀，以岷山王国之地封其异母弟樗里子疾为严(庄)君；岷山庄王南迁于滇池，“应即在此时”〔2〕。1955年至1996年间，考古工作者先后在晋宁石寨山清理墓葬86座，出土随葬品5000余件，其中一枚“滇王之印”金印，证实了古代滇国存在的事实。〔3〕此外，1972年至1994年间，考古工作者还三次发掘江川县李家山墓群。〔4〕徐先生认为，晋宁石寨山发现的“金印”说明这些墓葬群“都与滇王庄蹻及其臣属的后裔有关”〔5〕。在我们今天看来，以上推测是有道理的。

三、云南地区文明起源与国家形成道路

司马迁在《史记·西南夷列传》中较为详细地记载了庄蹻王滇前西南地区的族群构成和社会状况：

> “西南夷君长以什数，夜郎最大；其西靡莫之属以什数，滇最大；自滇以北君长以什数，邛都最大；此皆魋结，耕田，有邑聚。其外西自同师以东，北至楪榆，名为嶲、昆明，皆编发，随畜迁徙，毋常处，毋君长，地方可数千里。自嶲以东北，君长以什数，徙、筰都最大，自筰以东北，君长以什数，冉駹最大。其俗或土著，或移徙，在蜀之西。自冉駹以东北，君长以什数，白马最大，皆氐类也。此皆巴蜀西南外蛮夷也。”

从以上文字可以看出，庄蹻王滇以前西南地区民族成分颇为复杂，而且社会发展差异明显。其中夜郎、滇、邛都大体上已经逐步向国家形态过渡。它们有“君长”“耕田”“有邑聚”，说明以上族群从事原始农业，过着定居生活，各族都有自己的首领。其他如嶲、昆明，“随畜迁徙，毋常处，毋君长”，说明它们的经济生活尚处于游牧阶段，也没有本族的首领。其他如徙、筰都、冉駹，“或土著，或移徙”，社会状况较为复杂。以上文献所说的“君长”，显然同文明时代政治社会的君王有着重大的实质性差别。

综合古代文献记载可知，庄蹻王滇是云南地区进入文明时代的标志性事件。然司马迁和班固在《史记·西南夷列传》和《汉书·西南夷两粤朝鲜传》

---

〔1〕 徐中舒：《试论岷山庄王与滇王庄蹻的关系》，《思想战线》1977年第4期。

〔2〕 徐中舒：《试论岷山庄王与滇王庄蹻的关系》，《思想战线》1977年第4期。

〔3〕 云南省博物馆考古发掘工作组：《云南晋宁石寨山古遗址及墓葬》，《考古学报》1956年第1期；云南省博物馆：《云南晋宁石寨山古墓群发掘报告》，文物出版社，1959年；云南省博物馆：《云南晋宁石寨山第三次发掘报告》，《考古》1959年第9期；云南省博物馆：《云南晋宁石寨山第四次发掘报告》，《考古》1963年第9期；云南省文物考古研究所、昆明市文管会、晋宁县文物管理所：《云南晋宁石寨山第五次抢救清理发掘简报》，《文物》1998年第6期。

〔4〕 云南省博物馆：《云南江川李家山古墓群发掘报告》，《考古学报》1975年第2期；张兴宁、杨帆、康利宏：《江川李家山古墓群第二次发掘简报》，《云南文物》1993年第35期。

〔5〕 徐中舒：《试论岷山庄王与滇王庄蹻的关系》，《思想战线》1977年第4期。

中均言及，庄蹻王滇“变服，从其俗”。庄蹻王滇变服从俗的情形，同吴、越二国早期的情形颇为类似。《史记·吴太伯世家》《越王句践世家》分别追述吴、越国君的祖先从中原地区来到吴、越之地后，“文身断发”，“披草莱而邑焉”。由此可见，司马迁、班固的这一记载，是有一定的历史根据的。不唯如此，我们还可以从云南地区的青铜文化为这一记载寻找到较有说服力的实物证据。

自夏鼐先生提出冶铸造青铜技术“最能代表商文明的高度水准”[1]的观点以来，越来越多的学者较为普遍地赞同这一观点。铜器作为人类社会进入文明时代的重要标志，在中国文明起源过程中发挥了重要的作用。根据目前所掌握的考古学资料可知，剑川县海门口新石器时代晚期遗址出土的14件红铜制品[2]，系在当地铸造，年代相当于殷商晚期，是云南目前发现的时代最早的铜器。云南地区青铜时代的鼎盛期大体上为公元前7世纪—前2世纪。[3]云南地区的青铜文化是西南地区独具特色的地域性文化。就目前所掌握的材料看，尽管可以看到云南青铜文化与周边各地区青铜文化之间存在着广泛的联系，但总体来看，该地区的青铜文化，就主体而言，是在本地区新石器时代文化基础上发展起来的。[4]万家坝墓地[5]出土的青铜器具有浓厚的地方特色，墓葬中所出羊角编钟与中原文化的编钟差别很大，考古学家认定这应是西南地区的古代民族乐器。墓葬中出土的青铜农具较多，仅铜锄就有99件；特别是M1出土农具82件，其中锄54件。许多农具成组放置，有的还保留有完整的木柄。如此多的青铜农具在其他地区的两周墓葬中还很少见。兵器和工具也自成体系，与其他地区出土的同类器物不同。[6]曲靖八塔台和横大路墓葬[7]中出土的铜兵器多铍，扣饰中多以虎、狐等为题材。一些器物中还显出与黔西和黔西北地方青铜文化的联系。[8]此外，云南地区出土的成套青铜纺织工具，在中国古代青铜器中也极为少见。[9]尤其应该强调的是，贮贝器作为重要的青铜礼器，更表现出极其鲜明的地方民族特色。樊海

---

〔1〕 夏鼐：《中国文明的起源》，文物出版社，1985年，第88页。

〔2〕 云南省博物馆筹备处：《剑川海门口古文化遗址清理简报》，《考古通讯》1958年第6期。

〔3〕 王大道：《滇池区域的青铜文化》，《云南青铜器论丛》，文物出版社，1981年。

〔4〕 王大道：《云南青铜文化与新石器晚期文化的关系》，《南中国及邻近地区古代文化研究》，香港中文大学出版社，1994年。

〔5〕 云南省文物工作队：《楚雄万家坝古墓群发掘报告》，《考古学报》1983年第3期。

〔6〕 中国社会科学院考古研究所：《中国考古学·两周卷》，中国社会科学出版社，2004年，第559页。

〔7〕 云南省文物考古研究所：《曲靖八塔台和横大路》，科学出版社，2003年。

〔8〕 中国社会科学院考古研究所：《中国考古学·两周卷》，中国社会科学出版社，2004年，第562页。

〔9〕 云南省文物考古研究所：《云南省文物考古五十年》，《新中国考古五十年》，文物出版社，1999年，第407页。

涛先生指出,贮贝器不仅是滇青铜艺术的最高代表,还是滇国社会历史最重要的文化载体。贮贝器盖上的群雕反映的主要也是滇国王侯贵族的活动,它们是滇国社会上层建筑的生动再现,承载着滇青铜文化最核心、最关键的部分。[1]综上所述,从云南地区青铜文化独立的来源及所呈现的独特的地方民族特色推断,在汉文化深入云南地区之前,该地区的文明因素的发生及文明化进程,在或多或少地受到周邻文化因素影响的同时,基本上是沿着独立的道路发展演进的。

经典作家一再强调,"国家是文明社会的概括"[2]。文献和考古学资料表明,庄蹻王滇,滇国建立,毫无疑问是云南地区历经漫长的文明化进程之后进入文明时代的标志性事件。著名考古学家苏秉琦先生将中国古代文明起源的形式概括为裂变、撞击和融合[3],同时将中国国家的发展模式概括为原生型、次生型和续生型三类型[4]。苏先生强调指出,三部曲和三模式是中国万年以来历史发展的总趋势,是关于中国文明起源和古代国家形成的一个系统、完整的概念。[5]值得注意的是,苏先生反复强调,以上三种文明起源形式的典型地点大都在中原和北方,大都与中原和北方的古文化结合有关。[6]与此同时,苏先生强调,20 世纪 80 年代以来,学术界对中国文明起源问题的认识,"讨论的重点早已不再局限于对诸文明要素,如文字的出现、金属的发明、城市的形成等概念的理解和具体讨论,而是更注重理论上的建树"[7]。正因为苏先生关于中国文明起源的三形式和中国国家发展模式的三类型具有特定的适用范围,因此,在很大程度上,不加分析地借用一代宗师的理论解释庄蹻王滇和云南地区文明起源及国家形成的历史,显然是不科学的。

综前所论,文献和考古资料表明,庄蹻王滇,并没有进行大规模的移民和文化输入,相反,司马迁和班固所言庄蹻"变服,从其俗"亦可从云南地区青铜文化所具有的浓厚的民族地方特色得到佐证。然限于文献资料的极度贫乏,在云南地区田野考古工作全面展开之前,学术界对庄蹻王滇的历史背景,认识并不清晰。

有的学者指出:"中国国家的产生,应该是多种因素综合作用的结果,但通过血族集团的征服(包括以血缘集团为背景的其他手段),造成血族统治,加剧社会的对抗、财富的集中和权力的凝聚,从而导致国家的诞生,是古代中

〔1〕 樊海涛:《云南古代贮贝器艺术》,《长江文明》第六辑,河南人民出版社,2010 年 12 月。
〔2〕《家庭、私有制和国家的起源》,《马克思恩格斯选集》第四卷,人民出版社,1972 年,第 176 页。
〔3〕 苏秉琦:《中国文明起源新探》,生活·读书·新知三联书店,1999 年,第 119—126 页。
〔4〕 苏秉琦:《中国文明起源新探》,生活·读书·新知三联书店,1999 年,第 130 页。
〔5〕 苏秉琦:《中国文明起源新探》,生活·读书·新知三联书店,1999 年,第 130 页。
〔6〕 苏秉琦:《中国文明起源新探》,生活·读书·新知三联书店,1999 年,第 124 页。
〔7〕 苏秉琦:《中国文明起源新探》,生活·读书·新知三联书店,1999 年,第 130 页。

国文明起源的主要特征。"[1]笔者以为,这一概括,大体可以反映出云南地区文明起源和国家形成的某些历史实际。1979 年 1 月至 1980 年 2 月,考古工作者对云南呈贡天子庙古墓群进行了发掘。[2]其中 M41 号大墓为贵族墓,出土各种随葬金属器物 300 多件,有兵器、生产工具、纺织工具、生活用具、乐器和装饰品等。青铜器中有铜鼓、铜筒、贮贝器、铜鼎、铜剑、铜矛、铜斧、铜盔、铜甲等。此外还出土海贝 1500 枚,绿松石数以万计。经放射性碳 14 测定,M41 号墓的椁木距今为 2290±70 年(已经年轮校正),年代处于战国中晚期。其墓葬年代总体早于石寨山和李家山墓葬,属于古滇国的早期文化。黄懿陆先生推测,呈贡天子庙的 M41 号墓应该就是滇国的第一代王墓——庄蹻之墓。[3]由于缺乏可靠的直接证据,以上推测,可备一说。从呈贡天子庙 M41 号大墓出土的文物,至少可以获得以下重要启示。首先,呈贡天子庙墓葬群按照墓葬规模和随葬品多寡可以明显区分为贵族墓和平民墓,说明当时云南地区社会等级已发生明显分层。尤其 M41 号大墓中所出铜鼎、铜鼓、贮贝器,是财富、地位和权力的象征,这是云南地区文明起源和国家形成的重要反映。其次,贵族墓和平民墓中,分别出土一定数量的铜鼎、铜剑、铜矛、铜斧、铜盔、铜甲、铜戈等青铜兵器,反映了当时族群之间战争频繁,这从一个侧面说明庄蹻王滇是在对土著民族的一系列军事征服的基础上实现的。此外,滇国核心地区墓葬所出青铜贮贝器的器盖或器身铸、刻有各种人物活动场面,其中如"结盟祭祀""战争""贡纳"场面,是当时"滇人"重要活动的真实写照。[4]这也足以从一个侧面透露出滇国建立、巩固与一系列重大的军事活动密切相关。由此可见,云南地区文明起源与国家形成既非纯粹的裂变,亦非不同文化间的简单撞击与融合,其所历经的是多种因素综合作用下,通过血族征服,导致国家诞生的文明演进道路。

综上所述,庄蹻王滇是战国时期发生于云南地区的历史上的一件大事。综合有关文献传说、田野考古及民族学材料可知,该传说与岷山庄王南迁有关,它是战国时期云南地区不同文化因素的碰撞与交流及民族融合的真实反映。云南地区文明起源与国家形成所历经的是多种因素综合作用下,通过血族征服,导致国家诞生的文明演进道路。庄蹻王滇加速了云南地区社会复杂化与文明化的进程,并最终促成云南地区社会形态的转变与文明时代的到来。

(原载《长江文明》第九辑,光明日报出版社,2012 年,又刊于《贵州社会科学》2012 年第 12 期)

---

〔1〕 张树栋、刘广明:《古代文明的起源与演进》,南京大学出版社,1991 年,第 52 页。
〔2〕 昆明市文物管理委员:《呈贡天子庙滇墓》,《考古学报》1985 年第 4 期。
〔3〕 黄懿陆:《滇国史》,云南人民出版社,2004 年,第 111 页。
〔4〕 冯汉骥:《云南晋宁石寨山出土铜器研究》,《考古》1963 年第 6 期。

夏史新证

《穆天子传》“启居黄台之丘”考

——兼论周穆王东巡的地理问题

今本《穆天子传》卷五记载：“天子东游于黄泽，宿于曲洛……丙辰，天子南游于黄□室之丘，以观夏后启之所居，乃□于启室。”其中，“黄□室之丘”据《文选》注引，当为“黄台之丘”。这一点，学术界并无大的分歧。晋代学者郭璞曾较早对以上记载所涉地名作过如是解释：“疑此言太室之丘嵩高山，启母在此化为石，而子启亦登仙，故其上有启室也。”在我们今天看来，郭璞的解释似乎并非无稽之谈。因为《汉书·武帝纪》说：“元封元年，登礼中岳，见夏后启母石。”颜师古注引《淮南子》：“涂山氏化为石，石破生启。”郭璞曾强调流传于太室之丘嵩高山一带有关启的传说“皆见《归藏》及《淮南子》”，于是郭氏的以上解释，长期以来为学术界绝大多数的学者所赞同。

20世纪以来，有的学者开始对以上记载所涉地名尤其是“黄台之丘”的解释产生怀疑，并陆续提出新的观点。如老一代史学家丁山即曾指出：

> “启之生地，传说虽在太室，但太室之北无黄池黄泽，亦无黄台之丘。惟《水经注》云，‘洧水又东南，赤涧水注之，水出武定冈，东南流，经皇台冈下，注于洧。洧水又东，与黄水合。黄水出太山南黄泉。黄即《春秋》之所谓黄崖也。故杜预注云，苑陵县西有黄水者也。又东南流，水侧有二台，谓之积粟台。黄水又东南，经龙渊东南，注于洧水。’洧水先受赤涧水，次受黄水，黄水如可指为《穆天子传》之黄泽，则积粟台非《传》文黄台之丘，黄台之丘可确指其即赤涧水旁之皇台冈。洧水出于阳城山，与黄水所出之太山，正是一脉；而黄、阳二字，古音同部，意者洧黄之间，即夏后启故居，《地理志》阳翟县下云‘夏禹国’，实夏后启都之误。夏后启之居阳城，《穆天子传》其确征也。”[1]

在此基础上，丁山先生第一次提出夏后启时的都邑黄台之丘在今河南省新郑、密县(按：即今新密市)洧黄之间的观点。以后，著名夏商史专家郑杰祥先生重申丁说，认为“其地在今密县境内，西距嵩山仅数十里”[2]。无独有

〔1〕 丁山：《由三代都邑论其民族文化》，《国立中央研究院历史语言研究所集刊》第五本第一分，1935年。

〔2〕 郑杰祥：《夏史初探》，中州古籍出版社，1988年，第15页。

偶，著名历史地理学家史念海先生亦对丁说颇为重视，他继续说："禹虽有在位年数，有关禹都的记载却有数处。启也有在位年数，所都只有一个黄台之丘，启的即位是否就在这个新都，也还有待于论定。"〔1〕

总之，以《穆天子传》"黄台之丘"为夏后启时的都邑，并将其地望大体定在洧水流域的今河南省新郑与新密之间，是以往学术界曾较为流行且具有一定影响力的一种学术观点。然而，由于史料的缺乏，长期以来，这一学术观点未能引起学术界的高度重视，先秦史专家自然很少注意对其进行较为深入的研究，于是其史料价值也长期被人们所忽略。随着对夏代的考古工作不断走向深入和中华文明探源工程的启动，在前人已有的研究成果的基础上，结合文献和考古资料，对以上记载进行一番全面、深入和细致的研究，就显得尤为迫切和必要。

一、启之活动地域的再考察

尽管曾经创建过"古史辨派"，提出过"古史是层累地造成的"等一系列重要学术观点的一代学术大师顾颉刚先生一度假定"禹是南方民族的神话中的人物"〔2〕，但迄今为止，据有关文献记载和大量的传说资料推断，曾经一度合诸侯、平水土的部落联盟首领禹与建立我国历史上第一个早期国家的夏后氏启系父子关系，在今天的学术界似乎已无大的争议。在古代文献中，禹的活动范围颇为广泛。随着夏代考古工作不断取得进展，不难发现，其中某些记载具有一定的可靠性，而其他更多的则纯属传说资料或是后人附会，不足为信。以禹都阳城为例，古代文献中就有诸多不同的说法，但目前学术界较为流行的仍然是将颍川阳城看作"禹都阳城"的阳城。我们认为，这一点并非纯属偶然。笔者赞同以上观点的主要理由有以下三方面。一是文献记载比较集中。《国语·周语下》云："昔在有虞，有崇伯鲧。"《国语·周语上》说："昔夏之兴也，融降于崇山。"韦昭注："崇，崇高山也，夏居阳城，崇高所近。"古今多数学者均以为崇、嵩古通用，崇山即位于今河南中部的嵩山，所以，《太平御览》卷三十九"崇山"条下引韦昭注说："夏都阳城，嵩山在焉。"二是有考古学方面的支持。自 1977 年起，河南省文物研究所和中国历史博物馆考古部合作，对登封告成遗址进行了大规模的考古调查和发掘工作，不仅在告成镇北面找到了春秋、战国至汉代的阳城遗址并证实之，而且在告成镇西的王城岗上也发掘出了一座东西并列的龙山文化中晚期的夯土城垣遗址。〔3〕该城址

〔1〕 史念海：《中国古都和文化》，中华书局，1998 年，第 53 页。

〔2〕 顾颉刚：《讨论古史答刘胡二先生》，《古史辨》第一册中编，上海古籍出版社，1982 年，第 121 页。

〔3〕 河南省文物研究所、中国历史博物馆考古部：《登封告成王城岗遗址的发掘》，《文物》1983 年第 3 期。

西城保存较好，其东墙亦即东城的西墙，东城大部分已被五渡河水冲毁。在城内发现有夯土建筑遗存和埋填2～7具骨架的多处夯筑奠基坑，还发现有青铜器残片。城址的年代距今4000年左右，属于夏代纪年之内；城址的地望近于"禹居阳城""禹都阳城""夏都阳城"的范围。因此，考古学界认为，王城岗遗址的考古发现，对探索夏王朝统治中心区域的文化，可算是一次大的突破。[1]第三，禹都阳城的其他诸说疑点较多。除颍川阳城外，古代文献中还另有浚仪(今河南开封)、阳翟(今河南禹州)、泽州(今山西晋城)、唐城(今山西翼城)等说。事实上，以上诸说均存在不少问题，有的学者已对此作过较为系统的研究。如曲英杰先生指出，所谓阳城即浚仪，原出于《太平御览》卷百五十五引《世本》云："夏后居阳城。本在大梁之南，于战国大梁魏都，今陈留浚仪是也。"但清人张澍早已指出"此系宋(衷)注"。另有《后汉书·郡国志三》陈留郡属下载："浚仪本大梁。"注引《帝王世纪》曰："禹避商均浚仪。"所谓阳城即浚仪很可能是调和此二说而成。而以阳翟为阳城说，只不过是洪颐煊的一种推测之辞。以泽州为阳城说乃《路史》附会"尧舜皆都河东北，不居河南"之说，此地唐天宝初始便濩泽为阳城。认为阳城即唐城则是丁山附会夏墟即唐叔虞封地之说。[2]至于近年来有人提出的"禹都阳城即濮阳"[3]的所谓"新说"，则更是由于缺乏可靠的文献和考古学材料作为论据，已基本上不为学术界所认可。[4]总之，就目前人们所能直接和间接掌握的较为可靠的文献和考古学资料判断，夏朝建立前夕禹活动的中心地区大体上在颍水上游的今河南登封一带，是应该没有什么大的问题的。

禹的活动中心地区既然在颍水上游的今河南登封一带，而且古代文献中从没有透露出自禹到启因人为或自然的原因导致人口大规模流动和政治、军事中心发生重大转移的任何信息，那么启的活动地域自然不应该与此相去太远。值得注意的是，结合文献和考古资料不难发现，从禹到启，政治和军事中心有沿颍水而下向禹州一带转移的迹象。《汉书·地理志》颍川郡阳翟师古注："夏禹国。"《水经·颍水注》说："颍水自东堨径阳翟县故城北，夏禹始封于此，为夏国。故武王至周曰：吾其有夏之居乎？遂营洛邑。徐广曰：河南阳城，阳翟则夏地也。"称阳翟为禹之封国，显然不符合历史实际。因为分封制是周人创造和发明的制度，不仅大禹之时不可能有周代的所谓封建之制，即

〔1〕 河南省文物研究所、中国历史博物馆考古部：《登封王城岗与阳城》，文物出版社，1992年，第321—322页。
〔2〕 曲英杰：《禹都考辨》，《华夏文明》第一集，北京大学出版社，1987年。
〔3〕 沈长云：《禹都阳城即濮阳说》，《中国史研究》1997年第2期。
〔4〕 方酉生：《论登封王城岗遗址为禹都阳城说——兼与〈禹都阳城即濮阳说〉一文商榷》，《考古与文物》2001年第4期；《论禹都阳城为颍川阳城——兼与〈禹都阳城即濮阳说〉一文商榷》，《殷都学刊》2001年第4期。

使到了商代,也尚未发现有分封制的任何确凿证据。正如张光直先生所论:"从长城以北直到湖南南部这么广大的地域,是不是都在商朝的王畿管辖之下,当时是否已推行分封制度,这些地区是不是都有同一水准的构造,都是目前的考古和文献资料所不能解决的问题。"[1]王国维先生说殷"自开国之初,已无封建之事"[2]是对的。古代学者曾围绕阳翟是否为禹都这一问题开展过一系列的论争。如《汉书·地理志》颍川郡阳翟师古注"夏禹国",应劭曰:"夏禹都也。"臣瓒曰:"《世本》禹都阳城,《汲郡古文》亦云居之,不居阳翟也。"王先谦《汉书补注》引金鹗语:"故侯国皆曰国,今阳翟不曰夏禹都而曰夏禹国,知禹不都阳翟也。"并引刘昭语:"阳翟禹所都误矣。"清代学者吕吴调阳《汉书地理志详释一》云:"禹都本在郑栎,即洧水所出之阳城也,地多夏翟,故国号夏,亦名其地曰阳翟,汉人以名此县,非也。"[3]郑栎和阳翟本为一地,《水经·颍水注》说得很清楚:"《春秋经》书,秋,郑伯突入于栎。《左传》曰:桓公十五年,突杀檀伯而居之。服虔曰:檀伯,郑守栎大夫。栎,郑之大都。宋忠曰:今阳翟也。周末,韩景侯自新郑徙都之。王隐曰:阳翟,本栎也。"而阳城与郑栎明明为两地,《详释》将其混为一谈,并且张冠李戴,使清代以前本来就疑点纷纭的问题错上加错。事实上,我们大可不必拘泥于"禹居阳翟"或是"禹都阳翟",有一点是可以肯定的,那就是除了今河南登封告成一带外,颍水流域的阳翟(亦即今河南禹州一带)也曾是禹活动的重要区域。

关于启的活动地域,文献中记载不多,但尤其值得注意的是《左传》昭公四年载"夏启有钧台之享"。杜预注:"启,禹子也。河南阳翟县南有钧台陂,盖启享诸侯于此。"这则材料世代相传,其可靠性应该说问题不大。《水经·颍水注》说:"渠中又有水流出焉,时人谓之嵎水,东径三封山东,东南历大陵西。《归藏易》曰:启筮享神于大陵之上。即钧台也。《春秋左传》曰:夏启有钧台之飨,是也。杜预曰:河南阳翟县南有钧台。其水东南流,水积为陂,陂方十里,俗谓之钧台陂。盖陂指台取名也。"除了钧台外,文献提到在今河南禹州一带还有夏台。《水经·汝水注》载:"汝水又东南流,与白沟水合,水出夏亭城西。"杨守敬为《水经注》所作之《疏》引《括地志》说:"夏亭故城在郏县东北五十四里,盖夏后所封也。"《史记·夏本纪》载桀"乃召汤而囚之夏台"。《索隐》曰:"狱名。夏曰钧台。皇甫谧云'地在阳翟'是也。"可见,夏台与钧台实为同一地名,不仅这里是启的主要活动地区,直到夏代末年,这里仍然属于夏朝的政治和军事的中心地区。

1979年河南省文物考古研究所在颍河两岸进行考古调查时,发现了位于

〔1〕 张光直:《中国青铜时代》,生活·读书·新知三联书店,1983年,第62页。
〔2〕 王国维:《观堂集林》卷十《殷周制度论》,中华书局,1959年,第466页。
〔3〕 参见《二十五史补编》第一册二《汉书部分》,中华书局,1956年。

河南省禹州市火龙乡瓦店村东部和西北部的瓦店遗址。[1]1980年、1981年和1982年,河南省文物考古研究所与郑州大学历史系考古专业曾对瓦店遗址进行过三次发掘,发掘面积700多平方米,发现遗存的时代主要为龙山文化时期。[2]1997年4月—5月,因"夏商周断代工程—夏年代学研究"课题研究工作的需要,由方燕明负责的"夏代年代学研究—早期夏文化研究"专题组对瓦店遗址又进行了发掘和钻探。[3]瓦店遗址已探出的面积达20万平方米。考古工作者认为,该遗址包含有龙山文化早、中、晚期遗存,并以龙山文化晚期遗存为主。其考古学文化归属当为王湾三期文化晚期。王湾三期文化晚期遗存,正是目前探讨夏文化的重要物件之一。此遗址面积较大,所见遗迹、遗物档次较高,如以IVF8为代表的地面起建的大型建筑基址、VT1H116奠基坑的发现,以及大卜骨、玉璧、玉铲等玉器和精美的陶酒器如觚、瓶、鬶、盉等的出土,都表明瓦店遗址是王湾三期文化晚期的一处级别较高且十分重要的遗址。文献记载的阳翟地望就在禹州市境,学术界许多人均认为在区内发现的瓦店遗址从其年代和遗存特征看,均有可能与钧台、阳翟有关。

需要补充说明的是,以往学术界对河南登封王城岗遗址与禹县瓦店遗址是否应归入夏代纪年,存在不同的意见。而这一问题又直接关涉王城岗遗址的性质是否为禹都阳城、瓦店遗址的性质是否为启享钧台这两个问题。目前夏商周断代工程所提供的年代框架告诉我们,夏代从夏商分界的公元前1600年上推至被学术界公认的夏文化第一期——公元前1880年,占有280年,而夏代总积年为471年,尚余200年左右的时间,必须再往前追溯到河南龙山文化晚期的第二段,即王城岗遗址二、三期中去(^{14}C测年数据为公元前2132年—前2030年)。据此,则夏代的历史文化应该从登封王城岗和禹县瓦店讲起,而禹都阳城与启享钧台自然应该与此两处遗址联系在一起了。[4]

总之,相关文献和考古学资料表明,夏朝的建立者启的活动地域主要在今河南省禹州市境内,今本《穆天子传》卷五载穆天子南巡所经夏后启所居"黄台之丘",其地望应在今河南省禹州市境内寻找。

二、从《穆传》东巡路线看"启居黄台之丘"地望

随着学术研究的全面深入,《穆天子传》的史料价值已日渐为学术界高度重视。唐兰先生说:"此书虽多夸张之语,写成时代较晚,但除盛姬一卷外,大体

〔1〕 河南省文物研究所、禹县文管会:《河南禹县颍河两岸考古调查与实掘》,《考古》1991年第2期。
〔2〕 河南省文物研究所、郑州大学历史系考古专业:《禹县瓦店遗址发掘简报》,《文物》1983年第3期。
〔3〕 河南省文物考古研究所:《河南禹州市瓦店龙山文化遗址1997年的发掘》,《考古》2000年第2期。
〔4〕 江林昌:《来自夏商周断代工程的报告》,《中原文物》2001年第1期。

上是有历史根据的。”[1]王贻梁先生说：“《穆传》卷一至卷四所载穆王西征，虽然未必就可定为穆王其人之事，但其中必有先秦（主要是西周）时的史料则是无疑的。卷五、卷六的成书可能要早于前四卷，这二卷载穆王在域内的巡行、盛姬的死事与葬仪，都应该是基本可信的征史，必可补西周史之缺。”[2]其中，《穆天子传》卷五记述了周穆王东巡河南诸地的经过，有的学者以为其“可以说是西周天子巡守中原的实录”[3]。因此，这里结合《穆天子传》卷五所载周天子东巡路线，试就该文中所载启所居之黄台之丘的地望再作一番考察。

《穆天子传》卷四写到天子西征返回南郑，所以卷五记述的这次天子东巡似应以南郑为起点。卷五开始讲到“天子四日休于濩泽，于是射鸟猎兽”。郭璞注：濩泽，“今平阳濩泽县是也”。《汉书·地理志》河东郡濩泽下，师古注：“《禹贡》析城山在西南。”应劭曰：“有濩泽在西北。”《尚书今古文注疏》卷三孙星衍疏云：“濩泽县在今山西阳城，山在县西南。”天子首先到达濩泽，即今山西阳城县一带。

以下接着提到“鄒父自圃郑来谒，留昆归玉百枝，陖翟致赂良马百马四，归毕之宝，以诘其成”。这里所涉及的国族名称有圃郑、留昆、陖翟、毕等，其中郑、毕屡屡见于文献记载，留昆和陖翟的材料不多见，因其与本文所论问题关系不是太大，在此略而不论。鄒，亦即文献中的祭，为西周初年的封国。《左传》僖公二十四年记载周初大分封时所封姬姓国家中的“凡、蒋、邢、茅、胙、祭，周公之胤也”。祭为周公之子的封国，《括地志》说“故祭城在郑州管城县东北十五里，郑大夫祭仲邑也”。祭为周初封国，到郑国东迁后，其地被郑并吞，成为郑大夫祭仲的封邑。祭父为穆王时人，《国语·周语上》称作“祭伯谋父”，韦昭注曰：“祭，畿内之国也，周公之后也，为王卿士。谋父，字也。”圃郑，郭璞曰：“郑有圃田，因云圃郑谒告也。”《史记·郑世家》说：“宣王三十二年，友初封于郑。”穆王时郑国尚未封建，圃郑显然是郑国东迁以后东周时期的地名，其地在洧水畔的今新郑市一带。《水经·洧水注》：“洧水又东，径新郑县故城中。《左传》襄公元年，晋韩厥、荀偃帅诸侯伐郑，入其郛，败其徒兵于洧上，是也……今洧水自郑城西北入，而东南流，径郑城南。”穆王东巡，在东周时期祭地之南的郑地见到祭父，这从地理上是讲得通的。

以下又讲到：“陖子胡□东牡，见许男于洧上，祭父以天子命辞曰：去兹羔，用玉帛见。许男不敢辞，还取束帛加璧，□毛公举币玉。是日也，天子饮许男于洧上。天子曰：朕非许邦而恤百姓□也，咎氏宴饮，毋有礼。许男不敢辞，升坐于出尊，乃用宴乐。天子赐许男骏马十六，许男降，再拜空首，乃升平

---

〔1〕 唐兰：《西周青铜器铭文分代史征》，中华书局，1986年，第355页。

〔2〕 王贻梁：《〈穆天子传〉的史料价值》，《华东师范大学学报》1994年第6期。

〔3〕 王天海：《〈穆天子传〉考略》，《古籍整理研究学刊》1997年第4期。

座。及暮，天子遣许男归。”这是写天子于洧上接见并宴请许男之事。《水经·洧水注》云：“洧水又东南，分为二水也。其枝水东北注沙，一水(熊会贞按：此洧水正流)东径许昌县，故许男国也。姜姓，四岳之后矣。《穆天子传》所谓天子见许男于洧上者也。”许为西周时期分封的姜姓国家，始封之君为文叔，其地在今河南许昌县一带。由此可知，天子的巡行路线大体是沿着今京广线一线向南行进的。

天子在洧上接见并宴请许男后，“天子乘鸟舟龙卒浮于大沼。夏庚午，天子饮于洧上，乃遣祭父如圃郑用□诸侯”。显然天子仍然没有离开许地一带，应仍在洧水一带，他只是遣祭父回郑地，召集诸侯。到了辛未日，“天子北还，钓于渐泽，食鱼于桑野”。这时，天子才沿原来的路线北返。大沼、渐泽等地名文献中不多见，可能均为泛称，为天子巡行路中的几个小地方。“桑野”于文献中亦不多见。卜辞桑地是商王的田猎区，其辞云：“辛未□，何贞：王其往田……桑……灾？”(《前》4.41.4)“……在桑……无祸？王……征戈从……东遘上甲……”(《通》7.94.)郑杰祥先生以为卜辞中的桑地在河南原阳县东南，此地西距卜辞雀地40千米。[1]其说可从。桑野有可能即在此一带。以下是“天子里圃田之路”，郭璞说这是“尽规度以为苑圃地而虞守之也”。接着便记述天子在圃田设置十虞之官的事。其中，“西虞曰栎丘”，郭璞注：“栎，今河南阳翟县。”《国语·郑语》载史伯的话说：“若克二邑，邬、弊、补、舟、依、田柔、历、华，君之土也。”《史记·郑世家》：“厉公出居边邑栎。”《索隐》：“按栎音历，即郑初得十邑之栎也。”由此可知，栎丘在河南阳翟县，即今禹州市境。

再接着是“天子次于军丘，以畋于薮□。甲寅，天子作居范宫，以观桑者，乃饮于桑中”。古代人们称军旅屯驻为次。《左传》庄公三年：“凡师一宿为舍，再宿为信，过信为次。”《公羊传》庄公三年：“舍者，兵舍至之名。”甲骨文中有齐次(《合集》368210)、濡次(《合集》36968)、春次(《合集》41757)等，可见，这是周代前就已存在的古制。军丘、范宫等地名，相当于今之何地，已难以稽考，但从下面的路线“天子西游乃宿于祭”判断，这些地名应在祭地，即今郑州以东不远的地方。离开祭地后，“壬寅，天子东至于雀梁。甲辰浮于荥水……夏庚□休于范宫”。以后，天子继续在范宫、雀梁、郕、东虢等地巡行。雀地见于商代甲骨文，雀与南土见于同版卜辞，其辞曰：“庚申卜：贞雀无祸？南土祸？告事。”(《合集》20576)另有卜辞曰：“贞：雀载王事？”(《合集》10125)“雀入二百五十。”(《合集》9235)“甲子卜，争贞：雀弗其乎王族来？雀其乎王族来。”(《合集》6946)“雀受年？”(《合集》9763)丁山先生以为此雀地即《穆天子传》中之雀梁。[2]《水经·济水注》说：“济水右合黄水，水发源京县黄堆

〔1〕 郑杰祥：《商代地理概论》，中州古籍出版社，1994年，第234页。
〔2〕 丁山：《甲骨文所见氏族及其制度》，中华书局，1988年，第125页。

山……黄水又东北至荥泽南,分为二水,一水北入荥泽,下为船塘,俗谓之郑城陂,东西四十里,南北二十里。《竹书·穆天子传》曰:甲寅,天子浮于荥水,乃奏广乐,是也。一水东北流,即黄雀沟矣。《穆天子传》曰:壬寅,天子东至于雀梁者也。"邴,郭注:"郑邑也。"东虢文献中多见,《史记·集解》引徐广语:"虢在成皋。"《正义》引《括地志》说:"洛州汜水县,古东虢叔之国也。"其地在今河南荥阳一带,故《穆天子传》屡屡提及荥水。可见,天子离开许地以后,一直在郑州一带巡行。

以下"天子东游于黄泽,宿于曲洛……丙辰,天子南游于黄台之丘,以观夏后氏之所居,乃□于启室"。黄泽另见于《山海经·北次三经》:"虫尾之山……薄水出焉,而东南流注于黄泽。"又说:"小侯之山……明漳水出焉,南流注于黄泽。"以前,学术界多以为此黄泽即《水经·荡水注》荡水"东北至内黄县,入于黄泽"之黄泽。《后汉书·郡国志》魏郡内黄下,刘昭注:"有黄泽。"《元和郡县志》《读史方舆纪要》等文献皆言黄泽在内黄县西北一带。但此黄泽同郑州距离过于遥远,黄泽似乎也应在距离郑州不太远的地方。张公量先生曾怀疑:"太室山在今河南登封县北,则黄泽在嵩高山之东。黄泽之名已不存于今日,堙塞无疑,然今嵩山东有大沼,不知相当否?"[1]笔者以为,此黄泽最大可能仍在以上提到的今郑州附近的黄水一带。以下提到天子"宿于曲洛"。曲洛,郭璞注:"洛水之回曲,地名也。"洪颐煊云,《太平寰宇记》四偃师县东北有曲河驿,以洛水之曲为名。倘若以上推断不错的话,则以下黄台之丘也应在距离这里不算太远的地方。《穆天子传》既称"天子南游于黄台之丘",则黄台之丘应该在郑州以南的地方。下句"以观夏后启之所居"下,郭璞注曰:"《山海经·海外西经》注引《归藏·郑母经》曰:夏后启筮:'御飞龙登于天,吉。'明启亦仙也,是说此事。"无独有偶,前引《水经·颍水注》也提到:"渠中又有水流出焉,时人谓之嵎水,东径三封山东,东南历大陵西。《归藏易》曰:启筮享神于大陵之上。即钧台也。《春秋左传》曰:夏启有钧台之飨,是也。"综合以上神话传说及文献记载,不难发现,古人以为夏后启所居之"黄台之丘"实即《左传》昭公四年和《水经·颍水注》所说的在今河南禹州市境内的"钧台"。

离开黄台之丘后,《穆天子传》所列天子继续巡行的地点还有萍泽、黄竹、曲山、丹黄等,最后返回南郑,因以上地名多于文献无征,且与本文所讨论的问题关系不大,故略而不论。

---

〔1〕 张公量:《〈穆传〉、〈山经〉合证》,《禹贡》半月刊第一卷第五期,1934年。

三、"启居黄台之丘"与洧水流域新砦遗址及古城寨龙山时代城址并不相涉

自1979年以来,考古工作者先后对位于河南省新密市境内的新砦遗址进行了两次试掘。以前,考古工作者认为,新砦遗址是属于龙山文化晚期和二里头文化早期的遗存,年代似乎不太长,恰好是从龙山文化发展到二里头文化的整个阶段。河南龙山文化晚期的遗存和二里头文化早期的遗存应是探索夏文化的主要对象。〔1〕目前,随着考古工作的全面深入,考古工作者认为,新砦遗址可划分为二期三段,其中新砦一期属伊洛郑州地区常见的龙山文化晚期遗存,新砦二期介于龙山文化晚期与二里头文化早期遗存之间。龙山晚期、新砦二期、二里头文化早期三者之间存在明显的递嬗变化的痕迹,再次证实二里头文化的确是在豫西龙山文化晚期基础上发展起来的。〔2〕与此同时,1997年以来,河南省文物考古研究所在新密市与新郑市交界地区进行新石器时代遗址调查过程中,在新密市东南35千米的曲梁乡大樊庄古城寨村周围,发现了一座中原地区目前面积最大、墙体保存最好的龙山时代城址。〔3〕经过几年的发掘,有以下几点收获:该城址内外包含有仰韶文化、龙山文化、二里头文化、二里冈文化、殷墟文化、战国文化和汉代文化等各个时期的文化遗存,但以龙山文化早期、晚期遗存为主,龙山文化晚期是其重要发展阶段。其考古学文化性质,当为王湾三期文化。古城寨龙山文化城址的发现,为探索夏文化和研究我国文明起源与国家形成提供了重要的且不可多得的资料。该城址各种文化错综复杂,其中龙山文化四期相当于王城岗龙山文化第五期,该期不仅城墙墙基和宫殿、廊庑基址继续遭到破坏,而且其器物特征演变已接近新砦期,为研究新砦期的形成与发展提供了新线索。〔4〕以上洧水流域的重大考古发现不仅引起考古工作者的极大兴趣,同时也促使历史学界对其文化面貌和性质不断进行新的探索。近期有的学者即曾专门对"新砦期"的概念等学术界长期有争议的重要问题作了较为系统的研究。顾问先生即认为:

> "将新砦期与夏禹、启关联似尚需更多的论据,其实古城寨龙山城倒与启可能有关,这也符合王国维等所持的启居密县、新郑间的观点。不过,文献中确实有过'启居黄台'的记载,而黄台之地据文献和笔者实地调查知,其有可能就在新砦附近。虽然我们坚持自己的观点,但是,我们

---

〔1〕 中国社会科学院考古研究所河南二队:《河南密县新砦遗址的试掘》,《考古》1981年第5期。

〔2〕 北京大学考古文博院、郑州市考古文物研究所:《河南新密市新砦遗址1999年试掘简报》,《华夏考古》2000年第4期。

〔3〕 蔡全发、马俊才、郭木森:《河南省新密市发现龙山时代重要城址》,《中原文物》2000年第5期。

〔4〕 河南省文物考古研究所、新密市炎黄历史文化研究会:《河南新密市古城寨龙山文化城址发掘简报》,《华夏考古》2002年第2期。

认为这一观点值得学术界注意。前不久，有学者参观了新砦期实物后，也认为这一观点有可能成立。"[1]

虽然，由于文献资料的极度匮乏及考古资料自身的复杂性，作者提出模棱两可甚至可以说是自相矛盾的观点本无可厚非，但缺乏坚实证据下的种种推测终究无助于问题的最终解决。因此，这里不妨提出几点疑问，以期请教于持以上"观点"的学术界同仁们。

笔者以为，将《穆天子传》"启居黄台之丘"的地望定在今河南省新郑、新密之间洧水流域一带，缺乏可靠的文献材料作为支持。而且，近年来在河南新密境内试掘的新砦遗址与发现的古城寨龙山文化城址似乎也与《穆天子传》"启居黄台之丘"并不相涉。为论述方便，兹分别加以说明。

目前确有一些学者明确地将新砦期遗址与夏朝建立者启相联系。[2]笔者以为，这种说法颇为值得怀疑。2000 年 11 月 9 日《夏商周断代工程 1996—2000 年阶段成果报告》正式公布，该项工程采用多学科联合攻关、交叉研究的方法，由历史学、考古学、天文学和测年技术等学科和领域的 200 多位专家联合实施，反映了 20 世纪我国年代学研究的最高水准。夏商周断代工程对属于早期夏文化的河南龙山文化晚期与二里头文化作了分期与测年，其结果如下。

河南龙山文化晚期可分为三段：

第一段：以王城岗一期、煤山一期为代表；第二段：以王城岗二、三期，瓦店一、二期，煤山二期为代表；第三段：以王城岗四、五期，瓦店三期为代表。

经北京大学 AMS 对王城岗遗址采集的系列含炭样品进行^{14}C 年代测定并拟合，得出第一段的年代范围是公元前 2190 年—公元前 2105 年；第二段的年代范围是公元前 2132 年—公元前 2030 年；第三段的年代范围是公元前 2050 年—公元前 1965 年。

二里头文化可分为四期：

中国社会科学院考古研究所实验室与中国科学院生物物理所合作，对二里头遗址采集的系列含炭样品进行^{14}C 年代测定、拟合，并与考古分期成果相整合，初步推定二里头文化各期年代范围：四期为公元前 1560—公元前 1521 年；三期为公元前 1610—公元前 1555 年；二期为公元前 1740—公元前 1600 年；一期为公元前 1880 年—前 1730 年。

夏商周断代工程将文献资料中关于夏代始年的推定与考古学上推定的夏文化上限加以整合，将夏文化上限推定在河南龙山文化晚期第二段，其年代约为公元前 2132 年—公元前 2030 年。公元前 1600 年为商代始年，上推 471 年，则夏代始年为公元前 2071 年，取其近似值，估定为公元前 2070 年。

---

〔1〕 顾问：《"新砦期"研究》，《殷都学刊》2002 年第 4 期。

〔2〕 张国硕：《夏纪年与夏文化遗存刍议》，《中国文物报》2001 年 6 月 20 日。

目前，新砦二期的绝对年代，尚待^{14}C测年资料的公布，但1999年10月—12月，考古工作者通过对新砦遗址进行第二次发掘，对新砦二期遗存进行了确认。考古工作者认为，新砦遗址可划分为二期三段。其中新砦一期，属伊洛地区常见的龙山文化晚期遗存，新砦二期介于龙山文化晚期与二里头文化遗存之间。无论是从地层关系还是器物组合抑或是演变的逻辑关系看，新砦二期遗存上承龙山文化，下与二里头文化紧密连接，恰好填补了其间的空白。因此，我们认为新砦二期遗存的年代大体上应在公元前1965—公元前1880年之间。如果按照以上年代资料进行推算，新砦二期遗存的年代同夏代始年相去的年代数应在106～190年。夏代各王在位年数，文献中没有明确记载。方诗铭、王修龄《古本竹书纪年辑证》一书记载，禹在位45年，启在位的年数还有分歧，但最多说是39年。李学勤先生指出，“《纪年》所载夏王在位年数的可信性，没有可资核校的证据”，它“只是出现较古的一种说法，我们也不可完全拘泥”〔1〕。此外，以公元前2070年作为夏代的始年，未免过于笼统，缺乏精确性。众所周知，以王城岗遗址二、三期，瓦店一、二期，煤山二期为代表的龙山文化晚期第二段的时代与传说中大禹所处的时代相当，是无大的问题的，但禹继位的精确年代数，则由于缺乏准确可靠的材料，可能将是一个永远无法解开的历史之谜。按照常理推测，禹、启父子在位的年代数超出一个多世纪乃至近两个世纪，应该无任何可能性，因此，新砦二期遗存的时代必然大大晚于启所处的时代。这样看来，新砦二期遗存与《穆天子传》所载“启居黄台之丘”自然毫不相涉。

前面已从考古资料的年代方面论证了新砦二期遗存与《穆天子传》所载“启居黄台之丘”并不相涉。那么，新密古城寨龙山时代城址是否与《穆天子传》“启居黄台之丘”有关呢？从现有的资料看，疑点仍然不少。对于该城址，《发掘简报》中说，新密古城寨城址和宫殿、廊庑建筑基址的始建和使用的年代相当于龙山文化第二期，即登封王城岗第三期。〔2〕如果我们结合夏商周断代工程的研究成果，不难确知，其正处于夏文化的上限，大体上与传说中的鲧、禹时代相当。《世本·作篇》载：“鲧作城郭。”〔3〕《淮南子·原道篇》说：“昔者夏鲧作三仞之城。”《艺文类聚》卷六十三引《博物志》说：“禹作城，城郭自禹始也。”这正表明同传说中的鲧、禹时代相当的龙山文化时期是中原地区城堡开始普遍出现的时代。此外，《发掘简报》中说，该遗址文化遗存以龙山文化早期、晚期遗存为主，龙山文化晚期是其重要发展阶段。其考古学性质

〔1〕 李学勤：《古本〈竹书纪年〉与夏代史》，《华夏文明》第一集，北京大学出版社，1987年。

〔2〕 河南省文物考古研究所、新密市炎黄历史文化研究会：《河南新密市古城寨龙山文化城址发掘简报》，《华夏考古》2002年第2期。以下引用该城址发掘简报所出同。

〔3〕《水经·河水注》引。

为王湾三期文化。有的考古学家指出:“王湾类型以后发展为煤山类型,该类型的文化遗存主要分布于以嵩山为中心的伊、洛、颍、汝河谷平原地区,它与文献记载的夏部族的活动中心区域相符合,时代相近,因此,煤山类型的文化很可能就是夏文化前身即所谓‘先夏文化’,或者正像有些人所说的已是初期的文化,总之,它与夏文化有着密切的关系。”[1]这也为上述新密古城寨龙山文化城址为夏启以前的遗存这一观点进一步增加了佐证材料。

新密古城寨龙山时代城址是中原地区目前发现规模较大、墙体保存最好的龙山文化晚期城址。由于其墙高池深,南北仅两个城门,与淮阳平粮台城垣的布局十分接近[2],显示了它的封闭性和所具有的军事色彩,所以有的学者以为该城址为中原地区普遍出现的聚落形态之一的城堡[3]。也有学者说,基本可以肯定古城寨城址不是城堡式的普通聚落[4],考古学界亦有人称该城址的规模具有都城性质,它的发现为探索夏文化以及研究我国文明起源与国家形成增添了重要资料[5]。由于古城寨城址发掘时间短,揭露面积小,目前人们对城及城内外遗存的布局及文化内涵仅仅有初步的了解,所以对该城址的族属和性质等问题的认识尚存在较大的分歧,这应该说是极正常的。根据前面的分析,该城址的年代似应与传说中的鲧、禹的时代相一致。前已论及,鲧、禹的活动地域在今河南登封告成一带,目前考古学界和历史学界绝大多数学者均赞同登封王城岗遗址即传说中的禹都阳城。既然如此,新密古城寨龙山时代城址文化遗存很有可能与夏族无关。前不久,有的学者发表文章推测,新密古城寨龙山时代古城址最大可能为传说中的祝融之墟[6],此虽非定论,但完全可备一说。总之,从目前所掌握的材料看,近年来考古工作者在河南省新密境内洧水流域试掘的新砦遗址与在新密、新郑之间发现的古城寨龙山文化城址,与《穆天子传》所载“启居黄台之丘”似并不相涉。

(原载《中国历史地理论丛》2005 年第 2 辑)

〔1〕 郑杰祥:《夏史初探》,中州古籍出版社,1988 年,第 194 页。
〔2〕 河南省文物研究所、周口地区文化局文物科:《河南淮阳平粮台龙山文化城址试掘简报》,《文物》1983 年第 3 期。
〔3〕 赵春青:《郑洛地区新石器时代聚落的演变》,北京大学出版社,2001 年,第 162 页。
〔4〕 钱耀鹏:《中原龙山城址的聚落考古学研究》,《中原文物》2001 年第 1 期。
〔5〕 蔡全发、马俊才、郭木森:《河南省新密市发现龙山时代重要城址》,《中原文物》2000 年第 5 期。
〔6〕 马世之:《新密古城寨城址与祝融之墟问题探索》,《中原文物》2002 年第 6 期。

启征西河与夏代西河地望

《北堂书钞》卷十三帝王部引《竹书纪年》云："启征西河。"此事亦转载于《太平御览》《路史》等古代典籍。[1]学术界多数人普遍认为，"启征西河必有史实"[2]。毫无疑问，启征西河为夏初历史上的一件大事。然而由于文献记载极为简略，加上夏代历史自身的复杂性，这件涉及夏代初年政治、军事史上的重大历史事件，长期以来，史迹若明若暗，疑雾重重。随着夏代考古工作的不断进展和夏史研究工作全面走向深入，对这一重大历史事件重新提出并予以细致的考察，就显得颇为必要。

一、启征西河的历史真相

这里，首先有必要对启征西河的历史真相进行一番考察。目前，绝大多数史学家均认为，启征西河，必有其事。只是先秦文献对该事记载颇为简略，所以，有关启征西河的诸多历史真相，一时很难讲清楚。然而，《逸周书》卷六《尝麦篇》"其在殷之五子，忘伯禹之命，假国无正，用胥兴作乱，遂凶厥国，皇天哀禹，赐以彭寿，思正夏略"这段文字为我们提供了一些颇有价值的线索。以上文字中的"殷"，卢文弨云当作"夏"；庄校"殷"作"启"，丁宗洛"殷"亦改"启"，云"启"旧误"殷"。[3]今本《竹书纪年》"帝启十一年放王季子武观于西河，十五年武观以西河叛，彭伯寿帅师征西河，武观来归"的内容则似综合《逸周书·尝麦》和古本《纪年》及其他古代文献杂凑而成。《逸周书》诸篇的写作时代有早有晚，学术界普遍认为，其中多篇乃战国以后人们的依仿之作。尤其以上一段文字，未见于《尚书》《左传》《国语》等先秦时期的文献，孤证难成定说。但将以上文字视为后人向壁虚构，彻底否定其真实可靠性，显然也难以符合历史实际。若将以上记载和有关先秦文献记载相结合，则我们似可获得更多有价值的信息。

---

〔1〕《路史·后纪》卷十三注："二十五年，(启)征西河。"《太平御览》卷八十二引《帝王世纪》载："三十五年，(启)征河西。"以上两则材料所记年代不同，当为古代文献辗转传抄过程中文字讹误所致。后则材料中"河西"，显然当即其他材料中的"西河"。

〔2〕方诗铭、王修龄：《古本竹书纪年辑证》(修订本)，上海古籍出版社，2005年，第3页。

〔3〕黄怀信、张懋镕、田旭东撰，李学勤审定：《逸周书汇校集注》，上海古籍出版社，1995年，第786—787页。

上文中的启之"五子",古代文献中有不同的记载。总的来看,大体有两种不同的意见。

一种意见认为,五子为启之子,太康有昆弟五人。《国语》卷十七《楚语上》:"启有五观。"韦昭曰:"启,禹子。五观,启子,太康昆弟也。"《尚书·五子之歌》序:"太康失邦,昆弟五人,须于洛汭,作《五子之歌》。""五子之歌,太康尸位以逸豫。灭厥德,黎民咸贰。乃盘游无度,畋于有洛之表,十旬弗反。有穷后羿,因民弗忍,距于河。厥弟五人,御其母以从,徯于洛之汭,五子咸怨,述大禹之戒以作歌。"《史记·夏本纪》:"夏后帝启崩,子帝太康立。帝太康失国,昆弟五人,须于洛汭,作《五子之歌》。"以后,《汉书·古今人表》说启子昆弟五人,号五观,《路史·后纪》称启五庶俱封于观,是为五观。

还有一种意见认为,五子即《国语·楚语上》的"五观",也即《墨子》中的"武观"。如全祖望曾指出:"盖五观,特国名,犹之三朡。今乙太康之弟适有五而以配之,则诬矣。"[1]以后,段玉裁《古文尚书撰异》卷三十二"书序"对此进行了更为系统的论述:

> "窃谓《墨子》作'武观',《楚语》作'五观','武'即'五'也。以《左传》'斟灌'《夏本纪》作'斟戈氏','若干'或言'若柯','桓表'读如'和表'例之,'歌'即'观'也。《五子之歌》即《五观》也。'之歌'盖谓往观地。观地即洛汭,韦语最为明确。约之曰'五观',详之曰'五子之歌'。谓'五子'为'五观',或省'五'言'观',皆以国名之也。五子必非五人。《汲郡古文》云,'放王季子武观于西河',云'季子'则一人也。《序》言五人,犹经言五子也。《古文》又云:'武观以西河畔',然则观地不在西河,汉东郡观县非洛汭观地也。'观'之为'歌',犹'甫'之为'吕','棐'之为'肦',作伪者泥于文字,敷衍五章,《尚书》不当以诗歌名篇,固不待辨而自明者。"[2]

除段氏外,徐文靖《竹书纪年统笺》卷三"十一年放王季子武观于西河"下说:"《竹书》武观,则武是一人之名,不得为五人矣。《古今人表》启子昆弟五人,号五观,《路史·后纪》启五庶俱封于观,是为五观。皆谬。"郭沫若先生说得更清楚:"《武观》即《书》逸篇《五子之歌》(今存者乃梅赜伪本)……《国语·楚语》士亹曰'启有五观'。五、武音同字通,实一人,非五人。五子误为五人,其事甚古。"[3]经过前人的考辨,该问题已基本明朗,毋庸置疑。

但这里还有一点疑问,对于武观与启的关系问题,需要作进一步的探讨。《左传》昭公元年:"虞有三苗,夏有观、扈,商有姺、邳,周有徐、奄。"杜注:"观

---

〔1〕 全祖望:《鲒埼亭集》二《经史问答卷》二,《四部丛刊》第293册,上海书店,1983年。
〔2〕 段玉裁:《古文尚书撰异》卷三十二《书序》,经韵楼丛书第九册,七叶衍祥堂版,嘉庆丙子岁刻印。
〔3〕 郭沫若:《屈原赋今译》,人民文学出版社,1981年,第119页。

国,今顿丘卫县。”显然,这个观,就是启所征之“武观”,亦即“五观”“五子”所在的国族。如果细读以上文字,则不难发现,虞与三苗,商与姺、邳,周与徐、奄均为相互敌对的国族,它们均非同一族系,文献中有颇多记载,兹不详举。唯有启和观、扈的族属关系,史迹若明若暗,争议甚多。有扈氏,旧注多以为夏同姓国族。《说文》说“扈”是“夏后同姓所封”,其依据可能是《世本》所云“有扈,姒姓”。高诱《淮南子·齐俗》注中说是“夏启之庶兄”,在《吕氏春秋·先己》注中说是“夏同姓诸侯”。总之,汉代以来以有扈氏为夏同姓国族,是一种颇为流行的说法。然而,《左传》昭公元年把观、扈和虞、夏、商、周的几个叛乱的异姓诸侯相提并论,显然是把扈和观都当作夏代的异姓诸侯。当代史学家以为有扈氏不是夏代的同姓部落,而是异姓的东夷少昊族的“九扈”,其地就是殷代的“雇”,也是周代的鲁庄公二十三年及文公七年、十五年、十七年“诸侯盟于扈”之扈,地点即今郑州以北黄河北岸的原武一带。[1]既然如此,观显然亦不大可能为夏同姓国族。全祖望曾经作出如下推论:“然内《传》尚无此语,外《传》始以为夏启之奸子,夫以追随太康之弟而反曰奸曰畔,则必其从弃而后可矣。盖尝读《续汉书·郡国志》,曰:卫,故观国,姚姓,乃恍然曰,畔观非夏之宗室也。”[2]错误地将观作为夏之同姓,可能始于《国语·楚语上》士亹的一段话:“故尧有丹朱,舜有商均,启有五观,汤有太甲,文王有管、蔡。是五王者,皆有元德也,而有奸子。”韦昭没有看出《国语》中的错讹,释“五观,启子,太康昆弟”“观,洛汭之地”,谬种流传,误人不浅。今本《竹书今年》“帝启十一年放王季子武观于西河,十五年武观以西河叛,彭伯寿帅师征西河,武观来归”的内容则是在《逸周书·尝麦》、古本《纪年》和《国语·楚语》等文献的基础上,杂凑《史记·夏本纪》、伪《古文尚书》序及韦昭等人的注释而来的。徐文靖《竹书纪年统笺》卷三十一又笺曰:“王季子,启之第五子也。”从而使夏代初年历史上这一件大事,变得面目全非,完全失去了历史真相。

由于古代文献中关于古观国历史的记载颇为贫乏,所以启征西河亦即启伐五观的历史真相,很难完全讲得清楚,但据《后汉书·郡国志》东郡卫下“本故观国,姚姓”及许慎《说文·女部》“姚,虞舜居姚墟,因以为姓”的记载,似可推测,夏代初年启所征伐的观国应为传说中的虞舜的后裔的国族。众所周知,舜为传说中的部落首领,有关舜的传说,地域分布颇为广泛,流传也颇为深远。《孟子·离娄下》说舜是“东夷之人”,显然是战国时期颇为流行的一种说法。有关文献和考古学资料表明,夏代初年夷、夏之争十分激烈。《左传》襄公四年和哀公元年等对“太康失国”与“少康中兴”重大历史事件记载详细。当代历史学家认为,这段故事,“当然也跟其他传说一样,其中包含着一些后

[1] 顾颉刚、刘起釪:《尚书甘誓校释译论》,《中国史研究》1979年第1期。
[2] 全祖望:《鲒埼亭集》二《经史问答卷》二,《四部丛刊》第293册,上海书店,1983年。

人附会的成分，甚至还杂有神话传说。但是，其中一定含有真实的历史”[1]。夏代初年夷夏之争还屡屡见于古本《竹书纪年》：“（帝相）元年，征淮夷。”[2]“二年，征风夷及黄夷。”[3]此外，夏代初年见于古本《纪年》记载的夷人还有于夷、方夷、畎夷、白夷、赤夷、玄夷、阳夷等所谓九夷。夏代夷人族属甚众，他们和夏人既有激烈的斗争，又有民族间的交往与融合，这种颇为复杂的民族关系一直贯穿夏代始终。夷夏之争在考古学方面也有不少反映。考古学家认为，河南龙山文化王湾三期曾受到大汶口文化中、晚期西进的强烈影响，在该文化陶器中，可看到不少东方因素或东方文化影响下的产物，如浅腹平底盆、瓦足盘、侧装三足的鼎、盉、鬶、折盘镂孔圈足豆、筒形杯、觚等。至“新砦期”，器物群中出现不少设子母扣（原有器盖）的甕和鼎，侧装高足鼎数量也开始增多，这显示出新一轮东方因素的涌入。二里头文化中觚、爵、盉、鬶等酒器，玉璋和大部分玉钺，明显是源于海岱地区的文化因素的。[4]毫无疑问，古本《纪年》所载“启征西河”应该就是夏代初年夷夏激烈民族斗争历史背景下夏族与传说中的虞舜的后裔国族观国之间发生的一场战争。

二、夏代西河地望的争议

值得注意的是，夏代西河除见于“启征西河”之记载外，古本《竹书纪年》也屡屡提及：

“胤甲居于河西，天有妖□，十日并出。”《太平御览》卷四天部引《汲冢书》

“胤甲即位，居西河，有妖孽，十日并出。”《山海经·海外东经》注引《汲郡竹书》

“胤甲居西河，天有孽，日并出。”《开元占经》卷六引《汲冢书》

“帝廑一名胤甲，即位居西河，天有妖孽，十日并出。”《太平御览》卷八二“皇王”部引《纪年》

“胤甲即位，居西河，十日并出，其年胤甲陟。”《通鉴外纪》卷二引《汲冢纪年》

以上文字，大同小异。只是对于帝廑、胤甲和孔甲三人之间的关系问题，学术界仍存在争议。有的学者对有关材料进行过综合分析，明确指出“胤甲即孔甲”[5]。而《太平御览》卷八二“皇王”部说：“帝廑一名胤甲。”《史记·夏

〔1〕 王玉哲：《中华远古史》，上海人民出版社，2000年，第147页。
〔2〕《太平御览》卷八二皇王部引《纪年》。
〔3〕《太平御览》卷八二皇王部引《纪年》。
〔4〕 中国社会科学院考古研究所：《中国考古学·夏商卷》绪论，中国社会科学出版社，2003年。
〔5〕 邹衡：《夏商周考古学论文集》，科学出版社，2001年，第220页。

本纪》也讲得很清楚："帝廑崩，立帝不降之子孔甲，是为帝孔甲。"如果将以上两则材料结合起来，则帝廑即胤甲，和孔甲应分别为两人。由于文献材料过于匮乏，加上该问题亦非本文论述的重点，因此我们暂时存疑。然以上材料说明，胤甲居西河，是古代文献中较为流行的一种说法，应该有一定的历史依据。

此外，西河之地名还见于《国语·齐语》《尚书·禹贡》《吕氏春秋·音初》等先秦时期文献：

《国语·齐语》："（齐桓公）西征攘白狄之地，至于西河。"（此记载并见《管子·小匡》）

《尚书·禹贡》："黑水西河惟雍州……浮于积石，至于龙门西河，会于渭汭。"

《吕氏春秋·音初》："殷整甲徙宅西河。"

综上所述，西河作为先秦时期的地名的确使用颇为广泛，在不同的文献中其地望自然也有较大差别。如《国语·齐语》及《管子·小匡》中所载齐桓公西征攘白狄之地，所至西河，韦昭称在"白狄之西也"。笔者以为此西河之地，当在今陕西韩城县、合阳一带；《禹贡》西河大体亦在此一带。[1]而《吕氏春秋·音初》所载殷"整甲徙宅西河"，高诱注云："《竹书纪年》河亶甲名整，元年自嚣迁于相即其事也。"显然，河亶甲所宅西河之地当在相地，即今河南安阳一带。《史记·孔子世家》曾提及此西河："妇人有保西河之志。"《索隐》称"此西河在卫地，非魏之西河也"。显然，以上文献所言西河至少有"安阳西河""魏之西河"与"卫地西河"等区分。

久而久之，在此基础上，学术界关于夏代西河地望问题日渐形成以下几种主要观点。

(1) 古卫地说。学术界通常认为所谓"启征西河"疑即指启诛五观。[2]《左传》昭公元年载："夏有观、扈。"杜预注："观国，今顿丘卫县。"徐文靖《竹书纪年统笺》卷三下笺曰："武观即五观也，今顿丘卫县……武观既放于西河，至此以西河叛。汉于此置畔观县，属东郡，谓此也。"

(2) 河南安阳说。《吕氏春秋·音初》："殷整甲徙宅西河。"《太平御览》卷八三"皇王"部引《竹书纪年》："河亶甲整即位，自嚣迁于相。"高诱注："《竹书纪年》河亶甲名整，元年自嚣迁于相即其事也。"方诗铭、王修龄先生《古本竹书纪年辑证·夏纪》"启征西河"条下说："西河即相，今之河南安阳，与观地（观在卫）相近。"刘起釪先生说："这是古文献中有关夏代之河的遗存材料，其

---

〔1〕 周书灿：《有关齐桓公西征的几个地理问题》，《齐鲁文化研究》2002年第1辑。

〔2〕 方诗铭、王修龄：《古本竹书纪年辑证》（修订本），上海古籍出版社，2005年，第3页。

河西指安阳，则河在安阳东，与后来殷卜辞之河相合。”[1]此外，赞同“胤甲居西河，在今河南安阳地区”这一说法的还有张光直先生。[2]

(3) 龙门至华阴说。《礼记》卷七《檀弓上》：“退而老于西河之上。”郑玄注：“西河，龙门至华阴之地。”郭沫若先生说：“西河在黄河之西，与秦接壤。”[3]

(4) 山西汾阳说。《史记·仲尼弟子列传》：“子夏居西河。”《索隐》：“在河东郡之西界，盖近龙门。”《正义》：“西河郡，今汾州也。”顾颉刚先生说西河在“今山西省的西境”[4]。

(5) 晋西南地区说。徐旭生先生说：“西河所在，有说它在旧蒲州府一带，即今永济、虞乡、安邑一带。”[5]史念海先生说：“胤甲的都城疑在今山、陕两省间的黄河南段的东部，也许就在崤山的左近。”[6]李民先生说：“西河地望当在晋西南临猗一带。”[7]

(6) 河南洛阳至陕西华阴说。范文澜先生首倡此说，但到目前为止，我们不知范先生“河南洛阳至陕西华阴，统称西河”[8]说的文献依据。尽管如此，近年来仍有学者继续重申范先生的旧说[9]。

见诸古代文献记载的夏代都城有启居黄台之丘[10]，太康居斟寻，弈亦居

[1] 刘起釪：《卜辞的河与禹贡大伾》，《古史续辨》，中国社会科学出版社，1991 年。

[2] 张光直：《夏商周三代都制与三代文化异同》，《中国青铜时代二集》，生活·读书·新知三联书店，1990 年。

[3] 郭沫若：《述吴起》，《青铜时代》，科学出版社，1959 年。

[4] 顾颉刚：《禹贡(全文注释)》，《中国古代地理名著选读》第一辑，科学出版社，1959 年。

[5] 徐旭生：《1959 年夏豫西调查夏墟的初步报告》，《考古》1959 年第 11 期。

[6] 史念海：《中国古都和文化》，中华书局，1998 年，第 45 页。

[7] 李民等：《古本竹书纪年译注》，中州古籍出版社，1990 年，第 13 页。

[8] 范文澜：《中国通史简编》第一册，人民出版社，1955 年，第 102 页。

[9] 张国硕：《夏商时代都城制度研究》，河南人民出版社，2001 年，第 12 页。

[10] 今本《穆天子传》卷五载：“天子东游于黄泽，宿于曲洛……丙辰，天子南游于黄□室之丘，以观夏后启之所居，乃□于启室。”其中“黄□室之丘”据《文选》注引，当为“黄台之丘”。20 世纪 30 年代，丁山先生第一次提出位于今河南省新郑、新密交界处的“洧黄之间，即夏后启故居”。以后郑杰祥、史念海等名家均赞同丁说，并略有补正。随着河南省新密新砦遗址考古发掘工作的不断推进，一些学者撰文指出，新密新砦城址可能为夏启之居。但从启的活动地域及《穆传》东巡路线综合考察，“启居黄台之丘”有可能就在文献记载的钧台，即今河南禹州一带，与洧水流域新砦城址及古城寨龙山时代城址并不相涉。参见丁山：《由三代都邑论其民族文化》，《国立中央研究院历史语言研究所集刊》第五本第一分，1935 年；郑杰祥：《夏史初探》，中州古籍出版社，1988 年，第 15 页；史念海：《中国古都和文化》，中华书局，1998 年，第 53 页；赵春青：《新密新砦城址与夏启之居》，《中原文物》2004 年第 3 期；许顺湛：《寻找夏启之居》，《中原文物》2004 年第 4 期；顾万发：《“启居黄台之丘”及相关问题考证》，《东南文化》2004 年第 6 期；周书灿：《〈穆天子传〉“启居黄台之丘”考——兼论周穆王东巡的地理问题》，《中国历史地理论丛》2005 年第 2 辑。

之，桀又居之。[1]其后，相居帝丘，又居斟灌[2]，帝杼居原，又迁于老丘[3]。文献最后提到的是胤甲居西河。若我们对以上地点加以考察，则不难发现整个夏代的政治和军事中心大体分布在伊洛、颍汝流域及古济水、黄河下游沿岸一带。只有一个老丘地处豫东地区，处于夏夷考古学文化的交错地带，但其均未超出今河南之境。由此可知，王国维先生“禹时都邑虽无可考，然夏自太康以后以迄后桀，其都邑及他地名之见于经典者，率在东土，与商人错处河济间盖数百岁”[4]的论断是有根据的。所以，古本《竹书纪年》所载“启征西河”及“胤甲居西河”极有可能亦在此范围之内。

首先应该说明的是河南安阳说的问题比较大。因为前引《吕氏春秋·音初》“殷整甲徙宅西河”及《太平御览》卷八三“皇王”部引《竹书纪年》“河亶甲整即位，自嚣迁于相”提及殷整甲，也就是河亶甲所居相地，文献中亦称“西河”，而该“西河”是否启所征之“西河”及夏后胤甲所居之“西河”，并无可靠的文献材料相佐证。有的学者早已指出，“胤”“殷”二字，音极近，同在“元年”，岂《吕氏春秋》因此而致误乎？[5]这种怀疑，颇有一定道理。所以，邹衡先生即称：“河内之西河，乃商王河亶甲所居（见《吕氏春秋·音初篇》），与夏无涉。”[6]至于以上所列龙门至华阴说、山西汾阳说、晋西南地区说及河南洛阳至陕西华阴说存在的可疑之处则更多。

其次说龙门至华阴说。龙门至华阴之地在古代文献中的确曾称为西河，其明确见载于《礼记·檀弓上》郑玄注。事实上，《国语·齐语》《尚书·禹贡》所载齐桓公西征攘白狄之地，所至西河及“黑水西河惟雍州……浮于积石，至于龙门西河，会于渭汭”、《战国策·魏策一》“魏武侯与诸大夫浮于西河”之西河概均泛指龙门河。目前学术界普遍认为，河南龙山文化和二里头文化均与夏文化密切关联，但陕西境内的龙山晚期—夏代的文化遗存，呈现出的地方性特点均比较明显。如1996年在神木新华遗址发现的龙山晚期—夏代的文

---

〔1〕《汉书》卷二十八上《地理之上·注》《水经·巨洋水注》《史记》卷二《夏本纪·正义》《史记》卷四《周本纪·正义》引古本《竹书纪年》。目前考古学及历史学界普遍认为偃师二里头遗址应属于夏代都邑性质，当为斟寻旧地。

〔2〕《左传》僖公三十一年：“卫迁于帝丘……卫成公梦康叔曰：‘相夺予享。’”杜预注：“相，夏后启之孙，居帝丘。”又说：“帝丘，今东郡濮阳县。故帝颛顼之虚，故曰帝丘。”《太平御览》卷八十二“皇王”部引《纪年》：“帝相即位，处商丘。”王应麟《通鉴地理通释》卷四：“商丘当作帝丘，盖《世纪》之误。”《水经·巨洋水注》引《竹书纪年》。史念海先生考证说，斟灌在今河南清丰县南。参见史念海：《中国古都和文化》，中华书局，1998年，第44页。

〔3〕《太平御览》卷八十二“皇王”部引《竹书纪年》。《史记·赵世家·正义》引《括地志》：“故原城在怀州济源县西北二里。”顾栋高《春秋大事表》：“今开封府陈留县东北四十五里老丘城。”

〔4〕王国维：《殷周制度论》，《观堂集林》卷十，中华书局，1959年。

〔5〕张之：《河亶甲居相地望考》，《安阳考释——殷邺安阳考证集》，新华出版社，1997年，第188页。

〔6〕邹衡：《夏商周考古学论文集》，科学出版社，2001年，第220页。

化遗存，陶器特征显示出北方长城沿线的风格。夏代陕西境内发现的二里头文化遗址仅有华县南沙村〔1〕和商州东龙山〔2〕，被称为河西地区的陕西省东部一带所发现的夏文化遗址极少。1997 年发现的商洛东龙山夏商文化遗址所出土的陶器面貌也呈现出一些地方特点。〔3〕很难从考古学方面找到可靠的证据将“启征西河”与“胤甲居西河”的地望与龙门至华阴一带联系起来。

再说山西汾阳说。汉魏时期汾阳一带称为西河，这在文献和考古学材料中均有反映。顾祖禹《读史方舆纪要》卷四十二《山西三 · 汾州府》叙说该地历史沿革：“《禹贡》冀州地，春秋时属晋，战国属赵，秦属太原郡，二汉属太原及西河郡，魏因之。晋为西河国，后魏曰西河郡，兼置汾州。北齐改南朔州，后周改为介州，而西河郡如故。隋初郡废，炀帝复改介州为西河。唐初改为浩州，武德三年改为汾州，天宝初曰西河郡，干元初复曰汾州，五代末属北汉。宋仍曰汾州，金因之，兼置汾阳军。元复为汾州，属太原路，明初以州治西河县省入，直隶山西布政司，万历二十三年升为汾州府。”从以上记载可知，从汉魏时期开始，山西省汾阳一带的确因设置西河郡而有西河之称，这在考古学资料中也有反映。1993 年山西省汾阳市博物馆收集到一件西汉早期铜鼎，腹部刻有“西河库”三字，铜鼎呈扁圆形，带盖，盖面铸有三环钮，钮端有平行矮小支柱。〔4〕然而，西汉以前，尤其是夏代，汾阳一带是否有西河之称，限于材料缺乏，我们不得而知。其次，从自然环境方面考虑，汾阳一带地处吕梁山区，该区为典型的黄土高原地貌，沟壑纵横，山峦起伏，水土流失严重。《尚书 · 禹贡》称该地区“厥土惟白壤”。近代土壤学专家陈恩凤先生说“冀为今之河北、山西，平原每为盐渍土壤，微呈白色，或即所谓白壤”〔5〕，并称白壤属“黄河冲积之次生黄土”〔6〕。《北堂书钞》卷一六四引《竹书纪年》：“晋幽公七年，晋大旱，地生盐。”由此可知，先秦时期汾阳一带的土壤应属于被称为白壤的一种盐渍土壤，其农作物产量必然是很低的，古代统治者自然不大可能选择这样的地方建国立都。因此，从自然环境方面考虑，很难将该地区与“启征西河”与“胤甲居西河”联系起来。此外，该地区尚未发现与“启征西河”及“胤甲居西河”相关联的重要文化遗存。新中国成立后，考古工作者仅在汾阳杏花村、峪道河一带发现相当于夏文化的遗址，文化面貌同东下冯类型基本相同

〔1〕 北京大学考古教研室华县报告编写组：《华县、渭南古代遗址调查与试掘》，《考古学报》1980 年第 3 期。

〔2〕 杨亚长、王昌富：《商州东龙山遗址考古获重要成果》，《中国文物报》1998 年 11 月 25 日；杨亚长：《东龙山遗址的年代与文化性质》，《中国文物报》2000 年 8 月 9 日。

〔3〕 陕西省考古研究所：《陕西省文物考古五十年》，《新中国考古五十年》，文物出版社，1999 年。

〔4〕 朱华、王仲璋：《西河库鼎浅说》，《文物世界》2002 年第 3 期。

〔5〕 陈恩凤：《中国土壤地理》，商务印书馆，1951 年，第 121 页。

〔6〕 陈恩凤：《中国土壤地理》，商务印书馆，1951 年，第 121 页。

而又有地区差别。〔1〕将其与"启征西河"及"胤甲居西河"相联系,尚缺乏一定的说服力。

再说晋西南地区说。晋西南地区蒲州一带自秦代一直属于河东郡。司马迁在《史记·货殖列传》中说:"昔唐人都河东,殷人都河内,周人都河南。"从以上资料所透露出的信息看,该地区似乎与传说中五帝时期尧的活动区域相吻合。顾祖禹《读史方舆纪要》卷四十一《山西三·平阳府》明确论及该地:"《禹贡》冀州地,即尧舜之都所谓平阳。春秋属晋,战国属魏。秦为河东郡地,两汉因之。"根据顾祖禹的记载,晋西南一代历史上确曾置过西河县,但那是比较晚的事情,且设置时间不长。《读史方舆纪要》卷四十一《山西三·西河废县》称:"后魏孝昌三年侨置西河郡,治永安县。隋开皇初郡废,改县曰西河,属晋州。大业初,县废。唐武德中复析洪洞置西河县,仍属晋州,贞观十七年省入临汾。"所以,该西河与古本《竹书纪年》"启征西河""胤甲居西河"并无关系。

最后,谈谈一谈河南洛阳至陕西华阴说。估计该说是误把《礼记·檀弓上》郑玄注"西河,龙门至华阴之地"中的龙门理解为河南洛阳一带的龙门所致。今洛阳南郊12.5千米处有驰名中外的龙门石窟,因为这里两山对峙,伊水从中流过,看上去宛若门阙,称为伊阙,唐代以后始有龙门之称。《史记·孙子吴起列传》说:"夏桀之居,左河济,右泰华,伊阙在其南,羊肠在其北。"以上材料中的伊阙实即河南洛阳一带的龙门。将"启征西河"与"胤甲居西河"的地望释为河南洛阳至陕西华阴一带,缺乏文献和考古学方面的证据。

综上所述,古本《竹书纪年》"启征西河"与"胤甲居西河"的地望最大可能仍在今河南省东土之境,因此,文后将对学术界流传已久的古卫地说进行一番较为深入细致的研究。

三、胤甲所居西河的地望问题

根据前文的分析,将胤甲所居之西河地望确定在今河南省东部古卫地,即今河南濮阳一带,较为符合夏代的历史实际。惜文献中有关胤甲的记载过于简略,学术界对该问题尚存在不少模糊认识。以前,学术界比较流行的一种意见是以斟灌即畔观。皇甫谧撰、宋翔凤集校《帝王世纪》卷三曰:"《水经·巨洋水注》《国语》曰启有五观,谓之奸子,五观盖其名所处之邑,其名曰观,皇甫谧曰卫地,夏相徙帝丘,依同姓诸侯于(斟灌)、斟寻氏,即《汲冢书》云相居斟灌也。"〔2〕这种认识大概缘于"观与灌音相同,故可牵合"〔3〕,然而,总

〔1〕 山西省考古研究所:《山西省考古工作五十年》,《新中国考古工作五十年》,文物出版社,1999年。
〔2〕 《续修四库全书》第301册《史部·别史类》,上海古籍出版社,1995年。
〔3〕 全祖望:《鲒埼亭集》二《经史问答卷》二,《四部丛刊》第293册,上海书店,1983年。

的来看，这一认识缺乏可靠的证据。杜预与孔颖达为《春秋左传》作注和疏时都指出，斟灌氏(按:《史记·夏本纪》作“斟戈氏”)为夏同姓诸侯，杜预称斟灌及斟寻氏，乃“仲康之子，后相所依”，又解释说“乐安寿光县东南有灌亭，北海平寿县东南有斟亭”。按照杜预的解释，夏代斟灌氏的地望大体上应在今山东省寿光县一带。史念海先生考证说斟灌在今河南清丰县南[1]，估计正是将斟灌与畔观混而为一所致。

事实上，根据先秦、秦汉以来文献记载所透露的信息看，“启征西河”与“启诛武观”既为同一事件，则此西河必然同相传为虞舜后裔的国族姚姓古观国相去不远。杜预说，夏代古观国之地在晋代的顿丘县，约相当于今河南清丰县西南一带。顾祖禹《读史方舆纪要》卷三十四《山东五》对观城县及古观城的地望考证得尤为详细，指出古观城在观城县西，即汉代畔观县、东汉卫国县一带。根据前面的分析，胤甲所居西河显然极有可能亦在此附近。

至于先秦时期古观国一带何以又称西河，显然与汉代以前黄河流经该地有关。根据谭其骧先生的研究[2]，西汉以前的黄河下游河道主要有三条，其中见于先秦文献记载的有“禹贡”河与“山经”河两条。还有一条见于《汉书·地理志》和《沟洫志》，又见于《水经注》。“汉志”河在这三条河道中见于著录最晚，但它在历史记载中出现最早。在谭先生所绘《汉以前黄河下游河道形势图》上可以清楚地看到，“汉志”河从长寿津往北到顿丘一线，基本上是南北走向，古戚邑和顿丘均在“汉志”河东岸。根据顾祖禹《读史方舆纪要》的考证，启所征姚姓古观国在汉代畔观县、东汉卫国县西，亦即杜预所处晋代时的顿丘县以西，处于南北走向的黄河河道以西，自然可以称为西河。

河南濮阳一带的考古工作在1983年以前基本上是空白。1983年，为配合基本建设，原安阳地区文管会在位于濮阳市区城南约5千米的王助乡马庄村西进行了较大规模的发掘，发现了十分丰富的河南龙山文化和晚商文化等遗存。1991年8月和1993年4月，北京大学考古系和濮阳市文物保管所在河南省东北部地区进行了两次考古调查。[3]由于这一带系黄河故道，绝大多数遗址都曾被湮没，虽埋藏较好，但地表陶片难觅，因而未完全达到预期目的。调查发现，以城庄遗址T1H1和T1第3层为代表的河南龙山文化陶器群与汤阴白营、安阳后岗、八里庄、濮阳马庄和山东茌平尚庄等遗址的陶器特点接近。如纹饰以绳纹为主，其次为篮纹和方格纹，器类流行甗、桥形组器盖、双耳深腹罐、圆锥形足鼎等，证明这一带仍属河南龙山文化后岗二期类型的分布区。考古学家认为，濮阳、滑县龙山遗址实际上属于一个大聚落群。

---

[1] 史念海:《中国古都和文化》，中华书局，1998年，第44页。

[2] 谭其骧:《西汉以前的黄河下游河道》，《长水集》下，人民出版社，1987年。

[3] 北京大学考古系、濮阳市文物保管所:《豫东北考古调查与试掘》，《考古》1995年第1期。

根据考古学家的调查,濮阳龙山聚落群共有 41 处聚落。其中特级聚落 1 处:濮阳县五星乡高城遗址,100 万平方米。一级聚落 1 处:濮阳县子岸乡文寨遗址,40 万平方米。二级聚落 2 处:市区南戚城村遗址,15 万平方米;濮阳县子岸乡齐劝遗址,10 万平方米。三级聚落 37 处:均在 9 万平方米以下。许顺湛先生认为:"濮阳聚落群中有特级聚落和一级聚落,如果按遗址面积推测,这样的聚落相当于四五十个小聚落,或上百个小聚落。它的规模和势力不言而喻,绝对处于中心和领导地位。把这样的聚落与周围的小聚落联系起来看,形成了众星拱月之势。因此,对这个特级聚落和一级聚落,我们不能不考虑它是古国的国都遗址。"〔1〕许先生又称:"与濮阳紧临山东的阳谷县发现有古城,在安阳的后岗、辉县的孟庄、新密的古城寨、淮阳的平粮台等地,都发现了龙山时期的古城。这就是说,在濮阳龙山聚落群的四周都有同时期的古城发现,说明当时社会并不安全,各部族之间并不是和平共处,都有防御设施。但是,濮阳这样一个庞大的聚落群,具有古国性质的大聚落群,居住在四面强敌之中,没有防御设施是不可理解的。因此,不能排除在龙山聚落群中发现古城的可能性。"〔2〕当然,以后的考古工作将有可能为研究夏代的历史增添较为可靠的第一手实物资料,随着濮阳地区田野考古工作的全面展开和研究的深入,我们将有可能获得古本《竹书纪年》所载"启征西河"和"胤甲居西河"的更多有价值的线索。

(原载《齐鲁学刊》2009 年第 6 期)

〔1〕 许顺湛:《濮阳龙山聚落群的启示》,《2000 年濮阳龙文化与现代文明学术会议讨论会论文集》一,中国经济文化出版社,2003 年。

〔2〕 许顺湛:《濮阳龙山聚落群的启示》,《2000 年濮阳龙文化与现代文明学术会议讨论会论文集》一,中国经济文化出版社,2003 年。

太康——夏朝国家的真正建立者

夏、商、周时期是我国古代历史上颇具关键性的重要阶段。在古人看来，三代国家政权鼎革是“顺乎天而应乎人”的“汤武革命”[1]的最直接的结果。公元前1600年，商汤兴兵伐夏，鸣条之战，夏桀战败逃亡，夏朝政权不复存在，“殷革夏命”[2]开启了夏、商之际的政权转移和社会变迁的新的历史篇章。公元前1046年，武王兴兵伐商，牧野之战，商国灭亡，“鼎迁于周”[3]。许多学者认为，商、周之际的王朝更替，也是一场深刻的社会剧变。夏、商之际与商、周之际所引发的两次政权更替的标志性事件，史籍记载非常清楚，并不存在大的争议。然而，由于文献材料的缺乏及夏代历史自身的复杂性，对于中国历史上最早的奴隶制国家夏朝正式建立的标志，学术界却存在一些模糊的认识。总的来看，学术界关于该问题的分歧主要集中在禹和启谁是夏朝的建立者，涂山之会抑或钧台之享是不是夏王朝正式建立的重要标志这两点上。此问题争论已久，由于两种认识差距甚远，很难统一，孰是孰非，未有定论。然而，由于此问题对于夏代史乃至整个中国古代史来讲，都是一个无法绕开的重大问题，因此，有必要在前人已有的研究成果的基础上，就这一学术难题略陈管见，以期求教于史学界的同仁和方家。

一、涂山之盟并非夏王朝正式建立的标志

近年来，十院校《中国古代史》编写组编写，朱绍侯、张海鹏、齐涛先生主编，福建人民出版社出版的新版《中国古代史》教材有如是论述：“他们(按：指夏、夷诸部众多邦国君长或部落首领)前来参加大会，对禹朝贡，行臣服礼，成为王朝统治下的诸侯。涂山之会是夏王朝正式建立的重要标志。”[4]由于该教材“使用范围之广和时间之长”[5]，所以有必要对该问题进行一番讨论。

---

〔1〕《易·革》。

〔2〕《尚书·多士》。

〔3〕《左传》宣公三年。

〔4〕十院校《中国古代史》编写组编写，朱绍侯、张海鹏、齐涛主编：《中国古代史》新版(上册)，福建人民出版社，2006年，第31页。

〔5〕十院校《中国古代史》编写组编写，朱绍侯、张海鹏、齐涛主编：《中国古代史》(上册)，新版前言，福建人民出版社，2006年。

1. 禹所处历史阶段是部落联盟抑或是早期国家？

到目前为止，不论学术界是否赞同夏代之前还有一个虞代，越来越多的学者确信，传说中的虞、夏之际是中国文明起源和早期国家形成的关键性阶段。《国语·周语下》曾对该阶段的社会历史有过如下记载：

“其在有虞，有崇伯鲧，播其淫心，称遂共工之过，尧用殛之于羽山。其后伯禹念前之非度，厘改制量，象物天地，比类百则，仪之于民，而度之于群生，共之从孙四岳佐之，高高下下，疏川导滞，钟水丰物，封崇九山，决汩九川，陂鄣九泽，丰殖九薮，汩越九原，宅居九隩，合通四海，故天无伏阴，地无散阳，水无沈气，火无灾燀，神无间行，民无淫心，时无逆数，物无害生，帅象禹之功，度之于轨仪，莫非嘉绩，克厌帝心。皇天嘉之，祚以天下，赐姓曰‘姒’、氏曰‘有夏’，谓其能以嘉祉殷富生物也，祚四岳国，命以侯伯，赐姓曰‘姜’、氏曰‘有吕’，谓其能为禹股肱心膂，以养物丰民人也。”

以上一段文字，显然包含有大量后人增饰附会的内容，但在对以上材料进行科学分析之后，我们仍然能够获得有关虞、夏之际社会历史的若干真实可靠的信息。

首先，“伯禹”之“伯”是部落首长之称。“崇伯鲧”“伯禹”之称另屡见于其他先秦时期的文献。如《墨子·尚贤中》：“若昔者伯鲧，帝之元子，废帝之德庸，既乃刑之于羽之郊。”《尚书·尧典》：“伯禹作司空。”《楚辞·天问》：“伯禹愎(按：当为“腹”之讹)鲧，夫何以变化？”此外，《国语·郑语》中还有“伯夷”“伯翳”等名称。以前，韦昭为《国语·周语》作注时云：“伯，爵也。”清代学者孙星衍为《尚书·尧典》“伯禹作司空”作疏：“经称‘伯禹’者，盖是时禹已袭鲧爵为伯矣。”在我们今天看来，将“崇伯鲧”“伯禹”之“伯”释为东周时期才逐渐固定的五等爵制中的一种，显然与虞、夏之际的历史实际大相径庭。事实上，以上所举“崇伯鲧”“伯禹”及“伯夷”“伯翳”之“伯”皆为部落首长的称号。《说文·人部》：“伯，长也。”《左传》哀公十三年：“伯合诸侯，则侯帅子男以见伯。”杜预注：“伯，诸侯长。”《荀子·王霸》：“虽在僻陋之国，威动天下，五伯是也。”王先谦《集解》：“伯读为霸，又如字为诸侯之长曰伯。”《周礼·春官·大宗伯》：“九命作伯。”郑司农注：“长诸侯为伯。”先秦文献所载“崇伯鲧”“伯禹”及“伯夷”“伯翳”这些所谓的“诸侯之长”，实际上就是部落联盟制阶段若干个大大小小的部落首长。由此可知，鲧、禹应处同一历史阶段，即部落联盟制阶段。

其次，伯禹与四岳“侯伯”之间建立的是一种部落联盟关系。上文中“祚以天下”及“命以侯伯”显然并非虞、夏之际历史的真实写照，但其反映的是以鲧、禹所在崇部落为基础的部落间的联合关系。《国语·周语下》：“此一王四伯……皆亡王之后也。”韦昭注：“一王，谓禹。四伯，谓四岳也，为四岳伯，故称四伯。”《尚书·尧典》中屡屡提及四岳之事。《汉书·百官公卿表》云：“四岳谓四方诸侯。"虞、夏之际的所谓"四方诸侯"实际上就是数量众多的远近部落方伯首领。金景芳先生说:"咨四岳就是召集部落联盟首长议事会。"〔1〕古代文献所载大禹时最重大的活动即在于联合各部落治理洪水,治水成功是其能够"祚以天下"的主要原因。《史记·夏本纪》《史记·殷本纪》和《史记·秦本纪》等称益、后稷及商之始祖契、秦之始祖柏翳等四方侯伯均曾参与大禹的治水活动,在我们今天看来,此虽非皆为信史,但其足以从侧面透露出虞、夏之际部落联盟制的若干真实的史影。

再次,大禹所处时期,部落联盟首领的权力正逐步扩大。上文称四岳"能为禹股肱心膂",说明部落联盟首领与四方侯伯之间已开始出现不平等的关系。大禹治水的成功,提高了集团首领的威望和地位,也促成了社会管理机构的完善。《左传》哀公七年记载:"禹合诸侯于涂山,执玉帛者万国。"大禹曾经在淮水中游的涂山大会天下诸侯,历代学者均认为该则记载应该具有一定的历史依据和相对的真实可靠性。这里,"诸侯""国"亦皆非事实,夏曾佑先生论及:"夫古国能如是之多者,大抵一族即称一国,一国之君,殆一族之长耳。"〔2〕禹能够将这些大大小小的远近部落在一个共同的地域内联合在一起,正是部落联盟首领地位提高和社会管理机构完善的反映。此外,《国语·鲁语下》记载孔子的话说:"昔禹致群神于会稽之山,防风氏后至,禹杀而戮之。"《韩非子·饰邪》有类似的记载:"禹朝诸侯之君会稽之上,防风之君后至,而禹斩之。"《山海经·海外北经》说:"禹杀相柳。"《山海经·大荒北经》又称:"禹湮洪水,杀相繇。"以上显系春秋战国时期的人们根据前人口耳相传有关大禹的资料整理而成,其中应该有若干可信的成分。按照以上记载,防风氏被杀是由于禹致群神而"后至",而共工之臣相柳(即相繇)被杀则完全是禹与共工氏斗争的结果。以上反映出禹所处阶段,原始社会部落联盟制因素正在逐渐衰退,国家的因素开始增长。但由此称大禹所处历史阶段已进入早期国家阶段,则似仍显证据不足,疑点甚多。

总之,根据前面的分析,我们不难确知,大禹所处历史阶段仍是原始社会部落联盟制阶段,只不过该阶段部落联盟制已处于衰退阶段,但由此称其已进入早期国家阶段,则缺少可靠的文献和考古学资料作为支撑,难以成立。

2. 涂山之会的性质及禹与万国侯伯之间的关系

会盟在先秦时期是颇为常见的带有政治、军事色彩或具有外交、宗教、文化等内容的活动。《左传》昭公四年所举夏桀之有仍之会、商汤之景亳之命、周武王孟津之誓、周穆王涂山之会、晋文公践土之盟等实际上就是从原始社会部落联盟会议发展演变而来的。王玉哲先生说,"穆有涂山之会"似乎是破

---

〔1〕 金景芳:《中国奴隶社会史》,上海人民出版社,1983年,第5页。
〔2〕 夏曾佑:《中国古代史》,河北教育出版社,2000年,第40页。

徐以后，周人在淮水流域举行的威服东南夷的盟会。[1]《左传》哀公七年记载“禹合诸侯于涂山，执玉帛者万国”的性质，应该与周穆王的涂山之会性质颇为类似。只是“《左传》中称禹时有‘诸侯万国’，乃是借后世的语言以名前代的组织罢了”[2]。所谓“万国”，应泛指众多的氏族部落。在古代文献中，“万”是表示数量极多的虚数。《左传》闵公元年：“万，盈数也。”《史记·魏世家》：“万，满数也。”《左传》庄公十六年“就盈数焉”，孔颖达疏云：“数至十则小盈，至万则大盈。”因此，所谓“万国”，大不可拘泥。《左传》哀公七年“禹合诸侯于涂山”之事，《史记》中未见记载，不知何故，《淮南子·原道》中却有更详细的记载。《淮南子》中的记载，所出时代较晚，而且诸子书所举古代史事，往往旨在发挥自己的政治主张，诸多史事往往经过其加工改造，有的甚至是编造和附会的。此类例子，在诸子书中，举不胜举。《左传》哀公七年仅仅提到“执玉帛者万国”，而《淮南子·原道》则继续发挥说：“昔者夏鲧作三仞之城，诸侯背之，海外有狡心。禹知天下之叛也，乃坏城平池，散财物，焚甲兵，施之以德，海外宾服，四夷纳职，合诸侯于涂山，执玉帛者万国。”事实上，所谓“坏城平池，散财物，焚甲兵，施之以德，海外宾服，四夷纳职”均系后人的附会之辞，难以凭信，只有“合诸侯于涂山，执玉帛者万国”是转袭了《左传》哀公七年中的文字，应该说尚有一些真实可靠性。

如果从文字而论，“玉帛”应分别指玉石器和布帛之类的方物。《诗·商颂·殷武》说商王成汤时期，国力鼎盛，“自彼氐羌，莫敢不来享，莫敢不来王”。《郑笺》：“享，献也。”尽管《殷武》并非商代尤其是成汤时期历史的真实写照，但其所透露出的一些信息还是有价值的。《合集》16976 正：“贞，珏于壴。一。”“壴”即鼓之象形字，郑杰祥先生以为，古顾城当在范县城东龙山庄一带，“此地可能就是卜辞中的鼓地”[3]。许慎《说文》：“二玉相合为一珏。”段注：“双玉为珏。”通读该条卜辞，意为商王向鼓族征求玉石。“殷墟妇好墓出土的Ⅰ式玉戈和Ⅱ式玉戈的形制的玉器，在三星堆两个祭祀坑中有大量发现，相反，在中原地区这种形制的玉戈仅在殷墟妇好墓中见到。”[4]毫无疑问，这些玉戈很有可能是作为方国诸侯的贡纳品而进入殷都，后又作为随葬品出现在妇好墓中的。西周时期，文献中亦有“肃慎氏贡楛矢石砮”[5]及“夷王二年，蜀人、吕人来献琼玉”[6]的记载。以上材料说明，殷商、西周时期，玉

[1] 王玉哲：《中国上古史纲》，上海人民出版社，1959 年，第 153 页。
[2] 金景芳：《〈周礼·大司徒〉、〈礼记·王制〉封国之制平议》，《先秦史论文集》，《人文杂志》增刊，1982 年。
[3] 郑杰祥：《商代地理概论》，中州古籍出版社，1994 年，第 88 页。
[4] 陈德安：《三星堆遗址的发现与研究》，《中华文化论坛》1998 年第 2 期。
[5] 《国语·鲁语下》。
[6] 《太平御览》卷八五“皇王部”、《北堂书钞》卷三十一引《竹书纪年》。

石器是方国献纳给商、周王朝的重要贡品之一。布帛作为贡品，最典型的莫过于《兮甲盘》中的记载："淮夷旧我賔晦人，毋敢不出其帛其责(积)。""帛是布帛之征，积是粟米之征。"〔1〕由此可见，殷商、西周时期诸侯方伯的确曾将玉帛作为方物献纳给商、周王朝。如果从历史唯物主义的观点加以考察，不难确知，殷商、西周时期这些制度在很大程度上应该是从夏代或者更早继承而来的。既然如此，我们说《左传》哀公七年及《淮南子·原道》"禹合诸侯于涂山，执玉帛者万国"必然所出有自，绝非空穴来风。

《国语·鲁语下》称："昔武王克商，通道于九夷、百蛮，使各以其方贿来贡，使无忘职业。"至迟于西周时期，诸侯方伯已与周王朝之间自然形成了贡纳义务，但直到西周乃至春秋时期，诸侯方伯与周王朝之间的贡纳关系仍颇为原始，而且这些原始的贡纳往往不带有经济上的意义。如春秋时期楚人追述周初史事时讲到："昔我先王熊绎，辟在荊山，筚路蓝缕，以处草莽，跋涉山林，以事天子，惟是桃弧棘矢以共御王事。"〔2〕直到春秋时期，齐桓公兴兵伐楚，管仲问罪楚人的原因之一即所谓"贡苞茅不入，王祭不共，无以缩酒"〔3〕。在我们今天看来，这些所谓的贡纳义务，颇为原始，且并不甚严格。这种情形，在民族史中有迹可循。明代四川土司"岁输贡赋，示以羁縻……虽受天朝爵号，实自王其地"〔4〕。这些土司和中央王朝之间的经济关系既具有所谓的贡纳关系，同时也往往具有交换的意义。中央王朝往往采用厚给财物的办法，使其内服。土司每次向朝廷贡纳方物，往往可以得到若干回赐，有的回赐还颇为丰盈，如"洪武十二年，瑨德贡香楠木，诏赐衣钞。十六年，瑨德来朝，献马十八匹，赐衣一袭，米二十石，钞三十锭"〔5〕。又如"(明)正德十年，致仕宣慰彭世麒献大木三十，次者二百，亲督运至京。子明辅所进如之。赐敕褒谕，赏进奏人钞千贯"〔6〕。殷商、西周时期，诸侯方伯与商、周王朝之间的贡纳关系的情形应大致与此类似。由此可以想见，禹与参与会盟的众多诸侯方伯之间的所谓贡纳关系则应该较此更为松弛。截至今天，从目前所掌握的考古学材料来看，禹与万国诸侯方伯之间的关系，应该仍是个颇为棘手的难题。二里头文化的核心类型——二里头类型是以夏族为主体的夏王国的文化遗存，目前已基本不存在大的争议。目前学术界普遍赞同二里头文化的年代范

〔1〕 陈连庆：《〈禹贡〉研究》，《夏史论丛》，齐鲁书社，1985年。
〔2〕 《左传》昭公十二年。
〔3〕 《左传》僖公四年。
〔4〕 《明史》卷三百十一《四川土司列传》。
〔5〕 《明史》卷三百十一《四川土司列传》。
〔6〕 《明史》卷三百十《湖广土司列传》。

围应是公元前1900年至前1500年[1],其时代应晚于禹所处的时代。考古学家认为:“二里头文化诸类型是文化和政治的共同体,即同属夏王国。但是地方类型与核心类型的政治关系,到底紧密到何种程度,我们无从探究。”[2]仅仅以“执玉帛者万国”而断言这些前来参加盟会的诸侯方伯已“成为王朝统治下的诸侯”[3],则难免显得主观武断,有可能与历史实际相差甚远。

二、钧台之享是夏王朝正式建立的标志吗?

以前,学术界不少学者反对夏代国家的建立从禹开始这一观点,但更多的学者则倾向于夏代国家的建立始于禹之子启,这是目前学术界的一种主流认识。尤其近年来有的学者对《左传》昭公四年“夏启有钧台之享”中的“钧台”“享”等概念重新进行解释,并在此基础上得出结论:钧台之享确立了夏启的“共主”地位,奠定了夏王朝家天下的政治基础,同时也是我国文明时代开端的重要标志。[4]然而,该种认识是否符合历史实际,还有必要进行严格的推敲。

应该强调的是,上文将“钧台之享”解释为由启主持的一次方国盟会,大体不误。但该文将“钧台”释为我国文明历史初期祭天的台坛,因居住均天之神而得名,将“享”解释为献祭,将“钧台之享”解释为夏代初年夏启主持举行的一次重大祭天活动,参与助祭的是各国的方国首领,则由于缺乏极为可靠的文献和考古学资料作为支援,推断多于考证,想象成分极大。有关资料表明,先秦时期的“台”是一种重要的建筑形式。陈智勇先生曾列举先秦时期的台具有的众多的社会功能,如作为统治者的游乐场所,作为宴飨的场所,作为朝见与听讼的地点,作为观氛的最佳地点,是存钱财之处、囚禁之所以及招揽人才的好地方[5],甚是。然有关资料表明,“台”与祭祀天地山川并不相涉。

先秦时期,祭祀天地山川的场所,古代文献中则分别有“坎”“坛”“墠”等不同名称。《礼记·祭法》说:“相近于坎坛,祭寒暑也……四坎坛,祭四方也。”又说:“天下有王,分地建国,置都立邑,设庙、祧、坛、墠而祭之……是故王立七庙,一坛一墠……诸侯立五庙,一坛一墠……大夫立三庙二坛……士二庙一坛。”《礼记》成书年代较晚,其所举以上旧制未必能准确反映先秦时期尤其是

---

[1] 仇士华、蔡莲珍、冼自强、薄官成:《有关所谓“夏文化”的碳十四年代测定的初步报告》,《考古》1983年第10期。

[2] 中国社会科学院考古研究所:《中国考古学·夏商卷》,中国社会科学出版社,2003年,第97页。

[3] 十院校《中国古代史》编写组编写,朱绍侯、张海鹏、齐涛主编:《中国古代史》新版(上册),福建人民出版社,2006年版,第31页。

[4] 张怀通:《夏启“钧台之享”解》,《山东大学学报》2002年第3期。

[5] 陈智勇:《先秦社会文化丛论》,中州古籍出版社,2005年,第127—130页。

周代以前的历史实际，但“殷因于夏礼……周因于殷礼”[1]，夏、商、周三代礼制在很多方面是一脉相承的，既有继承，也有损益，因此，《礼记·祭法》中的材料多少能够反映出先秦时期祭祀制度的若干历史实际。我国先民对天地万物的崇拜起源很早。有关考古学资料表明，中国史前时代晚期，我国黄河流域、长江流域和辽河流域等地均出现了我国最早的祭坛。河南杞县裴村店乡鹿台岗中岗地上曾发现若干属于龙山时代的祭坛遗迹。有的学者以为，I号遗迹是祭祀天地的神庙遗存，II号遗迹则是专门祭祀太阳神的祭坛，而H75则是用掘坎挖坑形式专门祭祀土地神的地方。[2]辽宁喀左东山咀红山文化遗址坐落在一山梁正中缓平突起的台地上，长60米，宽40米。中央为方形基址，东西两翼有对称的石墙基，墙基外有大面积石面，南面前端为圆形基址。方基东西11.8米，南北宽9.5米，中间有大片红烧土面。圆形基址直径2.5米，外以石片围圈，圈内铺以砾石地面。出土有大型人坐像，小型孕妇像以及玉器。[3]有的学者以为“这是一处红山文化先民若干部落共同使用的祭祀天地、祖先、山川等多种神祇的地方”[4]。这些众多祭祀遗迹的出现是一定历史阶段的产物。将《左传》昭公四年“夏启有钧台之享”中的“钧台”释为祭天的场所，缺乏直接的证据，理由并不充分。既然“钧台”并非祭天的场所，那么“夏启有钧台之享”自然也并非“夏代初年夏启主持举行的一次重大祭天活动”，至于说“参与助祭的是各国的方国首领”，则更有牵强附会之嫌。

事实上，《左传》昭公四年所载“夏启有钧台之享”就是一次由夏启召集的普通的部落联盟会议，其性质和《左传》哀公七年记载的“禹合诸侯于涂山，执玉帛者万国”的性质并没有实质性的差别。至于“钧台之享”的享，和前文所举《诗·商颂·殷武》“自彼氐羌，莫敢不来享，莫敢不来王”的“享”意义相同，按照《郑笺》的说法，“享，献也”。没有足够的证据证明“夏启有钧台之享”的“享”为“献祭”之意。既然如此，称“钧台之享确立了夏启的‘共主’地位，奠定了夏王朝家天下的政治基础，同时也是我国文明时代开端的重要标志”的说法，就大有继续商讨之必要。

根据前面的分析，夏启时仍处于部落联盟制阶段，夏代国家并未建立。事实上，夏启建立夏代国家的另一重大疑难则是夏启时的政治中心尚未得到证实。尽管以前文献中屡屡有禹都阳城及禹都阳翟的记载，而且不少考古学家将河南登封告成镇发掘的龙山时代中晚期的王城岗城址和“禹都阳城”相

---

〔1〕《论语·为政》。

〔2〕匡瑜、张国硕：《鹿台岗遗址自然崇拜遗迹的初步研究》，《华夏考古》1994年第3期。

〔3〕郭大顺、张克举：《辽宁喀左县东山咀红山文化建筑群体发掘简报》，《文物》1984年第11期。

〔4〕张乃仁、田广林、王惠德：《辽海奇观——辽河流域的古代文明》，天津人民出版社，1989年，第17页。

联系,甚至称王城岗遗址的考古发现,对探索夏王朝统治中心区域的文化可算是一次大的突破。[1]也有学者将包含龙山文化早、中、晚三期遗存,并以龙山文化晚期遗存为主的禹州瓦店遗址与钧台、阳翟相联系,[2]但就目前学术界所掌握的材料看,这些遗址尤其是瓦店遗址尚缺乏作为文明时代国家政治中心所必备的若干基础设施,如宫殿区、宗庙、手工作坊遗址和必要的防御设施等,其显然不能作为启已建立国家政权的直接证据。此外,从文献和考古学材料可以获悉,禹、启所在部落的活动区域仅仅局限于河南颍水上游的登封、禹州一带,这和《逸周书·度邑》中论及的"自洛汭延于伊汭,居易无固,其有夏之居"及《国语·周语上》所说的"伊、洛竭而夏亡"的夏代国土中心的地理范围并不一致。这一变化正是禹、启以来部落战争不断扩大的结果。《墨子·非攻下》和《战国策·魏策一》等均记载有禹征三苗之事,《庄子·人间世》和《吕氏春秋·召类》等文献另载有禹攻有扈之事,古本《竹书纪年》载有启杀益[3]及"启征西河"[4],此外《史记·夏本纪》记载,启和有扈氏的战争还在持续。恩格斯在谈到伊洛魁人15世纪所结成的永世联盟时说:"这种联盟一经意识到它所具有的力量,便立即具有了进攻的性质,在1675年前后,当它达到了强盛的顶峰的时候,便征服了它四周的土地。"[5]禹、启时的社会状况和恩格斯所论伊洛魁人15世纪时的社会状况应颇为接近。禹、启以来频繁的部落战争必然打破氏族制度,导致联结氏族的血缘纽带松弛,同时也由此奠定夏朝政治地理的基础,加速夏代早期国家建立的步伐。

三、二里头遗址大型建筑基址的始建年代为夏代早期国家建立的开端,太康是夏朝国家建立者

夏朝国家建立的最直接证据,从文献资料中寻找似乎显得颇为困难,但随着田野考古工作的全面展开与研究的深入,从可以确定的夏代都城的考古资料中寻绎夏代国家正式建立的标志,条件似乎已经具备。从考古学上讲,现已发现的二里头文化为夏文化,这在当前的学术界已基本达成了共识。二里头文化的核心类型的分布,以洛阳盆地为中心,东面包括郑州地区,北面到达

〔1〕 河南省文物研究所、中国历史博物馆考古部:《登封王城岗与阳城》,文物出版社,1992年,第321—322页。

〔2〕 河南省文物考古研究所:《河南禹州市瓦店龙山文化遗址1997年的发掘》,《考古》2000年第2期。

〔3〕 《晋书·束皙传》引《纪年》:"益干启位,启杀之。"《史通·遗古》引《汲塚书》云:"益为启所诛。"《史通·杂说上》引《竹书纪年》:"后启杀益。"启和益的关系,《孟子·万章上》和《韩非子·外储说右下》等记载不同,此略而不论。

〔4〕 《北堂书钞·帝王部》引《纪年》。

〔5〕 《马克思恩格斯全集》第2卷,人民出版社,1972年,第109页。

沁水沿岸，西北部包括晋南黄河北岸一带，西抵三门峡地区（陕县七里铺、西崖村），南到南阳地区（方城八里桥），约东西200多千米，南北300多千米。[1]这和《逸周书·度邑》中论及的“自洛汭延于伊汭，居易无固，其有夏之居”及《国语·周语上》所说“伊、洛竭而夏亡”的夏代国土中心的地理范围大体一致。偃师二里头遗址拥有宗庙宫殿基址，随葬珍贵铜器、玉器和漆器的大、中型墓葬，大量精美陶礼器，若干用于祭祀活动的特殊场所，大型青铜冶铸作坊，显示了与众不同的文化档次。二里头遗址是二里头文化中现知规模最大、级别最高、内涵最丰富的唯一具有都城性质的中心遗址。[2]许多考古学现象表明，二里头文化已经进入文明社会，存在着国家。目前的考古学材料表明，二里头文化遗址发现的一号、二号宫殿基址[3]皆始建于二里头文化三期，是我国目前发现的最早的大型宫殿基址。值得注意的是，二里头文化早期的大型建筑基址，其使用年代的下限不晚于二里头文化早二期，建造年代的上限可能早到二里头文化一期。[4]因此，笔者认为夏代国家建立的年代应该同二里头文化早期的大型建筑基址的建造年代，即二里头文化一期的上限基本吻合。

前面所引学术界普遍赞同二里头文化的年代范围为公元前1900年—公元前1500年，大约存在四百年。目前，越来越多的历史学家和考古学家认为，二里头都城遗址就是文献中所载的夏代都城斟寻。[5]《水经·巨洋水注》等引《汲冢古文》云：“太康居斟寻，羿亦居之，桀又居之。”所以，考古学家说：“二里头遗址应是夏王太康至桀时期的王都斟寻，因此一期文化最早应是太康时期的夏文化。”[6]关于夏代存在的年代，学术界基本赞同古本《竹书纪年》“自禹至桀十七世，有王与无王，用岁四百七十一年”[7]的说法。《太平御览》卷八二“皇王”部引《纪年》曰：“禹立四十五年。”启在位年数，《竹书纪年》中有不同的说法，《真诰》卷一五注引《竹书》云：启“即位三十九年亡，年七十八岁。”《路史·后纪》卷一三上注引《纪年》曰：“启二十九年，年九十八。”很显然，出现启在位“二十九年”“三十九年”及“年七十八”“年九十八”等不同说法显系古代文献流传过程中文字讹误所致，由于缺乏更为可靠的佐证材料，只好两存其说，略而不论。根据前面的分析，禹、启均尚处于部落联盟制阶段，其年

〔1〕 中国社会科学院考古研究所：《中国考古学·夏商卷》，中国社会科学出版社，2003年，第90页。

〔2〕 中国社会科学院考古研究所：《中国考古学·夏商卷》，中国社会科学出版社，2003年，第90页。

〔3〕 中国科学院考古研究所二里头工作队：《河南偃师二里头早商宫殿遗址发掘简报》，《考古》1974年第4期；中国社会科学院考古研究所二里头工作队：《河南偃师二里头二号宫殿遗址》，《考古》1983年第3期。

〔4〕 杜金鹏：《二里头早期大型建筑基址的发现及其意义》，《中国文物报》1993年2月28日。

〔5〕 张国硕：《夏商时代都城制度研究》，河南人民出版社，2001年，第28页。

〔6〕 郑杰祥：《新石器文化与夏代文明》，江苏教育出版社，2005年，第514页。

〔7〕 《太平御览》卷八二“皇王”部引。《史记·夏本纪》集解、《史记·夏本纪》索隐、《通鉴外纪》卷二等引《纪年》所载夏代自禹至桀年代数一致。

代数应为七十四年到八十四年之间，如果剔除这个年数，则自太康至夏桀的年数大约为四百年。由此不难作出以下推论：二里头遗址大型城址开始建造的年代即公元前 1900 年，这也是夏代早期国家建立的开端，太康才是夏朝国家的建立者。二里头文化的年代范围与太康至桀的年代数基本一致，似绝非偶然的巧合。著名考古学家邹衡先生曾经指出："各种类型的龙山文化都不能称为夏文化。河南龙山文化是夏朝以前的一种原始文化，它与阶级社会的夏文化在文化面貌上存在着质的不同……但是两者间存在着直接的承授关系，也是不容否认的事实。应该说，河南龙山文化是夏文化的主要来源之一。"〔1〕邹先生又说："灌器中夏器鸡彝的确认，对于考古学上夏文化的论定，自然是有重要意义的。二里头文化既然以盛行鸡彝为其最突出的特征，则其文化性质为夏文化，应该不会有什么疑问了。"〔2〕今天看来，邹先生的论述，毫无疑问，持之有故，言之成理，更为接近夏代的历史实际。

据文献记载，太康建立夏朝以后，夏与东夷之间曾发生过激烈的斗争，斗争历经三代约几十年。对此，《左传》襄公四年和哀公元年等均有详细记载，这就是众所周知的"太康失国"与"少康中兴"。前引《竹书纪年》"自禹至桀十七世，有王与无王，用岁四百七十一年"，所谓无王，实际上即指的这一段历史。《路史·后纪》卷一三上注引《汲冢古文》："太康居斟寻。乃失邦。"根据前面的分析，太康所失去的"国"或"邦"毫无疑问就是其建立的夏代早期国家。以上材料表明，夏代早期国家建立后，政权并不稳定，历经三代，至少康中兴，夏朝国家才真正得到了巩固。尽管我们不同意有的学者依据太康失国和少康中兴的故事称夏代"社会性质还应划入原始社会"〔3〕，但其所论由此可以窥见夏代的原始公社制"正处在逐渐崩溃之中"，"还保留着原始氏族社会基本的民主权利"〔4〕，则可以说还是有一定的历史根据，是较为可信的。

还应该进行解释的是：古代文献中为何以禹或启为夏代国家的建立者，以涂山之盟或钧台之享作为夏代国家政权正式建立的标志？笔者以为至少有以下两点应该充分注意。首先，作为中国历史上第一个早期国家的夏是在崇部落的基础上逐步建立起来的，其经历了较为漫长的过渡时期。它不像商朝、西周王朝的建立，在历史学和考古学上有着较为明确的年代界标。古代学者缺乏历史观念，往往将禹、启时的部落、部落联盟和太康以后的国家等概念混为一谈，从而使这一重大历史问题变得复杂化。其次，在夏代以后人们的记忆中，禹和启都是在缔造中国历史上第一个早期国家、肇造华夏文明过

---

〔1〕 邹衡：《关于夏文化的几个问题》，《文物》1979 年第 3 期。

〔2〕 邹衡：《关于夏文化的几个问题》，《文物》1979 年第 3 期。

〔3〕 王玉哲：《中华远古史》，上海人民出版社，2000 年，第 148 页。

〔4〕 王玉哲：《中华远古史》，上海人民出版社，2000 年，第 148 页。

程中发挥过重要作用的历史人物。尤其是大禹治水、禹征三苗、涂山之会等重大历史事件，由于具有一定的真实可靠性，在民间广为流传，家喻户晓，再加上更多被后人加以附会的“禹画九州”等传说，本来作为部落联盟首领的“伯禹”更有了“帝禹”“禹王”等名称。而“芒芒禹迹”的存在，以及假托大禹之名的《禹刑》《禹贡》千百年来被后人信以为真，使汉代杰出的历史学家司马迁在撰著《史记·夏本纪》时，将这位部落联盟首领的事迹浓墨重彩地描下了重重的一笔，从此更多的历史学家将夏代国家的建立者从太康前移至其祖辈大禹，或由于破坏禅让制而开启家天下局面的父辈启，夏代国家的存在年代也由此向前推延。

最后，应该强调的是，近年来对于中国文明起源的研究一直是历史学和考古学界普遍关注和高度重视的一个世界性重大课题。近日具有5000年历史的良渚古城遗址的发现，将极大地推动中国文明史研究进程和考古学发展。《光明日报》2007年12月1日所刊登顾学松《良渚文化重大发现——五千年古城遗址杭州出土，其意义可与发现殷墟比肩》的报道指出，莫角山遗址占地30余万平方米，系人工堆筑，曾发现大型的夯筑基址和大型柱洞遗迹。“考古学家推测如此大型的建筑肯定不是一般等级的，应是一大型宫殿遗址。”反山墓葬群12号墓出土了迄今为止最大的玉琮和雕琢神人兽面像的玉钺，“这都是王权的象征”。严文明教授认为：“从附近密布的135处各类遗址等种种证据推断，占地290万平方米的良渚古城遗址，应该是一个王城遗址，或者说是一个国都。”由于目前获得的材料仅仅是“勘探和试掘的初步结果”，良渚城址总的面貌尚未清楚，轻易地下这些结论，显然为时尚早。报道指出，“从城墙底部出土的陶片判断，良渚古城使用的下限不晚于良渚文化晚期，其建筑年代还有待于进一步考古工作后判断”。与其类似的，拥有高超的琢玉工艺和精美绝伦的各种玉器，以由几种颜色的土构筑而成的祭坛和巨型建筑为代表的原始宗教闻名遐迩的良渚文化，无论是文化的发展，还是社会的进步，在当时都是名列前茅的。然而，良渚文化之后分布于长江下游地区的马桥文化遗址或墓葬中，则不见或少见玉器，尤其是未见琮、璧、冠形饰等表示拥有者身份的“礼玉”。此外，马桥文化有小件铜器，而良渚文化没有一点使用铜器的迹象。凡此表明，良渚文化和马桥文化“两种文化之间并非单线‘继承’和‘发展’关系，而是存在着某种程度的‘断层’”〔1〕。更为值得注意的是，良渚文化退出历史舞台后，新出现的以相当数量印纹硬陶为特色的马桥文化，总体面貌呈现出今不如昔的感觉。与此同时，中原地区的河南龙山文化却沿着原来的发展道路，在广泛吸收周围地区一些文化因素的基础上，经过

〔1〕 王巍：《公元前2000年前后我国大范围文化变迁原因探讨》，《考古》2004年第4期。

新砦期演变为二里头文化。二里头文化中,起源于山东大汶口文化的鬶、盉、觚等陶制酒器和玉琮、穿孔玉钺、玉戚、玉柄形饰以及以正面正视为特征的兽面纹饰的流行,“都具有黄河下游山东龙山文化或长江下游良渚文化的特点”[1]。如果按照目前考古学家较为普遍的观点,则良渚文化已初现文明的曙光,其所处的历史阶段大体相当于“夏代王朝国家建立前数百年之久‘万国林立’的邦国时代”[2]。但良渚文明仅仅是昙花一现,中国文明时代的到来与第一个早期国家夏朝的建立最终还是选择了黄河流域。文献和考古学资料充分证明,二里头遗址大型建筑基址的始建年代应为夏朝国家正式建立的标志,太康才是夏朝国家的真正建立者。

(原载《学术月刊》2008 年第 7 期)

---

〔1〕 王巍:《商文化玉器渊源探索》,《考古》1989 年第 9 期。

〔2〕 任式楠:《中国史前城址考察》,《考古》1998 年第 1 期。

河南新密市新砦城址中心区大型浅穴式建筑的性质再思考

河南省新密市新砦遗址自1979年先后由考古工作者进行两次试掘以来[1]，不断有新的重大考古发现[2]。在此基础上，一些考古学界的专家试图将新砦遗址的考古学资料和有关文献记载相结合，从而提出了新密新砦城址可能为夏代早期都邑[3]乃至“夏启之居”[4]或“启居黄台”[5]之地等观点。早在新砦古城发现之前，笔者即曾撰写过一篇短文，由于发表前拖得太久，文中自然未提及以上大作及其观点。迄今为止，尽管不断有考古学方面的重大突破，但笔者仍然对新密新砦城址可能为“夏启之居”或“启居黄台”之地的观点持怀疑态度，以为20世纪以来长期流行的“启居黄台之丘”之地在今河南新郑、新密之间的说法，缺乏较为可靠的文献和考古学证据。[6]事实上，将《穆天子传》所载“启居黄台之丘”与相应的考古学材料对号入座，尚有待于考古学资料的更加丰富与学术研究的进一步深入。最近，《考古》2006年第1期发表了河南新密市新砦城址中心区大型浅穴式建筑的相关资料，并对河南新密市新砦城址中心区大型浅穴式建筑的性质问题进行了阐述，大致包括以下观点：位于河南新密市新砦遗址中心区的“大型建筑”，“目前已基本可以肯定这是一处新砦期晚段的多次使用的大型浅穴式露天活动场所。其规模宏大，居同时期同类建筑之首。它的发现对于探索新砦城址中心区的建筑布局、判定新砦遗址的性质、研究华夏文明的起源均具有十分重要的意义”；“这一大型建筑位置重要，规模宏大，建造得颇为讲究，并非普通建筑。关于这一大型建

[1] 中国社会科学院考古研究所河南二队：《河南密县新砦遗址的试掘》，《考古》1981年第5期；北京大学考古文博院、郑州市考古文物研究所：《河南新密市新砦遗址1999年试掘简报》，《华夏考古》2000年第4期。

[2] 赵春青、张松林、张家强、谢素：《河南新密新砦遗址发现城墙和大型建筑》，《中国文物报》2004年3月3日第1版。

[3] 马世之：《新砦遗址与夏代早期都城》，《中原文物》2004年第4期。

[4] 赵春青：《新密新砦城址与夏启之居》，《中原文物》2004年第3期。

[5] 许顺湛：《寻找夏启之居》，《中原文物》2004年第4期；顾万发：《“启居黄台之丘”及相关问题考证》，《东南文化》2004年第6期。

[6] 周书灿：《穆天子传“启居黄台之丘”考》，《中国历史地理论丛》2005年第2辑。

筑的性质,或可联系古籍中关于'坎'和'墠'的记载"[1]。这表明,在考古学的推动下,中华文明探源工程子课题"河南省新密市新砦遗址聚落布局与内涵的研究"正不断取得新的进展。然而,目前学术界所掌握的文献与考古学资料仍十分有限,加上先秦时期文献与考古学资料自身的复杂性,在我们今天看来,河南新密市新砦城址中心区大型浅穴式建筑的性质问题尚存在诸多疑问,颇有必要继续进行一番更为全面深入的探讨。

一、古代文献中的"坎""坛"和"墠"

"坎""坛""墠"均为古代祭祀场所。《礼记·祭法》说:"相近于坎坛,祭寒暑也……四坎坛,祭四方也。"又说:"天下有王,分地建国,置都立邑,设庙、祧、坛、墠而祭之……是故王立七庙,一坛一墠……诸侯立五庙,一坛一墠……大夫立三庙二坛……士二庙一坛。"《礼记》成书年代较晚,其所举以上旧制未必能准确反映先秦时期尤其是周代以前的历史实际,但"殷因于夏礼……周因于殷礼"[2],夏、商、周三代礼制在很多方面是一脉相承的,既有继承,也有损益,因此,对于《礼记·祭法》中的材料很好地进行一番分析和研究,必然有助于我们正确理解先秦时期祭祀制度的若干历史实际。

1. 坛、坎分别为古人祭祀山林丘陵和川谷泉泽之神的场所

首先,我们对"坎"作一番分析。"坎"最基本的意义,许慎在《说文解字》中说:"陷也。"段玉裁注曰:"陷者,高下也。高下者,高而入于下也,因谓阱谓坎。井部曰:阱者,大陷也。穴部曰:窞,坎中更有坎也。"将"坎"的基本意义释为"陷"的还有《易说卦传》《易序卦传》和《广雅·释诂》等。由此还衍生出其他的含义。尤其值得注意的是,先秦时期的人们常常将"坎"和"水"相联系。《易说卦传》:"坎者,水也,正北方之卦也。"《国语·晋语四》:"坎,劳也,水也,众也。"作为祭祀场所,《礼记·祭法》郑注曰:"祭山林丘陵于坛,川谷于坎。每方各为一坎一坛。"孔颖达《正义》进一步解释道:"四坎坛,祭四方也者。谓山林川谷丘陵之神有益于人民者也。四方各为一坎一坛。坛以祭山林丘陵,坎以祭川谷泉泽,故言坎坛祭四方也。"按照古代学者的解释,"坎"应该是地势低平(即段玉裁所称"高而入于下")的祭祀场地。就地势而言,"坛"与"坎"是有区别的。《礼记·祭法》郑玄注释用于祭祖的坛曰:"封土曰坛。"孔颖达《正义》说:"起土为坛。"显然,"坛"是就地起土而成,因此,其概即人工筑成的高于地面的土台子。郑玄虽未对用于祭祀山林丘陵之神的"坛"作进一步解释,但其既然同名,则二者极有可能类似。就功能而论,"坎"当为祭祀

---

〔1〕中国社会科学院考古研究所、郑州市文物考古研究所:《河南新密市新砦城址中心区发现大型浅穴式建筑》,《考古》2006年第1期。以下所引考古资料均出自该文。

〔2〕《论语·为政》。

川泽河谷之神的场所，同用来祭祀山林丘陵的“坛”有明显的区别。

2. “坛”和“墠”为古代贵族祭祀祖先的场所

再说“坛”和“墠”。根据《礼记·祭法》的记载，“坛”和“墠”似古代各级贵族用来祭祀祖先的场所。二者之间的区别，郑玄也曾有过解释：“封土曰坛，除地曰墠。”其又引《书》曰：“三坛同墠。”孔颖达《正义》进一步解释说：“起土为坛，除地曰墠。近者起土，远亲除地，示将去然也。”显然，“坛”和“墠”的区别首先在于地势不同。“坛”较为容易理解，其应泛指人工筑砌的用于祭祀、誓师等仪式的高台。“墠”还有些争议。就字义而论，“墠”应是泛指经过清除平整的土地。《诗·郑风·东门之墠》云：“东门之墠，如藘在阪。”《毛传》：“墠，除地町町者。”王先谦《诗三家义集疏》云：“《韩》说曰，墠犹坦也。”陈乔枞《韩诗遗说考》：“毛言‘除地町町’，言除地使之平坦。”在人类文明时代的初期，“坛”“墠”似无大的区别。陆德明《经典释文》：“坛依字当作墠。”孔颖达《毛诗正义》说：“遍检诸本，字皆作坛。《左传》亦作坛。其《礼记》《尚书》言坛、墠者，皆封土者谓之坛，除地者谓之墠。坛、墠字异，而作此坛字读音曰墠，盖古字得通用也。”“坛”和“墠”的区别还体现在二者的功能有些差异。《礼记·祭法》说得很清楚，古代各级贵族设置庙、祧、坛、墠等祭祖场所，贯穿了“亲疏多少”的原则，“去祧为坛”“去坛为墠”正体现了随着亲缘关系由亲到疏，祭祀场所也相应发生变化的历史事实。

征诸以上文献资料，不难发现，河南新密市新砦城址中心区大型浅穴式建筑不大可能为人工筑砌的高于地平面的用来祭山林丘陵之神或先祖的“坛”，似乎也非经过清除平整用来祭祀先祖的“墠”〔1〕，而更为符合“高而入于下”的“坎”的特征，因此，其很可能为统治者祭祀洧水之神的“坎”。

二、新密市新砦城址中心区大型浅穴式建筑性质的分析

从目前所掌握的考古学资料可知，新密市新砦城址中心区大型浅穴式建筑“不仅在其边缘部位不见柱洞，而且在主体范围内也没有柱洞”。考古学界推测：“这个浅穴式大型遗迹原本就没有承重的柱子，很可能原来就是一处大型的露天活动场所。”此外，“在这一建筑南墙西段外侧发现的地面上，发现有一具完整的猪骨架，不见灰坑，而是直接把整猪放置在当时活动场所外边的地面上，可能是祭祀用的。在距该建筑南墙不足 2 米处发现埋有大量兽骨的小灰坑”。由以上材料判断，该处建筑的确极有可能为一处祭祀场所。

〔1〕 此类浅穴式建筑在二里头遗址中也有发现。考古学界称“二里头遗址发现的长方形半地穴式非封闭性建筑，形制、结构相当特殊，可肯定不是用于居住，推定为祭祀性场所似无疑问。唯位置在都城内，又是半地穴式，同汉代以来注家关于墠的解释不完全一致”。参见中国社会科学院考古研究所：《中国考古学·夏商卷》，中国社会科学出版社，2003 年，第 130 页下注[1]。

我国先民对天地万物的崇拜起源很早。有关考古学资料表明,中国史前时代晚期,我国黄河流域、长江流域和辽河流域等地均出现了我国早期的祭坛。河南杞县裴村店乡鹿台岗中岗地上曾发现若干属于龙山时代的祭坛遗迹。有的学者以为,I号遗迹是祭祀天地的神庙遗存,II号遗迹则是专门祭祀太阳神的祭坛,而H75则是用掘坎挖坑形式专门祭祀土地神的地方。[1]辽宁喀左东山咀红山文化遗址坐落在一山梁正中缓平突起的台地上,长60米、宽40米。中央为方形基址,东西两翼有对称的石墙基,墙基外有大面积石面,南面前端为圆形基址。方基东西长11.8米,南北宽9.5米,中间有大片红烧土面。圆形基址直径2.5米,外以石片围圈,圈内铺以砾石地面。出土有大型人坐像,小型孕妇像以及玉器。[2]有的学者以为"这是一处红山文化先民若干部落共同使用的祭祀天地、祖先、山川等多种神祇的地方"[3]。这些众多祭祀遗迹的出现是一定历史阶段的产物,是文明时代即将到来的标志。由此看来,河南新密新砦城址中心区大型浅穴式建筑的出现并非偶然。

从目前考古发掘的资料看,"该遗址为浅穴式,基本坐落于一条东西向的大路上面。这条大路已经探明的部分东西长逾140、南北宽10.4米。大路向东西两端延伸,向西基本与西城墙缺口相对应,向东直抵双洎河故河道的断崖,很可能是一条贯穿城内的主干道。大型建筑以大路为基础的一部分,其建筑过程为截取原有的东西向大路位于城内中间的一段,再向大路南北延伸,挖成一个低于当时活动地面的大型基础浅坑"。位于新砦城址河段的双洎河,又称洧水,是先秦时期新密境内一条有名的河流。《诗·郑风》中屡屡提及洧水。《褰裳》:"子惠思我,褰裳涉洧。"《溱洧》:"溱与洧,方涣涣兮。"《毛传》:"涣涣,春水盛也。"由此可知,春秋时期位于今新密境内的洧水仍水量丰沛。《吕氏春秋·审应览·离谓》亦曾记载:"洧水甚大,郑之富人有溺者。"根据甲骨文记载,早在商代商王就曾在"有"地举行社祭:"甲寅卜,□贞:燎于有社。"[4]商王也曾燎祭有水:"燎于有水……"[5]郑杰祥先生说:"有水应当就是后世的洧水。"[6]甚是。目前,大多数学者普遍认为,商代气候较今日温暖湿润。[7]由于降水丰沛,洧水水量大增,面对频频发生的水患,商代统治者定

---

〔1〕匡瑜、张国硕:《鹿台岗遗址自然崇拜遗迹的初步研究》,《华夏考古》1994年第3期。

〔2〕郭大顺、张克举:《辽宁喀左县东山咀红山文化建筑群体发掘简报》,《文物》1984年第11期。

〔3〕张乃仁、田广林、王惠德:《辽海奇观——辽河流域的古代文明》,天津人民出版社,1989年,第17页。

〔4〕《甲骨文合集》10344正,中华书局,1982年。

〔5〕《甲骨文合集》10151,中华书局,1982年。

〔6〕郑杰祥:《商代地理概论》,中州古籍出版社,1994年第249页。

〔7〕胡厚宣:《气候变迁与殷代气候之检讨》,《甲骨学商史论丛》二集下册,上海书店据齐鲁大学国学研究所1945年版影印;竺可桢:《中国五千年来气候变迁的初步研究》,《考古学报》1972年第1期。

期在洧水沿岸进行祭祀，祈求洧水之神保佑人们的生命和财产安全。

新密市新砦城址中心区大型浅穴式建筑“建造、使用于新砦期晚段，废弃于二里头文化早期”。根据夏商周断代工程有关夏、商年代的测定资料可知，该大型建筑从开始建造到废弃的年代大体相当于夏代早期阶段。根据文献记载和考古学的研究成果可知，夏代早期夏人的主要活动区域在今河南嵩山南北地区，河南登封王城岗遗址〔1〕和禹州瓦店遗址〔2〕的发现为探寻古代文献所载“禹居阳城”和“禹都阳翟”提供了大量有价值的线索。显然，新密市新砦城址所在洧水流域一带自然是夏代早期的夏王朝国土的核心地带。夏代建国前“洪水芒芒”〔3〕及“禹疏九河……三过其门而不入”〔4〕的传说家喻户晓，其中应有诸多接近历史实际的成分。考古学研究表明，河南辉县孟庄龙山城址“在龙山文化晚期至二里头时期以前毁于洪水的迹象十分明显”〔5〕。山西襄汾陶寺遗址的废弃同样“可能与洪水的泛滥有关”〔6〕。尤其近年来发现的西周中期青铜器遂公盨铭文中有“天命禹敷土，随山濬川”的内容，表明西周中期的人们确信大禹治水的真实性。〔7〕新密市新砦城址中心区大型浅穴式建筑建造和使用年代同大禹的时代相去不远，夏代早期的人们对洪水给人类造成的危害记忆犹新，而在当时生产力水准相对低下的情况下，定期祭祀河神以求得到河神的保佑，便成为和战争同样重要的国家头等大事之一。〔8〕这正是新密市新砦城址中心区大型建筑兴建与使用的历史背景。

三、简单的小结

综上所述，综合各方面的资料分析，河南省新密市新砦城址中心区大型浅穴式建筑似乎并不具有古籍文献所载“坛”“墠”的特征，似非当时人们用来

〔1〕 考古学界认为，王城岗遗址的考古发现，对探索夏王朝的统治中心区域的文化，可算是一次大的突破。参见河南省文物考古研究所、中国历史博物馆考古部：《登封王城岗与阳城》，文物出版社，1992 年，第 321—322 页；北京大学考古文博学院、河南省文物考古研究所：《登封王城岗考古发现与研究(2002—2005)》，大象出版社，2007 年。

〔2〕 学术界许多人认为，瓦店遗址从其年代和遗存特征看，均有可能与钧台、阳翟有关。参见河南省文物考古研究所：《河南禹州市瓦店龙山文化遗址 1997 年的发掘》，《考古》2000 年第 2 期。

〔3〕《诗·商颂·长发》。

〔4〕《孟子·滕文公上》。

〔5〕 袁广阔：《关于孟庄龙山城址毁因的思考》，《考古》2000 年第 3 期。

〔6〕 梁星彭、严志斌：《陶寺城址的发现及其对中国古代文明起源研究的学术意义》，《中国社会科学院古代文明研究中心通讯》2002 年第 3 期。

〔7〕 李学勤：《论遂公盨及其重要意义》，《中国历史文物》2002 年第 6 期；裘锡圭：《遂公盨铭文考释》，《中国历史文物》2002 年第 6 期；朱凤瀚：《遂公盨铭文初释》，《中国历史文物》2002 年第 6 期；李零：《遂公盨发现的意义》，《中国历史文物》2002 年第 6 期。

〔8〕《左传》成公三年：“国之大事，在祀与戎。”在古人看来，祭祀是同战争同样重要的国家大事，祭祀的对象自然包括天地山川等自然神。

祭祀祖先的“坛”“墠”的遗迹。它是夏代初年夏人自然崇拜的遗迹，其更为接近文献中所载古人祭祀川谷泉泽之神灵，并具有“高而入于下”特征的“坎”。具体而论，它可能是夏代初年人们祭祀洧水之神的场所。这里应强调的是，由于文献和考古资料相对贫乏，对于新密市新砦城址中心区的建筑布局、新砦遗址的性质还存在诸多争议，笔者作此推测，仅备一说，不敢奉为定论。笔者赞同考古学界的看法，认为对新砦城址“相关遗迹的大面积揭露，无疑有助于最终解决这一浅穴式大型建筑的性质”。

（原载《华夏考古》2011 年第 1 期）

商周史

- 一、从外服制看商代四土的藩属体制与主权形态
- 二、济南大辛庄商代遗址的性质问题
- 三、“民”“氓”语义转换及周代“氓”之身份考察

从外服制看商代四土的藩属体制与主权形态

古代文献记载,商代存在内、外服制。外服制是商代重要的政治和社会经济制度。有的学者将其解释为早期国家的指定服役制度。外服制是在商朝对四土持续政治、军事经营过程中逐步确立的,中国早期国家的藩属体制,其对以后中国古代边疆管理体制产生过深远的影响。

一、商代“服”制观念及外服的职责

先秦文献和西周青铜期铭文中,有关周代“服”制观念的资料颇为丰富。毫无疑问,“服”制于西周时期已成为人们的重要社会观念。然商代内、外服制仅明确见载于《尚书·酒诰》:“自成汤咸至于帝乙……越在外服:侯、甸、男、卫邦伯;越在内服:百僚、庶尹、惟亚、惟服、宗工,越百姓、里君(今本作“居”,误),罔敢湎于酒。”《酒诰》是康叔封于殷故地卫之后,周公为殷人以酗酒亡国,特告诫康叔勿蹈覆辙的诰词。周人将商代国家政治机构区分为内服、外服,当所出有自,不宜轻易否定。

征诸《诗经》《周礼》等先秦时期的文献,不难发现,“服”的最基本含义即“职事”。《诗·小雅·六月》:“有严有翼,共武之服。”《诗·大雅·下武》:“永言孝思,昭哉嗣服。”《诗·大雅·荡》:“曾是在位,曾是在服。”《毛传》:“服,服政事也。”《毛诗传笺通释》:“在服,犹云在职、在任、在官。”杨树达先生说:“共武之服,谓供武之职也。嗣服,谓职事。在服即在职也。职位义近,故与在位为对文也。”[1]《周礼·夏官·职方氏》:“其外方五百里为侯服。”郑玄说得更具体:“服,服事天子也。”正因为此,有的学者将商代外服制概括为“外服诸侯以职事服役为特征”[2]的管理体制。徐中舒、唐嘉弘先生更进一步指出,四服制不仅是一种政治方式,也是一种社会经济方式。它既是殷商的政治制度,又是殷商奴隶制王国指定服役的奴隶制度。[3]

值得注意的是,学术界对《酒诰》等古代文献所言商、周时期的服制,另有不同理解。如郭沫若先生即曾指出,《康诰》《酒诰》《召诰》《君奭》中畿服之名

---

〔1〕 杨树达:《积微居小学述林》卷三《说字之属·释服》,中华书局,1983年,第79页。
〔2〕 葛志毅:《殷周诸侯体制比较》,《学习与探索》2000年第6期。
〔3〕 徐中舒、唐嘉弘:《论殷周的外服制——关于中国奴隶制和封建制分期的问题》,《人文杂志》增刊《先秦史论文集》,1982年5月。

称“皆商代官制之孑遗”[1],并就《尚书》和西周金文中所论内、外服之名称,提出以下见解:

“《令彝》之侯、田、男统摄于诸侯之下,与卿事寮等为对文,《盂鼎》之侯、田亦对言百辟,则侯、田、男乃诸侯之异称,而非畿服之名号也。征诸典籍,理亦如是。‘侯田男邦采卫’即侯、田、男等之诸侯与邦采、邦卫。采、卫均职位之名,采犹言宰。‘侯田男卫邦伯’即侯、田、男、卫等之邦伯,邦伯即诸侯。《酒诰》之外服、内服即外官、内官,非谓内、外之畿服也。然有此等根蒂,故春秋时之创为畿服说者,即假用其名以托诸古,后世离古愈远,又蔽于儒说之一尊,遂深信之而不疑矣……畿服之制乃后人所伪托。金文无畿字,服字多见,与《酒诰》义同,并非地域之区划也。”[2]

郭沫若先生“《酒诰》之外服、内服即外官、内官,非谓内、外之畿服也”的见解,自成一家之说,但其又说“畿服之制乃后人所伪托”,这一彻底否定畿服之制的认识,自然同先秦时期的历史实际不大相合。前已论及,先秦文献和西周青铜器铭文中,有关周代“服”制观念的资料颇为丰富。服制于西周时期已经成为人们重要的社会观念。由此可以想见,“服”的观念至迟于西周以前已经产生,必然有着颇为悠久的历史源头。就周代以前的情况而论,笔者曾大胆假定,《左传》哀公七年“禹合诸侯于涂山,执玉帛者万国”则正反映了在军事征服的基础上,原有的部落联盟内部的平等因素不断发生蜕变,带有强制性和非对等特点的原始从属关系,正是商代指定服役制度的外服制及《国语·周语上》《尚书·禹贡》《周礼·职方》等先秦文献中所载畿服之制的历史源头。[3]和西周时期的畿服之制相比,商代外服制则呈现出较多的原始性和相对的松散性。

殷商时期,商王朝周围散布着数量众多的部族、方国。《战国策·齐策四》说:“及汤之时,诸侯三千。”《史记·陈杞世家》记载:“周武王时侯伯尚千余人。”殷商时期,诸侯数量由多变少,与殷商王朝对四土持续进行大规模的军事征服有直接的关系。和西周分封制政体下的诸侯不同,在相当漫长的历史时期,商代诸侯则基本上是在原始氏族、胞族、部落等血族团体基础上“自然长成的结构”[4],“他们还没有脱掉自然发生的共同体脐带”[5]。在殷商王朝持续对四土进行大规模政治和军事经营的过程中,部分被商王朝陆续征

---

[1] 郭沫若:《金文丛考·金文所无考》,人民出版社,1954年,第49页。
[2] 郭沫若:《金文丛考·金文所无考》,人民出版社,1954年,第49—50页。
[3] 周书灿:《九州与畿服之制起源新研》,《贵州师范大学学报》2008年第6期。
[4] 《马克思恩格斯全集》第21卷,人民出版社,1965年,第179页。
[5] 《马克思恩格斯全集》第21卷,人民出版社,1965年,第113页。

服的方国、部族，较早同商王朝建立起相对松散的隶属和义务关系。《尚书·酒诰》所言侯、甸、男、卫四服，实即殷商时期被商王朝征服并同商朝之间初步建立起原始的臣属和义务关系的诸侯的统称。对于殷商时期曾经存在过的侯、甸、男、卫四服，孔晁为《逸周书·职方》作注时解释道："侯，为王者斥侯也"；"甸，田也，治田入谷也"；"男，任也，任王事"；"卫，为王捍卫也"。《逸周书》的不少篇章制作年代均在周代，尤其《职方》全录《周礼·夏官·职方氏》之全文，因此，其所载各项制度恐亦大多以周代史实为依托，其能否准确反映商代社会的历史实际，学术界曾有过不少疑问。徐中舒、唐嘉弘先生曾举《辽史·营卫志》中契丹人的社会组织情况，和商朝外服诸侯的职责与义务关系进行比较〔1〕，兹简要列举如下：

(1) 契丹人的"部族"，要"分镇边圉"，和殷商的侯服基本类似，乃防守边疆的部族。

(2) 殷商时期的甸(田)服要向商王贡献猎获物，并从事粗耕农业，具有"治田入谷"的义务。二者应较为类似。

(3) 男服，承担"任王事"的职责与义务。对照文献，则其似为服劳役的契丹人的"捺缽"，主要从事生产活动，"畜牧畋渔以食，皮毛以衣"。辽代占据燕云十六州所设立的"南面官"统治的居民必须担负各种力役，包括耕种田地，贡纳粮食。殷商王朝的甸(田)服以南的男服及其他一些地区的农村公社，必须负担繁重的徭役和从事农业生产。二者颇为相近。

(4) 辽代的斡鲁朵是一个完整的政治社会体系，发生战争时，宫卫的"丁壮从戎事，老弱居守"，和殷代"为王捍卫"的卫服近似。

综上所述，商代指定服役的外服制和辽代部族制、宫卫制及南面官制度在诸多方面有颇多相似之处，由此似可推测，二者大体处于同一社会发展阶段。

徐中舒先生说："商代的外服，也就是四种指定服役制。侯、卫两服是服兵役的，甸是生产的，男是服劳役的，这与周代的封建等级制是根本不同的。"〔2〕徐先生所举商代外服的职责与义务，甲骨文中屡有反映。

卜辞记载，四土诸侯有为商王服兵役的义务。

乙卯卜：叀贮戏征人……(《甲骨文合集》39934)

壬申卜：自今三日，方不征不？

壬申卜：曰：今五□，方其征不？(《甲骨文合集》20412)

乙巳卜：今日方征不，昃，雨自北。(《甲骨文合集》20421)

〔1〕 徐中舒、唐嘉弘：《论殷周的外服制——关于中国奴隶制和封建制分期的问题》，《人文杂志》增刊《先秦史论文集》，1982年5月。

〔2〕 徐中舒：《先秦史论稿》，巴蜀书社，1992年，第75页。

丁酉卜：令豢伐帽，𢦏？（《甲骨文合集》6561）

……豢伐帽，𢦏？（《甲骨文合集》6562）

癸未……令……伐帽入，无不若，𢦏？（《甲骨文合集》6564）

从以上卜辞可以看出，商王随时可以调遣东土军队，征伐东土来犯之敌。这表明，东土诸侯有听命商王勤王出师的军事义务。

商朝诸侯国军队经常奉王命抵御来犯之敌。卜辞中屡屡记载：

□未卜：㚔其捍吹？（《甲骨文合集》7004）

□未卜：㚔其捍吹？（《甲骨文合集》7005）

……卜，王贞：吹……捍于祝？（《甲骨文合集》7008）

庚午卜，旁贞：旁方其圍作捍？（《甲骨文合集》6666）

卜辞中“捍”字屡见，不少学者以为其为抵御敌人侵犯之意。“㚔其捍吹”“吹……捍于祝”“旁方其圍作捍”，说明㚔、吹、旁等方国均有为商朝服兵役的义务，相当于文献记载中的侯服或卫服，分别具有“为王者斥侯”或“为王捍卫”的义务。

卜辞中有四土诸侯为商王朝进行生产，提供谷物等的记载。甲骨文记载，商王非常关心四土的农业收成好坏：

己巳王卜。贞（今）岁受（年）。王占曰：吉。一

东土受年，吉。

南土受年，吉。

西土受年，吉。

北土受年。吉。（《甲骨文合集》36975）

乙未卜，贞今岁受年。

不受年。

南受年。

东受年。

□受年。（《甲骨文合集》36976）

商王之所以关心四土农业收成的好坏，是由于四土粮食收成的好坏与商王的直接经济利益有密切的关系。这正表明，这些四土诸侯承担着为商王朝从事农业生产，提供谷物的义务。这些从事农业生产的诸侯，相当于文献记载的甸服。

甲骨文中亦有四土诸侯为商王服劳役的记载。

如卜辞记载，凤方曾为商朝筑城：“贞：乎从凤墉。”（《甲骨文合集》8896 正）

商王命令四土诸侯为自己服劳役之事，甲骨卜辞和田野考古学资料中亦有反映：

雀叶王（事）。（《甲骨文合集》5443）

□辰卜,令(雀)往,叶王事。一　二告(《甲骨文合集》5444)

丁酉卜,亘𣪘,贞𢀛叶王事。一　(二)三　二告　四　二告　四　二告五　六　七(《甲骨文合集》5445 正)

丁亥卜,亘贞旃亡祸,叶王事。一　二　三　四　(五)(《甲骨文合集》5446 正)

……叶王事。一　二

贞(壴弗其叶王)事。一　一　一　三(《甲骨文合集》5449 正)

贞𡗜叶王事。(《甲骨文合集》5464)

𡗜(叶)王事。(《甲骨文合集》5465)

诸如以上言及"叶王事"的卜辞甚多。"叶王事",学术界通常解释为"勤王事",就文字而言似乎包含诸侯之师勤王出征之事,但除了军事方面的事宜外,可能还包括四土诸侯为商朝服各种杂役等事务,其和"任王事"的男服职责类似。兹可以从考古学资料中获得若干有价值的信息。目前,考古学界普遍赞同商代铜器铜料产地应该是多渠道的这一观点。商王朝的中心地区可能有小规模的采铜点,但商代铜料来源的主渠道当在南方,很可能即为长江中游地区。有的学者曾强调,业已发现的江西瑞昌铜陵和湖北铜绿山等铜矿产遗址,是当时重要的采铜中心。[1]由此可以推测,开采、加工铜矿石应为今长江中游地区产铜的方国居民为商朝承担的主要义务。同样,晚商玉器的产地也历来为学术界所关注。考古学界普遍赞同新疆和田是晚商玉料的主产地。但部分学者认为,除新疆和田外,晚商玉中还有一部分产于今河南南阳独山、密县和淅川;也有学者认为殷墟玉器中有少量岫玉。[2]在我们今天看来,新疆和田玉到达殷墟的背景尚需要进一步研究,殷墟以外的河南南阳、密县和淅川及北方岫玉产地的居民,极有可能均承担为商朝承担开采、加工玉石的义务。以上所举诸侯、方国居民所承担的义务与商代的男服颇为类似。

综上所述,《尚书·酒诰》所载侯、甸、男、卫的商代外服制,可以得到考古学和民族资料的印证。作为一种指定服役制度,其存在于整个殷商时期,对中国古代国家的藩属体制产生了深远的影响。

二、从外服制看商代四土的藩属体制

《孟子·公孙丑上》说:"夏后殷周之盛,地未有过千里者也。"文献和考古学资料表明,商朝是一以大邑商为中心的国土面积不算太大的国家。即使经

---

〔1〕华觉明、卢本珊:《长江中下游铜矿资源带的早期开发和中国青铜文明》,《自然科学史研究》第15卷第1期,1996年。

〔2〕张培善:《安阳殷墟妇好墓中玉器宝石的鉴定》,《考古》1982年第2期;申斌:《"妇好墓"玉器材料探源》,《中原文物》1991年第1期。

过后人的极力夸张,《诗·商颂·玄鸟》也仅仅言及商朝国力最鼎盛的武丁时期,“邦畿千里”。《毛传》:“畿,疆也。”按照古人的理解,商王直接管辖的土地范围大体局限于方千里之远。以前,有的学者曾解释商代内、外服:所谓“内”与“外”是以王畿为限;王畿以内为内服,王畿以外为外服;内服为百官(百僚、百辟),外服为列国(邦伯);殷边则是指内外服中间的分界。[1]然就殷商时期的情况而论,这一简单的划分,似乎问题不少。以前,不少学者曾对商朝国家的政治地理结构问题作过探讨。王玉哲先生即曾认为,殷商王国实际上以大邑为中心,其四周远近散布着属于王朝的几个或十几个诸侯“据点”。在“点”与“点”之间,还杂厕着不属于殷商王朝甚或敌对的一些方国。“殷商王国的真正国界只局限于大邑商附近之地,在这个地区边界之内,统属商王管辖,至于其远处四方所属的方国,只是据点而已。”[2]笔者以为,这一分析是符合殷商时期的历史实际的。从这重意义讲,殷商时期,“所谓邦内外也只是形式上的分别……而邦境的划分不但是不可能的,而且是变动的”[3]。既然如此,《大盂鼎》“惟殷边侯田粤殷正百辟”之“殷边”,似乎应解释为商朝国家的周边,其当为模糊笼统的域界概念,未必实指。殷商时期,数量众多的“殷边侯田”通过职事服役为特征的外服制,与商朝之间建立起初级的臣属关系,并在此基础上构成中国早期藩属体制的基本框架。

就殷商工朝对四上地区的政治和军事经营的情况看,在相当漫长的历史时期,商朝对四土地区并没有建立真正意义上的主权管辖,侯、甸、男、卫的指定服役的外服制,实质上为一种间接管理和统治的藩属体制。陈梦家先生曾经论及,商代侯、伯对于殷王国有贡纳农作物与为王征伐的义务,但是各侯、伯所在“各个邦族,有他们自己的土地人民,似非殷王国所封赐,与后代的封土式的情形自有不同”[4]。《史记·秦本纪》在追述秦族早期的历史时说:“大费生子二人:一曰大廉,实鸟俗氏;二曰若木,实费氏。其玄孙曰费昌,子孙或在中国,或在夷狄。费昌当夏桀之时,去夏归商,为汤御,以败桀于鸣条。大廉玄孙曰孟戏、中衍,鸟身人言。帝太戊闻而卜之使御,吉,遂致使御而妻之。自太戊以下,中衍之后,遂世有功,以佐殷国,故嬴姓多显,遂为诸侯。”以上一段话对于正确理解陈先生的以上论述颇有帮助。《史记·秦本纪》中的文字表明,秦族有着颇为悠久的历史,秦“遂为诸侯”之前,自汤至太戊,秦之先祖费昌及孟戏、中衍均为王“御”,即驾驭车马,其显然属于殷商时期的男服。该段文字又说,秦族先祖“自太戊以下,中衍之后,遂世有功,以佐殷国”,

〔1〕 金景芳:《中国奴隶社会史》,上海人民出版社,1983年,第58页。
〔2〕 王玉哲:《殷商疆域史中的一个重要问题》,《郑州大学学报》1982年第2期。
〔3〕 陈梦家:《殷墟卜辞综述》,科学出版社,1956年,第332页。
〔4〕 陈梦家:《殷墟卜辞综述》,科学出版社,1956年,第332页。

显然秦族有自己的土地和人民，当是秦族在自己的土地上为商朝服役。秦“遂为诸侯”并非出于商王的封赐，而是其自身发展壮大的结果。显然，殷商时期，商朝和秦之间仅仅保持一种友好的同盟关系，商朝并未对秦建立真正意义上的主权管辖，商王对秦地实行的仅仅是间接的管理和统治。不仅如此，商朝和四土诸侯之间的权利与义务关系往往随着双方之间关系的变化而变化，商王对四土的间接管辖和统治，并不巩固。有关材料表明，早商时期，商与东方夷族之间保持着颇为友好的同盟关系。《左传》昭公四年说：“商汤有景亳之命。”《史记·殷本纪》记载了商汤曾在今山东定陶一带的泰卷举行盟会，发布文告。两次盟会均在东方地区夷人的土地上举行，表明早商时期商族与鲁西南地区的夷人之间有着较为密切的同盟关系。此外，《左传》定公元年说“仲虺居薛，以为汤左相”，薛曾为夏代属国，早商时期又臣属于商，和商朝之间在政治上建立起密切的联系。自商代中期以后，商、夷关系急剧恶化。《后汉书·东夷传》注引《竹书纪年》曰：“仲丁即位，征于蓝夷。”《太平御览》卷八三“皇王”部引《纪年》曰：“河亶甲整即位，自嚣迁于相。征蓝夷，再征班方。”《后汉书·东夷列传》说战争的原因是东夷的一支“蓝夷作寇”，从此以后夷人“或服或畔，三百余年”，商族和夷人之间呈现出颇为复杂的民族关系，直至“纣克东夷而殒其身”[1]，商朝始终没有在东方地区完全行使主权。所以，商朝对东方地区的藩属不仅呈现出原始性和松散性，而且还常常处于极不稳定的状态。

殷商时期的外服制似与汉、唐时期对周边民族的羁縻政策颇为类似。《后汉书·南蛮西南夷列传》记载尚书令虞诩上奏顺帝的话：“自古圣王不臣异俗，非德不能及，威不能加，知其兽心贪婪，难率以礼。是故羁縻而绥抚之，附则受而不逆，叛则弃而不追。先帝旧典，贡税多少，所由来久矣。”唐代在边疆地区普遍设置羁縻府州，“即其部落列置州县，其大者为都督府，以其首领为都督、刺史，皆得世袭，虽贡赋版籍，多不上户部，然声教所暨，皆边州都督、都护所领，著于令式”[2]。唐朝中央政府任命当地少数民族首领为羁縻州都督、刺史，颁发印信，可以世袭。中央王朝一般不对其进行直接管理。郭声波先生以为，唐朝羁縻州与中央的关系大体可以分为两类：一类是置于唐朝初年紧邻边州的羁縻州（如剑南道的翼、维、协、曲等州），与汉族关系较为密切，受汉文化影响较大，它们后来至少在名义上一直保持着与中央王朝的隶属关系，其中一部分还升为正州；一类是置于高宗以后距边州较远的羁縻府州，它们与汉族关系较为疏远，受汉文化影响较小，后来大多失去州号，有些成为羁

---

〔1〕《左传》昭公十一年。
〔2〕《新唐书》卷四十三下《地理志下》。

縻部落或自由部落，有些归附周边少数民族政权。[1]郭先生所列后一种情形，可以从唐朝在泸戎地区所置羁縻州县的情形，略见一斑。《新唐书·地理志七下》说戎州都督府是武德元年(公元618年)“开南中”时所置，其所列戎州都督府下羁縻州则为六十三州，一百四十五羁縻县。六十三州中，“右上十六州旧属戎州都督，天宝以前朝贡不绝，天宝后没在蛮境”[2]。其余四十七州，同样，或“没落云南蛮界”[3]，或“虽有名额，原无城邑。散在山洞，不常其居”[4]。这些羁縻州县除南广溪洞诸州，大都离泸戎之地十分遥远。刘复生先生说，以上四十七州共管一百八十三县，无户数记载，“正是政府不直接掌握其民的反映”[5]。综上所述，殷商时期与四土各族之间颇为原始、松散的隶属关系，大体和汉、唐时期的羁縻之制相似。

值得注意的是，自胡厚宣先生提出“殷代封建说”[6]后，学术界关于商代是否实行分封制度的问题，争论颇为激烈。由于该问题与本文所要集中讨论的商代四土的藩属体制问题关系颇为密切，故不能避而不谈。继胡先生之后，有的学者就甲骨卜辞所见“田”“牧”“卫”等职官论及“侯”“田”“男”“卫”等几种诸侯的起源问题，以为田、牧分别是被商王派驻在商都以外从事农垦、放牧的职官。率领族人或其他从属者为商王垦殖、放牧，在商晚期田、牧均由于拥有族众与武装，已大量发展为诸侯。卫是被商王派驻在商都以外某地保卫王国的武官，后亦渐变为诸侯名称。侯的前身，应该是在边境等地为王斥候之武官，卜辞中的侯一般已具有诸侯的性质。卜辞中任即男，也许是侯、伯委派的，率领人专门为王朝服役的一种职官。中央王朝承认了侯田(甸)男这种由职官发展而成的诸侯后，才开始用侯、甸、男、卫等称号来封建诸侯，并授之于某些臣属方国的君主。[7]亦有学者以为，子弟功臣受封与被征服的方国首领受封是商王朝诸侯产生的两条途径。[8]根据前文对商朝外服制的探讨，不难发现，以上所论，疑点颇多。商代外服诸侯由商王派驻在商都以外的职官

[1] 郭声波：《试论宋朝的羁縻州管理》，《中国历史地理论丛》2000年第1辑。

[2] 《太平寰宇记》卷七九《剑南西道戎州条》，《四库全书》(史部)第四六九册《太平寰宇记》，上海古籍出版社，1987年，第647—648页。

[3] 《太平寰宇记》卷七九《剑南西道戎州条》，《四库全书》(史部)第四六九册《太平寰宇记》，上海古籍出版社，1987年，第648页。

[4] 《太平寰宇记》卷七九《剑南西道戎州条》，《四库全书》(史部)第四六九册《太平寰宇记》，上海古籍出版社，1987年，第649页。

[5] 刘复生：《僰国与泸夷——民族迁徙、冲突与融合》，巴蜀书社，2000年，第95页。

[6] 胡厚宣：《殷代封建制度考》，《甲骨学商史论丛》初集第一册，齐鲁大学国学研究所专刊，1944年。

[7] 裘锡圭：《甲骨卜辞所见的“田”“牧”“卫”等职官的研究(兼论“侯”、“甸”、“男”、“卫”等几种诸侯的起源)》，《文史》第十九辑，中华书局，1983年。

[8] 杨升南：《卜辞所见诸侯对商王室的臣属关系》，《甲骨文与殷商史》，上海古籍出版社，1983年。

发展而来,由子弟功臣受封与被征服的方国首领受封所产生,尚缺乏文献记载和卜辞资料方面的直接证据,显系臆说。至于说商王可以在方国封域内行使各种权力,其政权对商王室的臣属关系,是后世中央政权与地方政权的一种初期形态,则更是与商代外服制的原始性和松散性相去甚远。总之,侯、甸、男、卫指定服役的外服制是商代国家控驭四土诸侯的颇为原始和松散的藩属体制,其同西周时期相对分权的分封制和战国、秦汉时期中央集权的郡县制有着诸多质的差别,不可将处于不同历史时期的管理体制混为一谈。

三、外服制与商代四土的主权形态

综上所述,侯、甸、男、卫指定服役的外服制是商代国家控驭四土诸侯的颇为原始和松散的藩属体制,从民族学材料看,其颇为类似汉唐时期的羁縻之制。正因为此,商朝四土的主权形态同样具有特定的时代性特征。

以前,学术界在讨论夏、商、周国家政治地理时,经常提到疆域、领土等基本概念。从地缘政治学角度而论,疆域是指某一国家或政治实体的境界所达到的范围,领土是指国家主权管辖的地域范围,包括陆地、河流、湖泊、运河、地下层,与陆地相毗邻的海湾、内海湾、领海以及它们的底床、底土和领空,亦称国土。疆域和领土的区别在于:领土是以明确的主权为根据的,但疆域所指的境界就不一定有非常明确的主权归属。而现代政治学对主权则如是解释:主权,即国家主权,是国家的最重要属性,是国家在国际法上所固有的独立处理对内对外事务的权利。主权是国家最主要、最基本的权利,是国家所固有的,并非由国际法所赋予的。主权作为国家的固有权利,表现为三个方面:对内的最高权、对外的独立权和防止侵略的自卫权。尤其对内最高权,是指国家行使最高统治权,国内的一切中央和地方的行政、立法和司法机关都必须服从国家的管辖。

根据以上论述和前文对商代外服的藩属体制的研究,则不难发现,商朝四土的政治疆域概念极其模糊,而且,随着商朝国力的变化及对四土政治、军事经营的推进与收缩,经常处于变动之中。而在以原始和松散为特征的指定服役的外服制的藩属体制下,商王能够直接乃至间接行使的权利更为有限。李朝远先生指出,“殷商王国与其他方国是普天之下的并列政权,其土地所有制形态也各呈其异。主权与土地所有权在边缘交境地带的战争中,可能会有暂时的重叠或换置,但就土地所有制形式本身及其发展的程度而言,方国的土地不在商王室土地所有权的覆盖之下”〔1〕。李先生的这一论述是有道理的。据古代文献和甲骨文记载,周原为商朝的西土方国,经过多次征伐,周族

〔1〕 李朝远:《西周土地关系论》,上海人民出版社,1997年,第53页。

曾在相当长时期臣服于商朝。卜辞中有“妇周”(《甲骨文合集》8894),说明商、周之间相互通婚;卜辞中另有“周入”(《甲骨文合集》6649)的记载,则说明周人曾向商缴纳贡赋;商王还曾“令周”(《乙》3306);等等。但是,周的土地所有权始终是明确的。《史记·殷本纪》记载:“西伯出而献洛西之地,以请除炮烙之刑。纣乃许之,赐弓矢斧钺,使得征伐,为西伯。”以上一段文字表明,西伯所献之洛西原本属周族所有,否则,就无所谓“献洛西之地”可言。至于纣“赐(西伯)弓矢斧钺,使得征伐”,则似乎与殷、周之际的历史实际并不完全相符。周人经营西土是完成克商大业的基础,乃周人既定的国策,仅仅以纣“赐(西伯)弓矢斧钺,使得征伐”为据,就断言商朝已经对周地享有主权,显得证据颇为薄弱。以前,有的学者称:“在他们(方国)的封域内,商王可以行使各种权力,其政权对商王室的臣属关系,即后世中央政权与地方政权的一种初期形态。”[1]在我们今天看来,实在不知其有何历史根据。

总之,殷商时期侯、甸、男、卫的指定服役的外服制的普遍存在,并不表明商朝已经能够对四土之境有效地行使国家主权。在殷商相当漫长的历史时期,商朝四土的主权概念极其模糊,因此,在史料不足征的情况下,轻易断言商朝是一个土广民众的统一的领土国家,或云商朝已经形成了对广阔政治疆域有政治统治能力的统一王朝,似乎有不少可商之处。然而,从殷商时期重要的社会政治、经济制度的发展演变的总的趋势看,商代外服制也的确不断发生新的变化,日渐呈现出若干新的时代特色。以笔者就晚商时期东方地区的军事经略与主权管辖的情况所作的分析,直至晚商时期,商朝不再是局限于千里邦畿的国土范围狭小的邑土国家,而逐步成为真正意义上拥有一定领土主权的早期国家。[2]到了西周时期,随着周王朝对四土政治和军事经营的进一步加强,尤其是分封制的推行,商朝外服被改造成周朝的封国,服制观念逐步深入人心,商代指定服役的外服制在发生着实质性变化的同时,中国早期国家的藩属体制与主权形态也随之发生重大变化。

补记:商代指定服役制度与汉、唐时期的朝贡之制,由于处于不同历史阶段,因此形态各异,但就其实质而论,有着某些类似之处。尤其商代外服制和汉唐羁縻之制下的国家对周边地区的管理形式可资比较,并由此对商代四土主权形态作出判断。民族学材料往往可以为先秦史研究提供重要的参照。

(原载《中国边疆史地研究》2010 年第 3 期)

〔1〕 杨升南:《卜辞所见诸侯对商王室的臣属关系》,《甲骨文与殷商史》,上海古籍出版社,1983 年。
〔2〕 周书灿:《晚商时期对东方地区的军事经略与主权管辖》,《东方论坛》2008 年第 2 期。

济南大辛庄商代遗址的性质问题

大辛庄商代遗址位于济南市历城区王舍人镇大辛庄东南，自1935年遗址发现至上世纪80年代间历经多次调查、勘探和试掘，发现房址12座，水井8眼，墓葬42座，出土陶、石、骨、蚌、铜器等700余件。陶器有高裆锥足鬲、矮足鬲、圜底尊、大口尊、假腹豆等，还发现有釉陶和刻纹白陶；石器有斧、锛、刀、镰等；骨器有镞、笄、匕等；还有卜骨和卜甲，但未见刻辞；铜器为镞、针、锯等小件器物。〔1〕该遗址是迄今发现的商代中期中原地区商文化向东推进最远的据点，对于商文化及商代夷商关系的研究，具有极为重要的意义。2003年，由山东大学博物馆馆长、历史文化学院考古系博导方辉教授带队的山东大学考古系学生在此进行考古发掘实习，发现了更多商代文化遗物，其中甲骨文轰动国内外。这是在河南安阳以外发现的第一片完整的带字甲骨，具有重大意义。〔2〕历年调查和试掘出土的青铜器、玉器、骨器和甲骨等遗物显示，该遗址是一处集居址、手工业作坊、礼仪中心和墓地于一体的大型商代遗址，在商代考古尤其是东方地区商代考古研究中占有重要地位。经国家文物局批准，2010年3月到6月，山东大学历史文化学院考古系与山东省文物考古研究所组成联合考古队，对世所瞩目的济南市历城区大辛庄遗址再次进行了考古发掘，取得了令人振奋的巨大成果，其中最重要的是商代墓地的发现。迄今已发掘30余座墓葬，年代跨越商代前期后段至商代后期，绝对年代约在距今3400年至3000年之间。此次考古发掘共发现30多件青铜器、近20件玉器和多件陶器。〔3〕随着田野考古工作的全面展开，济南大辛庄商代遗址的性质问题越来越引起学术界的极大兴趣。本文拟就该问题略陈管见，以期求教于史学界和考古学界的方家。

---

〔1〕山东省文物管理处：《济南大辛庄遗址试掘简报》，《考古》1959年第4期；山东省文物管理处：《济南大辛庄遗址勘查纪要》，《文物》1959年第11期；蔡凤书：《济南大辛庄商代遗址的调查》，《考古》1973年第5期；任相宏：《济南大辛庄龙山、商遗址调查》，《考古》1985年第8期；山东大学历史系考古专业、山东省文物考古研究所、济南市博物馆：《1984年秋济南大辛庄遗址试掘述要》，《文物》1995年第6期。

〔2〕山东大学东方考古研究中心、山东省文物考古研究所、济南市考古所：《济南大辛庄遗址出土商代甲骨文》，《考古》2003年第6期；方辉：《济南大辛庄遗址出土商代甲骨文》，《中国历史文物》2003年第3期。

〔3〕赵晓林：《大辛庄：应为商王朝东方中心》，《济南日报》09版《文化周刊》，2010年6月29日。

根据目前所获考古资料可知，济南大辛庄商代遗址的年代大体为早商文化第三期至殷墟晚期。总的来看，该遗址基本包含二里冈、殷墟商文化及当地岳石文化多种因素。

考古学家普遍赞同早商文化大辛庄类型的主体成分应来自中原地区的二里冈类型，它是商文化向东扩展过程中吸纳土著文化因素后形成的一支颇具地方特色的地方类型。该期大辛庄类型的玉戈、石斧、长方形石刀、石镰、石镞及骨镞等均与二里冈类型者“大体一致”，半月形双控石刀则应属于岳石文化遗风。卜骨与二里冈类型“略同”。该期大辛庄类型的陶器群也明显地分为两类。第一类与二里冈类型的同类器物“相同”或“相近”，多为饰绳纹的灰陶，包括鬲、甗、深腹罐、圆腹罐、簋、豆、爵、斝、大口尊、腹壁外敞近直的深腹盆、中腹盆、小口瓮、捏口罐等，是“典型”的早商文化因素。以鬲为主要炊器并兼用甗、深腹罐、圆腹罐，绳纹由细变粗，等等，亦与二里冈类型“接近”。第二类与岳石文化的同类器有“颇多共同之处”。多为夹砂红褐陶，也有少量的泥质灰陶。夹砂红褐陶者多素面而常见刮抹痕；泥质灰陶者多素面，无刮抹痕，常饰旋纹，二者有时也饰细绳纹。器型有鬲、甗、小口瓮、深腹盆等，是“当地的传统文化因素”。两类陶器共存发展，互相渗透，因此不少的器物上兼有两种特征。[1]考古学家对早商文化大辛庄类型陶器群进行综合分析后认为，在大辛庄类型的陶器群中，第一类比例较大，居于主导地位，决定了其文化性质；第二类比例较小，居于次要地位。[2]2010 年 3 月—6 月，山东大学历史文化学院考古系与山东省文物考古研究所组成联合考古队所发掘的 139 号墓，从出土的器物特点判断，其年代应属商代前期后段。著名青铜器研究专家朱凤瀚教授指出，该墓所出大鼎具有典型的商文化特征，本来尖足，但这个足的顶端有点平，所以年代应是商前期的后段，是青铜器中的典型器物。该墓所出两件盉，通体有纹饰，把手的上部比较宽厚，下部还有小耳，这也是以前没有发现过的，应该是具有地方特色的造型。并由此推断，这个地方在当时和商王朝在政治、文化等方面有密切的关系。[3]

中商时期大辛庄类型基本上可以认为是早商文化大辛庄类型在泰沂山脉以北地区的延续和发展。各遗址中，除商式器物外，还有一套器表带刮抹痕的素面鬲、甗、盆、簋、圜底尊等与岳石文化传统有关的器物群。大辛庄遗

---

〔1〕 中国社会科学院考古研究所：《中国考古学 · 夏商卷》，中国社会科学出版社，2003 年，第 202 页。

〔2〕 徐基：《从济南大辛庄遗址的第二类遗存探索岳石文化的发展去向》，《辽海文物学刊》1990 年第 1 期；徐基：《济南大辛庄商代文化遗存的再认识》，《中国商文化国际学术讨论会论文集》，中国大百科出版社，1998 年。

〔3〕 赵晓林：《大辛庄：应为商王朝东方中心》，《济南日报》09 版《文化周刊》，2010 年 6 月 29 日。

址中的墓葬都有腰坑,有的底部铺朱砂,其中一些墓殉犬。[1]这种葬俗与郑州二里冈、安阳的商代墓葬俗相同。晚商时期,商文化向东扩展至淄河、弥河流域,早、中商文化大辛庄类型的范围被苏埠屯类型所覆盖。大辛庄遗址出土的晚商陶器中鬲、豆、盆较多,鬲又分为绳纹鬲和素面鬲。前者与殷墟陶鬲形制"相近",变化规律"相同";后者为地方性文化因素。[2]2003 年 3 月,大辛庄遗址所出年代介于殷墟二、三期之间的甲骨卜辞,不论是甲骨修整、钻凿形态,还是字形、文法,都应与安阳殷墟卜辞属于同一系统,只是在行款和个别字的写法上存在着自身特点。[3]2010 年 3 月—6 月山东大学历史文化学院考古系与山东省文物考古研究所组成联合考古队所发掘的其他几座属于商代后期的墓葬,出土的青铜礼器组合一般为觚、爵,兵器组合为戈、矛、钺,陶器组合为鬲、豆、簋,且盛行殉狗葬俗,时代和区域特点比较突出。[4]

综上所述,济南大辛庄商代遗存中商文化和岳石文化并存的文化因素表明,自商代早期后段一直到殷商晚期,济南大辛庄一带一直是商族和东夷族政治、军事活动频繁,文化相互渗透和影响深刻的重要地带。

一、济南大辛庄商代遗存与商夷关系的重新检讨

商族和东夷各族之间的关系,《后汉书东·夷传》有以下简略的记载:

"殷汤革命,伐而定之,至于仲丁,蓝夷作寇。自是或服或畔,三百余年。武乙衰弊,东夷浸盛。遂分迁淮岱,渐居中土。"

以上文字所透露出的信息表明,在长达六个世纪的岁月中,商夷之间激烈的民族冲突与斗争构成殷商时期商夷关系史的主线。但在不同历史阶段,商夷关系又往往呈现出颇为复杂的时代特点。

文献和考古学材料表明,早商时期,商与东方夷族之间保持着颇为友好的同盟关系。《左传》昭公四年说"商汤有景亳之命";《史记·殷本纪·正义》引《括地志》说"宋州北五十里蒙城为景亳,汤所盟也,因景山为名",景亳之地大致在今山东省曹县一带。《史记·殷本纪》还记载了商汤曾在今山东定陶一带的泰卷举行盟会,发布文告。两次盟会均在东方地区夷人的土地上举行,表明早商时期商族与鲁西南地区的夷人之间有着较为密切的同盟关系。此外,《左传》定公元年说"仲虺居薛,以为汤左相",该条材料还说"薛之皇族

〔1〕 中国社会科学院考古研究所:《中国考古学·夏商卷》,中国社会科学出版社,2003 年,第 266 页。

〔2〕 中国社会科学院考古研究所:《中国考古学·夏商卷》,中国社会科学出版社,2003 年,第 314 页。

〔3〕 山东大学东方考古研究中心、山东省文物考古研究所、济南市考古所:《济南大辛庄遗址出土商代甲骨文》,《考古》2003 年第 6 期。

〔4〕 赵晓林:《大辛庄:应为商王朝东方中心》,《济南日报》09 版《文化周刊》,2010 年 6 月 29 日。

奚仲，居薛，以为夏车正”。考古学材料表明，薛城应在今山东省滕州市张旺镇古薛河之西岸〔1〕，将以上记载综合起来，则不难获知，薛曾为夏代属国，早商时期又臣属于商，和商朝之间在政治上建立起密切的联系。综前所论，早商文化大辛庄类型的石器、陶器、青铜器明显兼具早商文化二里冈类型的典型特征和岳石文化遗风。两种不同性质的考古学文化共存于同一遗址，这在考古发现中是少见的，“说明这两种考古学文化，既有密切的联系，又能保持各自的文化特性。这样的关系只能是不同族属之间的联盟关系”〔2〕。

根据文献记载，一直到商代中期，商、夷之间的同盟关系才发生变化。《后汉书·东夷传》注引《竹书纪年》曰：“仲丁即位，征于蓝夷。”《太平御览》卷八三“皇王”部引《竹书纪年》曰：“河亶甲整即位，自嚣迁于相。征蓝夷，再征班方。”据丁山先生考证，蓝夷居地在今山东省滕州市东南〔3〕，班方在今山东省东南部〔4〕。由此可见，商代中期商族和山东省境内的夷人不断发生激烈的冲突，《后汉书·东夷列传》说战争的原因是东夷的一支“蓝夷作寇”，从此以后夷人“或服或畔，三百余年”，商族和夷人之间呈现出颇为复杂的民族关系。岳石文化的方孔石器在郑州小双桥遗址中较多出现，有的学者认为“这些石器应为战利品性质”〔5〕。从商文化的分布范围看，仲丁时期是商文化向东大扩展时期，白家庄期遗存向东分布于山东省济南市至滕州市一线，整个泰沂山脉以西的山东地区皆已纳入了商文化的分布范围，商文化在这些地区取代了东夷文化。显然，“这种文化上的取代应与商、夷关系恶化，商夷联盟终结有着直接关系”〔6〕。

《后汉书·东夷传》说，由于“蓝夷作寇”，以后三百余年，夷人对于商朝“或服或畔”，二者一直处于不大稳定的状态。中商时期大辛庄遗址墓葬中有腰坑、底部铺朱砂器物的出土及殉犬的典型商文化习俗，及商式器物和与岳石文化传统相关的以器表带刮磨痕的素面鬲、甗、盆、簋、圜底尊为代表的器物群的出土，表明大辛庄一带中商一期大体上仍是商、夷两种文化的交错地带。

晚商时期大辛庄遗址与殷墟形制相近，变化规律相同的绳纹鬲及殉犬墓葬葬俗，似与商朝对济南大辛庄一带的军事经略有关。大辛庄遗址中包含有浓厚地方性文化因素的素面鬲的大量出土，则表明该地区的主要居民基本上仍为东夷族系，商代末年征伐东夷的军事活动颇为频繁。《左传》昭公四年记

〔1〕 山东省文物考古研究所：《薛故城勘探试掘获重大成果》，《中国文物报》1994年6月26日。
〔2〕 张国硕：《论夏末早商的商夷联盟》，《郑州大学学报》2003年第2期。
〔3〕 丁山：《商周史料考证》，中华书局，1988年，第29页。
〔4〕 丁山：《商周史料考证》，中华书局，1988年，第30页。
〔5〕 张国硕：《商王伐东夷之考古学佐证》，《中国文物报》1998年2月4日。
〔6〕 张国硕：《论夏末早商的商夷联盟》，《郑州大学学报》2003年第2期。

载:“商纣为黎之蒐,东夷叛之。”《左传》昭公十一年说:“纣克东夷而殒其身。”事实上,商夷之间的激烈的军事斗争并非仅局限于商纣王在位时期,对东方地区的军事经略实为商代末年一贯的国策。[1]

二、济南大辛庄商代遗址的性质问题

济南大辛庄遗址的发掘成果,尤其是2010年3月至6月新的考古发掘成果,不断引起考古学家和历史学家的极大兴趣。在此之前,考古学家或认为“大辛庄遗址可能是商代东方的一处中心聚落,并可能是一处方国都邑”[2]。也有学者称其“属于商王朝中晚期东土的方国邑聚或族邑所在”[3]。李伯谦教授初步认定这个地方是“商王朝在东方经营的重要基地”;朱凤瀚教授认为,从大辛庄商代墓葬所出青铜器看,墓主人应该是从商王朝派到这里来的,也可能是当地人受商文化的影响极大,才形成了这些特点,这些青铜器不光对研究商王朝历史有价值,对其经略东方也非常有价值。[4]随着新的考古资料的更为丰富与研究的进一步深入,以上认识将会更加受到学术界的关注。

综合前文分析可知,包括济南大辛庄在内的广大东方地区,一直是商王朝极力经营的重点区域。2010年3月至6月大辛庄遗址墓葬所出矛、戈、钺等青铜兵器,更进一步为该遗址作为军事基地这一性质提供了第一手实物材料方面的证据。

济南大辛庄一带位于古代四渎之一的济水流域。《甲骨文合集》中两次提到“齐餗”:

癸巳卜,贞王旬亡囚。在二月,在齐餗,隹王来征人方。三(《合集》36493)

[癸]巳王卜,贞旬亡囚。王占[曰]:[吉]。[在]□月。在齐餗,隹王十……(《合集》36805)

以前,董作宾[5]、郭沫若[6]、林泰辅[7]等学者均以卜辞之“齐”为山东临淄,以后学者逐步加以纠正。如郑杰祥先生说:“此齐地应当指的就是济地,此济地可能就是后来的临济古城。”[8]近年来亦有学者认为,“齐餗”即菏

[1] 周书灿:《晚商时期对东方地区的军事经略与主权管辖》,《东方论坛》2008年第2期。

[2] 山东大学东方考古研究中心、山东省文物考古研究所、济南市考古所:《济南大辛庄遗址出土商代甲骨文》,《考古》2003年第6期。

[3] 孙亚冰、宋镇豪:《济南市大辛庄遗址新出甲骨卜辞探析》,《考古》2004年第2期。

[4] 赵晓林:《大辛庄:应为商王朝东方中心》,《济南日报》09版《文化周刊》,2010年6月29日。

[5] 董作宾:《甲骨文断代研究例》,《庆祝蔡元培先生六十五岁论文集·集刊外编》上册,1933年。

[6] 郭沫若:《卜辞通纂》,科学出版社,1982年,第463页。

[7] 林泰辅:《支那上代之研究》,光风馆书店,1944年,第208、219页。

[8] 郑杰祥:《商代地理概论》,中州古籍出版社,1994年,第379页。

泽定陶西的古济水之滨。[1]笔者以为,"齐餗"是否就在古临济城,犹可作进一步探究,但其在古代济水流域似不应有疑问。餗,从"𠂤"。西周金文"师旅"之"师"作"齐𠂤"。金文中地名称"×𠂤"者,诸如《召尊》之"炎𠂤"、《小臣谜簋》之"牧𠂤"、《旅鼎》之"盩𠂤"、《遹甗》之"由𠂤"等,均为师旅驻扎之地。卜辞"齐餗"之"餗",罗振玉读为"次"[2]。古代人们称军旅屯驻为次。《左传》庄公三年:"凡师一宿为舍,再宿为信,过信为次。"《公羊传》庄公三年:"次者,兵舍至之地名。"限于材料的极度匮乏,我们尚难以将卜辞"齐餗"与济南大辛庄遗址强为联系,但商朝在古代四渎之一的济水流域驻扎师旅、设置军次的记载足可以为济南大辛庄商代遗址乃商代经略东方的重要军事基地提供有力的旁证。

需要进一步说明的是,从有关考古学资料综合判断,济南大辛庄商代遗址至迟于商代前期后段已经逐步发展成为商王朝屯驻师旅,是防御东夷入侵的重要军事据点,以后,殷商王朝不断加强对该地区的军事控制,并且逐步将其提高为殷商王朝向东方开拓的重要军事基地。

相反,将其视为商朝东土的一座"方国都邑"或"族邑所在",则疑点不少。考古资料表明,大辛庄遗存从早期到晚期,连续发展没有间断。有的学者指出,"大辛庄商文化因素的到来和当地岳石文化性质的改变,呈现的是渐进式和融合式的方式,而不是简单的替代",整个殷商时期,"商人的势力在海岱地区虽有很大的发展,但其只是局限在据点之中,据点之外同时仍分布着大量的东夷文化势力"[3]。这一情况和早商时期黄陂盘龙城的性质差别很大。1974 年 9 月至 12 月,湖北省博物馆和北京大学历史学系考古专业组成盘龙城考古发掘队,对盘龙城遗址进行大规模发掘,所开探方总面积 1841 平方米,并在城外发掘了五座墓葬。盘龙城城墙的营造技术、宫殿的建筑手法、埋葬的风俗、青铜工艺的作风、制玉工艺、制陶工艺六个方面和黄河流域二里冈期的商文化颇为一致,由此表明,盘龙城的商文化和黄河流域同期商文化之间显然存在着"高度的统一性"[4]。同样,盘龙城的性质也存在不少争议,如有学者曾推测它"是一座有重要政治经济意义的城市","并推测这座城市是商朝南土的一处重要都邑"[5]。以后,有的学者以为其应为与商王朝关系密切

〔1〕 陈秉新、李立芳:《出土夷族史料辑考》,安徽大学出版社,2005 年,第 68—69 页。
〔2〕 罗振玉:《增订殷虚书契考释》,(东京)东方学会影印本,1927 年,第 13 页。
〔3〕 李龙海:《早商晚段至殷墟时期商人与东夷的文化融合》,《郑州航空工业管理学院学报》(社会科学版)2009 年第 3 期。
〔4〕 湖北省博物馆、北京大学考古专业盘龙城发掘队:《盘龙城一九七四年度田野考古纪要》,《文物》1976 年第 2 期。
〔5〕 江鸿:《盘龙城与商代的南土》,《文物》1976 年第 2 期。

的商代前期某一方国都城遗址[1]，有学者以为其为“商人南下的军事据点”[2]。但考古学家公认：“盘龙城记录的信息不仅清楚地说明，在商代早期商文明已突破了中原地区而到达了长江流域，而且还揭示出了一种商文明向外扩散和传播的模式。盘龙城的建筑、墓葬和各种制品并不是简单地对商文化进行模仿，相同的建筑和青铜铸造技术等表明两地都拥有共同的知识体系，但城址布局、葬俗、青铜礼器等方面的共性则说明了相同的价值观……这进一步说明的问题是，要在短暂的时间内形成这种在知识体系和价值体系上的统一，那么来自郑州都城的商文明不可能是渐进的，影响的模式不是传播，不是刺激，而只可能是商人的直接占领。”[3]综上所述，不难发现，济南大辛庄商代遗址和黄陂盘龙城的性质显然区别甚为明显。简单地将济南大辛庄商代遗址视为商代东方的一处方国都邑，或族邑所在，显然疑点多多。

此外，就目前所掌握的考古材料看，济南大辛庄商代遗址尚未发现与都邑诸如城墙、围壕等相关的设施，也未发现一定规模的宫殿基址，其作为商朝东土方国都城或族邑的证据并不充分。随着田野考古工作的进一步展开和考古资料的日臻丰富，济南大辛庄商代遗址的性质，将会变得更加清晰。

（原载《中原文物》2011 年第 1 期）

---

〔1〕 北京大学历史系考古教研室商周组：《商周考古》，文物出版社，1979 年，第 62、66 页。

〔2〕 宋焕文：《从盘龙城考古发现试谈商楚关系》，《江汉考古》1983 年第 2 期；高大伦：《论盘龙城遗址的性质与作用》，《江汉考古》1985 年第 1 期；王迅：《从商文化的分布看商都与商城》，《中原文物》1991 年第 1 期。

〔3〕 刘庆柱主编：《二十世纪中国百项考古大发现》，中国社会科学出版社，2002 年，第 175 页。

"民""氓"语义转换及周代"氓"之身份考察

"氓"屡见于周代文献。汉代以后,不少学者对"氓"的原始语义作出过各种不同的解释,并在一定程度上较为正确地揭示出先秦时期一部分历史实际。然总的来看,迄今为止,这一问题并未从根本上得到彻底解决。由于其涉及先秦时期尤其是周代社会结构和中国古代历史分期等一系列重大理论问题,故仍有继续探讨的必要。

一、"氓"之语义及学术界理解上的分歧

"氓"屡见于《诗经》《孟子》《管子》《淮南子》等先秦、秦汉时期的文献。

《诗·卫风·氓》:"氓之蚩蚩,抱布贸丝。"《毛传》:"氓,民也。"《毛诗正义》:"氓,民之一名。"不少古代学者以"氓"为"民"的同义语,诸如扬雄《方言》、许慎《说文·民部》、张辑《广雅·释诂》等著作皆释"氓"即"民也"。

与以上解释不同,有的学者认为周代文献中的"氓"和"民"略有区别。

《孟子·滕文公上》:"远方之人闻君行仁政,愿受一廛而为氓。"《孟子·公孙丑下》:"廛无夫里之布,则天下之民皆悦而愿为之氓矣。"赵岐、朱熹皆释"氓"为"野人",焦循《孟子正义》释"氓"为"都鄙之民"。尽管学术界对周代国野之制的理解存在不小分歧,但就先秦时期的社会结构而论,西周、春秋时期国人、野人之区分,界限较为明晰,对此争议较少,春秋以后,国、野之间的界限渐渐消泯,所以将《孟子·滕文公上》中的"氓"简单释为"野人"或"都鄙之民",疑点是比较大的。

除了以上两条材料外,《管子》《淮南子》等文献中亦有"氓"之记载。《管子·轻重丁》亦有"受息之氓""西方之氓"等记载。《淮南子·修务》:"汤夙兴夜寐,以致聪明;轻赋薄敛,以宽民氓。"

然值得注意的是,《周礼》《管子》等文献另有"甿""萌"二字。

《周礼·地官·遂人》:"凡治野,以下剂致甿,以田里安甿,以乐昏扰甿,以土宜教甿稼穑,以兴耡利甿,以时器劝甿,以强予任甿,以土均平政。"

《周礼·地官·旅师》:"凡新甿之治皆听之,使无征役。"

《管子·轻重丁》:"令衡籍吾国之富商、蓄贾、称贷家,以利吾贫萌……不弃我君之有萌,中一国而五君之正也。"此外,是篇另有"菹泽之萌""南方之萌""东方之萌""北方之萌"等记载。

孙诒让《周礼正义》综合古代学者的解释，对氓、甿、萌的通假关系已说得很清楚：

"云'以下剂致甿'者，宋本《释文》出'致氓'，则此章七'甿'字，陆并作'氓'。《说文·耒部》耝字注引《周礼》曰'以兴耝利萌'，字又作'萌'……民与氓古通用。"〔1〕

综上所述，似乎约略可以获得以下重要的文字学信息：氓、甿、萌、民为声近通假字，语义相同。孙氏《正义》又云：

"民为兆民、四民之通名，甿、氓字通，并为田野农民之专称，故《说文》训甿为田民。田必在野，故《战国策·秦策》高诱注云：'野民曰氓。'《孟子·滕文公篇》赵注：'氓，野人之称。'田野必在国外，故此经六遂以外之民称氓。"〔2〕

但亦有不少学者，仍试图从文字语义上，将"氓"和"民"细作分别。《周礼·地官·遂人》郑注："变民言甿，异外内也。甿犹懵。懵，无知貌也。"又《旅师》郑注："新甿，谓新徙来者也。"明代学者杨慎进一步讲道：

"若是本国之民，已授田矣，又何必以田里安之？已安土矣，又何必以土宜教之乎？以《诗》与《孟子》证之，尤可验。《诗》曰：'氓之蚩蚩，抱布贸丝，匪来贸丝，来即我谋。送子涉淇，至于顿丘。'此盖氓之离其本土而淫于外州者也。《孟子》：'陈相自楚之滕，愿受一廛而为氓。'此盖去其本土而占籍于他国者也。又曰：'天下之民皆悦而愿为之氓。'若是本国，何得云'天下之民'，若是本民，又何得称'氓'乎？〔3〕"

段玉裁为许慎《说文》"民""氓"二字作注："民萌异者，析言之也。以萌释民者，浑言之也。"又云："氓与民小别。盖自他归往之者民则谓之氓，故字从民亡。"

由此可见，长期以来，学术界在"氓"之语义的理解上，尚存在一些不小的分歧。笔者以为，造成以上分歧的原因在于，不少学者容易忽略两周之际社会变迁过程中社会结构的变动这一客观事实，因而容易将复杂的历史问题简单化。从文字学角度而论，氓、甿、萌与民并无严格的区别，然就周代不同历史时期而言，氓、甿、萌与民的身份在悄然发生着一些变化。

二、"民""氓"由族名向达名转化之语言学考察

为进一步探讨"氓"之原始语义，有必要对先秦文献中的"民"的概念进行

---

〔1〕孙诒让撰，王文锦、陈玉霞点校：《周礼正义》（第四册）卷二十九《地官·遂人》，中华书局，1987年，第1123—1124页。

〔2〕孙诒让撰，王文锦、陈玉霞点校：《周礼正义》（第四册）卷二十九《地官·遂人》，中华书局，1987年，第1124—1125页。

〔3〕杨慎：《升庵集》卷四十五《氓字训》，《四库全书》第1270册，上海古籍出版社，1987年，第346页。

一番系统的考察和深入的研究。

以前，郭沫若先生曾结合文献和甲骨文资料，正确指出："卜辞中无民字，亦无从民之字……《盘庚》《高宗彤日》《微子》那几篇《商书》都已经有了民字……但这无疑是经过后代儒家所润色的。"〔1〕值得注意的是，《尚书·周书》诸篇和西周时期的青铜器《班簋》《大盂鼎》铭文均已屡屡言及"民"。以上表明，"民"的概念至迟于西周早期已经发生。

早在抗战时期，傅斯年先生曾从语言学角度论及"古者本无'人'之一个普遍概念"〔2〕，并提出"'民'之一词亦疑其本为族类之名"〔3〕的观点：

"民、蛮、闽、苗，诸字皆双声，似是一名之分化。"〔4〕

"(人、黎、民)三词，由部落之类名成为人类之达名者，盖有同一之经历焉。其始为广漠之部族，曰人、曰黎、曰民，似皆为丁口众多之种类。及其丧师，夷为下贱，新兴者口少而居上，旧有者口多而居下，于是人也黎也民也皆称为阶级社会之名，即社会中下层也。最后黎、民二字亦失其阶级性而为广泛的众庶之称，人乃更为溥被，成为爰颅方趾者之达名矣。自部落名变为阶级名，自阶级名变为达名，此足征时代之前进矣。"〔5〕

继傅斯年先生之后，徐中舒先生分别从语言学和民族学角度对先秦文献中"民""氓"之间的关系继续进行了系统的论述：

"氓和民是中国历史上最广大的土著部族。他们和历史上称为蛮或闽的人，都属同音同义的名称。在更古的年代里，他们就应属于同一族类的人群。他们就是中国历史上最广大的劳动人民，他们就是中国历史的创造者。在印欧语系里以 man 为人的单数之称，以 men 为人的复数之称。在单音缀的汉语，虽无单复之分，但宋元以后称复数的人仍缀以每或们，如我每、你每、我们、你们、他们之类，每或们，也就是民或闽的转音。这一个名称，可能为人类同源说在语言上的一个佐证。

貉或作貊，从百，乃后起的形声字。貉、貊为入声字，古收 K 声。莫白切就是在氓民的尾音后面，加上了一个 K 的收声。貉如为形声字，它

---

〔1〕《郭沫若全集·历史编》第二卷《十批判书》，人民出版社，1982 年，第 41 页。

〔2〕傅斯年：《性命古训辨证》，《中国现代学术经典·傅斯年卷》，河北教育出版社，1996 年，第 105 页。

〔3〕傅斯年：《性命古训辨证》，《中国现代学术经典·傅斯年卷》，河北教育出版社，1996 年，第 106 页。

〔4〕傅斯年：《性命古训辨证》，《中国现代学术经典·傅斯年卷》，河北教育出版社，1996 年，第 106 页。

〔5〕傅斯年：《性命古训辨证》，《中国现代学术经典·傅斯年卷》，河北教育出版社，1996 年，第 106—107 页。

也只代表这个收声。据此言之，貉也应是氓、民的转音。因此貉族也就是从氓、民分化出来的一支。”〔1〕

事实上，傅先生“‘民’之一词亦疑其本为族类之名”和徐先生“氓和民是中国历史上最广大的土著部族……他们就是中国历史上最广大的劳动人民”的观点，长期以来，并没有引起学术界的高度重视。就中国上古时期的情况而论，随着人群流动和族群混融，战国、秦汉时期，蛮、闽、貉、貊的语义不断发生变化，诸如《说文》释蛮“南蛮，它种，从虫”，释闽“东南越，它种，从虫”，释貉“北方貉，豸种也，从豸”，均为战国、秦汉后期之义。以蛮为例，先秦、秦汉时期文献中有百蛮〔2〕、群蛮〔3〕、南蛮〔4〕、北蛮〔5〕、荊蛮(蛮荊)〔6〕、楚蛮〔7〕等不同称谓。此外，战国、秦汉时期的文献中还屡有“八蛮”〔8〕、“六蛮”〔9〕等名称。由此可知，“南蛮，它种，从虫”及“南方曰蛮”〔10〕的族群观念与先秦、秦汉时期的历史实际并不完全相符。由此可见，在人类社会的早期，和蛮、闽、貉、貊类似，民、氓实即最广大的“人”的统称。

值得注意的是，和蛮、闽、貉、貊类似，“民”之语义也有一个逐步变化的过程。《左传》昭公七年说：“天有十日，人有十等。下所以事上，上所以共神也。故王臣公，公臣大夫，大夫臣士，士臣皂，皂臣舆，舆臣隶，隶臣僚，僚臣仆，仆臣台。”周代的“人”由于划分为不同的等级而日益复杂，“人”与“民”“氓”的语义逐渐发生分野。如《国语·齐语》中，管仲将“民”区分为“士、农、工、商”，但其仍不足以概括所有的“人”。“四民”之外，显然还有王、君、诸侯等已不再称作“民”“氓”的“民”，但作为“民”的主体，则常常与“人”连称，沿用至今。

《左传》中“民”字屡屡出现：

《左传》庄公二十三年：“夫礼，所以整民也。”

《左传》成公十三年：“民受天地之中以生。”

《左传》昭公二十五年：“夫礼，天之经也，地之义也，民之行也。”

民的基本语义，许慎《说文》说得很清楚：“民，众萌也，从古文之象，凡民之属皆从民。”孔颖达《正义》对以上文献中的“民”分别作如下解释：“民谓甿庶，贵贱者皆是也”，“民者，人也”，“民谓人也”。童书业先生说：“所谓‘民’即

---

〔1〕 徐中舒：《巴蜀文化续论》，《四川大学学报(哲学社会科学版)》1960年第1期。
〔2〕《诗·大雅·韩奕》：“以先祖受命，因时百蛮。”
〔3〕《左传》文公十六年：“庸人帅群蛮以叛楚。”
〔4〕《吕氏春秋·召类》：“尧战于丹水之浦，以服南蛮。”
〔5〕《史记·匈奴列传》：“匈奴……居于北蛮，随畜牧而转徙。”
〔6〕《诗·小雅·采芑》：“蠢尔荊蛮(一作蛮荊)，大邦为雠。”
〔7〕《史记·楚世家》：“熊绎当周成王之时，举文、武勤劳之后嗣，而封熊绎于楚蛮。”
〔8〕《周礼·夏官司马·职方氏》，《十三经注疏》上册，中华书局，1980年，第861页。
〔9〕《尔雅·释地第九》，《十三经注疏》下册，中华书局，1980年，第2616页。
〔10〕《礼记·王制》，《十三经注疏》上册，中华书局，1980年，第1338页。

人民义,并非一种特殊身份。"[1]他将民字在古代的意义概括为以下三种:其一,即人也;其二,即士、农、工、商也;其三,即被统治者。[2]在此基础上,童先生得出"盖'民'即凡人也"[3]之结论。

先秦文献和周代彝铭中的"民",身份等级和职业构成颇为复杂。然按照童先生的解释,既然"民即凡人",则不论释氓、甿、萌为"野人""都鄙之民"还是"田民",其属于"民"的范畴是毫无疑问的。由此可知,扬雄《方言》、许慎《说文·民部》、张辑《广雅·释诂》等著作皆释"氓"即"民也",并无大的问题。综上所论,傅先生以"自部落名变为阶级名,自阶级名变为达名"揭示"民"之语义演变,大体符合先秦、秦汉时期的部分历史实际。

三、周代文献中"氓"之身份辨析

周代文献中"氓"的身份问题,是周代社会结构和中国历史分期研究中一个至关重要的问题,故长期受到学术界的普遍关注和高度重视。就学术界已有研究成果看,学者们对"氓"的身份主要持以下几种观点:

(1)"氓"为奴隶。杨荣国先生曾提出"氓"的身份是奴隶。[4]在此前后,彭殷雒[5]、王文清[6]等学者重申"氓"为奴隶说。

(2)"氓"是一种特殊身份的称谓。林沄先生认为,"氓"的出现,标志着一部分公社成员开始脱离原属的公社去寻找新的乐土。[7]陈昌远先生亦认为氓"是村社共同体成员向新的封建个体农民转化的这类阶层的人","他是专指从别国迁徙来侨居而受到优待的村社共同体成员"[8]。

(3)无地之民。黄现璠先生说:"古代没有教养文化的人为民,转音加亡为氓。左旁亡为无字,当无地之民解。"[9]

(4)"氓"为自由民。早在20世纪60年代,李荫农先生即提出"氓"为自由民说,以为"氓"是从别国迁来侨居的自由民。[10]谷霁光先生则称:"氓从民亡,氓的来源最初或为自由民流亡后依附于人者,或为奴隶逃亡后获得身份

---

〔1〕童书业:《春秋左传研究》,上海人民出版社,1980年,第131页。

〔2〕童书业:《春秋左传研究》,上海人民出版社,1980年,第131页。

〔3〕童书业:《春秋左传研究》,上海人民出版社,1980年,第132页。

〔4〕杨荣国:《中国古代思想史》,人民出版社,1973年,第25页。

〔5〕彭殷雒:《论"民"、"氓"、"野人"、草莽之臣的阶级地位及孟子政治思想》,《学术研究》1962年第4期。

〔6〕王文清:《子孙为隶,不吏于民辨析》,《江海学刊》1982年第2期。

〔7〕林沄:《说氓》,《史学集刊》复刊号,1982年。

〔8〕陈昌远:《周代氓身份辨析》,《宝鸡师院学报(哲学社会科学版)》1987年第4期。

〔9〕黄现璠:《我国民族历史没有奴隶社会的探讨(续)》,《广西师范大学学报(哲学社会科学版)》1979年第3期。

〔10〕李荫农:《关于孟子的阶级划分论》,《学术研究》1962年第3期。

改变得跻身于流民之列者。”[1]

经过学术界多年的争论，“氓”为奴隶的观点已基本上不再为学者所接受。《诗·卫风·氓》言氓“抱布贸丝”，《孟子·滕文公上》说氓可以“受一廛”，《周礼·地官·遂人》言“以田里安甿”。综上所述，周代文献中的“氓”“甿”哪像完全失去人身自由、可以被任意杀戮的奴隶？

以上第二种观点，“氓”为流徙的公社成员或村社共同体成员之解释，在今天看来，同样疑点不少。根据学者的研究，“西周时期的公社最少有三种类型，即家庭公社、农村公社以及边鄙少数民族的原始氏族公社等……但从总的情况看，它已经不是原始形态，而仅仅是显著的残余了”[2]。有的学者指出，《周礼》所反映的农村公社“已处于解体阶段”[3]。《诗·卫风·氓》最早可能为西周时期的诗篇，《孟子》为战国中期的文献，《周礼》的著作时代虽历来争议很大，但更多的学者普遍以为其为战国后期人采择西周及春秋时期的官制与其他相关的原始资料，参考战国时期各国已实行的有关政治制度，再加上编撰者自己的政治理想，综合融会，编纂成书。学术界普遍认为《管子》成书于战国时期，可能出自稷下学派的学者之手，其中包含儒、道、法、兵、农、阴阳等家的思想。[4]因此，《诗经》《孟子》《周礼》《管子》的著作时代大体处于农村公社的残余从衰退到彻底解体的阶段，将以上文献中的“氓”“甿”释为流徙的公社成员或村社共同体成员，显然与周代社会基层组织的历史实际并不符合。

以上第三种观点，将“氓”释为“无地之民”，则疑问更多。古代文献中的“亡”字，最基本的语义并非是“无”，也更道不出“氓”就是无地之民的结论。许慎《说文》：“亡，逃也。”段注：“逃者，亡也。二篆为转注。亡之本义为逃。”因此，释“氓”为无地之民，缺乏可靠的根据。

由此可知，以上第四种观点，“氓”为自由民之说，似亦有值得商榷之处。自由民的概念，马克思主义经典作家的著述中屡屡论及：

> “除了自由人和奴隶之间的差别以外，又出现了富人和穷人间的差别，随着新的分工，社会又有了新的阶级划分。”[5]
>
> “随着这种按照财富把自由人分成各个阶级的划分，奴隶的人数特

[1] 谷霁光：《论西周时期的彻和庸》，《历史研究》1962年第4期。
[2] 郭豫才：《试论西周的公社问题》，《河南师大学报》1983年第1期。
[3] 祝中熹：《周礼社会制度论略》，《先秦史论文集》，《人文杂志》增刊，1982年。
[4] 郭沫若先生说：“《管子》书乃战国、秦汉时代文字之总汇。”张岱年先生说：“《管子》其他各篇大约是战国中期至汉代中期的作品，大部分是战国时代的著作。”参见《郭沫若全集·历史编》第五卷《管子集校》(一)，人民出版社，1984年，第18页；张岱年：《中国哲学史史料学》，生活·读书·新知三联书店，1982年，第47页。
[5] 《马克思恩格斯选集》第四卷《家庭、私有制和国家的起源》，人民出版社，1972年，第160页。

别是在希腊便大大增加起来，奴隶的强制性劳动成了整个社会的上层建筑所赖以建立的基础。”〔1〕

“到目前为止的一切社会的历史（按：恩格斯后来补充说明，原始公社的历史除外）都是阶级斗争的历史。自由民和奴隶、贵族和平民、领主和农奴、行会师傅和帮工，一句话，压迫者和被压迫者，始终处于相互对立的地位，进行不断的、有时隐蔽有时公开的斗争，而每一次斗争的结局都是整个社会受到革命改造或者斗争的各阶级同归于尽。”〔2〕

按照经典作家的论述，自由民的概念普遍运用于各国奴隶制社会，是奴隶以外群体的统称。自由民的根本特征是享有公民权和财产权。他们不同于奴隶，享有人身自由，他们一般都占有少量的生产资料，并依靠自己的生产资料进行生产，其中极少数比较富裕的也能占有和使用少量奴隶。这些农民和手工业者虽然属于自由民，但他们不能参与政权管理国家大事，在经济上受奴隶主、高利贷者、大商人的盘剥和压榨，不仅要给奴隶主国家缴纳各种苛捐杂税，还要服兵役和各种劳役，生活极不稳定，往往贫困破产，沦为奴隶或无业游民。马克思主义经典作家所说的自由民，不仅成分复杂，而且等级分明。将《诗经》《周礼》《孟子》《管子》等先秦文献中所说的“氓”“甿”释为自由民，显然与周代社会结构的历史实际与经典作家的论述很难吻合。

综合《诗经》《周礼》《孟子》《管子》等文献记载，我们大体可以获得以下有价值的信息：

(1) “抱布贸丝”表明，“氓”是农夫，并从事原始的物物交换。

(2) “氓”有固定的居所，有耕作的土地。

(3) “氓”在田里从事农业生产，向国家缴纳赋税。

显然，周代文献中的“氓”较之从事士、农、工、商等不同职业的作为被统治者的“民”，身份和职业更为明确，即从事农业生产的农民。由此可知，《说文》释“氓”为“民”，释“甿”为“田民”，较为符合古代的历史实际。段玉裁为《说文》作注时进一步讲到：“甿为田民，农为耕人，其义一也。”总之，“氓”“甿”为周代从事农业生产的农民，似无可置疑。

需要补充的是，从周代文献所透露的信息看，丝毫看不出“氓”“甿”有逃亡、迁徙之意。近代以来文献中有“流民”“流氓”二词，语义相通。如同治二年(1863)收入《清实录》的清政府的公文所载，苏嘉地方由于“逆内有洋人施放开花炮，叠次向营轰打，白齐文又先带流氓洋匪二百余人投入苏贼。虽我军尚能抵御，总须设法断其接济，方可制贼死命。即着李鸿章商令英法美各

---

〔1〕《马克思恩格斯选集》第四卷《家庭、私有制和国家的起源》，人民出版社，1972年，第164页。
〔2〕《马克思恩格斯选集》第一卷《共产党宣言》，人民出版社，1972年，第250—251页。

领事出示严禁,不准各国流民偷入济匪”[1]。从前后文的意思看,这里所称的流氓与各国“流民”大体相同。同时期,天津地方有一个叫梅成栋的文人,他曾在一首诗中用过“流氓”一词:“清晨步街市,见有流氓在。褴褛行复行,菜色面庞改。肥人料已瘠,长人似亦矮。有妇抱幼儿,草标乞人买。垂泣告路旁,听之语可骇:‘家住文安县,被淹无稻蟹;逃荒赴关东,数口小车载;鬻儿冀投生,免被奸徒拐;当此饥馑年,流离沉苦海。’”[2]从梅成栋的诗意看,流氓仅仅是指流亡者或游民。倘若“氓”有“逃亡”“流徙”之意,则又何必在“氓”之前更加一“流”字加以限定?总之,周代文献中的“氓”似并不包含逃亡、流徙之意。古代文献训“氓”为“民”、训“甿”为“田民”,大体不误。

长期以来,学术界对周代社会性质的认识,聚讼纷纭,莫衷一是。固然,从西周到春秋、战国,随着生产力的发展,社会结构和阶级关系不断发生着新的变化,但有一点可以肯定,那就是作为社会结构主体的“氓”,其身份并非奴隶,而是从事农业生产的农民。由此看来,对于周代社会性质和中国古史分期问题,有必要重新进行审视和更为深入的探讨。

(原载《苏州大学学报》2011 年第 1 期)

〔1〕《清实录》第四六册《穆宗毅皇帝实录》卷七十三《同治二年》,中华书局,1987 年,第 470 页。
〔2〕 张涛:《津门杂记》卷中《各善举》,文海出版社,1970 年,第 121—122 页。

社会文化史

- 一、由姬姜姓族论及“周人尊夏”说
- 二、戎夏一源说续论
- 三、“氏族封建”说与先秦社会形态再思考
- 四、上博简《容成氏》九州补论
- 五、中国早期的四岳、五岳地理观念析疑

由姬姜姓族论及“周人尊夏”说

先秦时期姓氏的起源及其流变,《左传》隐公八年约略提到:“天子建德,因生以赐姓,胙之土而命之氏。”杜预为“因生以赐姓”作注时讲到:“因其所由生以赐姓,谓若舜由妫汭故陈为妫姓。”以后,孔颖达《正义》则继续论及:“《陈世家》云,陈胡公满者,虞帝舜之后也。昔舜为庶人时居于妫汭,其后因为氏姓,姓妫氏。武王克殷得妫满,封之于陈,是舜由妫汭故,陈为妫姓也。案:《世本》帝舜姚姓,哀元年《传》称虞思妻少康以二姚,是自舜以下犹姓姚也。昭八年《传》曰及胡公不淫,故周赐之姓,是胡公姓始妫耳。《史记》以为胡公以前已姓妫,非也。”在我们今天看来,由于先秦时期姓氏问题非常复杂,杜预和孔颖达以上论述仅论及问题的表面,但孔氏为“胙之土而命之氏”所作疏中“姓者,生也,以此为祖,令之相生,虽下及百世,而此姓不改”之观点,却给后人对该问题的全面深入研究以不少启示。以后,宋代学者郑樵在其《通志·氏族略》中较早明确论及:

“三代之前,姓氏分为二。男子称氏,妇人称姓,氏所以别贵贱……姓所以别婚姻。”

顾炎武更在前人基础上对早期姓氏起源与流变问题作了较为系统的论述:

“言姓者,本于五帝……自战国以下之人,以氏为姓,而五帝以来之姓亡矣。”〔1〕

“姓氏之称,自太史公始混而为一。”〔2〕

“男子称氏,女子称姓。氏一再传而可变,姓千万年而不变……是故氏焉者,所以为男别也;姓焉者,所以为女坊也,自秦以后之人以氏为姓,以姓称男,而周制亡而族类乱。”〔3〕

郑樵、顾炎武区分上古时期“男子称氏”“妇人(女子)称姓”,揭示出了先秦时期姓氏制度的若干历史实际,但顾氏“姓千万年而不变”显然并非上古时

〔1〕顾炎武:《日知录》卷二十二《姓》,《四库全书》第858册《子部·杂家类二》,上海古籍出版社,1987年,第894—895页。

〔2〕顾炎武:《日知录》卷二十二《氏族》,《四库全书》第858册《子部·杂家类二》,上海古籍出版社,1987年,第896页。

〔3〕顾炎武:《亭林文集》卷一《原姓》,《顾亭林诗文集》,中华书局,1959年,第11—12页。

期历史的真实写照，诸如《左传》定公四年提到周初周公大分封时分封给鲁公和康叔的分别有“殷民六族”和“殷民七族”，分封给唐叔的则有“怀姓九宗”。杨希枚先生以为，“姓字古义训‘族’或‘族属’”〔1〕，则“殷民六族”“殷民七族”实即殷民中的六个、七个姓族。以上文字表明，上古时期的姓族可以随着人口的增加和规模的扩大不断地裂变或分化，绝非顾氏所言“姓千万年而不变”。本文即从姓族分化角度，重新考察炎黄传说及其与周、夏二族的关系，并在此基础上对学术界争论已久却迄今仍聚讼纷纭的“周人尊夏”说进行新的审视。

一、姬姓族的分化及周族与黄帝轩辕氏的关系

炎、黄二帝的早期传说中包含了上古时期姓族裂变分化的较为详细的信息。《国语·晋语四》记载：

> “黄帝之子二十五人，其同姓者二人而已：唯青阳与夷鼓皆为己姓。青阳，方雷氏之甥也。夷鼓，彤鱼氏之甥也。其同生而异姓者，四母之子别为十二姓。凡黄帝之子，二十五宗，其得姓者十四人为十二姓。姬、酉、祁、己、滕、箴、任、荀、僖、姞、儇、依是也。唯青阳与苍林氏同于黄帝，故皆为姬姓。
>
> ……
>
> 昔少典娶于有蟜氏，生黄帝、炎帝。黄帝以姬水成，炎帝以姜水成。成而异德，故黄帝为姬，炎帝为姜。二帝用师以相济也，异德之故也。”

毫无疑问，以上文字是我们研究炎、黄二帝“家世”的重要文献。值得注意的是，以上文字为后人根据先民口耳相传整理而成，其中必然有不少令今人颇感费解之处。事实上，早在唐代，司马贞为《史记·五帝本纪》作《索隐》即曰：“少典者，诸侯国号，非人名也。”又云：“《国语》云‘少典娶有蟜氏女，生黄帝、炎帝’，然则炎帝亦少典之子。炎黄二帝虽则相承，如《帝王代纪》中间凡隔八帝，五百余年。若以少典是其父名，岂黄帝经五百余年而始代炎帝为天子乎？何其年之长也！”司马贞又云：“《秦本纪》云‘颛顼氏之裔孙曰女脩，吞鸟之卵而生大业，大业娶少典氏而生柏翳’。明少典是国号，非人名也。”从司马贞的以上论述可知，早在三国至唐代，古代史学家已经对古代文献记载流传已久的古史传说持怀疑与批判的态度。尽管封建时代的史学家不断对炎黄二帝的传说提出种种质疑，但由于时代的局限，他们的种种怀疑和批判自然不可能彻底。诸如司马贞以少典为“诸侯国号”，传说中的炎黄时代，尚未产生国家，哪有什么“国号”可言！但学术界历来高度重视以上文字的史料价

---

〔1〕 杨希枚：《姓字古义析证》，《中央研究院历史语言研究所集刊》第23本，1951年。

值，尤其近代以来，不少民族学家以独特的视角对以上文字屡屡进行新的阐释：

李玄伯先生较早提出“姓实即原始社会之图腾”〔1〕说。李先生指出：

“近代原始社会每一部落，更自分为左右两部。部并自有其图腾。部中且常再分为若干团。两部可以互通婚姻，但同部婚姻，则绝对禁止……姬姜乃古代部落中之左右两部……黄帝、炎帝或系两部的始祖。姬姜两族历世互通婚姻，尤合上述两部之说。”〔2〕

和古人的怀疑与批判精神类似，李先生指出“这篇所谓黄帝之子二十五宗，为十二姓，似不甚可靠”〔3〕，以上文字“非照母系社会无法解释”〔4〕。显然，李氏以民族学的视角对以上文字进行的分析，逐步接近先秦时期的历史实际。然随着民族学研究的进一步深入，李先生的某些论述也日渐受到学术界的质疑。杨希枚先生通过对摩尔根《古代社会》的研究，结合中国古代文献记载指出：

“中国古代不但原有姓族、氏族的分别，素来‘氏族’的译名在分析古代社会史时容易陷于混淆不辨，而且无论就中国史实和‘gens’之定义而论，姓族或‘gens’也绝非氏族。氏族只是姓族中的分族，而且由于封建赐民的结果，氏族也非必皆属同一姓族的族属。

中国古代的姓族和氏族，无论在组织和社会功能(social function)上都是决然有别的，姓族是血属集团，而氏族却是政治组织，故‘氏不可呼为姓’。

中国古代的姓族既相当于原始民族的‘gens’组织，但后者由于族属世系推计制度的不同而有父系和母系之别。”〔5〕

根据杨先生的分析，我们可以约略对上引《国语・晋语四》中有关黄帝、炎帝的传说作如是推论：黄帝和炎帝应视为同出少典集团的姬、姜两大姓族，以后，黄帝所在的姬姓族不断分化，从而衍生出若干不同的血缘集团。由于传说中炎黄时代尚未进入早期国家阶段，自然这些自然衍生出的姓颇为类似《尚书・书序・汩作・九共》所言“别生分类”，“按照增殖裂变规律”，“纯粹是自然形成的社会现象”〔6〕。《左传》定公四年提到殷民六族既有“宗氏”，亦有“分族”和“类丑”，同样，以上不同层级和规模的血缘组织同样出于自然的“增殖裂变”，和西周时期分封制背景下的“赐姓”“命氏”，有着实质性的区别。

〔1〕 李玄伯：《中国古代社会新研》，上海文艺出版社，1988年，第34页。
〔2〕 李玄伯：《中国古代社会新研》，上海文艺出版社，1988年，第37—38页。
〔3〕 李玄伯：《中国古代社会新研》，上海文艺出版社，1988年，第166页。
〔4〕 李玄伯：《中国古代社会新研》，上海文艺出版社，1988年，第166页。
〔5〕 杨希枚：《姓字古义析证》，《中央研究院历史语言研究所集刊》第23本，1951年。
〔6〕 唐嘉弘：《略论夏商周帝王的称号及国家政体》，《历史研究》1985年第4期。

黄帝传说，源远流长，古代文献记载颇为一致，周族为姬姓族，似与传说中黄帝族之间有着极为密切的渊源关系。[1]齐侯因脊镦是战国齐威王称王之前所作之器，其铭明确地说到黄帝是他们田齐的高祖。徐中舒先生谓丁山先生“‘古帝王世系，必渊源有自，绝非晚周诸子所得凭空虚构’，则实为不可摇撼之说。商、周以前的古史，大概都可认为传说。传说中固有许多错误、重复、分化、演变种种；但传说总有若干史实为素地，绝不能凭空虚构”[2]。在黄帝的众多名号中，以“轩辕”最常见。郭沫若先生指出：“古彝铭有图形文字作者，其例至多。旧释‘子孙”，实则为国族之名，余疑即是天黿，亦即轩辕。”[3]后来他又进一步说青铜器图形文字的“天黿”，“盖古之轩辕氏”，轩辕为天黿之音变，是部族图腾转而为“国族之名号”和氏族族徽。[4]结合郭先生的解释，我们对《国语·晋语四》“我姬氏出自天黿”一语，自然颇易理解。从铸刻有“天黿”或“天”族青铜器的出土时代及地望，可考察其部族在商周时代的地理分布情况。邹衡先生曾收集有“天黿”图形文字的传世青铜器 100 件左右，成王时的献侯鼎二器(《通考》38;《三代》3.50.2 和3.50.3)，出于陕西干县。从时代来说，天黿器也有属于先周文化的，如天黿父癸方鼎(《宝蕴》16)，相当于“殷墟文化第三期”；天黿镦(《武英》71)，当属先周文化第二期。[5]邹衡先生还认为以“天”为族徽的天族，是周族的一个著名氏族，他找到有同样族徽的铜器 50 多件。根据有出土地点的 9 件，他认为天族早期曾居住在陕北绥德，再迁至泾渭地区的岐山、扶风、长武一代，克商后，有的支族迁至河南，并认为“今黄陵县有黄帝陵(《文物》1962:1，封底)，其地正在绥德与岐山间。黄帝族早期活动的地域也许就在洛河之东北一带，往后才发展到泾渭地区”[6]。王晖先生引《集成》3.891 铭“天黿乍妇姑酱彝”、《集成》4.2013 铭“天黿乍父戊彝”、《集成》11.5766 铭“天黿乍从彝”、《集成》12.7213 铭“天黿献祖丁”、《集

〔1〕 孙作云先生从“周人姓姬，而黄帝亦姓姬，后人说姬姓出于黄帝”以证“原始的周人也以熊为图腾”。参见孙氏《周先祖以熊为图腾考》，《开封师范学院学报》1957 年第 2 期。徐旭生先生说：“今山西省南部沿黄河的区域，姬姓的建国很多……我们疑惑那里面有一部分为黄帝氏族东迁时沿途留下的分族。”又云：“至于在今陕西临潼的骊戎、在河北正定县的鲜虞，全属姬姓，但是他们不一定是周时的建国。此氏族(按：骊戎)同鲜虞当全属黄帝氏族的分支。”“燕出于周的说法，不见于先秦古书，似不可靠。燕，姬姓，出自黄帝以地域及古书证明，当更近情理。”参见徐氏《中国古史的传说时代》(增订本)第二章《我国古代部族三集团考》，科学出版社，1962 年。孙氏、徐氏论点虽在学术界仍存在不同程度的争议，但其对于考察黄帝族的衍变信息，颇有启发意义。孔颖达为《左传》隐公八年“胙之土而命之氏”作疏云：“黄帝之后，别姓非一……后稷别姓姬，不是因黄帝姓也。”孔说尚待商榷。

〔2〕 徐中舒：《陈侯四器考释》，《国立中央研究院历史语言研究所集刊》第三本第四分，1933 年。

〔3〕 郭沫若：《两周金文辞大系图录考释·献侯鼎考释》，人民出版社，1954 年，第 31 页。

〔4〕《郭沫若全集·考古编》第 4 卷《殷彝中图形文字之一解》，人民出版社，1954 年，第 1—10 页。

〔5〕 邹衡：《夏商周考古学论文集》，文物出版社，1980 年，第 340 页。

〔6〕 邹衡：《夏商周考古学论文集》，文物出版社，1980 年，第 339 页。

成》14.9100铭“甲寅子易天黿𠭯贝,用乍父癸尊彝”等铭文以证“‘天黿’都是商周时方国或部族名称”[1],“史前社会到商周时代轩辕或天黿部族是一直存在的”[2]。综上所述,结合先秦文献及商周时期的考古学资料可知,姬姓周族出自传说中的黄帝轩辕氏,当有较为可靠的历史依据,并非后人向壁虚构。

二、姜炎姓族的分化及夏族与炎帝神农氏的渊源

和黄帝族同出少典氏、有蟜氏的姜炎姓族,也有着悠久的历史和长期的裂变分化的过程。李玄伯先生指出:“炎帝黄帝并非一人的称谓,所以传记中或称黄帝为有熊氏,或称为缙云氏,或称为帝鸿氏、轩辕氏,称炎帝为神农氏,或称为连山氏、烈山氏、魁隗氏,至为纷歧。”[3]《国语·周语下》记载:

“昔共工弃此道也,虞于湛乐,淫失其身,欲壅防百川,堕高堙庳,以害天下。皇天弗福,庶民弗助,祸乱并兴,共工用灭。其在有虞,有崇伯鲧,播其淫心,称遂共工之过,尧用殛之于羽山。其后伯禹念前之非度,厘改制量,象物天地,比类百则,仪之于民,而度之于群生,共之从孙四岳佐之,高高下下,疏川导滞,钟水丰物,封崇九山,决汩九川,陂鄣九泽,丰殖九薮,汩越九原,宅居九隩,合通四海,故天无伏阴,地无散阳,水无沈气,火无灾燀,神无间行,民无淫心,时无逆数,物无害生,帅象禹之功,度之于轨仪,莫非嘉绩,克厌帝心。皇天嘉之,祚以天下,赐姓曰‘姒’、氏曰‘有夏’,谓其能以嘉祉殷富生物也,祚四岳国,命以侯伯,赐姓曰‘姜’、氏曰‘有吕’,谓其能为禹股肱心膂,以养物丰民人也。”

值得注意的是,《国语·周语下》接着上述文字,明确言及大禹、四岳“一王四伯”,“皆黄、炎之后也”。《国语·周语中》云:“齐、许、申、吕由大姜。”韦昭注曰:“四国皆姜姓,四岳之后,大姜之家。”韦昭为《国语·周语下》作注时更“明确”地讲到:“姜,四岳之先,炎帝之姓也”,“共工,炎帝之也后”。综上可知,共工—四岳—齐、许、申、吕一系皆为传说中的炎帝之后。此外,《后汉书·西羌传》开篇即言:“西羌之本,出自三苗,姜姓之别也。”由此似乎三苗—西羌一系也为传说中炎帝之后。综合以上记载可知,传说中的姜炎姓族,以后逐渐分化为重要的两支,一支成为周朝母系的祖先,一支演变为羌族。上引《国语·周语下》根据古人口耳相传的资料,生硬地将姜姓族的共工—四岳与姒姓的“有夏”建立起同盟“关系”,显然并非凭空杜撰。

长期以来,著名历史学家徐中舒先生力主“夏王朝的主要部族是羌,根据

〔1〕 王晖:《出土文字资料与五帝新证》,《考古学报》2007年第1期。
〔2〕 王晖:《出土文字资料与五帝新证》,《考古学报》2007年第1期。
〔3〕 李玄伯:《中国古代社会新研》,上海文艺出版社,1988年,第91—92页。

由汉至晋五百年间长期流传的羌族传说，我们没有理由再说夏不是羌”[1]。随着田野考古学资料的日渐丰富和夏史研究的逐步深入，徐先生早已放弃了当年由其首倡的仰韶文化即夏文化说，明确指出，“夏文化的中心地带……就是分布在河南的龙山文化和二里头文化”[2]，但徐先生始终坚持夏族的后裔即以后的羌族这一观点。以后，陈梦家先生以为甲骨文中的“羌可能与夏后氏为同族之姜姓之族”[3]。刘起釪先生则从音韵学方面以证“《广韵》的蟜与姜，皆古羌字的音转，三字古音原同读”，“有蟜族即羌族”。[4]综合以上诸家之说，似可认为，和周族类似，夏族历史也有着悠久的源头，可以追溯至遥远的炎帝时代。

上古时期的文献记载透露的信息表明，神农氏是姜炎姓族中最重要的一支。神农氏的传说多为后人附会，大多不能视为可靠的信史。如《易·系辞下》“神农氏作，斫木为耜，揉木为耒”等记载，就遭到徐中舒先生的质疑：“如果夏、商以前，我们就有像后来的耒耜耕农，那岂不是我们的农业从最初到现在就没有什么演进？从而我们社会上的一切，也完全在停滞之中。我们的历史，只要有几个朝代的名称，几个帝王卿相的号谥，也就可以表示我们文化之古了？”[5]诸如此类的后起传说还有很多。如《庄子·盗跖》“神农之世，卧则居居，起则于于；民知其母，不知其父，与麋鹿共处，耕而食，织而衣”，《商君书·画策》“神农之世，男耕而食，女织而衣，刑政不用而治，甲兵不起而王”等均包含有不少后人的历史观念。

但值得注意的是，《史记·五帝本纪·正义》引《帝王世纪》云：“神农氏，姜姓也。母曰任姒，有蟜氏女，登为少典妃，游华阳，有神龙首，感生炎帝。人身牛首，长于姜水。”《帝王世纪》是专述帝王世系、年代及事迹的一部史书，是继司马迁《史记》之后，第二个整理历代帝王世系的历史书典，有很高的史料价值。该书所叙上起三皇，下迄汉魏。内容多采自经传图纬及诸子杂书，载录了许多《史记》及两《汉书》阙而不备的史事，对三皇五帝至曹魏数千年间的帝王世系作了较为详尽的考证和整理，把上古历史推到了“三皇时代”，把中国历史起源提前了数千年，具有很高的史料价值。去除该书所包含的浓郁的“天命观”印记，我们仍然可以获得较为重要的线索：神农氏自有蟜族团的姒姓族分出，姒正为以后夏的族姓。由此可知，夏族与神农氏的确有着较为“直接”的渊源关系。

---

〔1〕 徐中舒：《中国古代的父系家庭及其亲属称谓》，《四川大学学报》1980年第1期。
〔2〕 徐中舒：《夏史初曙》，《中国史研究》1979年第3期。
〔3〕 陈梦家：《殷墟卜辞综述》，中华书局，1988年，第282页。
〔4〕 刘起釪：《姬姜与氐羌的渊源关系》，《华夏文明》第二集，北京大学出版社，1990年。
〔5〕 徐中舒：《耒耜考》，《国立中央研究院历史语言研究所集刊》第二本第一分，1930。

此外，还应注意的是，司马迁在《史记·周本纪》中记载，武王克商后，曾"褒封神农之后于焦"。裴骃《集解》引《汉书·地理志》说："弘农陕县有焦城，故焦国也。"以后郦道元《水经注》、王先谦《汉书补注》均对以上记载表示赞同，由此可见，周武王在今河南陕县一带，"褒封神农之后于焦"当有一定的历史依据。金景芳先生进一步解释说，"褒封"与"新封"不同，"褒封"表明前已有封地，今只是褒大之而已。[1]由此可见，似早在武王克商之前，神农氏后裔已移徙至今豫西陕县一带。《汉书·武帝纪》记载，西汉元鼎三年(前114年)，"徙函谷关于新安。以故关为弘农县"。《汉书·地理志》弘农郡下，颜师古注："武帝元鼎四年置。"西汉弘农郡包括今天河南省西部的三门峡市、南阳市西部，以及陕西省东南部的商洛市。由于其地处长安、洛阳之间的黄河南岸，因此一直是历代军事政治要地。汉代弘农县、郡得名，似与"褒大"神农的传说有一定的联系。综上所论，神农氏之后从"华阳"到移徙至今豫西陕县一带，似乎反映出该族移徙路线大体上是自西而东，显然与有的学者所说"姜戎族西移"[2]的推论并不一致。

考古学家将以陕县三里桥遗址为代表，分布于以渑池为东界的豫西地区、晋西南涑水流域和中条山南麓黄河沿岸及关中东部潼关至华山一带的龙山文化遗存命名为三里桥类型。三里桥类型的年代，大体相当于陶寺文化晚期和王湾文化的中晚期，下限与当地的二里头文化相衔接。由于三里桥类型地处陕、豫、晋三省交界地区，受到了王湾三期文化、客省庄二期文化和陶寺文化的共同影响，因而具有比较复杂的文化内涵。因受资料的局限，三里桥类型的源流问题尚未完全解决。三里桥类型与王湾三期文化在地域上相接，文化面貌有着十分密切的亲缘关系，考古学家推断，"二者属于同一个大的居民集团"[3]。考古学家同时认为，"尽管三里桥类型显然不能算是早期夏人文化的主体，但是我们却很难将其与夏人早期的文化完全割裂开来"[4]。考古资料表明，三里桥类型的罐形甑、双耳甕、爵形器、双腹盆、带耳杯等，都是王湾三期文化中常见的器类。综合以上分析，笔者推测，三里桥类型极有可能为传说中神农氏之后创造的文化。总之，姒姓的夏族与传说中的炎帝神农氏之间有着极为密切的渊源关系，不仅有大量后期传说作为旁证，亦可从田野考古资料方面寻找到有力的支持。

---

〔1〕 金景芳：《〈周礼·大司徒〉、〈礼记·王制〉封国之制平议》，《先秦史论文集》，《人文杂志》增刊，1982年。

〔2〕 江林昌：《由姜与夏的关系看姜嫄族的起源与迁移》，《华夏考古》2000年第3期。

〔3〕 中国社会科学院考古研究所：《中国考古学·夏商卷》，中国社会科学出版社，2003年，第58页。

〔4〕 中国社会科学院考古研究所：《中国考古学·夏商卷》，中国社会科学出版社，2003年，第58页。

三、“周人尊夏”说再审视

长期以来，学界或以为夏族出于传说中的黄帝族，与周族有一定的渊源关系，甚至有人推测周人亦是夏民族或夏人后裔。[1]20世纪80年代，李民先生根据《尚书》记载和有关考古资料，力陈《尚书》“周人尊夏”说。[2]然李先生的论著发表不久，葛志毅先生即撰文批判李先生的论证“是以拟设的推测去判断夏周关系”，认为“周与夏同居于山西南部地区，因有悖于文献记载，尤不可信”，“‘周人尊夏’说似乎没有提出来加以特殊注意的必要”[3]。自李、葛二先生提出两种迥异的学术论点之后，学术界似乎很少有人再继续讨论“周人尊夏”的问题。

1923年7月，顾颉刚先生发表著名的《答刘胡两先生书》，提出了推翻信史的四项标准，其中首先强调了“打破民族出于一元的观念”[4]。此后，学术界普遍赞同“把黄帝族以后的尧、舜、禹、汤、文、武这些发祥地完全不同的氏族都强隶属于黄帝名下，终归之于‘炎黄遗裔’这种万世一系的思想之产生，应该是产生在春秋以后的事”[5]。在我们今天看来，以上说法是符合先秦时期的历史实际的，故知“周人亦是夏民族或夏人后裔”的观点是难以经得起严格推敲的。为避免概念混乱，本文不用“民族”一词，而仅从姓族流变的视角，在新的学术背景下，对《尚书》“周人尊夏”说重新进行一番检讨。

“周人尊夏”的观念除在儒家经典《尚书》之《康诰》《君奭》《立政》诸篇每以“区夏”“有夏”自居自称可得印证外，还可以从《穆天子传》中寻找到一条旁证。《穆天子传》卷五记载：“天子东游于黄泽，宿于曲洛……丙辰，天子乃游于黄□室之丘，以观夏后启之所居，乃□于启室。”随着学术研究的全面深入，《穆天子传》的史料价值已日渐为学术界高度重视。唐兰先生说：“此书虽多夸张之语，写成时代较晚，但除盛姬一卷外，大体上是有历史根据的。”[6]有的学者认为，《穆天子传》卷五记载了周穆王东巡河南诸地的经过，“可以说是西周天子巡守中原的实录”[7]。笔者结合《穆天子传》东巡路线综合考察，以为“黄台之丘”有可能即是文献记载的钧台，在今河南禹州一带。[8]由于材料的缺乏，穆王东巡至夏启所居之黄台之丘的背景，尚难以作最后定论，但最大

---

〔1〕姜亮夫：《夏殷民族考》，《民族》月刊1933年第1卷第7—12期；《夏殷两民族若干问题汇述》，《古史学论文集》，上海古籍出版社，1996年。

〔2〕李民：《释〈尚书〉“周人尊夏”说》，《中国史研究》1982年第2期。

〔3〕葛志毅：《“周人尊夏”辨析》，《求是学刊》1984年第3期。

〔4〕顾颉刚：《答刘胡两先生书》，《努力周报》附刊《读书杂志》第十一期，1923年。

〔5〕李白凤：《东夷杂考》，齐鲁书社，1981年，第9页。

〔6〕唐兰：《西周青铜器铭文分代史征》，中华书局，1986年，第355页。

〔7〕王天海：《〈穆天子传〉考略》，《古籍整理研究学刊》1997年第4期。

〔8〕周书灿：《〈穆天子传〉“启居黄台之丘”考》，《中国历史地理论丛》2005年第2辑。

可能性则似在于寻访古迹，拜谒夏启。如果以上推测能够成立，则可为“周人尊夏”说更提供一合理旁证。

根据前文的分析，笔者以为，“周人尊夏”观念似极有可能与长期流传的炎黄传说及姬姜姓族的流变有关。兹依前文分析，将炎黄传说与周、夏渊源图示如下：

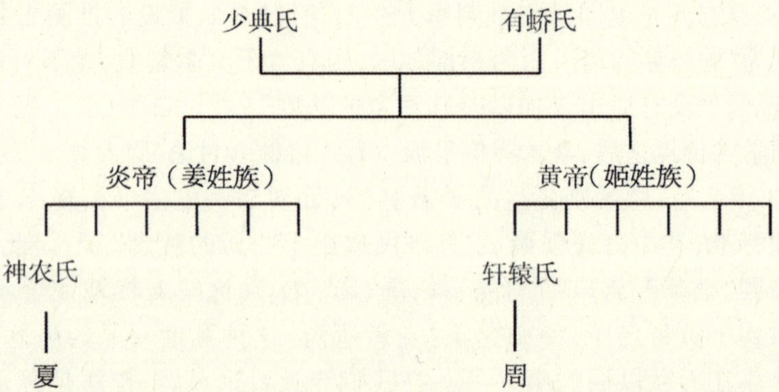

从上图可以看出，“周人尊夏”的观念主要源于夏、周二族的古老传说，均可以追溯至遥远的远古时期，并且与传说中的炎黄二帝建立起“联系”。自从近代“古史辨”运动兴起以后，中国古史，尤其是传说时代的历史，遭遇到空前的怀疑与批判，三皇五帝古史体系几乎被彻底颠覆。然王国维、徐中舒等新史学家早以更加理性的态度，对流传已久的古史传说有着独到的见解与认识。王先生指出：“上古之事，传说与史实混而不分，史实之中固不免有所缘饰，与传说无异；而传说之中亦往往有史实为之素地。”〔1〕徐先生也曾指出：“古代传说，本多缘饰之词，但亦当有若干事实，为其素地。此若干事实，如在传说中澄滤而出，即与信史无二。而传说之可信与否，即视此澄滤而出之事实之多寡而定。”〔2〕王、徐二先生的“素地论”与“澄滤说”，为中国上古史尤其是传说时代历史的重建，指明了一条科学的路向。事实上，夏、周二族出于传说中的炎、黄二帝，同样包含着不少后人的“缘饰”与真实的史实。随着时间的推移与民族融合的扩大，各种大量的后期的传说与真实的史实逐渐被后人“认定”为真实的“信史”，在上古传说与真实信史真赝混杂的背景下，夏、周二族与炎黄二族之间的渊源关系逐渐得到周族认同，并日渐成为“周人尊夏”观念的文化与历史基础。

（原载《人文杂志》2011 年第 5 期）

〔1〕 王国维：《古史新证——王国维最后的讲义》，清华大学出版社，1994 年，第 1 页。
〔2〕 徐中舒：《殷人服象及象之南迁》，《国立中央研究院历史语言研究所集刊》第二本第一分，1930 年。

戎夏一源说续论

1937年6月,《禹贡》半月刊第7卷第67期合刊发表了顾颉刚先生《九州之戎与戎禹》一文。童书业先生在为该期《古代地理专号》撰写的序言中对顾先生的主要论点作了如是评介:

"顾先生是以研究禹的传说著名的,他从前主张禹的传说起于南方民族,最近又提出一个禹的传说与戎族有关的新假定,虽然禹的来源到现在还不可确知,然而禹与戎族有关这个结论却是无疑问的事实。顾先生从古九州四岳的疆域推测禹传说的发展,联带把九州四岳的起源问题也相当解决了。这是一篇极重要的论文:据他的研究,九州是戎族的居住地,四岳是戎族的发源地,而禹的传说也就盛行于这个区域;九州四岳与禹本是夏族的传说,但同时也是戎族的传说,所以戎夏本出一源,禹迹的广被乃是戎夏民族合作的结果。这根本摧毁了旧日狭隘的夷夏观念而给予人们一个新印象!"[1]

事实上,早在《九州之戎与戎禹》发表之前,顾先生已对学术界公开声明:

"十三年前,我们在《努力周报》附刊的《读书杂志》上讨论古史文中的中心问题为禹的是人是神,禹和夏有没有关系。讨论的结果固然对于这两个问题仍不能得到结论,但对于商以前的历史从此知道其中传说的成分极多,史实的成分极少,这便是我们工作的相当收获。这数年来,人家还只记得我在第一篇文字中所说的禹为虫,我屡次声明,这是我早已放弃了的假设;至于所以放弃的理由,乃为材料的不足,我们不该用了战国以下的记载来决定商周以前的史实。"[2]

在我们今天看来,顾氏"禹的传说与戎族有关的新假定"较之先前提出的"禹或是九鼎上铸的一种动物"[3]"禹和夏没有关系"[4]"禹是南方民族的神话中的人物"[5]等观点,更加接近历史真实。顾氏这一"新假定"提出前后,

---

〔1〕 顾颉刚、童书业:《夏史三论》,燕京大学《史学年报》第二卷第三期,1936年6月。

〔2〕 顾颉刚、童书业:《夏史三论》,燕京大学《史学年报》第二卷第三期,1936年6月。

〔3〕 顾颉刚:《与钱玄同先生论古史书》,《努力周报》附刊《读书杂志》第九期,1923年5月6日。

〔4〕 顾颉刚:《讨论古史答刘胡二先生书》,《努力周报》附刊《读书杂志》第十二期,1923年8月5日。

〔5〕 顾颉刚:《讨论古史答刘胡二先生书》,《努力周报》附刊《读书杂志》第十二期,1923年8月5日。

著名历史学家徐中舒[1]、辛树帜[2]、郑杰祥[3]等先生均赞同《左传》昭公四年司马侯所论"九州之险"的九州即夏代的九州。随着田野考古学资料的日渐丰富和夏史研究的逐步深入，徐先生早已放弃了当年由其首倡的仰韶文化即夏文化说[4]，明确指出，"夏文化的中心地带现已查明，就是分布在河南的龙山文化和二里头文化"[5]，但徐先生始终坚持"羌人就是夏民族的后裔"[6]这一观点。由此可见，顾氏这一"新假定"由于得到越来越多的文献和考古学资料的印证而逐渐得到学术界的认同。

无独有偶，从 20 世纪 20 年代开始，著名历史学家徐中舒先生从文字学角度对先秦时期族群称谓的原始意义进行过深入研究，历经三十多年，徐先生对"戎"的原始意义的理解日渐接近先秦时期的历史实际。1927 年 6 月，徐先生发表《从古书中推测之殷周民族》[7]，文中讲到："《康诰》：'殪戎殷。'伪《孔传》：'戎，兵也'，殊不为词，郑注：'戎，大也。'亦非。"

1960 年，徐先生发表《巴蜀文化续论》[8]一文。该文是徐先生继巴蜀文化研究"里程碑式的论著"[9]《巴蜀文化初论》[10]之后的又一篇鸿篇巨制。徐先生在文中继续讲到"戎"的语义：

> "庸之本义为垣墉，为城垣。
>
> 城垣的修建，在低地穴居，则为防水的必要设施；在山岳地带，也为防御猛兽侵袭的屏障……戎族之'戎'，也当与崇或庸有关。
>
> 古音戎、庸、崇、嵩、崧并在东部，而《广韵·东韵》娀、嵩、崧三字又并读'息弓切'。古代形声声系并无统一的标准读音，因此声系偏旁相同之字，随地异读，惟嵩、崧、娀为地名、人名，在口语中尚能保持较原始的音读。据此言之，古代戎之读音必更与崇为近。因此戎族的名称，即当出于崇或庸。
>
> 戎，《说文》篆文作䵻，以为从戈从甲，此当为许氏臆改的篆文。在经典及楷书，戎皆不从甲……戎是在山岳地带城居的部族。弓矢的威力，没有像在平原里那样显著。因此，他们的主要武器，就是戈盾。这和后来的板楯蛮即以善用板楯得名，是有相同的理由的。"

---

〔1〕 徐中舒：《再论小屯与仰韶》，《安阳发掘报告》第三期，1931 年 6 月。
〔2〕 辛树帜：《禹贡新解》，农业出版社，1964 年，第 52 页。
〔3〕 郑杰祥：《试论夏代历史地理》，《夏史论丛》，齐鲁书社，1985 年。
〔4〕 徐中舒：《再论小屯与仰韶》，《安阳发掘报告》1931 年第三期。
〔5〕 徐中舒：《夏史初曙》，《中国史研究》1979 年第 3 期。
〔6〕 徐中舒：《先秦史论稿》，巴蜀书社，1992 年，第 43 页。
〔7〕 刊于《国学论丛》第一卷第一号，1927 年 6 月。
〔8〕 刊于《四川大学学报》（哲学社会科学版）1960 年第 1 期。
〔9〕 林向：《徐中舒先生的考古学与巴蜀文化研究》，《中华文化论坛》1998 年第 3 期。
〔10〕 刊于《四川大学学报》（哲学社会科学版）1959 年第 2 期。

随着夏代田野考古工作的全面展开和夏史研究的进一步深入，古代文献和考古学资料所透露出的某些重要信息，不断为顾、徐二先生的论述提供较为有说服力的支援。

一、鲧、禹作城传说及其发生地域与戎族的关联

鲧、禹作城的传说屡见于先秦、秦汉时期的文献。《吕氏春秋·君守》："夏鲧作城。"《世本·作篇》(茆泮林辑本)亦载："鲧作城郭。"《淮南子·原道篇》："昔者夏鲧作三仞之城。"《艺文类聚》卷六十三引《博物志》："禹作城，城郭自禹始也。"古代文献中有关鲧、禹的大量古老传说，毫无疑问包含有不少后人附会的成分，尤其将城郭的发明简单地归结为传说时代的鲧、禹所为，似乎并非绝对真实，但将这些后起传说不加分析地全盘否定，似亦非完全科学。田野考古学资料表明，仰韶时期黄河流域的居民已经开始筑城，以后，到新石器时代晚期，广大中原地区古城址的数量迅速增加。1993年—1995年，国家文物局考古领队培训班所发掘的郑州西山仰韶时代晚期城址，距今5300—4800年，是迄今我国发现年代最早的古城遗址。[1]目前考古工作者在山西、河南、山东境内发现的龙山时期的城址主要有襄汾陶寺[2]，登封王城岗[3]，淮阳平粮台[4]，新密古城寨[5]，辉县孟庄[6]，郾城郝家台[7]，安阳后岗[8]，章丘城子崖[9]，寿光边线王[10]，邹平丁公[11]，以及阳谷、东阿、茌平三县相连的八座龙山文化

---

〔1〕 杨肇清：《新石器时代考古获重大发现——郑州西山仰韶晚期遗址面世》，《中国文物报》1995年9月10日。

〔2〕 中国社会科学院考古研究所山西工作队、临汾地区文化局：《山西襄汾县陶寺遗址发掘简报》，《考古》1980年第1期；中国社会科学院考古研究所山西工作队、临汾地区文化局：《陶寺遗址1983年—1984年Ⅲ区居住址发掘的主要收获》，《考古》1986年第9期。

〔3〕 河南省文物研究所、中国历史博物馆考古部：《登封王城岗遗址的发掘》，《文物》1983年第3期；河南省文物研究所、中国历史博物馆考古部：《登封王城岗与阳城》，文物出版社，1992年；方燕明：《河南登封王城岗遗址发现龙山晚期大型城址》，《中国文物报》2005年1月28日1版。

〔4〕 河南省文物研究所：《河南淮阳平粮台龙山文化城址试掘简报》，《文物》1983年第3期。

〔5〕 蔡全发、马俊才、郭木森：《河南新密市发现龙山时代重要城址》，《中原文物》2000年第5期；河南省文物考古研究所、新密市炎黄历史文化研究会：《河南新密市古城寨龙山文化城址发掘简报》，《华夏考古》2002年第2期。

〔6〕 袁广阔：《河南辉县发现龙山文化城址》，《中国文物报》1992年12月6日；河南省文物考古研究所：《河南辉县市孟庄龙山文化遗址发掘简报》，《考古》2000年第3期。

〔7〕 河南省文物研究所：《郾城郝家台遗址的发掘》，《华夏考古》1992年第3期。

〔8〕 中国社会科学院考古研究所安阳工作队：《1979年安阳后岗遗址发掘报告》，《考古学报》1985年第1期。

〔9〕 中央研究院历史语言研究所：《城子崖》，1934年；山东省文物考古研究所：《城子崖遗址又有重大发现，龙山岳石周代城址重见天日》，《中国文物报》1990年7月26日。

〔10〕 杜在忠：《边线王龙山文化城堡的发现及其意义》，《中国文物报》1988年7月15日。

〔11〕 山东大学历史系考古教研室：《邹平丁公发现龙山文化城址》，《中国文物报》1991年1月12日。

城址[1],等等。以上考古学资料表明,先秦文献中鲧、禹作城郭的传说,并非空穴来风,其必然有大量真实的历史素材,较为可信。

值得注意的是,古代文献有关鲧、禹的传说,较为集中于今河南登封嵩山一带;古代文献较为一致地称鲧为崇伯。如《国语·周语下》明确提到:"其在有虞,有崇伯鲧。"崇地所在,长期以来学术界争议甚大,其中影响较大的是陕西丰镐说和河南嵩县说。《史记·周本纪》"崇侯虎"下《正义》引皇甫谧说:"夏鲧封。虞、夏、商、周皆有崇国,崇国盖在丰镐之间。《诗》云'既伐于崇,作邑于丰',是国之地也。"周原 11 号窖穴所出 22 号、156 号卜骨分别有"虫伯""虫"之刻辞。上古崇在冬部,床母;虫在冬部,定母。音同字假,故有的学者以为"虫伯似为崇伯"[2]。然韦昭在为《国语·周语上》"昔夏之兴也,融降于崇山"一语作注时则说:"崇,崇高山也。夏居阳城,崇高所近。"王念孙《读书杂志·汉书杂志·崇高》说:"古无'嵩'字,以'崇'为之,故《说文》有'崇'无'嵩'。经传或作'嵩',或作'崧',皆是'崇'之异文。"顾颉刚、刘起釪先生说:"'崇'就是后代的'嵩',亦即现在河南登封附近的嵩山一带,现在的嵩县显然也是沿其旧称的地境之一。"[3]目前,不少学者更倾向于崇伯所在为今河南嵩县一带。[4]

战国以来有关大禹的各种传说,禹都阳城最为值得重视。《汉书·地理志》注引《汲郡古文》、《续汉书·郡国志》注引《汲冢书》分别云"(禹)居阳城""禹都阳城",《史记·封禅书》正义引《世本》说:"夏都阳城,避商均也。又都平阳,或在安邑,或在晋阳。"同时期的传世文献《孟子·万章上》亦云:"禹避商均之子于阳城。"战国以后,"禹都阳城"的说法逐渐被史学家认定为信史。王国维先生一方面谈到"尧都平阳,舜都蒲阪,禹都安邑,俱辟在西北"[5],一方面又强调说"禹时都邑""无可考"[6]。在我们今天看来,王先生的态度是颇为谨严的。禹都阳城有几种说法,登封王城岗说是理由最充分的一个,它与文献上记载的禹都阳城的时代、位置比较吻合。2002 年、2004 年,在河南登封王城岗遗址发现一座面积达 30 万平方米的龙山文化晚期大城址,这是目前在河南发现的最大的龙山文化城址。龙山文化晚期的遗迹还有祭祀坑、灰

---

〔1〕 山东省文物考古研究所、聊城地区文研室:《鲁西发现两组八座龙山文化城址》,《中国文物报》1995 年 1 月 22 日。

〔2〕 徐锡台:《周原出土的甲骨文所见人名、官名、方国、地名浅释》,《古文字研究》第一辑,中华书局,1979 年。

〔3〕 顾颉刚、刘起釪:《〈尚书·西伯戡黎〉校释译论》,《中国历史文献研究集刊》第 1 集,湖南人民出版社,1980 年。

〔4〕 徐中舒:《西周史论述》(上),《四川大学学报》1979 年第 3 期;金景芳:《中国奴隶社会史》,上海人民出版社,1983 年,第 109 页;马世之:《文王伐崇考》,《史学月刊》1989 年第 2 期。

〔5〕 王国维:《观堂集林》卷十《殷周制度论》,中华书局,1959 年,第 451 页。

〔6〕 王国维:《观堂集林》卷十《殷周制度论》,中华书局,1959 年,第 451 页。

坑等。出土遗物有陶器、石器、骨器等,以陶器为主。王城岗大城的发现,为早期夏文化研究和禹都阳城的确认提供了重要资料。[1]有的专家认为王城岗大城可能就是“禹都阳城”的“阳城”。[2]禹都阳城屡见于古代文献记载,尤其战国时代的文献《世本》所记,似有若干可信的线索。阳城地望的确定对于研究夏朝早期历史地理颇为重要。

综上所知,古代文献所记鲧、禹的传说较为明确地包含了两点重要的历史信息:作为夏族祖先的鲧、禹居住在今河南嵩山一带,并较早在此一带筑城。这两点信息表明,鲧、禹所在的夏族的确应属于徐中舒先生所说的“在山岳地带城居的部族”,是“与崇或庸有关”的戎族的一支。

二、夏族的移徙混融与戎族的分化

从夏、商、周三代的历史看,随着三代王朝的更替与族群融合的持续进行,最迟于春秋时期,缔造夏王朝的夏族与商、周两族已基本实现融合,从而构成华夏族的主体。夏朝灭亡后,夏族的支裔则陆续移徙至其他地区与中国境内的其他族群相互渗透混融,分别构成古代越族、匈奴和羌族的主要族源。

《史记·越王句践世家》:“越王句践,其先禹之苗裔,而夏后帝少康之庶子也。封于会稽,以奉守禹之祀。文身断发,披草莱而邑焉。”

《史记·匈奴列传》:“匈奴,其先祖夏后氏之苗裔也,曰淳维。”《索隐》引证古代文献对以上记载作出如下解释:“张晏曰:‘淳维以殷时奔北边。’又乐产《括地谱》云:‘夏桀无道,汤放之鸣条,三年而死。其子獯粥妻桀之众妾,避居北野,随畜移徙,中国谓之匈奴。’其言夏后苗裔,或当然也。”

《史记·六国年表》较早提到“禹兴于西羌”之说。该条记载下《集解》皇甫谧引孟子语:“禹生石纽,西夷人也。”《正义》曰:“禹生于茂州汶川县,本冉駹国,皆西羌。”

在我们今天看来,以上记载当为司马迁根据不同时期流传于不同地区不同族群的口耳相传综合而成,其中自然有不少后人附会增饰的内容,因而疑点不少。如《匈奴列传·索隐》引乐产《括地谱》云:“夏桀无道,汤放之鸣条,三年而死。”而《史记·夏本纪·正义》引《括地志》云:“庐州巢县有巢湖,即《尚书》‘成汤伐桀,放于南巢’者也。”又引《淮南子》云:“汤败桀于历山,与妹喜同舟浮江,奔南巢之山而死。”夏桀败亡后,商汤不可能既“放之鸣条”,同时又“放于南巢”,若将其理解为夏朝灭亡夏族支系北奔南徙,则较为接近夏、商之际的历史实际。此外,越族祖先“封于会稽”及《史记·六国年表》“禹兴于西羌”之说亦不大可信,夏代时分封制尚未推行,夏朝统治者将其后裔分封于

〔1〕 方燕明、刘绪:《河南登封市王城岗遗址2002、2004年发掘简报》,《考古》2006年第9期。
〔2〕 方燕明:《登封王城岗城址的年代及相关问题探讨》,《考古》2006年第9期。

夏王朝的国土范围之外,不合情理。同样,随着对于夏代考古工作的全面展开与夏史研究的逐步深入,“禹兴于西羌”之说,目前已基本不再为学术界所认可。同样,关于夏族与匈奴的关系,也不断有学者大胆提出质疑[1],但由此完全否定司马迁有关夏族支系与古越族、匈奴和羌族之间族源上的关系的观点,显然也是不科学的。

夏朝灭亡后夏族支系流徙各地,与不同族群渗透混融,不仅见于古代文献记载,亦逐渐由田野考古学资料得到证实。如唐嘉弘先生曾对南中国出土的靴形器物或靴形钺进行分析,指出“其并非单纯的仅仅为南方中国‘断发文身’的越族风格的文物或越族所特有的文化。很有可能,这些靴形器物的共源乃出自北中国经常使用黑色石钺(玄钺)的夏族。在夏族后代子孙繁衍增殖和裂变的过程中,逐渐扩散和演化”,并指出“这是历史上民族交往和融合的自然现象”[2]。总之,夏族支系移徙至不同地区,对先秦、秦汉时期的民族格局产生了重要影响。

值得注意的是,东周以后,随着新的民族格局的逐渐形成,“戎”的语义也随之不断发生新的变化。顾栋高《春秋大事表》卷三十九《春秋四裔表》说:“四裔之中,戎种最杂乱难稽,或三名而为一族,或一种而随地立名,随时易号至五六而未已。”顾氏列举《春秋》经传中所见戎之称谓,“综而计之,其别有七”,诸如戎州已氏之戎,北戎(山戎、无终),允姓之戎,扬、拒、泉、伊、雒之戎,蛮氏(茅戎、戎蛮子),犬戎,骊戎。唐嘉弘先生认为:“顾氏的划类分部,是有根据的;但限于材料,仅就史册上的表面现象立论,分类的标准没有统一,无法明了各族部落增殖裂变的具体情况,还不如按传统的当时流行的‘随地易名’的习俗,一名为一部,仍用他们历史上的称呼,不必勉强划类。”[3]战国、汉代文献中更有“四夷、八蛮、七闽、九貉、五戎、六狄”[4]或“九夷、八狄、七戎、六蛮”[5]等区分。同样,历史学家普遍认为,四、五、六、七、八、九等数字,不必确指;而戎、狄、夷、蛮等名称,也是常有互相代用或通用的现象。但值得

---

〔1〕 如林沄先生说:“司马迁作为大史学家,他在《史记匈·奴列传》里说匈奴是夏禹的后裔,现代史学家还有很多人相信。1997年,在中外权威的历史学刊物《历史研究》第4期上,还有人发表《夏文化北播及其与匈奴关系的初步考察》,对中外考古发现生拉胡扯,来证明司马迁的说法。其实,蒙古、俄国以及中国的匈奴墓葬中历年出土的颅骨资料,证明匈奴是北亚蒙古人种,和中国中原地区的东亚蒙古人种在历史时期绝不可能是同一起源。可见司马迁的说法是根本不可信的。”参见林沄:《真该走出疑古时代吗?——对当前中国古典学取向的看法》,《史学集刊》2007年第3期。

〔2〕 唐嘉弘:《论“百越”的源流及其葬制》,《中国古代民族研究》,青海人民出版社,1987年,第520页。

〔3〕 唐嘉弘:《春秋时代的戎狄夷蛮》,《先秦史研究》,云南民族出版社,1987年,第91页。

〔4〕 《周礼夏·官司马》职方氏,《十三经注疏》上册,中华书局,1980年,第861页。

〔5〕 《尔雅释·地第九》,《十三经注疏》下册,中华书局,1980年,第2616页。

注意的是，在东周、秦汉相当漫长的历史时期，戎族居地不一，族类繁杂。这一现象的发生在某种意义上正和夏族支系移徙与其他族群渗透混融的背景相一致。

三、夷夏五方格局形成过程中夏、戎语义由相一到分离

从民族学的角度而论，在先秦时期相当漫长的历史时期，中原地区以外的绝大多数人类共同体无论是语言、地域、经济生活还是表现于共同文化上的共同心理素质，大都还处于极不稳定的状态，但到周代，汉民族的直系祖先华夏族已基本处于稳定状态。《礼记・王制》已开始以地域笼统区分"中国戎夷五方之民"："东方曰夷，被发文身，有不火食者矣。南方曰蛮，雕题交趾，有不火食者矣。西方曰戎，被发衣皮，有不粒食者矣。北方曰狄，衣羽毛穴居，有不粒食者矣。"除了五方之民在地域、社会生活文化方面呈现出一定的差异外，《礼记・王制》还强调"五方之民，言语不通，嗜欲不同"。到了汉代，这种差异更为明显，许慎《说文解字》则将"中国之人"径称为"夏"，"以别于北方狄、东北貉、南方蛮闽、西方羌、西南焦侥、东方夷也"[1]。与此同时，许氏《说文・戈部》释戎："兵也，从戈甲。"唐嘉弘先生说："这些善于使用短兵器戈和甲楯的人，和使用远端武器弓箭的居民有一定的区别。"[2]这种解释较为接近周代以后的历史实际，颇为值得重视。

然根据前文分析可知，许氏对"夏"或是"戎"的解释，均非其最初语义，与先秦时期的历史情形并不相符。综前所论，在华夏族形成之前的夏代乃至更早，从地域到社会生活和文化，戎、夏之间不仅没有什么严格的区别，而且我们还可以从文献和考古学材料方面找到不少戎、夏本出一源的证据。徐中舒先生早年曾论及，"以戎、夷，以闽、蛮、貉、狄并称，盖以为异族，此后起之说"[3]，可谓卓识。不唯如此，徐老举证"周人称殷人为夷"[4]，"周人称殷人为戎"[5]及论证"周族起源于白狄说"[6]，亦从一个侧面证明在华夏族形成前的夏、商、西周时期，并不存在严格的夷、夏之别。在我们今天看来，华夏族乃至汉民族形成后，各民族之间的渗透混融亦并未停止。1907 年，章太炎先生讲到："中华之名词，不仅非一地域之国名，亦且非一血统之种名，乃为一文化之族名。故《春秋》之义，无论同姓之鲁卫，异姓之齐宋，非种之楚越，中国可以退为夷狄，夷狄可以进为中国，专以礼教为标准，而无有亲疏之别。其后数千

[1] 段玉裁：《说文解字注》五篇下《夂部》，上海古籍出版社，1988 年，第 233 页。
[2] 唐嘉弘：《春秋时代的戎狄夷蛮》，《先秦史研究》，云南民族出版社，1987 年。
[3] 徐中舒：《从古书中推测之殷周民族》，《国学论丛》第一卷第一号，1927 年 6 月。
[4] 徐中舒：《从古书中推测之殷周民族》，《国学论丛》第一卷第一号，1927 年 6 月。
[5] 徐中舒：《从古书中推测之殷周民族》，《国学论丛》第一卷第一号，1927 年 6 月。
[6] 徐中舒：《西周史论述》（上），《四川大学学报》1979 年第 3 期。

年,混杂数千百人种,而称中华如故。”[1]由此可见,对于中国民族的主体民族华夏—汉民族形成的历史,由于其本身固有的复杂性,大有重新认识的必要。

值得注意的是,1933年傅斯年先生发表《夷夏东西说》[2]一文。当代历史学家认为,这是一篇较早“以东西地理角度来探讨三代时期的民族构成关系,揭示夏商周三族冲突与交替”[3]的名文。直到20世纪80年代,杨向奎先生方对傅氏“夷夏东西说”提出质疑和批判:“古代中国(三代)和中古近代不同,表现在政治中心所在并不是永远固定在一个点上,它是经常迁徙的,如果我们始终把夏、商、周的政治中心固定在某一点上,明显地违背历史事实……我们不能说夏初的夷夏交争,是界划分明的斗争,他们是内部混战,夷夏杂处,已由对峙而趋于融合。”[4]近年来,李学勤先生进一步提出了“夏朝不是一个夷夏东西的问题,而是夷本身就在夏朝的范围之内”[5]的新说。今通过对顾氏“戎夏一源说”的进一步论证可知,“夷夏东西说”基本上可以视为华夏族形成之后汉民族形成之前春秋时期的地理和民族观念,而与整个先秦时期的历史实际并不相符。

(原载《中州学刊》2011年第5期)

---

〔1〕 章太炎:《中华民国解》,《民报》1907年第15期。

〔2〕 刊于《中央研究院历史语言研究所集刊》外编《庆祝蔡元培先生六十五岁论文集》,国立中央研究院历史语言研究所,1933年。

〔3〕 李学勤:《夏商周与山东》,《烟台大学学报》2002年第3期。

〔4〕 杨向奎:《评傅孟真的夷夏东西说》,《夏史论丛》,齐鲁书社,1985年。

〔5〕 李学勤:《夏商周与山东》,《烟台大学学报》2002年第3期。

“氏族封建”说与先秦社会形态再思考

夏、商二代可以称为“氏族封建时代”的论点是由著名历史学家晁福林先生于20世纪末首次提出的。[1]早在晁氏“氏族封建说”提出之前，商传、曹大为、王和、赵世瑜等学者酝酿编写《中国大通史》，编撰者即曾强调，与以往的通史著作有所区别，“不再套用史达林提出的‘五种社会形态’单线演变模式作为裁断中国历史分期的标准”[2]。于此前后，著名历史学家朱绍侯先生指出，晁氏“氏族封建制”的结论“是一种新的提法，可以构成一种新说”，“晁氏的新说可能是《中国大通史》新说的具体体现”[3]。以后，“氏族封建制”新说经过不断完善，纳入晁氏“有中国特色的社会形态理论”[4]的论点体系。2003年3月，晁氏《先秦社会形态研究》由北京师范大学出版社出版，标志着其努力构建的“有中国特色的社会形态理论”逐渐成熟。晁氏在其大著自序中指出，“先秦社会形态的系统研究，是一个庞大的学术工程”；“本书大胆地提出了一些新的认识和论析，说法是否能够成立，还需学术界比较长期的检讨”。转眼之间，自晁氏“氏族封建制”新说提出至今，已过去将近15个年头，其努力构建起的“有中国特色的社会形态理论”也经历了将近10年的学术检讨。在新的学术背景下，对晁氏新说继续进行深入的思考和研究，有助于科学梳理其“有中国特色的社会形态理论”学术框架，剔抉其精义要眇，对未来中国社会形态的研究乃至先秦史学科的建设大有裨益。

一、夏、商“氏族封建”说的立论基础

自20世纪20年代末中国社会史论战以来，中国古史分期问题一直是中国史学界普遍关注和高度重视的重大理论问题之一。在旷日持久的激烈论辩中，《联共(布)党史简明教程》所划定的“五形态说”长期以来被视为“不可置疑的世界历史发展图式”[5]。然自改革开放以来，早期社会史论战中“中国历史上存在不存在一个奴隶社会发展阶段”的中心论题再度引起学术界的

〔1〕 晁福林：《夏商社会性质论纲》，《光明日报》1998年5月22日《史林》。

〔2〕 曹大为：《关于新编〈中国大通史〉的几点理论思考》，《史学理论研究》1998年第3期。

〔3〕 朱绍侯：《中国古史分期讨论与中国史研究》，《史学月刊》1998年第6期。

〔4〕 晁福林：《探讨有中国特色的社会形态理论》，《历史研究》2000年第2期。

〔5〕 刘启良：《马克思东方社会理论》，学林出版社，1994年，第103页。

重视，破除教条主义的局限，破除"规律至上论"的主观论，破除学术研究"公式化"的格局，在以马克思主义辩证唯物史观为指导思想的古史研究中破除"唯我独革""唯我独尊"的"一言堂"定式，破除中国古代史和民族史研究长期存在的"西方中心观"或"欧洲中心观"，以及在这五个"破除"的基础上，跳出教条主义思维的陷阱，创建中国古代史新体系思维，走出"西方中心观"思维误区，树立学术研究"中国中心观"，摆脱"五种形态论"束缚，构建"社会形态发展跳跃论"或"跨越论"体系的呼声再次响彻学术界。如张广志教授在其《奴隶社会并非人类历史发展必经阶段研究》(青海人民出版社，1988 年)一书的前言中指出，"奴隶社会并非人类历史发展必经阶段"，"不经过奴隶社会，见之于广大地区，是通例，经过奴隶社会，见诸极个别地区，是变例"。随着学术界对中国古代社会形态这一重大理论问题研究的逐步深入，张氏的以上论点为学术界越来越多的学者所接受。赵光贤教授在为张先生《奴隶社会并非人类历史发展必经阶段研究》一书所作的序中即曾明确指出，改革开放以后，"中国无奴隶社会论又见抬头，不仅抬头，信奉并宣传这种看法的人反而越来越多了"。晁氏在其《先秦社会形态研究》一书的自序中，也称"大家对于'五种生产方式说'最大的质疑，在于奴隶社会是不是人类社会发展的必经阶段这个关键问题。一批专家经过长期的研究和讨论以后，已有了比较一致的认识，即由于各个历史发展的多样性，在进入文明时代的时候，并不一定进入奴隶社会"。实事求是地说，随着学术界对中国古代社会形态这一重大理论问题研究的持续深入，赵先生的"越来越多"和晁氏的"比较一致"，只是相对于特定学术背景和相对学术群体而言的，赵、晁师徒二人并没有将话一下子说死，因而他们的以上评论，遵循了真理的绝对性原则，迄今仍未过时。因而，笔者认为晁氏《先秦社会形态研究》前言所作"这些专家对于中国史学的重要贡献，是应当永载于中国史学发展的史册的。他们的深入探讨，使得关于社会形态的研究打开了新天地，开创了新局面"是较为客观公允的评价。然众所周知，"奴隶社会并非人类历史发展必经阶段"的学术命题尚有待于学术界在新的学术背景下，继续作更为深入系统的探讨，学术研究的最终结论亦并非仅仅用"越来越多"和"比较一致"作最后"定论"。正如晁氏所言，"先秦社会形态的系统研究，是一个庞大的学术工程"。本文不拟对"奴隶社会并非人类历史发展必经阶段"这一理论命题进一步展开论证，只试图结合以上学术背景，以证以上命题可能即晁氏夏、商二代可以称为"氏族封建时代"论点的立论基础。

二、"无奴学派"对夏、商社会形态理论的学术探索

目前，学术界通常将改革开放以来主张"中国无奴隶社会论"的学者群体称为"无奴学派"。改革开放以来，"无奴学派"在"中国无奴隶社会论"理论的

主导下,结合中国古代社会的历史实际,在对"夏、商奴隶社会"的传统观点进行激烈批判的同时,试图对夏商时期的社会形态提出种种新论。

除了世纪之交晁氏提出的"夏商氏族封建制"新说外,张广志先生在《奴隶社会并非人类历史发展必经阶段研究》前言中指出:"一般地说,早期的阶级社会尚保有从原始社会遗留下来的村社结构或部落结构,因此,早期的封建社会通常表现为'村社封建制'(农业民族)或'部落封建制'(牧业民族),这种'村社封建制'或'部落封建制'是有别于'领主农奴制'和'地主租佃制'的封建制之又一类型。"在我们今天看来,尽管张先生并没有简单机械地将中国的夏、商社会与"村社封建制"抑或"部落封建制"对号入座,但毫无疑问,张氏已试图在"奴隶社会并非人类历史发展必经阶段"理论的基础上,尝试性地对夏商社会形态作出更加合乎历史实际的理论概括。值得注意的是,张氏虽然从根本上否定了"夏商为奴隶制社会"的传统理论命题,但其认为,"村社封建制""部落封建制"是有别于"领主农奴制"和"地主租佃制"的封建制之又一类型,仅从以上概括不难看出,张氏并未彻底否定传统的"五种生产方式说"。只不过,其将进入文明时代以后的社会形态用封建制的另一类型进行概括,事实上,只是将传统的中国封建时代的开端提前至文明时代的开始。

与张氏立论的视角不同,胡钟达先生则对经典作家"大体说来,亚细亚的、古代的、封建的和现代资产阶级生产方式可以看作是社会经济形态演进的几个时代"[1]的命题作出全新的解释,认为"亚细亚的、古代的、封建的生产方式代表的是同一社会发展阶段",其生产方式是"同一社会经济形态的不同类型或模式"[2]。胡氏的以上论点是否"十分精当"[3],同样亦需要学术界结合更为丰富的资料作更进一步深入的探讨。以后,胡先生采用比较的方法,将古典时代的中国和希腊的政治制度的演变进行比较,指出:"中国的殷商时代和希腊的迈锡尼时代都可以认为是列国林立、强者称王的时代。"[4]胡氏笼统地将周克殷到秦始皇统一六国这段历史称为"中国的古典时代"。在这一时代,中国西周春秋时期的封建王权向战国时期的专制王权发展,到秦统一中国,列国并立时期的专制王权更转化为大一统专制皇权。以上胡氏对中国古代社会形态的考察,更多关注的是西周到秦统一的这段"中国的古典时代",其不仅没有言及夏代社会形态问题,即便是商代,也仅仅称其为"列国林立、强者称王的时代"。这一概括,显得极为笼统和模糊,说明在"中国无奴隶社会论"的主导下,胡氏对夏商社会形态的理论的认识,尚不明晰。

---

〔1〕《马克思恩格斯选集》第2卷《政治经济学批判》序言,人民出版社,1972年,第82—83页。
〔2〕胡钟达:《试论亚细亚生产方式兼评五种生产方式说》,《内蒙古大学学报》1982年第2期。
〔3〕晁福林:《先秦社会形态研究》,北京师范大学出版社,2003年,第6页。
〔4〕胡钟达:《古典时代中国希腊政治制度演变的比较研究》,《内蒙古大学学报》1996年第6期。

和前举张、胡、晁及黄现璠先生并称为“无奴学派”五名家的沈长云先生，早在20世纪80年代末即明确指出，古史分期讨论所以陷入难以解决的矛盾，正与各家坚持中国历史上某一阶段存在着奴隶制社会的考虑有关，应坚持实事求是原则，以唯物史观对中国古代性质进行新的探索。[1]和张氏“村社封建制”“部落封建制”及晁氏“氏族封建制”不同，沈氏采用学术界使用较为普遍的“早期国家”来概括夏商乃至西周的社会形态。如沈氏近年来发表的论著中反复强调：“我国古代最早产生的国家应属于现代人类学者所称的早期国家。之所以称其为早期国家，主要是因为这种性质的国家仍普遍存在着各种由血缘亲属关系结成的社会组织，酋邦这种不平等的氏族组织作为基本政治单位也仍然存在于这些国家之中”，“我国上古中原地区最早出现的夏、商、周三个王朝，即是由以夏后氏、有商和有周三个酋邦为首的势力集团分别建立的国家”，“它们均属于早期国家的性质”[2]。和其他“无奴学派”学者相比，沈氏借用“早期国家”来概括夏、商、周三代国家的形态，从表面看，旨在减少文字表述和理论概括方面引发的诸多不必要争议，然值得注意的是，这一笼统的概括把学术界争讼已久、迄今仍悬而未决的诸多重要理论问题全部忽略了，诸如殷商和西周两个“早期国家”在政治制度、国家结构、生产关系等方面，是共性大于差异性，还是有着根本性的变革？事实上，沈氏在此之前已经表达过自己的观点，认为王国维先生在《殷周制度论》所论商、周之际“制度、文物方面的变革不仅在大体上都是历史事实，而且都给予以后历史发展以重要影响”，王国维的说法“包含有其真理性的一面”[3]。既然如此，用“早期国家”笼统地概括夏、商、周的社会形态则必然存在着若干逻辑上的疑难。此外，近期有的学者批评沈长云、张渭莲《中国古代国家起源与形成研究》(人民出版社，2009年)一书，认为“所有已知的历史上的原始国家和原始文明都是由酋邦社会发展而来的”，把这种认识说成是“当代主流文化人类学者”的“基本理论”，认为对国际学术界在酋邦问题上的研究态势作这样的概括“并不准确”，“实际上并没有经过对有关原始资料本身的认真研究”[4]。由此可知，沈氏夏商周“早期国家”理论尚有大量有待继续补充和完善的余地。

综上所述，“无奴学派”学者在“中国无奴隶社会论”的主导下，试图用新的理论对夏、商社会形态进行新的概括，并提出不少独到的见解。无可否认，不少探索是具有重要的理论价值的。如有的学者指出，“早期国家”问题的提

[1] 沈长云：《中国古代没有奴隶社会——对中国古代史分期讨论的反思》，《天津社会科学》1989年第4期。

[2] 沈长云：《中国古代国家起源与形成问题论纲》，《河北师范大学学报》2009年第5期。

[3] 沈长云：《论殷周之际的社会变革——为王国维诞辰120周年及逝世70周年而作》，《历史研究》1997年第6期。

[4] 谢维扬：《中国国家起源研究中的几个问题》，《历史研究》2010年第6期。

出,可以说是中国古史研究中所取得的突破性成就。[1]但从另一个方面看,以上探索都或多或少地存在若干学理上的疑难或不足,均有待于学术界在新的学术背景下进行更为严谨和科学的补充和深化。

三、对夏商"氏族封建"说的重新审视

和以上几位"无奴学派"名家有关夏商社会形态理论的概括相比,晁氏夏商"氏族封建"说则似乎与张氏"村社封建制"抑或"部落封建制"理论有着几分"相似"之处,但总的来看,其仍基本上可以视为晁氏一家之说。尤其与以上几家最大的不同之处,在于以"封建制"理论对整个先秦社会形态进行更为具体的理论概括:"夏商时代,氏族是最主要的社会组织形式,将其封建制的经济形态概括为'氏族封建制'应当是可以的。到了西周时期,氏族组织形式不仅依然存在,而且经过周公制礼、分封之后,氏族发展为宗族,宗法观念成为主要的社会意识形态,所以说西周时期的社会性质可以概括为宗法封建制。春秋时期随着社会生产力的发展,宗法封建制逐渐蜕变,经过战国前期的社会变革,井田制被废弃,地主经济与小农经济登上社会舞台,地主封建制逐渐确立。先秦时期社会的巨大运转以及政治、文化的变迁,无不与夏商时代的氏族封建制的确立及其演变有或多或少的关系。"[2]综上所述,晁氏将夏、商、周三代的社会性质全部用"封建制"来加以概括,只是根据不同历史阶段的特点分别区分为夏商"氏族封建制"、西周"宗法封建制"、战国"地主封建制"。以上理论的提出,不仅标志着晁氏所构建的"有中国特色的社会形态理论"逐渐成熟,同时从一个侧面昭示着"无奴学派"理论不断得到深化和完善。鉴于晁氏"有中国特色的社会形态理论"体系极其庞大,有必要用解剖麻雀的方法,对其庞大的理论体系从逻辑结构方面作一番新的审视。

1. "封建"一词的泛化及晁氏对用作先秦社会形态的"封建"概念的界定

"封建"一词对于中国学术界是一个并不陌生但语义又极其模糊的概念。著名学者冯天瑜先生曾详细论及:"'封建'本为表述中国古代政制的汉字旧名,意谓'封土建国''封爵建藩',近代以前在汉字文化圈诸国(中、越、朝、日)未生异议。19世纪中叶西学东渐以降,'封建制'在中日两国用以对译西洋史学术语 feudalism(封土封臣、采邑领主制),衍为一个表述普世性历史阶段和社会形态的新名。'封建'一词经历了概念的古今转换和中西涵化,日本因素也参与其内,马克思主义在中国的传播,更深化了此一术语的含义,其内涵与外延均大为丰富并复杂化。'封建'作为近现代概念史上的重要案例和历史

---

〔1〕 朱绍侯:《中国古史分期讨论与中国史研究》,《史学月刊》1998年第6期。
〔2〕 晁福林:《先秦社会形态研究》,北京师范大学出版社,2003年,第95页。

分期的关键字，释义纷纭，展现了思想文化领域错综的演绎状况。”[1]冯氏指出：“‘封建’概念被泛化，不单是一个语义学问题，更是历史学、文化学问题，可以总括为‘历史文化语义学’问题。”[2]事实上，冯氏以上所论，晁氏同样亦曾作过深入探讨。晁氏屡屡指出：“这里讨论的‘封建’，是关于社会性质的研究所采用的概念”，“过去专家们多以为它只是以封邦建国为形式的政治制度，从而与作为社会形态的‘封建’似乎是风马牛不相及的。其实，我国上古时代的封建，形式上是政治权力的封建，而实质上是对于劳动力和土地的分配，并且这个分配是按照等级层次为标准而进行的依次分配”，“‘封建制’即封建主义的生产方式”，“封建制有一个发展过程。在完全成熟的封建制度下，农民是土地的附属，封建主通过占有土地而剥削农民的劳动。但是在封建制开始形成的时候……重要的是对于劳动力的控制，而不是对于土地的控制”。封建制最本质的内容“在于劳动者可以以一定程度上的自由身份与劳动的条件相结合，从而生产出社会物质财富，产生出可供剥削的剩余价值”[3]。综上所述，不难看出，晁氏所界定的“封建”和“封建制”，和长期以来古史分期讨论中的“封建社会”的“封建”，在本质上是一致的，因而并非和用作社会形态的“封建”毫无关联。

值得注意的是，晁氏在对“封建”一词进行概念界定的过程中，注意到了严复于1903年翻译爱德华·詹克斯《政治制度史》用“封建”一词进行对译“是可行的”，“实为天才创造”，“‘封建’一词长期行用不废，与此应当是有关系的”[4]。有的学者“赞同晁福林先生此一对于严译‘封建’的估量”[5]，但又作了两点补充，尤其强调指出：“严译‘封建’包蕴的概念，相容该词的古汉语义与西洋feudal的含义。他用此一古今融会、中西通约的新名‘封建’，表述中国、西欧历史中不同时段的近似制度，从而指示了‘封建’这一新名运用的合理途径”，“然而，自‘五四’时期以后，尤其是中国社会史论战以后，‘封建’渐被滥用，与严译的内涵、外延均相去甚远，故对于‘封建’一词长期行用不废这一现象，有必要作具体分析”[6]。事实上，以上问题，晁氏亦有较为明确的判断：“我们所理解的作为社会形态的、社会性质的‘封建’，既不是欧洲中世纪的封建（即严复所称的‘拂特’），也不是中国古代在‘封邦建国’意义上的封建，而应当是符合马克思主义理论原则的‘封建’及‘封建主义’的定义。”[7]综上可

---

[1] 冯天瑜：《“封建”考论》，武汉大学出版社，2007年第2版，第1—2页。
[2] 冯天瑜：《“封建”考论》，武汉大学出版社，2007年第2版，第8页。
[3] 晁福林：《论封建》，《社会科学战线》2000年第2期。
[4] 晁福林：《论封建》，《社会科学战线》2000年第2期。
[5] 冯天瑜：《“封建”考论》，武汉大学出版社，2007年第2版，第228页。
[6] 冯天瑜：《“封建”考论》，武汉大学出版社，2007年第2版，第229页。
[7] 晁福林：《论封建》，《社会科学战线》2000年第2期。

知,晁氏注意将用作社会形态的"封建"一词和中世纪欧洲的封建及中国古代的封建进行科学的区分,这一区分为其构建"有中国特色的社会形态理论"奠定了较为坚实的理论基础。

2. "封建制"三阶段划分的尺规及学理疑问

在进一步把"封建"界定为"关于社会性质的研究所采用的概念",在"'封建制'即封建主义的生产方式"的基础上,晁氏结合夏、商、周时期不同时段的时代特征,将整个先秦时期区分为夏商"氏族封建制"、西周"宗法封建制"和战国"地主封建制"三个依次衔接的发展阶段。以上论点,无论能否为学术界普遍接受,晁氏的开创之功都是不可泯灭的。兹撇开晁氏"封建"概念的界定,仅仅从问题的表层对晁氏"封建制"三段进行一番严格的推敲。"氏族""宗法"和"地主"三个概念,分别是社会组织、制度和阶级(或称集团)的范畴,以此来概括夏、商、周时期不同时段的社会形态,或社会性质,明显存在尺规不一的问题。以上述标准来区分夏、商、周时期不同时段的社会形态,似很容易引起不必要的误解和学理逻辑的混乱。值得注意的是,在将夏、商、周时期不同时段分别区分为"氏族""宗法"和"地主"封建制社会形态的同时,晁氏又自觉借鉴20世纪法国年鉴学派代表人物、杰出史学家布罗代尔(Fernand Braudel,1902—1985年)所提出的历史时段理论,应用"长时段"理论,提出了"氏族时代"的概念。晁氏指出,中国古史的氏族时代"滥觞于旧石器时代晚期,经过新石器时代到夏商时期有了比较充分的发展,至西周春秋时期社会上大量涌现宗族,氏族时代进入了新阶段,氏族时代在战国时期临近尾声,秦王政统一六国标志着氏族时代的终结"[1]。兹且不论将整个先秦时期笼统地称为"氏族时代"是否合适,问题在于:倘若用晁氏所认为的"影响先秦时代的根本性质"的"氏族"的因素,依次将整个先秦时期的历史划分为从远古至五帝时期、夏商时期、西周春秋时期、战国时期四个发展阶段,"氏族封建制""宗法封建制"和"地主封建制"是否可以体现出"氏族"因素对先秦时期不同历史阶段社会根本性质的影响?此外,晁氏所用以区分"氏族时代"之"编户齐民时代"开始后,"地主封建制"的生产方式是否便随之发生了根本性的变动?如果没有发生大的变动,是否可以继续使用"地主封建制"的概念?如果发生了根本性的变动,则应该用什么更合适的概念来加以表述?凡此,均是学术界难以解决的疑问。

3. "氏族"概念及"氏族制度"解体的时间的问难

不仅对于"封建"的概念学术界释义纷纭,事实上,包括文化人类学和先秦史学科经常使用的"氏族"概念,学术界对其作的解释也往往相去甚远。诸

---

〔1〕 晁福林:《论中国古史的氏族时代——应用长时段理论的一个考察》,《历史研究》2001年第1期。

如杨希枚先生将古代文献中的“姓族”和“氏族”即曾进行过严格的区分。[1]杨氏认为，先秦文献的姓字古义之一系指“姓族”，即包括同出于一个男性或女性祖先的若干宗族(lineage)及其若干家族(nuclear family)的外婚单系亲族集团(exogamous unilateral kinship group)，而相当于现代人类学的“gens, clan, or sib”。先秦文献中的氏字古义之一系指“氏族”，即包括某一姓族所统治的同姓、异姓和与统治者无亲系的庶民所组成的王朝、诸侯国和卿大夫采邑之类的大小政治区域集团(political local group)。由此，杨氏指出：“传统所谓氏族(clan)一词不适于先秦时期。”晁氏认为，杨先生“这一很有影响的说法”，“尚有继续探讨的余地”，但仅仅以“‘氏即是族’，并且依然是由血缘关系所决定的族，与‘姓’并无根本区别”进行解释，似乎并不能完全将先秦时期姓氏问题说清楚，其结论也难以令人完全信服。此外，晁氏注意到了20世纪50年代徐中舒先生“殷代的社会基层组织是彻头彻尾的氏族组织”[2]的论断，却忽略了徐先生“氏族社会是奴隶社会的基层组织，而在中国史上关于氏族的资料，还是极端的缺乏或是过于零碎；就是中国四裔的兄弟民族的历史，也都是氏族组织解体以后而以家族谱系为骨干来写成的，所以它的面貌一直是看不清楚的”[3]，“夏人周人在夏代和周代的末期，氏族组织都已经解体而进入家族制了”[4]等论断。固然，杨、徐二氏的论断或均“尚有继续探讨的余地”，但这亦从另一个侧面说明晁氏用长时段理论考察“氏族时代”及夏、商二代可以称为“氏族封建时代”的论点，均需获得更多强有力的支持。

4. 夏商王朝统治的基础是否是经过分封的氏族？

晁氏指出，“经过分封的氏族为夏商王朝统治的基础”[5]。值得注意的是，晁氏用以证明夏代分封存在的重要证据便是绝大多数学者普遍推定为成书于东周时期[6]的《尚书·禹贡》“庶土交正，底慎财赋，咸则三壤成赋；中邦锡土、姓，只台德先”之“中邦锡土、姓”之记载。在我们今天看来，用晚出的战国时期甚至带有构拟性质的材料来证明夏代存在分封制，证据自然显得薄弱。

---

〔1〕 杨希枚：《论先秦姓族和氏族》，《中国史研究》1993年第1期。

〔2〕 徐中舒：《论殷代社会的氏族组织》，《工商导报》学林副刊，1951年1月7日。

〔3〕 徐中舒：《论殷代社会的氏族组织》，《工商导报》学林副刊，1951年1月7日。

〔4〕 徐中舒：《论殷代社会的氏族组织》，《工商导报》学林副刊，1951年1月7日。

〔5〕 晁福林：《夏商社会性质论纲》，《光明日报》1998年5月22日《史林》。

〔6〕 《禹贡》的成书时代，学术界争讼已久。目前，学术界较早提出的《禹贡》为虞、夏时代的作品的观点，已基本上不为学术界所认可。西周说、春秋说虽各有一定的道理，但存在疑问仍颇多。战国说是目前学术界获得支持最多，影响力最大的一种说法。参见顾颉刚：《论今文〈尚书〉著作时代书》之《〈禹贡〉作于战国考》，《古史辨》第一册下编，上海古籍出版社，1982年；卫聚贤：《〈禹贡〉考》，《中山大学语言历史研究所周刊》1928年4集第38期；史念海：《论〈禹贡〉的著作时代》，《陕西师范大学学报》1979年第3期；陈连庆：《〈禹贡〉研究》，《夏史初探》，齐鲁书社，1985年；刘起釪：《〈禹贡〉的写成时期及其作者》，《古史续辨》，中国社会科学出版社，1991年。

迄今为止，有关夏代的材料极度匮乏，诸多重大历史问题颇难以解释清楚。然自王国维先生提出殷“自开国之初，尚无封建之事”[1]的论点后，商代有无分封制的问题便成为学术界迄今仍争讼不止、聚讼纷纭的学术公案。《殷周制度论》以后，董作宾先生提出“商代封建制度已同于周”[2]，子渔“也许就是武丁的嫡长子”[3]等论点，并从卜辞中区分出同武丁合祭的三个“嫡妻”[4]及三个“嫡子”[5]。经胡厚宣先生的进一步发展，“殷代自武丁以降，确已有封建之制”[6]，“因妻子既多，乃有传子之制，由是而渐有嫡庶之分，渐生宗法之制”[7]等观点，日渐主导学术界。另有学者则明确指出：“从长城以北到湖南南部这么广大的地域，是不是都在商朝王畿的直接管辖之下，当时是否已经推行分封制度，这些地区是不是都有同一水准的社会构造，都是目前的考古与文献资料所不能解决的问题。”[8]在我们今天看来，以上论争的症结恐怕还不止于此。葛志毅先生指出：“王国维虽然提出分封制乃周人所创的合理论断，但并没有从分封制本身的角度去探讨其何以产生的具体条件和必然原因，后来也基本无人去深入发掘这个蕴奥……对这些问题的进一步研究解决，不仅对搞清分封制的内容与本质是极为重要的，而且还将有助于深化对周代社会历史的认识，同时，又可以在更高的层次上重新总结和估价分封制研究在过去所取得的成就。”[9]从这重意义上讲，董、胡二氏所奠定的商代分封说体系轮廓，迄今尚难以从根本上彻底推翻《殷周制度论》殷“自开国之初，尚无封建之事”的论点。

目前，有不少学者赞同分封制是周人的创造和发明。[10]有的学者对文献记载周代以前所谓的“分封”进行更为合理的解释。如金景芳先生说：“这些

---

〔1〕 王国维：《观堂集林》卷十《史林二·殷周制度论》，中华书局，1959年，第466页。
〔2〕 董作宾：《甲骨文断代研究例》，《庆祝蔡元培先生六十五岁论文集》，中央研究院历史语言研究所集刊外编第一种，1933年。
〔3〕 董作宾：《甲骨文断代研究例》，《庆祝蔡元培先生六十五岁论文集》，中央研究院历史语言研究所集刊外编第一种，1933年。
〔4〕 董作宾：《甲骨文断代研究例》，《庆祝蔡元培先生六十五岁论文集》，中央研究院历史语言研究所集刊外编第一种，1933年。
〔5〕 董作宾：《甲骨文断代研究例》，《庆祝蔡元培先生六十五岁论文集》，中央研究院历史语言研究所集刊外编第一种，1933年。
〔6〕 胡厚宣：《殷代婚姻家族宗法生育制度考》，《甲骨学商史论丛初集》，齐鲁大学国学研究所，1944年。
〔7〕 胡厚宣：《殷代婚姻家族宗法生育制度考》，《甲骨学商史论丛初集》，齐鲁大学国学研究所，1944年。
〔8〕 张光直：《中国青铜时代》，生活·读书·新知三联书店，1999年，第103页。
〔9〕 葛志毅：《周代分封制度研究》，黑龙江人民出版社，1992年，第7—8页。
〔10〕 徐中舒：《西周史论述》(上)，《四川大学学报》1979年第3期；杨宽：《论西周初年的分封制》，《纪念顾颉刚学术论文集》上册，巴蜀书社，1990年；金景芳：《〈周礼·大司徒〉、〈礼记·王制〉封国之制平议》，《先秦史论文集》，《人文杂志》增刊，1982年；葛志毅：《周代分封制度研究》，黑龙江人民出版社，1992年。

血族团体如氏族、胞族、部落等都是‘自然长成的结构’，并不是如后世的诸侯国，是经过分封才出现的。”〔1〕唐嘉弘先生则更进一步讲到：“司马迁忽略了古代氏族、部落增殖裂变的事实，误以周、汉分封之制去理解夏、商政体，不合历史实际。《尚书·书序·汨作·九共》言及‘别生分类’，别生即别姓，即按增殖裂变规律，不断地分化出新的氏族—胞族—部落，照此衍生形式，不断出现新的姓氏，这纯粹是自然形成的社会现象，夏、商诸氏的出现，正是如此，并非出于分封。”〔2〕以上解释，虽未必能够完全为学术界所接受，但以上论断，毫无疑问对晁氏“经过分封的氏族为夏商王朝统治的基础”的论点提出激烈的挑战。

5.《孟子·滕文公上》“殷人七十而助”是否可以确证“商代实行劳役地租”？

《孟子·滕文公上》云：“夏后氏五十而贡。”晁氏认为，《尚书·禹贡》中的“中邦锡土、姓”所表示的封建与“底慎财赋”所表示的赋税征收，两者的关系极为密切，正是一个事情的两个方面。〔3〕晁氏亦曾强调：“《禹贡》篇虽然成书时代较晚，但其中不乏夏代贡赋情况的踪影。”〔4〕然问题在于《禹贡》中的贡赋制度究竟有多少能够折射出“夏代贡赋情况的踪影”，而且这些“踪影”是否就是夏代贡赋制度的真实写照，凡此一系列疑问，均需要作出明确回答后才能进一步下结论。晁氏将孟子所讲的“夏后氏五十而贡”解释为“一种新的田赋形式”，“是从原始时代诸族向部落联盟首领贡纳的形式向文明时代的赋役形态的一种过渡形态”〔5〕。限于目前所掌握的有关夏史的第一手资料的极度匮乏，显然推断多于考证，以上推论能否成立，显然有待于学术界作进一步深入的探索。与此同时，晁氏依据《孟子·滕文公上》“殷人七十而助”的记载，并结合甲骨卜辞，推论“商代有实行劳役地租的确证”〔6〕，并由此认为，劳役地租“出现于夏商时代合乎封建地租发展的规律”〔7〕。事实上，这一问题和夏商时期有无分封制的问题类似，是一个迄今尚难以准确揭示全部历史真相的学术难题。诸如有的学者讲到：“‘夏后氏五十而贡’的传说，大概是指平民对贵族的贡纳额”〔8〕，而另有学者则提出不同意见：“入贡，多是对外族而

〔1〕 金景芳：《〈周礼·大司徒〉、〈礼记·王制〉封国之制平议》，《先秦史论文集》，《人文杂志》增刊，1982年。

〔2〕 唐嘉弘：《略论夏商周帝王的称号及国家政体》，《历史研究》1985年第4期。

〔3〕 晁福林：《先秦社会形态研究》，北京师范大学出版社，2003年，第93页。

〔4〕 晁福林：《先秦社会形态研究》，北京师范大学出版社，2003年，第93页。

〔5〕 晁福林：《先秦社会形态研究》，北京师范大学出版社，2003年，第93—94页。

〔6〕 晁福林：《先秦社会形态研究》，北京师范大学出版社，2003年，第94页。

〔7〕 晁福林：《先秦社会形态研究》，北京师范大学出版社，2003年，第94页。

〔8〕 郭沫若：《中国史稿》第一册，人民出版社，1962年，第84页。

言,本族应是以服役为多。"〔1〕事实上,早在清代,学者已经清楚地认识到龙子所说的"贡法"并非禹之"贡法",如阎若璩引胡渭之说:"龙子所谓莫不善者,乃战国诸侯之贡法,非夏后氏之贡法也。"〔2〕长期以来,学术界对《孟子·滕文公上》"夏后氏五十而贡,殷人七十而助"的理解,百家百义,难相统一,如果不对以上文字作更为准确的解释,就很难对夏商时期的生产方式作出科学判断。

与晁氏解释不同,早在20世纪50年代,徐中舒先生即曾指出:"贡、助、彻是夏、商、周三代不同的剥削的制度。贡是贡纳,助是服役,彻是服一定限度的劳役。贡、助是适应于奴隶社会的制度;彻,是适应于封建社会的制度。"〔3〕徐氏将《尚书·酒诰》中所记载的殷代外服制和辽代社会制度进行比较,提出了殷代外服制是一种"指定服役制"〔4〕。以后,徐中舒、唐嘉弘先生进一步明确指出:殷商奴隶制王国的"四服制不仅是一种政治方式,也是一种社会经济方式。它既是殷商的政治社会制度,又是殷商奴隶制王国指定服役的奴隶制度"〔5〕。以上论点,颇为值得重视。有的学者指出,徐中舒先生借鉴少数民族的指定服役的制度对殷商时期的外服制提出独到的见解,"为我们指示了一条以实事求是的态度从事研究的正确途径"〔6〕。显然,晁氏对殷商时期社会生产方式的理解,与徐、唐二氏的解释相去甚远。只有在进一步准确解读相关的文献和甲骨文资料的基础上,形成相对统一的认识,方能对夏商时期的剥削形式进行更为科学的理论概括。

综上所述,由于"封建"概念在近代以后语义不断泛化,夏商文献资料极度贫乏,先秦史料有其复杂性,因此,学术界对有关夏商时期若干重大理论问题,如周代之前有无分封制、夏商时期的社会生产方式究竟怎样,理解和判断颇相悬殊,再加上晁氏所借用的"长时段"理论,难免造成"封建制"三段论尺规不一,学理逻辑混乱。凡此说明晁氏"有中国特色的社会形态理论"体系尚有待于学术界共同作更加深入系统的修订、补充和完善。

---

〔1〕 徐中舒:《先秦史论稿》附《中国史稿》第一册批语,巴蜀书社,1992年,第362页。
〔2〕 阎若璩:《四书释地三续》,《四库全书》第210册,《经部·四书类》,上海古籍出版社,1987年,第436页。
〔3〕 徐中舒:《试论周代田制及其社会性质——并批判胡适井田辨观点和方法的错误》,《四川大学学报》1955年第2期。
〔4〕 徐中舒:《试论周代田制及其社会性质——并批判胡适井田辨观点和方法的错误》,《四川大学学报》1955年第2期。
〔5〕 徐中舒、唐嘉弘:《论殷周的外服制——关于中国奴隶制和封建制分期问题》,《人文杂志》增刊《先秦史论文集》,1982年。
〔6〕 赵世超:《指定服役制度略述》,《陕西师范大学学报》1999年第3期。

四、先秦社会形态研究何去何从？

综前所论，笔者无意贬低晁氏多年来为努力构建“有中国特色的社会形态理论”所作出的种种繁难的学术探索。在“中国无奴隶社会论”的主导下，晁氏对夏商社会形态所作出的尝试性努力，将夏商社会形态的研究从“破坏”推进到“建设”阶段，昭示了学术界对这一重大繁难问题的探索正在不断走向深化。同“无奴学派”其他专家相比，晁氏构建的“有中国特色的社会形态理论”，体系完备，视角新颖，方法独到，为学术界对这一重大理论问题研究的进一步深化初步奠定了基础。从这种意义上说，在新的学术背景下，晁氏对先秦社会形态研究的开山之功，也必将载入中国史学发展的史册。

在晁氏努力构建“有中国特色的社会形态理论”的同时，学术界对夏商社会形态的探索，一直持续进行着。叶文宪教授将学术界有关古史分期的主要论点列表如下[1]：

<table>
<tr><th>时代
作者</th><th>五帝</th><th>夏商</th><th>西周</th><th>春秋</th><th>战国</th><th>秦汉至清</th></tr>
<tr><td>白寿彝</td><td colspan="5">上古时代</td><td>中古时代</td></tr>
<tr><td>曹大为</td><td></td><td colspan="4">宗法集耕型家国同构农耕社会</td><td>专制个体型家国同构农耕社会</td></tr>
<tr><td>苏秉琦</td><td>古国</td><td colspan="4">方国</td><td>帝国</td></tr>
<tr><td>严文明</td><td>古国</td><td colspan="4">王国</td><td>帝国</td></tr>
<tr><td>许倬云</td><td>复杂社会</td><td colspan="4">初期国家正式国家</td><td>帝国</td></tr>
<tr><td>田昌五</td><td>万邦</td><td colspan="3">族邦</td><td colspan="2">封建帝制</td></tr>
<tr><td>晁福林</td><td></td><td colspan="2">氏族封建</td><td colspan="2">宗法封建</td><td>地主封建</td></tr>
</table>

从上表可以看出，学术界在摆脱“五形态说”的桎梏后，对于古史分期和中国古代社会形态的研究，呈现出百家争鸣、百花齐放的局面。除晁、田二氏外，更多的学者则更加笼统地将夏、商、周时期置于同一个历史阶段。如果按照晁氏所借鉴的“长时段”理论而论，以上诸家的分期均具有建设性意义。晁氏指出：“有的专家的探讨离社会形态这一概念距离远了一些。这也许就是目前相关研究的一个缺憾。”[2]不唯如此，古史研究过程中重宏观轻微观的倾向，极容易将纷繁复杂的历史问题简单化。历史学家一再强调，宏观研究

〔1〕 叶文宪：《古史分期问题新说述评》，《中国史研究动态》2000年第1期。
〔2〕 晁福林：《先秦社会形态研究》，北京师范大学出版社，2003年，第42页。

与微观研究“二者并重，结合起来，是十分必要的”[1]。“如果能够把每一个局部的历史问题加以研究解决，一个全面的科学的古史体系才能建立在坚实的基础上。”[2]杰出的思想家孔子早在春秋时期就反复强调：“周监于二代”[3]，“殷因于夏礼，所损益，可知也；周因于殷礼，所损益，可知也”[4]。夏、商、周三代的政治制度、社会经济和文化等，既有直接的某些大家容易清晰发现的继承性，同时又有明显的差异性。夏、商、周时期制度与文化等方面存在着因袭与损益，这基本上可以说是学术界的共识，然夏、商、周不同历史时期社会制度与文化方面，继承性大于差异性，或是差异性大于继承性，对此迄今学术界的认识仍相去甚远。新史学兴起之初，王国维先生提出“中国政治与文化之变革，莫剧于殷、周之际”[5]的论点，曾一度对学术界产生极其重大的影响。然而目前尚有不少学者赞同王夫之“战国者，古今一大变革之会”[6]的论断，支持郭沫若先生“殷代与西周在生产方式与文化水准上并无多大区别”[7]，“殷末与西周并看不出有若何剧变”[8]等论点。与郭氏观点相似，晁氏指出：“先秦时代(特别是夏商周三代)的政治变迁对社会形态有一定影响，但不能估计过高。可以说在一个较长时段(例如夏商西周时期)里，社会生产方式和社会结构的变化不太大，夏商西周之间的区别远没有其相同之处多而重要。夏商周三代政治变迁和许多历史事件，都是同一社会结构影响的结果。”[9]正因为此，晁氏指出：“关于先秦社会形态的研究，很有必要找出这个具有根本性质的因素。”[10]然综前所论，晁氏用长时段理论和“氏族时代”概念重新考察先秦社会形态，究竟“氏族时代”是否可以指代影响先秦社会形态的具有根本性质的因素，恐还需要学术界进行更为深入细致的探讨之后才能对于其是否合乎先秦时期历史实际作出准确判断。

综上所论，夏商“氏族封建”说所存在的种种疑问表明，目前学术界对先秦社会形态这一庞大学术理论的研究，路向尚未完全清晰。就目前学术界已有的研究成果而论，尚有必要从以下几个方面对与该庞大学术理论相关的诸多问题作更加科学理性的思考。

---

〔1〕 徐中舒先生语。参见李民：《夏商史探索》序言，河南人民出版社，1985年。

〔2〕 徐中舒先生语。参见李民：《夏商史探索》序言，河南人民出版社，1985年。

〔3〕《论语·八佾》。

〔4〕《论语·为政》。

〔5〕 王国维：《观堂集林》卷十《史林二·殷周制度论》，中华书局，1959年，第451页。

〔6〕 王夫之：《读通鉴论·卷末·叙论四》，中华书局，1975年版，第1112页。

〔7〕《郭沫若全集·历史编》第一卷《中国古代社会研究》，人民出版社，1982年，第31页。

〔8〕《郭沫若全集·历史编》第一卷《中国古代社会研究》，人民出版社，1982年，第239页下补注。

〔9〕 晁福林：《先秦社会形态研究》，北京师范大学出版社，2003年，第43页。

〔10〕 晁福林：《先秦社会形态研究》，北京师范大学出版社，2003年，第44页。

1. 经典作家“五形态说”的适用范围及“无奴学派”理论能否成为先秦社会形态研究的最后定论？

学术界普遍认为，中国早期激烈的社会史论战中，史学家们在资料运用和理论概括方面都存在严重的不足，所取得的成就政治性大于学术性。事实上，对于这一点，马克思主义史学家很早即有较为清醒的认识。侯外庐先生曾对郭氏《中国古代社会研究》一书的缺点提出批评：“在十数年前读郭沫若先生的《中国古代社会研究》论文，反复研究，觉得郭先生关于中国古代社会的理论根据，仅是《家族、私产、国家起源》的前半部，而忽视了后半部希腊、罗马、日尔曼三个类型的国家成立底基本材料，我以为研究中国的古代社会，至少要依据古典国家的一般合法则性（如氏族贵族的国家向显族贵族的国家去发展），同时要研究各个类型的特殊合法则性（如以上两个阶段有具体性）。郭先生的缺点，其中有一个便是等视西周与西洋的古典，而一字也没有把周代国家成立的两个阶段，提出来研究。后来始看到上书中，郭先生的《追论与补遗》，所补者确是问题的中心，但可惜还是简略而疏漏。”〔1〕就连郭沫若先生本人也一再强调：“我的初期的研究方法，毫无讳言，是犯了公式主义的毛病的。我是差不多死死地把唯物史观的公式，往古代的资料上套，而我所据的资料，又是那么有问题的东西。我这样所得出的结论，不仅不能够赢得自信，而且资料的不正确，还可以影响到方法上的正确。”〔2〕郭氏对于以《中国古代社会研究》为代表的早期马克思主义史学著作中的若干局限与不足作出全面而系统的检讨的同时，已经清醒地认识到要加强理论和方法上的基本素养，避免将马克思主义公式化、教条化：“中国的古代发展和马克思的学说不尽相符。”〔3〕然值得注意的是，郭氏所说的“不尽相符”，是否意味着中国古代社会形态尤其是夏商社会形态与经典作家的表述毫无关联，则值得“无奴学派”及其理论支持者们进一步结合中国社会的历史实际尤其是夏商时期的生产方式、阶级关系等重大问题，作更为深入理性的思考。

2. “无奴学派”对中国古代社会形态认识上的分歧要求学术界对先秦社会形态作更加合乎历史实际的理论概括

综前所论，“无奴学派”虽然赞同“奴隶社会并非人类历史发展必经阶段”，但就夏商社会形态的认识并不完全一致。张广志先生的“村社封建制”“部落封建制”及晁氏的“氏族封建制”虽然提法不一，但二者所说的“封建”毫无疑问是和以往史学家所理解的作为生产方式的“封建”语义是基本一致的。

〔1〕 侯外庐：《中国古代社会史》，新知书店，1948年，第133—134页。

〔2〕《郭沫若全集·文学编》第十三卷《革命春秋（郭沫自传·第三卷）·海涛集·我是中国人》，人民文学出版社，1992年第357页。

〔3〕《郭沫若全集·历史编》第三卷《奴隶制时代》，人民出版社，1984年，第109页。

由此可知,张、晁二氏尽管否认夏商为奴隶社会,却不约而同地用传统的"封建社会"的特殊形态来取代"奴隶社会"的提法,显然,他们并未彻底摆脱"五形态说"的世界历史发展图式。然否认夏商为奴隶社会,是否意味着该阶段一定就是"封建社会"的特殊形态,夏、商、周时期不同时段的生产方式是相似还是有重大变迁,这些疑问均需学术界作更加系统缜密的探究。

除此之外,另有学者则完全抛开"五形态说"的世界历史发展图式,诸如早期国家理论,同样存在短时期内无法相统一的重大分歧。至于某些远离社会形态的种种理论概括,更从一个侧面说明,"无奴学派"对先秦社会形态的研究有渐渐陷入进退两难境地之迹象。

3. 对学术界早期社会形态理论的研究成果应采取什么样的态度?

综前所论,自 20 世纪 20 年的社会史论战开始,学术界对社会形态理论的研究持续了将近一个世纪。尤其新中国成立后在"五形态说"指导下形成的三论(即西周封建论、战国封建论、魏晋封建论)五说(即春秋封建说、秦统一封建说、西汉封建说、东汉封建说、东晋封建说),随着学术研究的逐步深入,各种论说存在的问题日渐被一一揭示〔1〕,但迄今为止,不同论说所揭示的某些历史的真实性仍持续引起学术界的高度重视。"三论五说"虽论点不一,证据悬殊,但各家均以经典作家所划定的"五形态说"作为历史分期的标准。"无奴学派"所提出的"奴隶社会并非人类历史发展必经阶段"理论是否足以彻底颠覆"三论五说"所共同采用的"五形态说"历史分期标准,还需要学术界经过相当持久的研究方能作出准确回答。

与此相关,随着中国古代史研究的持续深入与考古学、文化人类学等相关学科理论体系的日趋完备,先秦史尤其是夏商史研究正在向着更高的学术目标和水准推进。先秦史研究中诸多重大理论问题,如夏、商、周的国家结构形式与政体、先秦时期的土地制度、中国早期的基层组织与管理形态的研究均在不断深化。只有在马克思主义理论指导下,系统整理发掘已有研究成果,并不断对学术界已有研究成果进行批判继承和科学分析,方能对学术界争论已久的先秦社会形态理论问题提出更为令人信服的结论。从这种意义上讲,先秦社会形态的研究,仍任重而道远。

总之,先秦社会形态的研究是一个庞大的学术工程。有关该重大理论的探讨,在历经近一个世纪的论争之后,"五形态说"的日渐被打破及"无奴学派"在"中国无奴隶社会论"主导下的种种繁难的学术探索,无疑标志着这场旷日持久的学术论争进入了一个全新的阶段,这对科学揭示中国古代历史的规律,系统考察先秦社会形态,推动中国古代史研究建立更高的目标和水准,

---

〔1〕 李祖德:《中国古史分期问题综述》,《中国古代史研究入门》,河南人民出版社,1989 年。

意义深远。本文以晁氏“氏族封建”说为中心,对晁氏努力构建的“有中国特色的社会形态理论”重新进行审视和思考,在充分肯定包括晁氏在内的新一代史学家对这一庞大繁难问题进行的辛勤探索的意义和价值的同时,指出包括晁氏在内努力构建这一庞大理论体系的学者在史料分析、理论概括过程中的若干局限和不足,其目的正和包括晁氏在内的新一代史学家长期追求的目标完全一致,即在前辈专家所设计的蓝图下,为推动“中国历史学的具有重大学术意义的长足发展”[1]贡献一些绝非定论甚或是完全错误的见解。

(原载《史学理论研究》2012 年第 3 期)

[1] 晁福林:《先秦社会形态研究》,北京师范大学出版社,2003 年,第 5 页。

上博简《容成氏》九州补论

一、“州”字古义及春秋时期的九州观念

“州”的原始意义,《说文·川部》早已说得很清楚:“水中可居者曰州,水周绕其旁。昔尧遭洪水,民居水中高土,故曰九州。《诗》曰:‘在河之州。’一说,州,畴也,各筹其土而生也。”顾颉刚先生说:“这两义其实可以联系起来,就是这一块地与那一块地有分别的意思,仿佛今所谓区域。”[1]顾氏又说:“‘州’字在春秋时是小区域的名称。”[2]

结合先秦文献记载,不难确知,“九州”观念是在“州”的基础上逐渐发展来的。《诗经·商颂·玄鸟》《诗经·商颂·长发》分别有“方命厥后,奄有九有”“帝命式于九围”“末遂莫达,九有有截”等诗句。“九有”“九围”,毛传均释为“九州也”。《毛诗正义》则将“九有”“九围”强为区分:“九有是同有天下之辞,言分天下以为九分皆为已有,故知九有九州也。”“谓九州为九围者,盖以九分天下,各为九处,规围然,故谓之九围也。”迄今为止,几乎很少有人将《诗经·商颂》视为殷商时期的作品,绝大多数学者认为以上诗篇为春秋时期宋人之作,由此可知,春秋时期人们可能已有颇为笼统乃至模糊的九州概念。这一假定似乎可以从早期的文献和金文资料中寻找到若干重要的旁证。

春秋时期齐灵公时期的青铜器《齐侯镈钟》铭文论及成汤“有严在帝所,咸有九州,处禹之都”。《左传》襄公四年引《虞人之箴》:“芒芒禹迹,画为九州,经启九道。”《国语·周语下》记周灵王二十二年,太子晋论禹治水之事说:“封崇九山,决汩九川,陴鄣九泽,丰殖九薮,汨越九原,宅居九隩,合通四海。”这是有关禹画九州的较早记载。但事实上,以上文字虽然记录了“禹画九州”的传说,但并无具体的州名。顾先生结合大量材料对“州”与“岳”的演变情况作了较为系统的考察,得出以下结论:“当西周时尚没有九州的观念,更不必说殷和夏。自西周之末到春秋时,在今河南省的西部和陕西省的东南部,有个姜姓民族的居住地,唤做九州。大约在春秋中叶把这小区域的九州放大为禹迹的九州,掩盖当时的天下,但没有确定这个九州名及其疆界。到战国时,

[1] 顾颉刚:《州与岳的演变》,《史学年报》1933 年第五期。
[2] 顾颉刚:《州与岳的演变》,《史学年报》1933 年第五期。

因吞并的结果,小国之数日减,仅存几个强国(如秦、楚)或古国(如周、卫),约略与九州相当,遂使九州之说益臻具体化,而有《禹贡》等分州之书出现。”[1]在我们今天看来,顾氏推测,并非最终定论,但随着先秦史研究的不断深入,以《左传》昭公四年司马侯所论“九州之险”的九州即夏代的九州的推论陆续得到不少学者的支持[2],显然完全可备一说。综上所述,春秋以前人们所论九州仅是一个虚浮的观念,从未形成一个轮廓。

二、战国时期“九州”名称的具体化及州名的分歧

战国时期的文献中,“九州”名称逐渐具体化。其中,《尚书·禹贡》[3]、《周礼·职方》[4]和《吕氏春秋》中九州州名,有同有异,兹简单列表如下:

《禹贡》九州	冀	兖	青	徐	扬	荆	豫	梁	雍		
《职方》九州	冀	兖	青		扬	荆	豫		雍	幽	并
《吕氏春秋》九州	冀	兖	青	徐	扬	荆	豫		雍	幽	

从上表可以看出,冀、兖、青、扬、荆、豫、雍七州并见以上三部著作,说明战国时期九州州名不仅已逐渐具体化,而且基本定型。

近年发布的《上海博物馆藏战国楚竹书(二)》[5]中《容成氏》篇有大禹治

[1] 顾颉刚:《州与岳的演变》,《史学年报》1933年第五期。

[2] 徐中舒:《再论小屯与仰韶》,《安阳发掘报告》1931年第3期;辛树帜:《禹贡新解》,农业出版社,1964年,第52页;郑杰祥:《试论夏代历史地理》,《夏史论丛》,齐鲁书社,1985年。

[3] 《禹贡》的制作时代历来争议很大。顾颉刚先生所著《论〈今文尚书〉著作时代书》中有《〈禹贡〉作于战国考》(《古史辨》第一册下编,上海古籍出版社,1982年)。以后,史念海《论〈禹贡〉的著作年代》(《陕西师大学报》1979年第3期)、陈连庆先生《〈禹贡〉研究》(中国先秦史学会编《夏史论丛》,齐鲁书社,1985年)、刘起釪先生《〈禹贡〉的写成时期及其作者》(《古史续辨》,中国社会科学出版社,1991年)等分别从不同角度对该问题进行了更为深入的探讨。史先生综合《禹贡》九州与战国前期形势、河水流经的地方、禹都与魏都以及《禹贡》的撰述与梁惠王的霸业等内容,指出《禹贡》成书年代可能在公元前370年至公元前362年之间。陈先生从《禹贡》九州的地理范围、《禹贡》中的各种制度及《禹贡》的用字等方面论证了《禹贡》是地道的战国时期作品。其成书的上限是秦灭蜀之年(公元前316年),下限是邹衍创立大九州说(公元前265年至公元前245年)。刘先生特别强调古代文籍往往是经过一个较长的流传过程,由前后不同的人递增而成。《禹贡》反映战国地理情况,但文字中亦有不少内容不能晚于春秋时期,又常有战国出现新情况以前的事。总之,目前,学术界比较普遍地认为,《禹贡》最大可能制作于战国时代,只是具体年代方面尚存在一些分歧。

[4] 《周礼》是学术界争议最大的一部古书。郭沫若、钱穆、顾颉刚、杨向奎等先生分别从不同角度论及《周礼》为战国时期作品。参见郭沫若:《〈周官〉质疑》,《金文丛考》,人民出版社,1954年;钱穆:《〈周官〉著作时代考》,《燕京学报》1932年第11期;顾颉刚:《“周公制礼”的传说和〈周官〉一书的出现》,《文史》第六辑,中华书局,1979年;杨向奎:《〈周礼〉的内容分析及其成书年代》,《山东大学学报》1954年第4期。

[5] 马承源:上海古籍出版社,2002年。

水,分九州的传说。整理者李零先生说,“简文述禹分九州,九州之名”,“异乎《尚书·禹贡》等书”,“是可补古史之缺的宝贵材料”〔1〕。兹参照李零先生所隶,抄录简文如下:

“壄(禹)亲执枌〈耒〉(耒)耜(耜),㠯波(陂)明者(都)之泽,決九河之滐(阻),于是虖(乎)夹州、涂(徐)州刣(始)可尻(处)。壄(禹)迵(通)淮与忻(沂),东豉(注)之海(海),于是虖(乎)竞州、篖(莒)州刣(始)可尻(处)也。壄(禹)迵(通)蒌与汤,东豉(注)之海(海),于是虖(乎)藕州刣(始)可尻(处)也。壄(禹)迵(通)三江五沽(湖),东豉(注)之海(海),于是虖(乎)䎁(荆)州、豉(扬)州刣(始)可尻(处)也。刣(禹)迵(通)浘(伊)、洛,并里〈瀍〉、干(涧),东豉(注)之河,于是虖(乎)敍(豫)州刣(始)可尻(处)也。壄(禹)迵(通)经(泾)与渭,北豉(注)之河,于是虖(乎)虘州刣(始)可尻(处)也。”

根据以上简文可知,《容成氏》另有一套九州系统:

夹	涂(徐)	竞	篖(莒)	藕	荆	扬	敍(豫)	虘

从上表可以清楚地看出,《容成氏》九州除了徐、荆、扬、豫四州见于传世文献外,其他五州州名,均为首次出现,所以有的学者认为,《竹书》九州“应属于自成一格的九州系统”〔2〕。

《上海博物馆藏战国楚竹书(二)》发布以来,已有不少学者对《容成氏》九州问题进行了较为深入细致的研究。〔3〕但总的来看,不少关键性问题,专家的意见分歧较大,颇有必要在专家已有研究成果的基础上,继续进行有价值的探索。

三、“禹画九州”传说的流传与《容成氏》九州传说发生的地域

文献和考古学资料表明,大禹的各种传说自西周以后有一个逐渐发生、流变、综合、定型与统一的过程。春秋时期,大禹的形象由西周时期的山川神主向夏宗和人王转化,以后大禹的传说随着人群流动和文化播迁而日渐丰富,从战国时期大禹传说的多元并起到西汉时期大禹传说的逐步定型与统一,大禹传说的真实成分越来越少。禹画九州的传说自春秋以来,已在民间

〔1〕 马承源:《上海博物馆藏战国楚竹书(二)》,上海古籍出版社,2002 年,第 249 页。

〔2〕 陈伟:《竹书〈容成氏〉所见的九州》,《中国史研究》2003 年第 3 期。

〔3〕 陈伟:《竹书〈容成氏〉所见的九州》,《中国史研究》2003 年第 3 期;沈建华:《楚简〈容成氏〉州名与卜辞金文地名》,《古文字研究》第二十五辑,中华书局,2004 年,第 328—333 页;晏昌贵:《〈上海博物馆藏战国楚竹书(二)〉中〈容成氏〉九州柬释》,《武汉大学学报》(哲学社会科学版)2004 年第 4 期;易德生:《上博楚简〈容成氏〉九州刍议》,《江汉论坛》2006 年第 5 期;朱渊清:《禹画九州论》,北京大学震旦古代文明研究中心编:《古代文明》(第 5 卷),文物出版社,2006 年,第 55—69 页;易德生:《从楚简〈容成氏〉九州看〈禹贡〉的成书年代》,《江汉论坛》2009 年第 12 期。

普遍流传。成书于战国时期的《山海经·海内经》云:"鲧复生禹,帝乃命禹卒布土以定九州。"在春秋以来古老传说的基础上,经过战国时期的学者的加工、整理,形成了《禹贡》《职方》和《吕氏春秋》的基本面貌。

以上三部传世文献,唯《吕氏春秋》毫无争议,为秦国的作品。《禹贡》《周礼》不仅著述时代争议已久,其产生地域更由于资料的缺乏,众说纷纭。诸如顾颉刚先生认为,《禹贡》作者的籍贯同《山经》作者一样,可能是秦国人[1];史念海先生称《禹贡》的成书当出于魏国人之手[2];刘起釪先生进一步强调了《禹贡》的作者为秦国人的可能性,但坚持《禹贡》的作者为西北人之更妥的说法[3]。总之,《禹贡》产生的地域,目前大多数学者倾向于当时的西北地方。《周礼》的作者和产生地域,更无定说。杨向奎先生推测,《周礼》"应当是战国中叶前后的作品,可能出于齐国"[4],虽非最终定论,但可备一说。至于《容成氏》古老传说的学派归属,目前学术界的意见,分歧很大。如有的学者推测,《容成氏》写成时间跟《子羔》《唐虞之道》一样,都在燕王哙禅让失败的事件之前,其应属于儒家作品[5],有的学者则以为《容成氏》篇中的思想倾向,明显具有墨家色彩[6]。限于直接佐证资料的缺乏,《容成氏》古老传说发生的地域,可能在相当长的历史时期,将一直是一笔糊涂账。兹仅简文所记州名及州域,略作推测:

对照传世文献,《容成氏》九州的中的徐、荆、扬、豫四州,似无疑议。夹、竞、莒、蓏、虘五州名,不少专家从文字音韵、训诂学角度,作出了各种各样的判断。但笔者以为,某些强为比附所作的推断仍有不少可商之处。

夹州,李零先生释文中说"疑相当于《禹贡》等书的'兖州'"[7]。陈伟、沈建华赞同李零的推测[8],并从音韵学方面找到了若干"证据"。晏昌贵、易德生则以为,"夹州当得名于两河夹持其间地,此与古书释冀州正同"[9],"冀州的可能性比较大"[10]。笔者以为,前一种说法,较有道理。后者立论的前提,

〔1〕 顾颉刚:《中国古代地理名著选读·禹贡注释》,科学出版社,1959年,第4页。
〔2〕 史念海:《论〈禹贡〉的著作年代》,《陕西师大学报》1979年第3期。
〔3〕 刘起釪:《〈禹贡〉的写成时期及其作者》,《古史续辨》,中国社会科学出版社,1991年版,第606页。
〔4〕 杨向奎:《〈周礼〉的内容分析及其成书年代》,《山东大学学报》1954年第4期。
〔5〕 姜广辉:《上博藏简〈容成氏〉的思想史意义》,《中国社会科学院院报》2003年1月23日。
〔6〕 赵平安:《楚竹书〈容成氏〉的篇名及性质》,《华学》第六辑,紫禁城出版社,2003年,第75—78页。
〔7〕 马承源:《上海博物馆藏战国楚竹书(二)》,上海古籍出版社,2002年,第269页。
〔8〕 陈伟:《竹书〈容成氏〉所见的九州》,《中国史研究》2003年第3期;沈建华:《楚简〈容成氏〉州名与卜辞金文地名》,《古文字研究》第二十五辑,中华书局,2004年,第328页。
〔9〕 晏昌贵:《〈上海博物馆藏战国楚竹书(二)〉中〈容成氏〉九州柬释》,《武汉大学学报》(哲学社会科学版)2004年第4期。
〔10〕 易德生:《上博楚简〈容成氏〉九州刍议》,《江汉论坛》2006年第5期。另,易氏以淯州为兖州,以莒州为徐州,疑点更多,似无须置辨。

首先是将大禹治水当作真实可靠的信史，同时又"认定"大禹所治之"河"是先秦时期流经今河北平原中部的大河，并以《禹贡》所载大河流经地域，对号入座，未免先入为主，在信古、复古的道路上越走越远。尤其晏氏忽略大禹治水、划分九州的古老传说是历经相当漫长的历史时期，在不同地域不同民族并不完全相同的古老传说基础上，层累积聚而成，其以后几州地域的分析，同样也存在重大理论方面的缺失，因而疑问自然不少。

竞州，李零先生"疑相当于《禹贡》等书的'青州'或《尔雅·释地》的'营州'"〔1〕。唯晏昌贵以为竞州"当偏西偏南，当淮水流域"。其他专家鲜有异议。综合专家意见，则似《容成氏》竞州与《禹贡》等书的"青州"或《尔雅·释地》的"营州"的州域或有一定的关联，但依笔者看来，仅以此为据就将《容成氏》竞州等同于《禹贡》等书的"青州"或《尔雅·释地》的"营州"，下这一结论，恐为时过早。

莒州，李零先生疑"即莒国一带"〔2〕。沈建华则推测"《容成氏》所称的莒州应该相当于《禹贡》中的青州"〔3〕。今天看来，莒州得名与莒国有直接关系，绝大多数学者赞同《容成氏》九州为自成一格的传说系统，因此，不必以传世文献机械地一一对应。莒国所在，文献资料已说得很清楚，就在今山东莒县一带。

蓏州，李零先生"疑即《周礼·夏官·职方氏》所说……的并州。'并'与'蓏'写法相近，或有混淆"〔4〕。陈伟赞同李氏"并州"之说，但将该州州名隶定为"藕"〔5〕。易德生赞同《容成氏》蓏州为幽州的推测，似乎如前文所述，是为了比附《禹贡》水系。〔6〕综合专家的研究，则可推知，《容成氏》蓏州大体上在今山西、河北一带。

虘州，学术界多隶为"且州"。李零先生说："从文义看，应当相当《禹贡》之雍州。"〔7〕总体来看，将《容成氏》"且州"和《禹贡》雍州的地域相关联，有一定的道理。同样，笔者以为，州名的差异仍是传说系统的差异所致，不必机械地将二者对等。

综前所论，兹根据专家研究，加上笔者的判断，将《容成氏》九州与传世文献九州的大致范围进行简单比较，表之如下：

---

〔1〕 马承源：《上海博物馆藏战国楚竹书（二）》，上海古籍出版社，2002年，第269页。
〔2〕 马承源：《上海博物馆藏战国楚竹书（二）》，上海古籍出版社，2002年，第269页。
〔3〕 沈建华：《楚简〈容成氏〉州名与卜辞金文地名》，《古文字研究》第二十五辑，中华书局，2004年，第330页。
〔4〕 马承源：《上海博物馆藏战国楚竹书（二）》，上海古籍出版社，2002年，第270页。
〔5〕 陈伟：《竹书〈容成氏〉所见的九州》，《中国史研究》2003年第3期。
〔6〕 易德生：《上博楚简〈容成氏〉九州刍议》，《江汉论坛》2006年第5期。
〔7〕 马承源：《上海博物馆藏战国楚竹书（二）》，上海古籍出版社，2002年，第271页。

《容成氏》州名	对应传世文献州名及约略州域
夹州	兖州。豫东、鲁西一带。
涻州	徐州。山东一带。
竞州	青州或营州。山东一带。
篖州	莒州。山东莒县一带。
蓏州	并州。山西、河北一带。
荊州	荆州。湖北一带。
扬州	扬州。东南一带。
敿州	豫州。中原地区。
虘州	雍州。陕西一带。

从上表可以较为清晰地发现,《容成氏》九州州名与州域和传世战国文献如《禹贡》《职方》《吕氏春秋》均有同有异,并不能完全相对应,因而完全可以视为自成一格的古老传说系统。不加分析地将其和传世文献中州名或州域对号入座,显然并不科学。从上表中,我们还可以较为清晰地发现,《容成氏》九州至少有四州的州名与州域与今天的山东有关。尤其莒作为州名,更是传世文献亘古未见。这一点应该引起高度注意。前文言及,专家推测《容成氏》的学派归属,或属于儒家,或属于墨家,但战国时期儒墨两家均盛于山东鲁地,则基本为目前学术界的共识。由此笔者推断,《容成氏》九州传说发生的地域最大可能在黄河下游的今山东一带。

综前所述,《容成氏》九州传说极有可能流传于战国时期的鲁地一带。作为自成一系的古老传说,大可不必与流传于不同时期不同地域的大禹治水、划分九州的古老传说机械地对号入座。在拙文草就之前,专家对《容成氏》九州州名、州域的推断,许多工作是有意义的,但存在的疑问同样不少。如有的学者推测,"近年发现的豳公盨的铭文和楚简《容成氏》所述九州,证实了在西周初期《禹贡》成书的可能性"〔1〕,"《容成氏》九州形成于两周之际或春秋前期"〔2〕,"《容成氏》九州和《尚书·禹贡》九州应属于一个系统",《容成氏》所叙九州"与《尔雅》版本似乎更接近些"〔3〕,乃至"《容成氏》九州排列……这个次序或许就是大禹治水的次序"〔4〕等推论,均需认真推敲。由此可知,包括九州传说在内的《容成氏》的研究工作,尚刚刚起步,远未结束。

(原载《史学集刊》2012 年第 4 期)

〔1〕 沈建华:《楚简〈容成氏〉州名与卜辞金文地名》,《古文字研究》第二十五辑,中华书局,2004 年。
〔2〕 晏昌贵:《〈上海博物馆藏战国楚竹书(二)〉中〈容成氏〉九州柬释》,《武汉大学学报》(哲学社会科学版)2004 年第 4 期。
〔3〕 易德生:《上博楚简〈容成氏〉九州刍议》,《江汉论坛》2006 年第 5 期。
〔4〕 朱渊清:《禹画九州论》,《古代文明》(第 5 卷),文物出版社,2006 年,第 58 页。

中国早期的四岳、五岳地理观念析疑

一、先秦时期的山岳崇拜及四岳观念的发生与演变

古代文献记载，在五岳名称固定之前，先秦时期较早已有四岳之称。

《国语·周语下》两次提到“四岳”，此外，还提到“一王四伯……皆亡王之后也”。韦昭释曰：“一王，谓禹。四伯，谓四岳也，为四岳伯，故称四伯。”显然，《国语·周语下》所说的四岳，具体所指，为传说中尧舜禹时期的四方侯伯。韦昭就以上文字中的“四岳”分别注曰：“四岳，官名，主四岳之祭，为诸侯伯……言共工从孙为四岳之官，掌帅诸侯，助禹治水也。”“尧以四岳佐禹有功，封之于吕，命为侯伯，使长诸侯也。”“姜，四岳之先，炎帝之姓也。炎帝世衰，其后变易，至四岳有德，帝复赐之祖姓，使绍炎帝之后。”在今天看来，由于历史观念的局限，韦昭以上对“四岳”的解释，显然问题不少。尤其在史料不足征的情况下，韦氏所建立的“四岳”与炎帝、共工之间的“家谱”关系并不科学牢靠。其次，韦氏所言“尧以四岳佐禹有功，封之于吕，命为侯伯，使长诸侯也”，更是疑窦丛生。远古时期既无类似西周时期的封建之制，大禹时期尧封四岳后则更与事理不合。

值得注意的是，除《国语·周语下》之外，《左传》襄公十四年亦有“我诸戎是四岳之裔胄”的记载。杜预为“四岳”作注时亦曰：“四岳，尧时方伯，姜姓也。”综合以上记载，除去后人附会的内容外，则大体可以获得如下基本信息：四岳是远古时期的方伯，姜姓的诸夏和诸戎均为其后。然《左传》昭公四年则又以四岳为地名：“四岳、三涂、阳城、太室、荆山、中南，九州之险也。”囿于材料的缺乏，该段文字中所说九州之险之一的“四岳”究竟是四座山还是一座山，现在无法知晓。顾颉刚先生以为，其概“借地名为人名”，并进一步指出：“姜姓民族既在西方，所以他们的祖先四岳或太岳也必在西方。我们可以说：四岳是西方的山，它是姜姓民族的发祥地。”[1]随着研究的深入，顾颉刚、刘起釪先生又明确指出：“四岳最早为古代西方羌戎中的姜姓部族的宗族神，是由于他们居地的山岳之神衍成部族祖先神的。”[2]综上所论，知以上推测，确

〔1〕 顾颉刚：《州与岳的演变》，燕京大学《史学年报》1933年第5期。

〔2〕 顾颉刚、刘起釪：《尚书校释译论》第一册，中华书局，2005年，第77页。

有一定的根据。

《国语》《左传》中有关四岳的传说，到战国时期，在儒家经典《尚书》开篇《尧典》[1]中不断丰富："帝曰：'咨！四岳。汤汤洪水方割，荡荡怀山襄陵，浩浩滔天，下民其咨，有能俾乂？'"此外，《尧典》另载四岳"能庸命巽朕位"，舜"觐四岳群牧，班瑞于群后"。不唯如此，《尧典》第一次"取《国语》'四岳'之专名变而为'四岳'之通名，以分配之于四方"[2]。《尧典》仅仅提到岱宗，虽未明确其为东岳，但文中屡言"东巡守"，"肆观东后"，则毫无疑问，《尧典》作者是以岱宗为东岳的，连同下文未明确所指的"南岳""西岳""北岳"，将四岳同天下四座名山联系起来。在《尧典》中，"四岳"从人名演变"为最高级之地方长官"[3]，然后又渐渐分化为天下四座名山，从人名到职官名再到山岳名的转化，竟然使缺乏科学历史观念的古代学者对先秦时期四岳概念的理解，莫衷一是，争讼不止。《史记·五帝本纪·集解》引郑玄解释："四岳，四时官，主方岳之事。"《五帝本纪·正义》引孔安国更进一步称："四岳，即上羲和四子也。分掌四岳之诸侯，故称焉。"以上解释由于忽略了《尧典》四岳观念的演变，其中的矛盾自然难以疏通，故不断遭到以后学术界的质疑。苏轼说："孔安国以四岳为羲和四子，而太史公以羲和为司马之先，以四岳为齐太公之祖，则四岳非羲和也。当以史为正。"又说："四岳，尧欲使'巽朕位'……则非四人明矣。"[4]蔡沈《书集传》则明确说："四岳，官名，一人而总四岳诸侯之事也。"以后明代张燧称赞宋代学者孔平仲"以四岳为一人"之说"甚妙"[5]。由此可知，释四岳为四人显然混淆了先秦时期四岳发生与流变过程中来源不同的传说，与早期四岳传说并不一致。

---

〔1〕《尧典》的著作时代，近世以来学术界历来争议甚大。王国维先生以为该篇"必为周初人所作"；钱玄同先生以为《尧典》等篇"一定是晚周人伪造的"；郭沫若先生最初说《帝典》《皋陶谟》《禹贡》三篇"为后世儒家伪托"，"完全是儒家的创作"，"完全是'托古改制'的伪作"。陈梦家先生则以为《尧典》是秦官本，其编成定本当在秦并六国之后。参见王国维：《古史新证》，清华大学出版社，1994 年；钱玄同：《答顾颉刚先生书》，《古史辨》第一册，上海古籍出版社，1982 年；《郭沫若全集·历史编》第一卷《中国古代社会研究》，人民出版社，1982 年；陈梦家：《尚书通论》，中华书局，2005 年，第 132—142 页。顾颉刚先生对《尧典》的著作时代考证更为精详，影响亦最大。1923 年，顾先生备撰《尧典皋陶谟辨伪》，写出提纲，载《古史辨》第一册，上海古籍出版社，1982 年，第 203 页。1933 年顾先生编《尚书研究讲义》，其中《尧典著作时代问题》《尚书》各篇之评论专论《尧典》，言《孟子》两引《尧典》，是在其前已有《尧典》存在。但今日所见之《尧典》则多袭秦汉之制，因此以为今本《尧典》写定于汉武帝时期。参见顾颉刚、刘起釪：《尚书校释译论》第一册，中华书局，2005 年，第 362—363 页。

〔2〕顾颉刚：《史林杂识初编》，中华书局，1963 年，第 41 页。

〔3〕顾颉刚：《史林杂识初编》，中华书局，1963 年，第 41 页。

〔4〕曾枣庄、舒大纲：《三苏全书》第一册《经部·东坡书传》卷一《虞书·尧典第一》，语文出版社，2001 年，第 442 页。

〔5〕张燧：《千百年眼》卷一《四岳为一人》，昆仑出版社，2001 年。

“四岳”最初可能泛指四方之岳，未必为确指。与四岳相类似，《论语》《尚书》等文献中屡有“四海”之称。顾炎武说：“《五经》无西海、北海之文，而所谓四海者，亦概万国而言之尔。”[1]此外，《尚书》《毛公鼎》等还屡屡言及“四国”。徐中舒先生特别强调，“周公东征，四国是皇”之“四国”，“乃为泛称之词”[2]。由此推测，先秦文献中“四岳”的最初意义，应该与“四海”“四国”类似，均为泛称，并非具体所指。既然如此，最初的“四岳”就应该泛指天下数量众多的大大小小的山岳。

就先秦时期的文献和考古学资料看，以山岳为中国先民的宗神，与远古时期中国先民的居住环境和经济生活有关。传说中的尧舜禹时期亦即考古学上的新石器时代晚期，“洪水茫茫”[3]“洪水横流，泛滥于天下”[4]的传说不仅屡见于古代文献记载，还逐步得到了新出考古学资料的印证。近年来，山西襄汾陶寺、河南辉县孟庄等龙山时代的城址中，相继发现洪水泛滥留下来的痕迹。有的学者认为，陶寺遗址的废弃可能与洪水泛滥有关。[5]孟庄龙山城址在龙山文化晚期至二里头时期以前毁于洪水的迹象十分明显。[6]在此特定的历史地理背景下，人们自然选择地势较高的地方居住、生产、生活。胡厚宣先生、钱穆先生曾分别提出“古人居丘说”[7]及“中国古代山居说”[8]，颇有可靠的历史根据。远古时期山岳不仅为中国先民提供躲避洪水的适宜栖息场所，而且为人们提供了独特的生产、生活环境。钱穆先生言及：“大抵中国古代农业，其最先主要者，在山耕与旱作物，最早最普遍种植者为稷，黍次之，粱又次之，麦稻更次之。”[9]不唯如此，由于对山岳的依赖，人们对山的认识更为深刻。《说文》释山：“宣也。谓能宣散气生万物也。有石而高。”《释名·释山》：“山，产也，产万物也。”山岳为人类生存提供水、土、生物、矿物等重要资源，对于中国远古时期人类的生活和文化发展发挥着至关重要的作用。

在中国先民对山岳高度依赖的同时，山岳的高岸神秘及历史上“百川沸

---

〔1〕《日知录》卷二十二《四海》。

〔2〕徐中舒：《豳风说——兼论〈诗经〉为鲁国师工乐歌之底本》，《国立中央研究院历史语言研究所集刊》第6本第4分，1936年。

〔3〕《诗·商颂·长发》。

〔4〕《孟子·滕文公上》。

〔5〕梁星鹏、严志斌：《陶寺城址的发现及其对中国古代文明起源研究的学术意义》，《中国社会科学院古代文明研究中心通讯》2002年第3期。

〔6〕袁广阔：《关于孟庄龙山城址毁因的思考》，《考古》2000年第3期。

〔7〕胡厚宣：《卜辞地名与古人居丘说》，《甲骨学商史论丛初集》，成都齐鲁大学国学研究所石印本，1944年。

〔8〕钱穆：《中国学术思想史论丛》卷一《中国古代山居考》，安徽教育出版社，2004年。

〔9〕钱穆：《中国学术思想史论丛》卷一《中国古代北方农作物考》，安徽教育出版社，2004年。

腾,山塚崒崩,高岸为谷,深谷为陵”[1]的地理现象又使得人们很自然地给山岳赋予灵性。《国语·周语上》记载西周末年伯阳父已经认识到“夫国必依山川,山崩川竭,亡国之征也”。古人将“三川竭,岐山崩”与西周王朝瓦解机械地联系在一起,并在此基础上产生了“山岳则配天”[2]“山崩川竭,君为之不举”[3]等宗教和政治观念。古人对山岳由依赖到敬畏,从而将其视为神灵所居之地:“山川,所以傧鬼神也”[4],“山林、川谷、丘陵能出云,为风雨,见怪物,皆曰神”[5]。在山岳崇拜的基础上,山岳便成为中国先民祭祀的对象。《尚书·尧典》追述舜“望于山川,遍于群神”,《左传》僖公三十一年:“望,祭也。”《谷梁传》僖公三十一年范宁注引郑玄语:“望者,祭山川之名也。”《史记·五帝本纪·正义》:“望者,遥望而祭山川也。”舜望于山川的传说虽未必全为信史,但其足以透露出,中国古代山岳崇拜确有着颇为悠久的历史源头。中国古代民族以山岳为宗神,先秦文献中斑斑可考。《国语·周语上》谓:“昔夏之兴也,融降于崇山。”《诗·大雅·韩奕》:“奕奕梁山,维禹甸之。”《尚书·吕刑》:“禹平水土,主名山川。”以上表明夏族是以山为本族的宗神。《诗·大雅·崧高》:“崧高维岳,骏极于天。维岳降神,生甫及申。”《左传》庄公十二年:“姜,太岳之后也。”《左传》隐公十一年:“夫许,大岳之胤也。”姜姓的齐、许、申、吕皆以山岳为自己的宗神。《左传》哀公七年记载景伯的话:“禹合诸侯于涂山,执玉帛者万国。”《国语·鲁语下》言及:“昔禹致群神于会稽之山,防风氏后至,禹杀而戮之。”春秋时期偏居东南的群舒、越也有本族固有的山岳之神。

最初,随着山岳崇拜的普遍发生,被赋予灵性的山岳不仅成了人们普遍祭祀的物件,而且逐渐与夏和姜姓的祖神合一,从而成为各族的宗神。战国时期,随着兼并战争的持续进行,《尧典》中以天下四座名山为四岳颇为模糊、笼统的观念逐渐形成。正因为《尧典》将不同时期不同民族的传说机械地杂糅在一篇文章中,因而“四岳”的概念前后不一,给后人留下了许多历史之谜。

二、秦汉以后五岳观念的发生与定型

综上所论,尽管迄战国时期已经朦胧形成以四座天下名山为四岳的地理观念,但《尧典》作者并没有具体指出岱宗之外的其他三座名山的名称和所在。《周礼·春官·大宗伯》则有“以血祭祭社稷、五祀、五岳”的说法。《礼记·

〔1〕《诗·小雅·十月之交》。
〔2〕《左传》庄公二十二年。
〔3〕《左传》成公五年。
〔4〕《礼记·礼运》。
〔5〕《礼记·祭法》。

王制》更在先秦时期固有的“四岳”观念基础上，规定了“天子祭天下名山大川，五岳视三公，四渎视诸侯。诸侯祭名山大川在其地者”。然值得注意的是，《周礼》《礼记》虽已有“五岳”之称，但和早期先秦文献所言“四岳”类似，并没有具体所指。只是到了东汉郑玄为《周礼》作注时说：“五岳，东岳曰岱宗、南岳曰衡山、西岳曰华山、北岳曰恒山、中岳曰嵩山。”显然，郑注是用秦汉以后的观念解释先秦时期的历史，疑问不少。因为，直到秦始皇完成天下统一，发挥邹衍以来的五德终始说解释王朝更替，“令祠官所常奉天地名山大川鬼神可得而序，于是自崤以东，名山五……自华以西，名山七”[1]，历史上第一次对天下名山、大川整理，而山凡十二，东五，西七，“犹无所谓‘五岳’也”[2]。直至汉武帝时期，申公方勉强凑成“五岳”之名。《史记·封禅书》记载：“天下名山八，而三在蛮夷，五在中国。中国华山、首山、太室、泰山、东莱。”显然，申公所列天下名山中，此“五岳”皆在黄河流域，显然与后世所言“五岳”仍差距甚远。

以后，方日渐有北岳、中岳、南岳之称：

《史记·封禅书》：“常山王有罪，迁，天子封其弟于真定，以续先王祀，而以常山为郡，然后五岳皆在天子之郡。”《集解》引徐广语：“元鼎四年时。”顾颉刚先生以为“此以恒山为‘北岳’之确定”[3]。

《汉书·武帝纪》记载元封元年“春正月，行幸缑氏。诏曰：‘朕用事华山，至于中岳，获驳麃，见夏后启母石。翌日亲登嵩高……其令祠官加增太室祠，禁无伐其草木……’”。

《史记·封禅书》：“其明年冬，上巡南郡，至江陵而东。登礼潜之天柱山，号曰南岳。”

至此，加上先秦以来早已明确的东岳泰山，除了“西岳”尚未确定外，“五岳”中的“四岳”已逐步确定下来。

再到汉宣帝时期，五岳最终通过诏书被确定下来。《汉书·郊祀志》记载：“自是五岳、四渎皆有常礼。东岳泰山于博，中岳泰室于嵩高，南岳灊于灊，西岳华山于华阴，北岳常山于上曲阳。”

综上所述，在先秦时期固有的四岳观念基础上，五岳制最终被确定下来。《尔雅·释山》列出“河南华，河西岳，河东岱，河北恒，江南衡”和“泰山为东岳，华山为西岳，霍山为南岳，恒山为北岳，嵩山为中岳”两种不同的说法，可能正是杂采不同时期不同地区的传说，因而未能统一。其中，后一种与武、宣定制完全吻合。顾颉刚先生认为，前一种则为“学者理性中构成之新系统”，

---

〔1〕《史记·封禅书》。
〔2〕顾颉刚：《史林杂识初编》，中华书局，1963年，第42页。
〔3〕顾颉刚：《史林杂识初编》，中华书局，1963年，第44页。

“《尔雅》作于汉人，是亦一证”〔1〕。长期以来，顾说不断引起学术界的高度重视。

《尔雅》的著作时代，学术界争讼不止。更多的学者认为，其成书的下限不会晚于西汉初年，因为在汉文帝时已经设置了《尔雅》博士〔2〕，到汉武帝时已经出现了犍为文学的《尔雅注》〔3〕。《四库全书总目提要》卷四十《经学·小学类一·尔雅注疏》云：“《大戴礼·孔子三朝记》，称孔子教鲁哀公学《尔雅》，则《尔雅》之来远矣，然不云《尔雅》为谁作。据张揖《进广雅表》，称‘周公著《尔雅》一篇（案《经典释文》以揖所称一篇为《释诂》）。今俗所传三篇（案《汉志》《尔雅》三卷，此三篇谓三卷也），或言仲尼所增，或言子夏所益，或言叔孙通所补，或言沛郡梁文所考。皆解家所说，疑莫能明也’。于作书之人，亦无确指。其余诸家所说，小异大同。”今日更多的学者则认为，“孔子门徒说论据较充分”，与此同时，“诸家纂补说则为现代大多数学者所乐道”〔4〕。其中，日本学者内藤虎次郎将《尔雅》的著作时代定在春秋至于汉代〔5〕，颇为值得注意。

笔者以为，《尔雅·释山》“河南华，河西岳，河东岱，河北恒，江南衡”的观念，与汉代武、宣五岳定制有着明显的几点区别。一是该处并没有将所举五座名山与五岳一一对应；二是没有提到武、宣五岳定制中的中岳嵩山，却突出了“河西岳”；三是武、宣五岳定制中有“南岳霍”，此处没有言及霍山而有“江南衡”。值得注意的是，该种依江河分列的五座名山，除了岱岳早在《诗经》中已有记载〔6〕而早已成为天下名山之宗的“东岳”外，“河南华”“河北恒”亦能与武、宣五岳对上号。甚至“江南衡”亦可以归入武、宣时期的五岳系统。《战国策·魏策一》记载吴起对魏武侯所言：“昔者，三苗之居，左彭蠡之波，右洞庭之水，文山在其南，而衡山在其北。”《史记·夏本纪》具体说“三苗在江淮，荆州数为乱”。综合以上记载则知，吴起所言“衡山”并非今日湖南境内的南岳衡山。徐旭生先生推测，“衡山或许就是今日的霍山”〔7〕。《史记·秦始皇本纪》说：“二十八年……乃西南，渡淮水，之衡山、南郡，浮江，至湘山祠。”此

---

〔1〕 顾颉刚：《史林杂识初编》，中华书局，1963年，第44—45页。

〔2〕 《孟子注疏题辞》解：“孝文皇帝欲广游学之路，《论语》《孝经》《孟子》《尔雅》皆置博士。”《十三经注疏》下册，中华书局，1980年，第2663页。

〔3〕 《四库全书总目提要》卷四十《经部·小学类一·尔雅注疏》：郭璞《尔雅注序》，称“豹鼠既辨，其业亦显”，邢昺《疏》以为汉武帝时终军事。《七录》载犍为文学《尔雅注》三卷（案《七录》久佚，此据《隋志》所称梁有某书亡，知为《七录》所载），陆德明《经典释文》以为汉武帝时人。则其书在武帝以前。

〔4〕 董恩林：《尔雅研究述评》，《湖北大学学报》1987年第1期。

〔5〕 内藤虎次郎：《〈尔雅〉的新研究》，《支那学》2卷1期，1921年。

〔6〕 《诗·鲁颂·閟宫》：“泰山岩岩，鲁邦所詹。”

〔7〕 徐旭生：《中国古史的传说时代》，广西师范大学出版社，2003年，第67页。

足证衡山并不在江南。《太平寰宇记》卷二十六、卷一百二十九并皆言霍山又名衡山，由此可知，徐氏推测，较有道理。既然如此，《尔雅·释山》"江南衡"概即今日安徽境内的霍山，亦即该篇所言"霍山为南岳"之南岳，同湖南境内的衡山不可混为一谈。事实上，文献说得很清楚，隋文帝杨坚统一南北朝后，于开皇九年(公元589年)方"以江南衡山为南岳，废霍山为名山也"[1]。由此可知，《尔雅》所言"江南衡[2]"似非今日湖南之衡山，似当该篇所言"南岳霍"。

照此看来，唯有"河西岳"与武、宣时期的五岳对不上号。"河西"之"岳"，郑玄、郭璞并皆注为"吴岳"。《史记·封禅书》所列秦代华山以西的七座名山中，既有"岳山"，也有"吴山"。清代学者胡渭以为，"自周尊岍山曰'岳山'，俗又谓之'吴山'，或又合称'吴岳'。《史记》遂析'岳山'与'吴岳'为二山，而岍山之名遂隐"[3]。由此可知，《尔雅》"河西岳"实即《汉志》"岍山"。

综上所知，从《尔雅·释山》"河南华，河西岳，河东岱，河北恒，江南衡"尚未明确具体的五岳方位，尤其该段文字没有提到武、宣五岳定制中的中岳嵩山，却突出了"河西岳"的岍山，似乎表明这一观念理应形成于汉武帝之前，最大可能为秦统一天下之后。前引《史记·封禅书》记载，秦完成天下统一后对全国名山进行整理，较为明确地将"岳山""吴岳"列入"自华以西"的天下名山。总之，《尔雅·释山》所举五座名山，其一似采用了秦始皇统一天下之后的观念，其一则采用了汉宣帝诏定五岳定制后的观念，因而前后矛盾，不能统一。

三、《尔雅·释地》"中有岱岳"地理观念解析

值得进一步思考的是，《尔雅·释地》更有"中有岱岳，与其五谷，鱼盐生焉"之地理观念，与《尔雅·释山》出入较大。

以前，著名历史学家蒙文通曾试图对以上材料进行疏通，提出了如下观点："上世华族聚居偏在东北，故泰山为中。上世都鲁、卫而泰山为中，东土固辽；中世都三河，周世居三辅，嵩华为中，而西南辟地日广。是以五岳与王都

---

[1] 《太平寰宇记》卷一百二十九《淮南道·寿州》，《四库全书》第470册《史部·地理类》，上海古籍出版社，1987年，第271页。

[2] 汉宣帝诏定灊之天柱山为南岳，天柱山并不在长江以南，容易引起学术界的质疑。事实上，古代文献中的"江"并非长江的专称，石泉先生考证说，"江"有时亦指"淮河""沂水"等河流。参见《古文献中的"江"不是长江的专称》，《文史》第六辑，中华书局，1979年。因而，历史时期"江南"是一个极模糊的区域概念，江汉以南、江淮以南在特定时期亦可以笼统地称为江南。参见周振鹤：《释江南》，《中华文史论丛》第四十九辑，上海古籍出版社，1992年。

[3] 胡渭：《禹贡锥指》卷十一上，《四库全书》第67册《书类·经部六一》，上海古籍出版社，1987年，第545—546页。

言之，惟见我华族之自东而西……”[1]

无独有偶，著名历史学家吕思勉先生似乎也较早注意到以上材料中有关岱岳记载的歧异，指出：“以嵩高为中，乃吾族西迁后事，其初实以泰岱为中。”[2]

蒙、吕二氏用族群流徙、政治中心转移来解释《尔雅》有关岱岳方位的分歧，长期受到学术界的普遍重视，然而，在我们今天看来，以上解释似仍未将以上歧异彻底解释清楚，他们的结论也仅仅限于推测而难为定说。

值得注意的是，《尔雅》中的“八陵”，《淮南子·坠形》中亦有类似记载，只是个别文字略有出入。《尔雅》《淮南子》所记各陵除东南之会稽、西南之华山、西北之昆仑虚屡见于古代文献、地望略微清晰外，南方之梁山、西方之霍山之方位均与传统记载不合。此外，东北之医无间、北方之幽都，鲜见于文献记载。《淮南子》是战国至汉初黄老之学理论体系的代表作。该书以道家思想为指导，吸收诸子百家学说，融会贯通而成，著作时代约在汉景、武之际。[3]该书作者众多，内容庞杂。根据当代历史学家研究，“《淮南子》和《山海经》不仅都采用了邹子的大九州世界图式，而且在内容上彼此承袭，有时竟原文照录。两部文献都是方士所传的邹子遗说，其间不同者乃至抵牾者则是此说流传中的变形”，“至少也可以说，《淮南子》作者曾参考了《山海经》”[4]。由此推测，《尔雅·释地》的有关八陵及“中有岱岳”的地理观念，似最初亦采自邹衍大九州说，而受到《山海经》等著作的深刻影响并直接袭自《淮南子·坠形》篇。既然如此，《尔雅·释地》的“中有岱岳”，很有可能是邹衍为齐国设计的一套新的统一天下的未来版图和统治方案。[5]吕思勉、蒙文通二先生用族群流徙、政治中心转移来解释《尔雅》有关岱岳方位的分歧，则与先秦、秦汉时期的历史实际相去甚远。

综上所述，四岳观念的发生，源于中国早期的山岳崇拜。以山岳为中国先民的宗神，与远古时期中国先民的居住环境和经济生活有关。秦汉以后，受五德终始说的影响，为了适应大一统形势下帝王封禅的需要，从汉武帝到汉宣帝时期，五岳渐趋明确固定。《尔雅》一书在成书过程中杂采受邹衍大九

---

〔1〕 蒙文通：《古史甄微》，《中国现代学术经典·廖平蒙文通卷》，河北教育出版社，1996年，第365—366页。

〔2〕 吕思勉：《先秦史》，上海古籍出版社，1982年，第31页。

〔3〕 《汉书》卷四十四《淮南王传》说：“淮南王安为人好书……招致宾客方术之士数千人，作为《内书》二十一篇，《外书》甚众，又有《中篇》八卷，言神仙黄白之术，亦二十余万言。时武帝方好艺文，以安属为诸父，辩博善为文辞，甚尊重之……初，安入朝，献所作《内篇》，新出，上爱秘之。”由此推测，《淮南子》的著作时代可能在汉景帝时期，汉武帝时期献于朝廷。

〔4〕 常金仓：《邹衍“大九州说”考论》，《管子学刊》1997年第1期。

〔5〕 周书灿：《论蒙文通上古民族文化理论建构》，《人文杂志》2012年第2期。

州说影响的《山海经》《淮南子》中的山岳观念，糅合秦统一后的地理观念及武、宣定制后的五岳观念，因而《释地》《释山》中，前后不一，矛盾丛生。今对先秦、秦汉时期的四岳、五岳观念进行系统的探究，不唯有助于正确理解中国早期社会宗教与政治的一个侧面，同时亦为科学破译《尔雅》中五岳名称的分歧及“中有岱岳”之特定地理观念，贡献一些略有价值的意见。

（原载《浙江学刊》2012年第4期）

学术史

- 一、《殷周制度论》新论
  ——学术史视野下的再考察
- 二、论郭沫若对罗王之学的臧否
- 三、论徐中舒的“澄滤”说与古史建设理论
- 四、论蒙文通上古民族文化理论建构

《殷周制度论》新论

——学术史视野下的再考察

1917年9月，王国维先生撰成论述殷周相关制度变革的经典论著《殷周制度论》[1]。王氏《殷周制度论》集中论证了"中国政治与文化之变革，莫剧于殷、周之际"这一中心论点。王氏力陈"夏、殷间政治与文物之变革，不似殷、周间之剧烈"。王氏认为，导致商周之际政治与文化剧变的原因，似当与商、周之际政治中心转移有关。"自五帝以来，政治文物所自出之都邑，皆在东方，惟周独崛起西土。""虞、夏、商皆居东土，周独起于西方，故夏、商二代文化略同。"王氏进一步指出："殷、周间之大变革，自其表言之，不过一姓一家之兴亡与都邑之移转；自其里言之，则旧制度废而新制度兴，旧文化废而新文化兴。"为论证以上观点，王氏举证"周人制度之大异于商者，一曰'立子立嫡'之制，由是而生宗法及丧服之制，并由是而有封建子弟之制，君天子臣诸侯之制；二曰庙数之制；三曰同姓不婚之制。"这篇曾被新旧史学家奉为圭臬的学术大作自发表以来，长期备受中外学术界的高度重视。随着新的考古学资料的日渐丰富与商周史研究的逐步深入，近一个世纪以来，该篇经典论著在学术界的肯定、质疑和批判声中，不断经历着新的检讨，从而使其作为学术经典的地位和价值进一步得到彰显。

一、学术界对《殷周制度论》的是非褒贬

《殷周制度论》发表后，很快即在学术界产生了重大学术反响。郭沫若称王氏《戬寿堂所藏殷虚文字考释》《殷卜辞中所见先公先王考》《殷卜辞中所见先公先王续考》及《殷周制度论》为"对于卜辞作综合比较的研究之始"[2]，誉称《殷周制度论》是"一篇轰动了全学界的大论文，新旧史家至今都一样地奉以为圭臬"[3]。顾颉刚先生则盛赞王氏《殷周制度论》和《殷礼征文》"对于殷

[1] 《殷周制度论》收入王氏《观堂集林》第二册卷十《史林二》，中华书局，1959年，第451—480页。本文所引《殷周制度论》文字均出自此处。

[2] 《郭沫若全集·历史编》第一卷《中国古代社会研究》，人民出版社，1982年，第193页。

[3] 《郭沫若全集·历史编》第二卷《十批判书》，人民出版社，1982年，第7页。

代礼制的探讨及殷周制度的异同,亦均发千古之秘"[1]。赵万里(署名蠡舟)评价说:"《殷周制度论》,义剧精深,方法缜密,极考据家之能事,海内外久已称道无间言。"[2]当代学者指出:"在王国维的诸多著述中,涉及中国历史文化问题最深,且对后世影响最大的一篇论文,是他的《殷周制度论》……王国维的这一论点容有张大其辞的成分,且其所举以证明商、周之际发生变革的具体内容亦有可商之处,但是,商周之际确实有过深刻的社会历史变革,王国维指出的当时政治制度及思想文化方面的许多重要变化也是不可否认的,尽管对于这些变化的性质及社会历史意义还需要站在新的历史高度重新加以认识。"[3]总之,历经近一个世纪以来,王氏《殷周制度论》作为学术经典的地位在学术界迄今未曾发生过任何动摇。

然而,正如当代学者所论,王氏《殷周制度论》"所举以证明商、周之际发生变革的具体内容亦有可商之处",这一点,可以说王氏撰著该文时,他本人就已充分认识到。1917 年 9 月 8 日,王氏致罗振玉信云:"《殷周制度论》至今日始脱稿,约得二十纸。此文依据《尚书》《礼经》与卜辞立说。惟近久不为名理之文,故尚嫌未能畅发,且存此以待后日修补耳。"[4]王氏在《殷周制度论》文中亦曾言及:"惟沃甲崩,祖辛之子祖丁立;祖丁崩,沃甲之子南庚立;南庚崩,祖丁之子阳甲立:此三事独与商人继统法不合。此盖《史记·殷本纪》所谓中丁以后九世之乱,其间当有争立之事,而不可考矣。"由此可见,王氏本人早已实事求是地向学术界声明,由于材料的极度匮乏,他的文章中还有很多问题并没有得到很好的解决,还需要后人在条件具备后继续作更为深入细致的探讨。事实上,《殷周制度论》发表后不久,王氏所论商周之际"中国政治与文化之变革"的诸多论点即不断受到学术界的质疑乃至批判。

早在 20 世纪 20 年代,王氏弟子徐中舒先生针对王氏依据传统文献言及"虞、夏皆颛顼后,殷、周皆帝喾后"的论断提出不同意见:"殷周之际,我国民族之分布,实经一度极剧之变迁,其关系后世,至为重要。旧史非但不载其事,又从而湮晦其迹,使我国古代史上因果之关系,全失真相","王静安先生谓殷以前帝王宅京,皆在东方,惟周独崛起西土,其界划至为明白。此东西两土之民族,是否为同一民族?此问题在人类学地质学未有新发现以前,吾人实不能加以证明。惟就其分布之迹论之,则似宜分为两种民族"[5]。此后,

[1] 顾颉刚:《当代中国史学》,上海古籍出版社,2002 年,第 102 页。
[2] 蠡舟:《王静安先生之考证学》,《王国维先生全集》附录,台湾大通书局,1976 年,第 5567 页。
[3] 沈长云:《论殷周之际的社会变革——为王国维诞辰 120 周年及逝世 70 周年而作》,《历史研究》1997 年第 6 期。
[4] 干松春、孟彦弘:《王国维学术经典集》下册,江西人民出版社,1997 年,第 433 页。
[5] 徐中舒:《从古书中推测之殷周民族》,《国学论丛》第一卷第一号,1927 年 6 月。

顾颉刚先生批评王氏“受传统学说包围”[1]，“《殷周制度论》据了《帝系姓》的话而说‘尧、舜之禅天下以舜、禹之功，然舜、禹皆颛顼后，本可以有天下；汤、武之代夏、商固以其功与德，然汤、武皆帝喾后，亦本可以有天下’，全本于秦汉间的伪史”[2]。史料派大师傅斯年先生读王氏《观堂集林》为《殷周制度论》作批注，在“中国政治与文化之变革，莫剧于殷周之际”上用毛笔加句读，并于其上批：“此盖民族代兴之故。”在“是故大王之立王季也，文王之舍伯邑考而立武王也，周公之继武王而摄政称王也，殷制言之皆正也”上批云：“此言未惬，传长子之弟与传弟有别，仅周公摄政合殷制耳。”在“由传子之制而嫡庶之制生焉”一语上批“此语因果倒置”。于此文最后批：“殷周之际有一大变迁，事甚明显，然必引《礼记》为材料以成所谓周公之盛德，则非历史学矣。”[3]

1944年，胡厚宣先生列举甲骨卜辞，证明殷高宗武丁之世，已有封国之事实。此外，殷帝乙、帝辛、祖庚、祖甲、武乙、文丁都实行过封藩建卫之制。胡氏由此得出结论：“周初之文化制度，不特非周公一人所独创，且亦非周代所特有。举凡周初之一切，苟非后世有意之傅会，则皆可于殷代得其前身……殷代自武丁以降，确已有封建之制。”[4]胡氏关于殷代已实行封建制度的崭新论点，很快引起学术界的高度关注。高亨先生评价胡先生的论点“所思者深，所见者正，所征者详，所论者确。而非偶拾孤证，妄加射覆，臆想其事，强牵其辞，曲会其说，武断其案，自诩创获者也”[5]，缪钺先生称《殷代封建制度考》《殷代婚姻家族宗法生育制度考》二文“说明封建宗法之制，殷时已有之，非周人所创。能补正王静安《殷周制度论》之疏误，持论尤为精湛”[6]。以后，在王、胡二氏的基础上，徐中舒先生专门就殷代社会的氏族组织作进一步的探讨。徐中舒先生认为王氏《殷周制度论》及胡氏《殷代家族宗法生育制度考》“对于旧史料已阐发无余蕴，然究不免以宗法社会之尺度比量氏族社会之迹，亦未见其密合”，在“古史三重证”的基础上提出“殷代武丁以前王位之继承，由于贵族选举”[7]的新观点。徐先生继续对《殷周制度论》提出质疑：“从前我们历史上写的‘殷、周革命’，也不过是像后来的改朝换代罢了，这个革命

[1] 顾颉刚：《古史辨》第一册顾颉刚自序，上海古籍出版社，1982年，第51页。
[2] 顾颉刚：《古史辨》第一册顾颉刚自序，上海古籍出版社，1982年，第51页。
[3] 王汎森：《一个新学术观点的形成——从王国维的殷周制度论到傅斯年的夷夏东西说》，《中国近代思想与学术的系谱系》，河北教育出版社，2001年。
[4] 胡厚宣：《殷代封建制度考》，《甲骨学商史论丛初集》高序，齐鲁大学国学研究所，1944年。
[5] 胡厚宣：《殷代封建制度考》，《甲骨学商史论丛初集》高序，齐鲁大学国学研究所，1944年。
[6] 胡厚宣：《殷代封建制度考》，《甲骨学商史论丛初集》缪钺先生题词，齐鲁大学国学研究所，1944年。
[7] 徐中舒：《殷代兄终弟及为贵族选举制说》，《文史杂志》第五卷第五、六期合刊，1945年6月。

在本质上似乎没有什么不同的。三十年前王静安先生作了一篇《殷周制度论》,才从殷、周两代的上层建筑中,找出它的差别来;而关于它的基层组织,则仍付阙如……据胡厚宣同志说,武丁的妇名见于甲骨的有六十四人之多;因多妻之故,也就不自觉地把分族的婚级制破坏了。"〔1〕

继胡、徐之后,郭沫若先生对王氏《殷周制度论》的学术价值作了系统的评述。郭氏批判"王氏于社会科学未有涉历,知其然而未知其所以然"〔2〕。郭氏认为"王氏此说实言之过甚。殷末与西周并看不出有若何剧变。例如青铜器便无法完全辨别。王氏因以东周之礼制与卜辞相比,故觉其相异耳。实则'周因于殷礼,所损益可知',孔仲尼在两千多年前的判断,仍较可靠"〔3〕。郭氏举例以证"立长,立嫡之制在殷代已有它的根蒂"〔4〕。在此基础上,郭氏对《殷周制度论》重新作出实事求是的评价:"《殷周制度论》的价值已经不能够被这样过高估计了。王氏所据的史料,属于殷代的虽然有新的发现而并未到家,而关于周代的看法则完全是根据'周公制作之本意'的那种旧式的观念。这样,在基本上便是大有问题的。周公制礼作乐的说法,强半是东周儒者的托古改制,这在目前早已成为定论了。"〔5〕

新中国成立后,学术界对《殷周制度论》的批判乃至全盘否定的浪潮一浪高过一浪。陈梦家先生批判王氏"用族类、地理来说明三代文化的异同,这种方法是不正确的"〔6〕,认为"殷、周同为喾后,本是后来的传说;虞、夏居于东方,也是很乏证据的"〔7〕,"此文之作,乃借他所解的殷制来证明周公改制的优于殷制,在表面上似乎说周制是较殷制为进步的,事实上是由鼓吹周公的'封建制度'而主张维持清代的专制制度。此文在实际上是王氏的政治信仰,它不但是本末颠倒的来看周代社会,而且具有反动的政治思想"〔8〕,"他所谓的'周制',并不是西周之制,更不是周公之制,因为他所引的材料都是晚的……以晚周之制与殷代卜辞作比较,也是不恰当的"〔9〕。在此基础上,陈先生对《殷周制度论》作了空前彻底的批判:

"他从嫡庶之制作为起点来看殷、周制度,是最错误的。这个错误的起点和看法,而且是他认为根本的,贯彻了全文。他处处要以'周制'为

〔1〕 徐中舒:《论殷代社会的氏族组织》,成都《工商导报》学林副刊,1951年1月7日。
〔2〕 《郭沫若全集·历史编》第一卷《中国古代社会研究》,人民出版社,1982年,第239页。
〔3〕 《郭沫若全集·历史编》第一卷《中国古代社会研究》,人民出版社,1982年,第239页下补注。
〔4〕 《郭沫若全集·历史编》第二卷《十批判书》,人民出版社,1982年,第7页。
〔5〕 《郭沫若全集·历史编》第二卷《十批判书》,人民出版社,1982年,第7页。
〔6〕 陈梦家:《殷墟卜辞综述》,中华书局,1988年,第629页。
〔7〕 陈梦家:《殷墟卜辞综述》,中华书局,1988年,第629页。
〔8〕 陈梦家:《殷墟卜辞综述》,中华书局,1988年,第630页。
〔9〕 陈梦家:《殷墟卜辞综述》,中华书局,1988年,第630页。

正确来找殷制的不同，因此把本相因袭的一些制度认为是对立的。在这里，他不但没有阐明殷、周制度的如何不同、何以不同，也根本没有指出殷、周制度的基本特征和殷、周的社会性质。"[1]

近年来，更有学者在总体上套袭陈氏以上论点的同时，批判"王先生对古代宗法的意义理解偏狭"[2]，认为"《殷周制度论》由嫡庶制展开讨论，依次及于丧服制度、分封制度、天子臣诸侯之名分及宗庙制度等，以为周人所创皆取决于嫡庶制，不免立论过宽"[3]，"《殷周制度论》的最大失误不在于作者如何看待古代社会形态的变迁（这点无法苛求），而在于把晚出的史料用于周初，并当做周初的原始史料使用，从而不但得出错误的结论，也使作者对卜辞事实的一些正确的解释被淹没在错误的结论中"[4]，"《殷周制度论》中还涉及一些上古传说资料，都没有超出旧时的理解，反不如古史辨派的疑古更有新意"[5]，"其立论似乎过分强调了族类与地理因素，在学理上亦不周严"[6]。

综上所述，学术界在充分肯定王氏《殷周制度论》的学术经典地位的同时，也不断指出是文中的若干不足。随着考古学资料的渐趋丰富与商周史研究的逐步深入，学术界从对《殷周制度论》的指摘到全盘否定的学术倾向日趋明显。总之，学术界对《殷周制度论》的是非褒贬，相去甚远，甚至完全相反，这似乎表明，学术界对《殷周制度论》的总体评价尚非完全科学理性，学术界对王氏《殷周制度论》的学术评判尚远未结束。

二、《殷周制度论》论点体系的种种疑问

关于王氏《殷周制度论》，目前，学术界已基本形成如下基本共识：作为新史学开山的一代学术大师，王氏在新的学术背景下，对于商周之际"中国政治与文化之变革"的探讨，在中国新旧学术转型时期，具有划时代的里程碑式的意义。王氏结合新材料，开创二重证据法，对先秦史上这一至关重要的理论性问题率先进行开拓性和前瞻性的研究，为 20 世纪中国商周史的研究建立了一崭新的研究起点和高的学术水准，并且为后人留下了广阔的思考空间。在学术质疑和批判声中，中国新史学家和马克思主义史学家不断将商周史的研究推进至一个新阶段，在此过程中《殷周制度论》作为学术经典的价值亦不断得到彰显。

正如前举学者所论，由于时代的局限，《殷周制度论》对于远古传说和晚

---

〔1〕 陈梦家：《殷墟卜辞综述》，中华书局，1988 年，第 631 页。
〔2〕 张富祥：《重读王国维〈殷周制度论〉》，《史学月刊》2011 年第 7 期。
〔3〕 张富祥：《重读王国维〈殷周制度论〉》，《史学月刊》2011 年第 7 期。
〔4〕 张富祥：《重读王国维〈殷周制度论〉》，《史学月刊》2011 年第 7 期。
〔5〕 张富祥：《重读王国维〈殷周制度论〉》，《史学月刊》2011 年第 7 期。
〔6〕 张富祥：《重读王国维〈殷周制度论〉》，《史学月刊》2011 年第 7 期。

出文献的真实性缺乏深入细致的甄别、审查和澄滤,立论基础并不牢固;用地理、族类来说明三代文化的不同,也的确存在不少学理上的疑难;再加上《殷周制度论》发表之时,殷墟的科学发掘工作尚未全面展开,限于当时所见的资料,《殷周制度论》所论殷、周之际的文化与制度,在今天看来,诸多结论显然有所不妥,商周史研究中有关宗法制、封建制、姓氏制等重大理论的学术分歧,至今仍远未统一。兹一一辨之。

1. “舍弟传子之法实自周始”的疑点

王氏《殷周制度论》首先论及“舍弟传子之法实自周始”,自周公以后,“子继之法遂为百王不易之制矣”。然而,遍览古代文献,则不难发现,以上结论的确存在不少难以弥合的破绽。兹暂且绕开商代王位继统制度,从《史记·夏本纪》所记夏代世系考察,不难发现,除了“太康崩,弟中康立”“弟不降崩,弟帝扃立”及“帝廑崩,立帝不降之子孔甲”不大符合所谓的“舍弟传子之法”的“周制”外,夏代王位继承基本为父死子继。只是限于目前所掌握的材料,夏后氏如何从诸子中选择王位继承人,不得而知。

至于西周以后,“子继之法”成为“百王不易之制”,古代文献中同样可以举出不少的反证。鲁国在庄公以前,常有弟接兄位的。《史记·鲁世家》载叔牙的话:“一继一及,鲁之常也。”《集解》引何休语:“父死子继,兄死弟及。”春秋时期的齐国,王位继承也没有严格遵循父死子继的原则。《左传》僖公十七年记载:“齐侯好内,多内宠,内嬖如夫人者六人:长卫姬生武孟,少卫姬生惠公,郑姬生孝公,葛嬴生昭公,密姬生懿公,宋华子生公子雍。”显然,齐桓公夫人和如夫人的儿子均可继承王位,“舍弟传子之法”并没有在齐国得到很好的贯彻。此外,殷人之后的宋,王位继承基本上同样是弟及和子继并存。《史记·宋微子世家》记载:“微子开卒,立其弟衍,是为微仲。”微仲以后,宋国实行父死子继,到以后,“湣公共卒,弟炀公熙立。炀公即位,湣公子鲋祀弑炀公而自立……是为厉公”。到了宋厉公以后,“子继”并没有完全取代“弟及”。和“湣公子鲋祀弑炀公而自立”的背景完全不同,宋宣公三让其弟和,并讲到:“父死子继,兄终弟及,天下通义也。”由此可见,王氏“舍弟传子之法实自周始”,自周公以后,“子继之法遂为百王不易之制矣”的论断并不符合先秦时期的历史实际。

2. 立子立嫡之法“实自周公定之”问难

王氏不仅强调“传子之法,实自周始”,而且进一步指出,“由传子之制而嫡庶之制生焉”,并且明确指出:“立子立嫡之法,以利天下后世。而此制实自周公定之,是周人改制之最大者……有周一代礼制,大抵由是出也。”综前所论,就目前所掌握的文献和金文资料看,要判断西周时期王位继承中的传子制度中是否包含嫡、庶因素,缺乏可靠的第一手佐证材料,而且后人追述周制,亦不断举出各种例外的情况:

《左传》昭公二十六年载王子朝语:“昔先王之命曰:‘王无后无嫡,则择立长;年钧以德,德钧以卜;王不立爱,公卿无私,古之制也。’”

《左传》襄公三十一年载穆叔语:“太子死,有母弟则立之;无则立长,年钧择贤,义钧择卜,古之道也。”

综前所论,春秋时期的齐、宋等国的王位继承,严格遵循“立子立嫡之法”的证据,颇为薄弱。楚国的王位继承,基本和中原各国类似,有所不同的则是更加重视幼子的继承权。《左传》文公元年说:“楚国之举,恒在少者。”《左传》昭公十三年记载:“芈姓有乱,必季实立。”大体反映这一基本情况。唐嘉弘先生指出:“楚王的继承制度,概括说来,基本上与中原类似,是‘立王’(‘立君’)制度……‘立王’(‘立君’)的标准多种多样,根据具体情况来确定。有时从国家大局出发,有时按当权贵族意志而定,有时依据在位君主的好恶,有时用卜筮来解决,有时以夫人的好恶为准,有时诸子或诸兄弟武力(或阴谋)抢夺自立。”〔1〕结合《左传》《国语》等先秦文献记载,唐先生指出:“西周春秋是‘立王’(‘立君’)制的极盛时期”〔2〕,“汉代严格区分嫡庶,在许多条件具备后,方才出现嫡长子继承制。一些论著将西周、春秋中原各国(包括王室与诸侯国)定为嫡长子继承制,并无足够的历史依据,缺乏说服力”〔3〕。在我们今天看来,唐先生的以上论述,史料和理论俱备,完全符合中国上古时期的历史实际。

3. 殷周祭法与庙数差异的审视

王氏指出:“商人祭法,见于卜辞所纪者,至为繁复。自帝喾以下至于先公先王先妣,皆有专祭。祭各以其名之日,无亲疏远迩之殊也。先公先王之昆弟,在位者与不在位者祀典略同,无尊卑之差也…… 殷人祭其先无定制也。”随着甲骨文资料的日渐丰富与商史研究的深入,在我们今天看来,以上论点,并不符合商代历史实际。

庙制方面,商人虽非儒家文献所载六庙、七庙,但亦不是所有先王宗庙皆存,而只是保留直系先王宗庙。

三、《殷周制度论》学理价值新论

总体而论,王氏论述殷、周之际“中国政治与文化之变革”,由表及里,由浅入深,条理清晰,层次分明,研究细微出精,考辨丝丝入扣。王氏为深入系统地论述自己的观点,广泛搜集文献资料,并充分注意到近世保定出土殷代兵器铭文“勒祖父兄之名于兵器以纪功者”以证当时“无上下贵贱之别”。同时,他还依罗振玉《殷墟书契后编》所辑甲骨刻辞,并在其所著《殷卜辞中所见

〔1〕 唐嘉弘:《论楚王的继承制度——兼论先秦君位传袭的演变》,《中州学刊》1990年第1期。
〔2〕 唐嘉弘:《论楚王的继承制度——兼论先秦君位传袭的演变》,《中州学刊》1990年第1期。
〔3〕 唐嘉弘:《论楚王的继承制度——兼论先秦君位传袭的演变》,《中州学刊》1990年第1期。

先公先王考》《殷卜辞中所见先公先王续考》的基础上，证“商人诸帝，以弟继兄者，但后其父而不后其兄，故称其所继者仍曰兄甲、兄乙”，“商之诸帝，有专祭其所自出之帝，而不及非所自出者”，证明商代并无嫡庶之别。显然，和《殷卜辞中所见先公先王考》《殷卜辞中所见先公先王续考》的学术特色类似，《殷周制度论》是将“纸上之材料”和“地下之材料”有机结合，并以“地下之新材料”补正“纸上之材料”的典范之作。

随着先秦史研究的逐步深入，《殷周制度论》中某些重要结论，逐渐得到学术界绝大多数学者的首肯。诸如王玉哲先生指出：“王国维根据他对甲骨卜辞及《史记·殷本纪》的研究，提出了他的精辟的结论。他说：‘商之继统法，以弟及为主，而以子继辅之。无弟然后传子。’这种结论是完全正确的。”〔1〕金景芳先生指出：“分封制实创始于周初。王国维说商无封建之事，是对的。”〔2〕唐嘉弘先生亦强调指出：“商周政体上另一重要不同之点，是前者没有分封制度，周代却有。”并进一步论及：“关于商周二代有无分封的问题，王国维先生在《殷周制度论》一文有精辟的论述。”〔3〕丁鼎先生则从总体上指出：“对于殷周间这种制度上的变革与社会关系的变迁，王国维先生曾经指出：‘周人制度之大异于商者，一曰立子立嫡之制。由是而生宗法及丧服之制。’‘商人无嫡庶之制，故不能有宗法。’这是很有见地的。”〔4〕同时指出，王国维先生关于较之夏商二代，周代的思想文化和政治制度发生了引人瞩目的巨大变革的论述，“此诚为不刊之论”〔5〕。王氏撰著《殷周制度论》这篇经典之作的时候，殷墟的科学发掘工作尚未展开，私人收藏的甲骨刻辞毕竟数量有限，而且背景不清，所以，王氏用来论证殷、周之际“中国政治与文化之变革”的“地下新材料”并不充分，留有足够的余地。但其较早自觉地将传世文献记载和新出甲骨文资料有机结合，尝试性地运用二重证据法研究商周之际的历史，显然是前无古人的。这一科学方法的运用，成功地开辟了商周史研究的新途径，奠定了建立在唯物史观基础之上的先秦史料学的基础。

随着中国田野考古工作的蓬勃发展，越来越多的学者充分注意到了大量没有文字的文化遗迹、遗物，为史料极度匮乏的先秦史研究，不断提供丰富的第一手研究资料。这些通过科学的田野考古发掘获得的丰富的文化遗存，同样具有补正“纸上之材料”的价值和作用。王氏《殷周制度论》一文尚未注意

〔1〕 王玉哲：《试论商代兄终弟及的继统法与殷商前期的社会性质》，《南开大学学报（人文）》1956年第1期。

〔2〕 金景芳：《〈周礼·大司徒〉、〈礼记·王制〉封国之制平议》，《先秦史论文集》，《人文杂志》增刊，1982年。

〔3〕 唐嘉弘：《略论夏商周帝王的称号及国家政体》，《历史研究》1985年第4期。

〔4〕 丁鼎：《〈仪礼·丧服〉考论》，社会科学文献出版社，2003年，第19页。

〔5〕 丁鼎：《〈仪礼·丧服〉考论》，社会科学文献出版社，2003年，第258页。

到这些无文字的"地下之材料"，这是时代的局限，不能归咎于王氏本人。但应该说明的是，对于史料极度匮乏的先秦时期尤其是中国文字尚未形成的远古时期的历史，王氏保持了高度谨慎和理性的态度，在获得绝对真实可靠的证据之前，王氏并不急于武断地对某些迄今尚存诸多争议的问题轻易下所谓的结论。这在《殷周制度论》一文，随处可见。如王氏一方面举证史言"禹都安邑"，又实事求是地说，禹时都邑"无可考"，这显然比当今部分学者在文献记载和田野考古资料并不充分的情况下武断地称"濮阳即禹都阳城"[1]更为谨慎理性。王氏意识到"史言尧都平阳，舜都蒲阪，禹都安邑，俱僻在西北"与其所举"自上古以来，帝王之都皆在东方"的论点不大一致，其只是用"盖洪水之灾，兖州当其下游，一时或有迁都之事，非定居于西土也"进行推测，同样并非一下子把话说死。

与此同时，《殷周制度论》对于晚出材料，并非不加分析地拿来就用，对于晚出的东周文献，尤其是经学资料，王氏同样保持高度谨慎的态度。诸如王氏屡屡指出，"殷以前之服制，就令成一系统，其不能如周'礼'服之完密，则可断也"，"周人祭法，'诗''书''礼'经皆无明文。据'礼'家言，乃有七庙、四庙之说。此虽不可视为宗周旧制，然'礼'家所言庙制，必已萌芽于周初，固无可疑也"。王氏批判刘歆"天子三昭三穆，与太祖之庙而七"之说"非也"："七庙四庙者，七十子后学之说也……虽不敢以七十子后学之说上拟宗周制度，然其不如殷人之遍祀其先，固可由其他制度知之矣。"王氏征引晚出文献，包括经学资料，颇为注意和相关先秦文献进行有机结合，综合论证。例如，王氏指出："既有不毁之庙以存尊统，复有四亲庙以存亲统。此《周礼》之至文者也。总周之初，虽无四庙明文，然祭之一种限于四世，则有据矣。"以下他征引《逸周书·世俘解》的材料以证"成王周公时庙数虽不限于四王，然追王与不追王者之祭，固当有别矣"。又征引《尚书·顾命》记载，以证"周初所立，即令不止四庙，其与高祖以下，固与他先公不同"。较之于礼经等晚出文献，《逸周书·世俘》及《尚书·顾命》的史料价值，已越来越受到学术界的高度重视。郭沫若先生说："《逸周书》中可信为周初文字者仅有三二篇，《世俘解》即其一，最为可信。"[2]"《世俘解》之可信，除文字体例当属于周初以外，其中所纪社会情形与习尚多与卜辞及古金中所载者相合。"[3]"准上可知，《世俘解》必非后人所伪托。"[4]顾颉刚先生亦认为："此篇所记，容有若干夸张成分，但其著作时代甚早，其所得周初史事之真相远过于战国而下所述，在史料中具有甚高

〔1〕 沈长云：《禹都阳城即濮阳说》，《中国史研究》1997年第2期。
〔2〕《郭沫若全集·历史编》第一卷《中国古代社会研究》，人民出版社，1982年，第299页。
〔3〕《郭沫若全集·历史编》第一卷《中国古代社会研究》，人民出版社，1982年，第299页。
〔4〕《郭沫若全集·历史编》第一卷《中国古代社会研究》，人民出版社，1982年，第300页。

价值。”[1]杨宽先生说：“保存于《逸周书》中的《世俘解》，应该是和《武成》篇同一来源的不同篇章……而且所叙述的武王克殷过程，与西周初期所作歌颂武王克殷的《大武》乐章完全符合。”[2]总之，随着甲骨文、金文研究的发展，《世俘》篇文字之古，逐渐为学术界所认识。《尚书·顾命》的史料价值，亦越来越受到学术界的高度重视。顾颉刚、刘起釪先生指出：“篇中详细记载康王见于先王庙先受顾命之戒而后举行即王位这一隆重典礼中的所有各种陈设，君、臣、诸侯行礼所在的位置，兵卫的森严，与典礼过程中的一应仪节，记录特详，使后人看到西周早期这大典礼的具体细节，比东周以后礼书中所载仪节显然要真切。”[3]顾、刘二氏指出：“《顾命》篇中所载的各种礼，就是当时所实行的礼，是当时的正礼，是由当时制定由当时的人所履行的礼。”[4]由此可见，王氏对《顾命》礼制的征引，建立在其对《顾命》史料价值真实性判断的基础之上。这一点，从顾、刘二氏对王氏《明堂庙寝通考》之专文“其论析方法之精密，搜罗材料之周到，所作论断逻辑性之强，都远远超过历代经师”[5]的高度评价中，可见一斑。综上所述，从《殷周制度论》的诸多科学的论述，不难发现，王氏对于商周史研究所做的开拓性和前瞻性研究，“除运用科学方法之外”，“严格地遵循着实事求是的态度”[6]。

无可讳言，王氏《殷周制度论》中所讨论的若干重大理论问题，诸如分封制、宗法制和姓氏制度等，目前学术界尚有较大争议。自董作宾先生提出“商代封建制度已同于周”[7]，子渔“也许就是武丁的嫡长子”[8]等论点，并从卜辞中区分出同武丁合祭的三个“嫡妻”[9]及三个“嫡子”[10]以来，经胡厚宣先生的进一步发挥，“殷代自武丁以降，确已有封建之制”[11]，“因妻子既多，乃

〔1〕 顾颉刚：《〈逸周书·世俘〉篇校注、写定与评论》，《文史》第二辑，中华书局，1963年。

〔2〕 杨宽：《西周史》，上海人民出版社，1999年，第861—862页。

〔3〕 顾颉刚、刘起釪：《尚书校释译论》第四册，中华书局，2005年，第1711页。

〔4〕 顾颉刚、刘起釪：《尚书校释译论》第四册，中华书局，2005年，第1888页。

〔5〕 顾颉刚、刘起釪：《尚书校释译论》第四册，中华书局，2005年，第1876页。

〔6〕《郭沫若全集·文学编》第二十卷《其他·鲁迅与王国维》，人民文学出版社，1992年，第306—307页。

〔7〕 董作宾：《甲骨文断代研究例》，《庆祝蔡元培先生六十五岁论文集》，中央研究院历史语言研究所集刊外编第一种，1933年。

〔8〕 董作宾：《甲骨文断代研究例》，《庆祝蔡元培先生六十五岁论文集》，中央研究院历史语言研究所集刊外编第一种，1933年。

〔9〕 董作宾：《甲骨文断代研究例》，《庆祝蔡元培先生六十五岁论文集》，中央研究院历史语言研究所集刊外编第一种，1933年。

〔10〕 董作宾：《甲骨文断代研究例》，《庆祝蔡元培先生六十五岁论文集》，中央研究院历史语言研究所集刊外编第一种，1933年。

〔11〕 胡厚宣：《殷代婚姻家族宗法生育制度考》，《甲骨学商史论丛初集》，齐鲁大学国学研究所，1944年。

有传子之制，由是而渐有嫡庶之分，渐生宗法之制”[1]等观点，日渐主导学术界。以分封制为例，王宇信先生就以上论争曾发表自己的见解：“学术界赞成周代有授民授疆土的分封制度。而被周朝所‘因’的商朝究竟有无分封制度，学术界却存有不同的认识和争论。这一方面是因为‘中国政治与文化之变革，莫剧于殷周之际’的巨大影响，另一方面是把社会形态的‘封建’制度与政治制度的‘封建’(即分封)概念混为一谈了。”[2]另有学者则明确指出：“从长城以北到湖南南部这么广大的地域，是不是都在商朝王畿的直接管辖之下，当时是否已经推行分封制度，这些地区是不是都有同一水准的构造，都是目前的考古与文献资料所不能解决的问题。”[3]在我们今天看来，以上论争的症结恐怕还不止于此。葛志毅先生指出：“王国维虽然提出分封制乃周人所创的合理论断，但并没有从分封制本身的角度去探讨其何以产生的具体条件和必然原因，后来也基本无人去深入发掘这个蕴奥……对这些问题的进一步研究解决，不仅对搞清分封制的内容与本质是极为重要的，而且还将有助于深化对周代社会历史的认识，同时，又可以在更高层次上重新总结和估计分封制研究在过去所取得的成就。”[4]从这重意义上讲，董、胡二氏所奠定的商代分封说体系轮廓，迄今尚难以从根本上彻底推翻《殷周制度论》殷“自开国之初，尚无封建之事”的论点。

同样，商代有无嫡庶和宗法的问题，亦非短时间内用三言两语可以准确做出回答的。除了董、胡二氏外，王国维先生的弟子徐中舒先生亦曾指出《殷周制度论》“商之继统法，以弟及为主，而以子继辅之，无弟然后传子”的“这种说法是值得商榷的”[5]。他曾就祖甲改制为界，认为“殷代的末期已经是走入了家族的宗法社会了”[6]，“祖甲改制，已经形成宗法制，确立了父系，建立了大宗小宗”[7]。然根据前文所论，“汉代严格区分嫡庶，在许多条件具备后，方才出现嫡长子继承制。一些论著将西周、春秋中原各国(包括王室与诸侯国)定为嫡长子继承制，并无足够的历史依据，缺乏说服力”[8]。由此可知，关于商代以嫡长子继承制为核心的宗法制是否确立，目前尚无绝对肯定或否定的答案。这从一个侧面说明，《殷周制度论》“商人无嫡庶之制，故不能

---

〔1〕 胡厚宣：《殷代婚姻家族宗法生育制度考》，《甲骨学商史论丛初集》，齐鲁大学国学研究所，1944年。

〔2〕 李雪山：《商代分封制度研究》王序，中国社会科学出版社，2004年。

〔3〕 张光直：《中国青铜时代》，生活·读书·新知三联书店，1999年，第103页。

〔4〕 葛志毅：《周代分封制度研究》，黑龙江人民出版社，1992年，第7—8页。

〔5〕 徐中舒：《先秦史论稿》，巴蜀书社，1992年，第65页。

〔6〕 徐中舒：《论殷代社会的氏族组织》，成都《工商导报》学林副刊，1951年1月7日。

〔7〕 徐中舒：《先秦史论稿》，巴蜀书社，1992年，第69页。

〔8〕 唐嘉弘：《论楚王的继承制度——兼论先秦君位传袭的演变》，《中州学刊》1990年第1期。

有宗法"的论点，在获得足够的反证材料之前，仍不失为自成一系的重要观点。对于这一点，就连极力反对殷代无宗法的学者也不得不实事求是地指出："王氏受历史条件的限制……他认为宗法制起源于嫡庶之制，从而推断殷代无宗法，当然是不确切、不全面的；但是王氏却以敏锐的眼光，指出《礼记》宗法理论的自相矛盾…… 王国维的论点为宗法制的研究提供了新的启迪。"〔1〕

王氏《殷周制度论》对于姓氏制度有着自己颇为独到的见解："男子称氏，女子称姓，此周之通制也。上古无姓者，有之，惟一姜嫄者，周之妣，而其名出于周人之口者也。传言黄帝之子为十二姓，祝融之后为八姓，又言虞为姚姓，夏为姒姓，商为子姓，凡此纪录，皆出周世。据殷人文字，则帝王之妣与母，皆以日名，与先王同。诸侯以下之妣亦然。虽不敢谓殷以前无女姓之制，然女子不以姓称，固事实也。"王氏由姓氏论及婚姻："然则商人六世以后，或可通婚。而同姓不婚之制，实自周始。女子称姓，亦自周始。"早在王氏之前，《左传》隐公八年已约略提到："天子建德，因生以赐姓，胙之土而命之氏。"以后，宋代学者郑樵在其《通志·氏族略》中较早明确论及："三代之前，姓氏分为二。男子称氏，妇人称姓，氏所以别贵贱……姓所以别婚姻。"顾炎武更在前人基础上对早期姓氏起源与流变问题作了较为系统的论述："言姓者，本于五帝……自战国以下之人，以氏为姓，而五帝以来之姓亡矣。"〔2〕"姓氏之称，自太史公始混而为一。"〔3〕"男子称氏，女子称姓。氏一再传而可变，姓千万年而不变……是故氏焉者，所以为男别也；姓焉者，所以为女坊也，自秦以后之人以氏为姓，以姓称男，而周制亡而族类乱。"〔4〕

先秦时期姓氏制度的社会功能，正如古代学者所论，在于区别婚姻和贵贱。周代文献和青铜器铭文资料足以为以上论点提供有足够说服力的支援。唯商代以前，有无类似周代的姓氏、男女之别，限于已有的材料，尚难作定论。从目前所掌握资料看，商代女子尚没有以姓相称的习俗。边裔地区少数民族的结姓的资料，则足以为早期姓的起源及流变提供重要的参考。檀萃《滇海虞衡志·志蛮》说："其同姓者，不必亲种类；或久居相爱，即结为同姓，叙伯仲。"以上所论在以氏族为基层组织的殷商时期应为较为普遍的社会现象。徐中舒先生以为："商代没有姓，所谓当时的子姓，就是子族。姓是不同氏族

〔1〕 钱宗范：《周代宗法制度研究》，广西师范大学出版社，1989年，第36—37页。
〔2〕 顾炎武：《日知录》卷二十二《姓》，《四库全书》第858册《子部·杂家类二》，上海古籍出版社，1987年，第894—895页。
〔3〕 顾炎武：《日知录》卷二十二《姓》，《四库全书》第858册《子部·杂家类二》，上海古籍出版社，1987年，第896页。
〔4〕 顾亭林：《亭林文集》卷一《原姓》，《顾亭林诗文集》，中华书局，1959年。

互通婚姻而产生的。”[1]综上所述,《殷周制度论》“商人六世以后,或可通婚。而同姓不婚之制,实自周始。女子称姓,亦自周始”的论点,就目前所掌握的文献与甲骨文资料看,大体符合商周之际的历史实际,至今仍具有十分重要的学术价值。

综上所述,从学术史的角度而论,王氏《殷周制度论》在中国传统学术的现代转型时期,较早结合新旧材料,从宏观视野开创性地对相关问题作深入系统的研究,并提出不少至今仍具有重要学理价值的深邃的洞见,其不仅擘画了中国上古史研究的崭新领域,更开创了圆融通博并富于个性特征的学术风范,从而奠定了其在中国现代学术史崇高的地位。随着田野考古工作的全面展开与殷周史研究的日臻深入,王氏《殷周制度论》一文中若干明显的错讹与有争议的问题,正逐步得到修正与完善。因此,无论从哪重意义上而论,王氏《殷周制度论》对于商周史研究的开创之功和学术经典价值,都不应有任何丝毫的动摇。

（原载《清华大学学报》2012 年第 5 期）

---

〔1〕 徐中舒:《先秦史论稿》,巴蜀书社,1992 年,第 71 页。

论郭沫若对罗王之学的臧否

罗王之学是中国20世纪20年代前后对中国古史学界影响最为深刻的学问之一,其一方面直接继承了乾嘉学派特别是晚清考据学的严谨学风,熟谙古代文献典籍与文字音韵之学,另一方面又强调实证,摆脱传统经史之学从文献到文献的研究方法,重视地下出土的古器物上面的古文字资料,并能够有机地将这两方面的材料与学问结合起来,以地下出土的古文字资料来补正文献史料。罗王二氏成功地利用甲骨与商周铜器铭文治先秦史,开辟了研究先秦古史的新途径,客观上对于其后建立在现代科学研究方法与历史唯物主义基础之上的新的先秦史学的形成具有促进作用。随着中国古史研究的全面深入,罗王之学对中国学术的贡献已普遍为众多国内外学者首肯。作为杰出的马克思主义史学家,郭氏对罗王之学高度重视,在充分肯定其在中国学术史上的重要地位的同时,亦科学指摘了罗王之学的若干局限与不足。郭氏对罗王之学的臧否,促进了中国古史研究在批判继承中向前发展,将中国古史的研究提高到一个新的水准。以郭沫若《中国古代社会研究》《青铜时代》《十批判书》《奴隶制时代》为代表的马克思主义史学论著在对罗王之学批判继承的过程中,也自觉接受了南高史地学派和马克思主义史学家的批判,包括郭沫若先生自我的批判,从而促进了马克思主义史学的蓬勃发展与理论体系的完善。郭沫若先生继承、批判与自我批判的学术思想,在学风浮躁的今天,具有更为深远的学术价值。

一、对罗王之学在中国学术史上的贡献与地位的肯定

对于罗王之学对中国古史研究的贡献和其在中国学术史上的地位,学术界曾有过诸多较为客观的评价。如1945年,顾颉刚先生著《当代中国史学》一书,是书中编《新史料的发现和研究》第一章“甲骨文字的发现与著录”中说:

“罗振玉于光绪二十八年在刘铁云家中,始见到甲骨文字,除后得刘氏所藏的一部分外,更大量收集,遂成为收藏甲骨文字最多的一人,编为《殷虚书契前编》八卷、《殷虚书契后编》二卷、《殷虚书契续编》六卷、《殷虚书契菁华》一卷。其所著录约七八千片,除《续编》为他人所藏外,余均罗氏一己之物。此四书中,《菁华》所印为照片,其余都为拓片,用玻璃版

精印。在初期对于甲骨文字的搜罗与流传，当以罗氏的贡献为最大。”〔1〕

在该书下编《近百年中国史学的后期》第二章“甲骨文字与金文的研究”中，顾先生继续讲到：

“罗振玉继刘鹗之后，收藏甲骨文极多，所著初有《殷商贞卜文字考》一卷。此书分考史、正名、卜法、余论四部分。其后又撰成《殷虚书契考释》一卷，其目分为：都邑、帝王、人名、地名、文字、卜辞、礼制、卜法。这是甲骨文发现以后的第一部名著，无论考史释字，俱有很大的发明。后有王国维序，对此书誉扬备至……振玉更有《殷虚书契待问编》一卷，和《释叔》《释爰》《与林浩卿博士论卜辞王宾书》《与王静安征君论卜辞上甲书》，俱颇有发明。”〔2〕

“甲骨文字的研究，自从王国维先生以后，产生了一个划时代的变革，这个变革决定了甲骨文字这种新史料在史学研究上的地位，使已茫昧的商代历史呈现了新的光明，更使以后研究殷商史的人不得不以甲骨文字为唯一可靠的史料。王氏所著有《殷卜辞中所见先公先王考》《殷卜辞中所见先公先王续考》《殷周制度论》《释昱》《释旬》《殷虚卜辞中所见地名考》《殷礼征文》《古史新证》。王氏研究甲骨文字的贡献，主要的是在证史。例如《先公先王考》对于殷代世系的考证多数精确，王氏据甲骨文证王亥为殷之先祖，谓天乙是大乙之误，《史记·殷本纪》报丁、报乙、报丙之次，当为报乙、报丙、报丁之误，又从甲骨文和《楚辞》证明王亥的弟弟叫王恒，都确不可易。《殷周制度论》与《殷礼征文》对于殷代礼制的探讨及对殷周制度的异同的分析，亦均发千古之秘。《古史新证》为王氏在清华研究院的讲稿，集其对古史研究的菁华而成，也是初学研究古史的一部好书。”〔3〕

在我们今天看来，由于自身所从事专业的局限，顾先生对罗王之学的学术贡献和在中国学术史上的地位的评价，并不够到位，多数文字仅停留在一般介绍层面，而在学术思想和研究方法方面，直接继承罗王之学的郭氏则对该问题具有更精湛的评论。

郭氏对罗振玉的学术贡献和地位曾作如是评价：

“在中国文化史上实际做了一番整理工夫的要算是以清代遗臣自任的罗振玉；特别是在前两年跳水死的王国维。”〔4〕

〔1〕 顾颉刚：《当代中国史学》，上海古籍出版社，2002年，第41页。
〔2〕 顾颉刚：《当代中国史学》，上海古籍出版社，2002年，第101页。
〔3〕 顾颉刚：《当代中国史学》，上海古籍出版社，2002年，第102页。
〔4〕《郭沫若全集·历史编》第一卷《中国古代社会研究》自序，人民出版社，1982年。

“罗振玉的功劳即在为我们提供了无数的真实的史料。他的殷代甲骨的蒐集、保藏、流传、考释，实是中国近三十年来文化史上所应该大书特书的一项事件。还有他关于金石器物、古籍佚书之搜罗颁布，其内容之丰富，甄别之谨严，成绩之浩瀚，方法之崭新，在他的智力之外，我想怕也要有莫大的财力才能办到的。”〔1〕

“甲骨自出土后，其蒐集保存传播之功，罗氏当居第一，而考释之功也深赖罗氏。罗氏于一九一〇年有《殷商贞卜文字考》一卷，此书仅属椎轮。一九一五年有《殷虚书契考释》一卷（后增订本改为三卷），则使甲骨文字之学蔚然成一巨观。谈甲骨者固不能不权舆于此，即谈中国古学者亦不能不权舆于此。”〔2〕。

郭氏对王国维的学术贡献和地位亦有颇高评价：

“王国维研究学问的方法是近代式的……他遗留给我们的是他知识的产品，那好像一座巍峨的楼阁，在几千年来的旧学的城垒上，灿然放出了一段异样的光辉。”〔3〕

“卜辞的研究要感谢王国维，是他首先由卜辞中把殷代的先公先王剔发了出来，使《史记·殷本纪》和《帝王世纪》等书所传的殷代王统得到了物证，并且改正了它们的讹传……我们要说殷虚的发现是新史学的开端，王国维的业绩，是新史学的开山，那样评价是不算过分的。”〔4〕

“在卜辞的研究上，王国维是有很大的贡献的，经过他的细心的阐发，不仅许多文字得到考释，并使《史记·殷本纪》中所载的殷代王室的世系也几乎全部得到了证明。”〔5〕

“王氏在卜辞研究之余有《殷周制度论》之作……这是一篇轰动了全学界的大论文，新旧史家至今都一样地奉以为圭臬。”〔6〕

综上所述，郭氏对罗王之学的学术贡献和地位进行了充分的肯定。不唯如此，他从中国学术史的角度指出，“罗氏在中国要算是近世考古学的一位先驱者”〔7〕，“王国维的业绩是新史学的开山”〔8〕。他对罗王之学的学术地位作出总体评价：“大抵甲骨文字之学以罗、王二氏为二大宗师”〔9〕，“大抵在目

〔1〕《郭沫若全集·历史编》第一卷《中国古代社会研究》自序，人民出版社，1982年。
〔2〕《郭沫若全集·历史编》第一卷《中国古代社会研究》，人民出版社，1982年，第193页。
〔3〕《郭沫若全集·历史编》第一卷《中国古代社会研究》自序，人民出版社，1982年。
〔4〕《郭沫若全集·历史编》第二卷《十批判书》，人民出版社，1982年，第6页。
〔5〕《郭沫若全集·历史编》第三卷《奴隶制时代》，人民出版社，1984年，第17—18页。
〔6〕《郭沫若全集·历史编》第二卷《十批判书》，人民出版社，1982年，第7页。
〔7〕《郭沫若全集·历史编》第一卷《中国古代社会研究》，人民出版社，1982年，第188页。
〔8〕《郭沫若全集·历史编》第二卷《十批判书》，人民出版社，1982年，第6页。
〔9〕《郭沫若全集·历史编》第一卷《中国古代社会研究》，人民出版社，1982年，第195页。

前欲论中国的古学,欲清算中国的古代社会,我们是不能不以罗、王二家之业绩为其出发点”[1],“谓中国之旧学自甲骨之出而另辟一新纪元,自有罗王二氏考释甲骨之业而另辟一新纪元,决非过论”[2]。由此可见,郭氏对罗王之学的学术贡献和地位的认识,高屋建瓴,远比顾颉刚先生一般层面的介绍要深刻得多。

郭氏在对罗王之学的学术贡献和地位进行充分肯定的同时,自觉地借鉴王国维先生所宣导并积极实践的“二重证据法”,很快从“疑古辨伪”走向“古史新证”的道路。郭先生在1930年7月29日《殷周青铜器铭文研究》一书的序中讲到,其“处理资料之方法,则以得力于王国维氏之著书者为最多”。以后,在历史唯物主义理论指导下,郭氏娴熟运用“二重证据法”治史,将传世文献和甲骨文、金文等出土文献有机结合,不仅撰写了《中国古代社会研究》一书,而且相继出版了《甲骨文字研究》《卜辞通纂》《殷契粹编》《金文丛考》《古代铭刻汇考》和《两周金文辞大系》等古文字学重要著作,为其古史研究奠定了坚实的基础,使其学术明显卓立于“疑古”之上。由此可见,罗王之学对郭沫若早期学术思想的形成产生了重要而深刻的影响,并构成郭沫若早期学术思想的重要源头之一。

二、对罗王之学若干学术局限与不足的指摘与补正

罗王之学对于中国新史学的形成产生了重要的影响,其学术贡献和地位已日渐得到学术界的普遍认可。但限于当时的研究水准与罗、王二氏所见史料的不足,也受其史观的影响,在我们今天看来,罗王之学也难免暴露出若干局限。如早在1926年,顾颉刚先生即曾批评静安先生受“传统学说的包围”,其“《殷周制度论》根据了《帝系姓》的话而说‘尧、舜之禅天下以舜、禹之功,然舜、禹皆颛顼后,本可以有天下,汤、武之代夏、商固以其功与德,然汤、武皆帝喾后,亦本可以有天下’,这是全本于秦、汉间的伪史”[3]。郭氏以更为敏锐的目光和开阔的视野,洞察出罗王之学的若干局限与不足。

郭先生在《中国古代社会研究》自序中突出了罗王二人对中国文化史的“整理”所做出的贡献,同时又强调指出,其所从事的“批判”有异于他们的“整理”:

> “‘整理’的究极目标是在‘实事求是’,我们的‘批判’精神是要在‘实事之中求其所以是’。”[4]

---

〔1〕《郭沫若全集·历史编》第一卷《中国古代社会研究》自序,人民出版社,1982年。

〔2〕《郭沫若全集·历史编》第一卷《中国古代社会研究》,人民出版社,1982年,第194页。

〔3〕顾颉刚:《我是怎样编写古史辨的》,《古史辨》第一册顾颉刚自序,上海古籍出版社,1982年。

〔4〕《郭沫若全集·历史编》第一卷《中国古代社会研究》自序,人民出版社,1982年。

"'整理'的方法所能做到的是'知其然',我们的'批判'精神是要'知其所以然'。"[1]

"'整理'自是'批判'过程所必经的一步,然而它不能成为我们所应该局限的一步。"[2]

郭氏论及甲骨文发现之初的情况说道:

"中国学者,特别是研究古文字一流的人物,素少科学的教养,所以对此绝好的史料,只是零碎地发挥出好事家的趣味,而不能有系统的科学的把握。罗、王二氏其杰出者,然如'山川效灵''天启其衷'的神话时不免流露于其笔端。在这种封建观念之下所整理出来的成品,自然是很难使我们满足的。"[3]

具体而论,郭氏屡屡指出,罗振玉考释卜辞的基本方针是"第录其文之完具可读者,其断缺不可属读者不复入焉"(《考释卜辞》第六)。所以,"他所考释出的成绩不能作为统计上的根据"[4]。郭氏指出,"罗氏关于渔的一项列举了十一条,但这十一条有……六条的确是错误"[5],"六畜中的牛羊犬豖都用作牺牲,其他的马与鸡罗氏虽不曾列举,但在卜辞中也有用作牺牲的痕迹"[6],"用牲之数罗氏也有遗漏"[7]。

诸如此类的批判还有很多。如王国维先生最早考证出《山海经》中的帝俊即帝喾,亦即卜辞中之高祖夒。[8]郭氏则指出,帝俊在《山海经》中为至上神之"帝",与黄帝并无血族的关系。[9]"五帝三王之本身及五帝三王均为黄帝子孙之传说实乃后人所改造。其在殷人则只知有上帝=帝俊=帝舜=帝喾=高祖夒一人而已。更约言之,则知有高祖夒 人而已。由高祖夒一人乃化而为帝俊、帝舜、帝喾三人。"[10]在我们今天看来,对这一问题的认识,郭氏的见解显然更富有科学性。

又如卜辞中有多父多母之词。罗振玉《增订殷虚书契考释》卷上《帝王第

[1] 《郭沫若全集·历史编》第一卷《中国古代社会研究》自序,人民出版社,1982年。

[2] 《郭沫若全集·历史编》第一卷《中国古代社会研究》自序,人民出版社,1982年。

[3] 《郭沫若全集·历史编》第一卷《中国古代社会研究》,人民出版社,1982年,第195页。

[4] 《郭沫若全集·历史编》第一卷《中国古代社会研究》,人民出版社,1982年,第198页。

[5] 罗氏所列"渔"的卜辞共11条,其中6条有"子渔"。郭先生指出,子渔是人名,除这六条外卜辞中尚屡有所见。参见《郭沫若全集·历史编》第一卷《中国古代社会研究》,人民出版社,1982年,第201页。

[6] 《郭沫若全集·历史编》第一卷《中国古代社会研究》,人民出版社,1982年,第205页。

[7] 《郭沫若全集·历史编》第一卷《中国古代社会研究》,人民出版社,1982年,第206页。

[8] 王国维:《观堂集林》卷九《殷卜辞中所见先公先王考》《殷卜辞中所见先公先王续考》,中华书局,1959年。

[9] 《郭沫若全集·历史编》第一卷《中国古代社会研究》,人民出版社,1982年,第223页。

[10] 《郭沫若全集·历史编》第一卷《中国古代社会研究》,人民出版社,1982年,第226页。

二》说:“诸帝皆一配,祖乙、祖丁二配武丁三配者,犹少康之有二姚欤? 抑先殂而后继欤? 不可知矣。”郭氏则明确指出:“实即多妻或多母之现象,即少康之有二姚亦多妻古制之一例证。”[1]随着殷商史和文化人类学研究的全面深入,郭氏用亚血族群婚残余来解释甲骨卜辞中“多母”“多父”称谓,不无可商之处,但其在“用科学的观点研究和解释历史”的草创时期[2],能够从民族学的视野对卜辞中的这一文化现象作出较为合乎实际的解释,显然比罗氏前进了一步。

郭氏指出:

> “殷、周之分,所据的标准是所谓‘以日为名’。古时传说殷人以生日为名,故名中多见甲乙丙丁字样。因此凡彝铭中有祖甲、父乙、妣庚、母辛,或兄壬、妇癸者,在前便一律认为是殷器。其实这标准是不一定可靠的。近年发现穆王时的《遹簋》有‘文考父乙’,懿王时的《匡卣》有‘文考日丁’,足见‘以日为名’之习至西周中叶也还有残余,而且已被证明,不是生日而是死日了。这一条例一被打破,于是举凡以前的著录中所标为殷器的都成了问题。而尤其像罗振玉《殷文存》那部书,主要根据‘以日为名’而搜集的七百种以上的器皿,差不多全盘靠不住。”[3]

又如《殷周制度论》为王国维先生用二重证据法专论殷、周之际政治与文化剧变的名文,曾受到学术界的高度重视。郭氏批判“王氏于社会科学未有涉历,知其然而未知其所以然”[4]。郭氏认为:“王氏此说实言之过甚。殷末与西周并看不出有若何剧变。例如青铜器便无法完全辨别。王氏因以东周之礼制与卜辞相比,故觉其相异耳。实则‘周因于殷礼,所损益可知’,孔仲尼在两千多年前的判断,仍较可靠。”[5]郭氏举例以证“立嫡立长之制在殷代已有它的根蒂”[6]:“(殷代)所特祭的先妣是有父子相承的血统关系的,便是直系诸王的配偶虽被特祭,而兄终弟及的旁系诸王的配偶则不见祀典。”[7]在此基础上,郭氏对《殷周制度论》重新作出实事求是的评价:“《殷周制度论》的价值已经不能够被这样过高估计了。王氏所据的史料,属于殷代的虽然有新的发现但并未到家,而关于周代的看法则完全是根据‘周公制作之本意’的那种旧式的观念。这样,在基本上便是大有问题的。周公制礼作乐的说法,强

---

〔1〕《郭沫若全集·历史编》第一卷《中国古代社会研究》,人民出版社,1982年,第228页。
〔2〕《郭沫若全集·历史编》第一卷《中国古代社会研究》自序,人民出版社,1982年。
〔3〕《郭沫若全集·历史编》第二卷《十批判书》,人民出版社,1982年,第9页。
〔4〕《郭沫若全集·历史编》第一卷《中国古代社会研究》,人民出版社,1982年,第239页。
〔5〕《郭沫若全集·历史编》第一卷《中国古代社会研究》,人民出版社,1982年,第239页下补注。
〔6〕《郭沫若全集·历史编》第二卷《十批判书》,人民出版社,1982年,第7页。
〔7〕《郭沫若全集·历史编》第二卷《十批判书》,人民出版社,1982年,第7页。

半是东周儒者的托古改制,这在目前早已成为定论了。"[1]

综上所述,郭氏在充分肯定罗王之学的学术贡献和地位的同时,也敏锐地洞察到罗王之学的若干局限与不足,并从宏观与微观方面对其进行指摘与补正,在继承与批判过程中将罗王之学发扬光大,与此同时,也将中国的古史研究提高到一个新的水准。

三、郭氏学术批判与自我批判的现代学术价值

清末民初是中国传统学术转型的关键时期。中国传统学术历经清朝后期的低迷徘徊之后,涌现出了一大批大师级的学者。他们以渊深的国学根底,融通中西,不仅擘画了学术研究的新领域,更开创了一种圆融通博且富于个性特征的治学门径与学术风范。在与《古史辨》"不期而同"及对王国维先生"二重证据法"积极实践的同时,郭氏在历史唯物主义理论指导下,开始了重建古史、超越疑古的学术实践活动。

毋庸讳言,初创时期的马克思主义史学,同样暴露出若干严重的不足。早在20世纪30年代,以南高史地学派的重要成员程憬为代表,对郭沫若的古史研究进行了猛烈的批评。程氏批评郭氏引用理论时的武断和错误,认为郭氏对摩尔根的理解认识出现了严重的偏差,接着,对郭氏称商朝为氏族社会的二点论据及西周奴隶社会性质的结论进行了针锋相对的批评。[2]在我们今天看来,程憬等人对郭氏的批评,"未免含有非学术的宗派气息,而未能为冷静的客观的论断"[3],但其"质疑郭沫若运用考古发掘材料作为研究中国早期社会的主要材料是否足够"[4]仍富有见地,尤其对郭氏在《中国古代社会研究》中对理论的生硬套用和一些古史材料阐释上的批评也并不是凭空臆造的。继南高史地学派对郭沫若先生古史研究进行猛烈批评不久,马克思主义史学家侯外庐先生继续对郭氏《中国古代社会研究》一书的缺点提出批评:

"在十数年前读郭沫若先生的《中国古代社会研究》论文,反复研究,觉得郭先生关于中国古代社会的理论根据,仅是《家族、私产、国家起源》的前半部,而忽视了后半部希腊、罗马、日尔曼三个类型的国家成立底基本材料,我以为研究中国的古代社会,至少要依据古典国家的一般合法则性(如氏族贵族的国家向显族贵族的国家去发展),同时要研究各个类型的特殊合法则性(如以上两个阶段有具体性)。郭先生的缺点,其中有一个便是等视西周与西洋的古典,而一字也没有把周代国家成立的两个

〔1〕《郭沫若全集·历史编》第二卷《十批判书》,人民出版社,1982年,第7页。
〔2〕程憬:《郭沫若的中国古代社会研究》,《图书评论》1卷2期,1932年。
〔3〕周予同:《五十年来中国之新史学》,《学林》第四辑,1941年。
〔4〕程憬:《郭沫若的中国古代社会研究》,《图书评论》1卷2期,1932年。

阶段，提出来研究。后来始看到上书中，郭先生的《追论与补遗》，所补者确是问题的中心，但可惜还是简略而疏漏。”〔1〕

侯先生还曾批评郭先生忽视古典国家发展的基本法则，认为“在其所著《中国古代社会研究》中，规定春秋为封建制度，后又以春秋、战国为转变时代，而观念非常含混”〔2〕。

事实上，学术界所举《中国古代社会研究》中理论和方法方面存在的种种缺陷，郭氏自己也是实事求是地承认的：

“我的初期的研究方法，毫无讳言，是犯了公式主义的毛病的。我是差不多死死地把唯物史观的公式，往古代的资料上套，而我所据的资料，又是那么有问题的东西。我这样所得出的结论，不仅不能够赢得自信，而且资料的不正确，还可以影响到方法上的正确。”〔3〕

不唯如此，郭氏在《十批判书·古代研究的自我批判》一文，对自己先前的古史研究进行了颇为深刻系统的自我批判：

“我首先要谴责自己。我在一九三〇年发表了《中国古代社会研究》那一本书，虽然博得了很多的读者，实在是太草率，太性急了。其中有好些未成熟的或甚至错误的判断，一直到现在还留有相当深刻的影响。有的朋友还沿用着我的错误，有的则沿用着我错误的征引而又引到另一错误的判断，因此关于古代的面貌引起了许多新的混乱。这个责任，现在由我自己来清算，我想是应该的，也是颇和适宜的。”〔4〕

接着，郭氏分别从以下方面对自己的古史研究进行了深刻的检讨：

关于文献的处理：

“《周易》固然是无问题的先秦史料，但一向被认为殷末周初的作品，我从前也是这样。据我近年来的研究，才知道它确是战国初年的东西，时代拉迟了五六百年。我在前把《周易》作为研究殷末周初的资料，当然是完全错误。”〔5〕

“《尚书》我们早知道有今古文之别，古文是晋人的伪作，但在今文的二十八篇里也有真伪，也是到近年来才开始注意到的。例如《尧典》（包括古文的《舜典》）、《皋陶谟》（包括古文的《益稷》）、《禹贡》《洪范》这几篇很堂皇的文字，其实都是战国时代的东西——我认为当作于子思之徒。我在前虽不曾认《典》《谟》为‘虞书’，《禹贡》为‘夏书’，以作为研究虞、夏

---

〔1〕 侯外庐：《中国古代社会史》，新知书店，1948年，第133—134页。

〔2〕 侯外庐：《中国古代社会史》，新知书店，1948年，第150页。

〔3〕《郭沫若全集·文学编》第十三卷《革命春秋（郭沫自传·第三卷）·海涛集·我是中国人》，人民文学出版社，1992年，第357页。

〔4〕《郭沫若全集·历史编》第二卷《十批判书》，人民出版社，1982年，第3页。

〔5〕《郭沫若全集·历史编》第二卷《十批判书》，人民出版社，1982年，第4页。

的真实史料，但我却把《洪范》认为确是箕子所作，曾据以探究过周初的思想，那也完全是错误的。”〔1〕

“《吕刑》一篇，文体与《左传》相近，旧称为周穆王所作，我也深信不疑。但其实那也是靠不住的。我揣想它是春秋时期吕国的某王所造的刑书，而经过后来的儒者所润色过的东西，吕国曾称王，彝器中有《吕王作内姬壶》可证，由文字上看来是春秋时期的器皿……这已尽足以证明它决不是周穆王所作的了。”〔2〕

“自来说《诗》的人虽然对于各诗也每有年代的规定，但那些说法差不多全不可靠。例如《七月流火》一诗，《毛诗》认为‘周公陈王业’，研究古诗的人大都相沿为说，我自己从前也是这样。但我现在知道它实在是春秋后半叶的作品了。就这样，一悬隔也是上下五百年。”〔3〕

关于殷周青铜器的处理：

“我在前无条件地把《殷文存》作为研究殷代的资料而使用，近来还有不少的朋友以讹传讹，我是要承认我的冒昧的。”〔4〕

“周人的彝器得到整理，于是乎周公致礼作乐之说纯是一片子虚。周公在周初是一位有权变的政治家，那是毫无疑问的。但周人的礼强半是在西周三百年间逐渐积累而成，其中毫无疑问有很多殷礼的成分；至其构成所谓的‘礼仪三百，威仪三千’的，还是战国中叶以后的。这层关系不明而纵论‘殷周礼制’，那是必然要错误的。大体上二千多年前的孔子所说过的话依然正确，便是‘周因于殷礼，所损益可知也’。（《论语·为政》）在前的王国维，其后的我，又其后认为西周为封建制的新史学家们，其实都是错误了的。”〔5〕

在《奴隶制时代·申述一下关于殷代殉人的问题》一文，郭氏检讨了自己先前提出的“殷代是铜石并用时代”的错误观点：

“我在二十多年前开始研究中国古代社会的时候，那时殷墟的科学发掘还没有开始，所根据的殷墟资料，主要是很不完全的由刘铁云、罗振玉诸人所收购得来的一些东西。那时我很鲁莽地下出了殷代是铜石并用时代的一个错误的判断……由这一错误又引出了别的错误，便是把殷墟文化看得很原始，说殷代是原始公社制的末期。这些错误，我自己早就纠正了，但留给朋友们的影响却是很深，实在是应该由我来负责

---

〔1〕《郭沫若全集·历史编》第二卷《十批判书》，人民出版社，1982年，第4页。
〔2〕《郭沫若全集·历史编》第二卷《十批判书》，人民出版社，1982年，第4—5页。
〔3〕《郭沫若全集·历史编》第二卷《十批判书》，人民出版社，1982年，第5页。
〔4〕《郭沫若全集·历史编》第二卷《十批判书》，人民出版社，1982年，第9页。
〔5〕《郭沫若全集·历史编》第二卷《十批判书》，人民出版社，1982年，第10—11页。

的。"〔1〕

综上所述，郭氏在对以《中国古代社会研究》为代表的早期马克思主义史学著作中的若干局限与不足作出全面而系统的检讨的同时，已经清醒地认识到要加强理论和方法上的基本素养，避免将马克思主义公式化、教条化，因为"中国的古代发展和马克思的学说不尽相符"〔2〕。与此同时，郭氏也反复强调搜集、整理和使用史料对于马克思主义史学建设与发展的重要意义："秦汉以前的材料加上的差不多被我彻底剿翻了。考古学上的、文献学上的、文字学、音韵学、因名学，就我能所涉猎的范围内，我都作了尽我可能的准备与耕耘。"〔3〕郭氏正是在此基础上，"不断地在追求材料，也不断地在澄清自己"〔4〕。以郭沫若《中国古代社会研究》《青铜时代》《十批判书》《奴隶制时代》为代表的马克思主义史学论著在对罗王之学批判继承的过程中，也自觉接受了南高史地学派和马克思主义史学家的批判，包括郭沫若先生自我的批判，从而促进了马克思主义史学的蓬勃发展与理论体系的完善。郭沫若先生继承、批判与自我批判的学术思想，在学风浮躁的今天，具有更为重要的启发意义。

（原载《郭沫若学刊》2010 年第 2 期，收入《郭沫若研究年鉴（2010 卷）》，人民出版社，2011 年 9 月）

〔1〕《郭沫若全集·历史编》第三卷《奴隶制时代》，人民出版社，1984 年，第 88 页。
〔2〕《郭沫若全集·历史编》第三卷《奴隶制时代》，人民出版社，1984 年，第 109 页。
〔3〕《郭沫若全集·历史编》第二卷《十批判书·后记》，人民出版社，1982 年。
〔4〕《郭沫若全集·历史编》第三卷《奴隶制时代》，人民出版社，1984 年，第 113 页。

论徐中舒的“澄滤”说与古史建设理论

徐中舒先生是饮誉海内外的著名史学家。直接继承中国传统史学考据辨疑理论,并受罗王之学及梁启超、陈寅恪、李济等学术思想深刻影响的徐中舒先生,对古史辨派史料审查的理论和疑古辨伪思想也高度重视。在长期的学术实践过程中,徐先生的史料审查理论和疑古辨伪思想,和《古史辨》既有诸多相通之处,也有不少自己独到的见解。徐先生的一系列精湛的史料审查理论和科学的疑古辨伪思想,对于建立在唯物主义基础上的先秦史料学的建立奠定了较为坚实的理论基础,为20世纪以来新史学的发展指明了正确的路向,因而具有重要的理论价值和现代学术意义。

一、对传统史学考据辨疑理论的继承

先秦史是徐中舒先生终其一生孜孜钻研的最重要的学术领域。秦汉以来,从事古史研究的学者,一方面慨叹夏商周文献的极度匮乏,同时又注意到先秦史料自身所固有的复杂性。著名历史学家梁启超即曾讲到:“时代愈远,则史料遗失愈多而可征信者愈少。”〔1〕无独有偶,自称“不敢观三代两汉之书”〔2〕“平生不能读先秦之书”〔3〕的一代学术大师陈寅恪先生也曾言及:“上古去今太远,无文字记载,有之亦仅三言两语,语焉不详,无从印证。加之地下考古发掘不多,遽难据以定案。画人画鬼,见仁见智,曰朱曰墨,言人人殊,证据不足,孰能定之?”〔4〕正因为先秦史料“真赝错出,非经谨严之抉择,不能甄别适当”〔5〕,对史料的考据辨疑历来为建设真实中国古史的基础和关键。

早在汉代,著名史学家司马迁著述时即曾感叹传说中的五帝时期距离其所处的时代已颇为久远:“百家言黄帝,其文不雅驯,荐绅先生难言之。”在“书缺有间”的情况下,他将搜集到的文献材料和通过实地调查获得的来源不同的大量民间传说有机结合起来,“择其言尤雅者”,编著成《五帝本纪》。毫无

〔1〕 梁启超:《中国历史研究法》,上海古籍出版社,1998年,第41页。
〔2〕 陈寅恪:《金明馆丛稿二编》,上海古籍出版社,1980年,第150页。
〔3〕 陈寅恪:《金明馆丛稿二编》,上海古籍出版社,1980年,第229页。
〔4〕 王钟翰:《陈寅恪先生杂议》,《纪念陈寅恪教授国际学术研讨会论文集》,中山大学出版社,1989年。
〔5〕 梁启超:《中国历史研究法》,上海古籍出版社,1998年,第69页。

疑问,“他的本意还不是要我们盲目地加以信用,而是提供一些较为可靠的线索,甚至包含自相矛盾的线索,等待着后人进一步实事求是地研究”[1]。诸如舜葬苍梧的传说,多有与历史事实相抵牾之处,故其在广为流传的同时,自东汉以来即屡屡受到古代学者们的质疑。如王充[2]、刘知几[3]、罗泌[4]、罗苹[5]等学者认为,古代文献所载舜葬苍梧,于情事颇不合。郑樵、林之奇、梁玉绳指斥舜葬苍梧是“流俗之妄语”[6]“理之必不然者”[7]“荒唐谬悠”[8]。徐先生直接继承中国传统史学中考据辨疑理论,强调对古史材料进行严格的甄别和审查。

早在20世纪20年代,徐先生著《从古书中推测之殷周民族》[9]一文。徐先生在文中讲到:

“殷、周之际,我国民族之分布,实经一度极剧之变迁。其关系后世,至为重要。旧史非但不载其事,又从而湮晦其迹;使我国古代史上之因

---

〔1〕 徐中舒、唐嘉弘:《山海经和“黄帝”》,《山海经新探》,四川省社会科学院出版社,1986年。

〔2〕《论衡·书虚篇》说:“舜之与尧,俱帝者也。共五千里之境,同四海之内。二帝之道,相因不殊。《尧典》之篇,舜巡狩东至岱宗,南至霍山,西至太华,北至恒山。以为四岳者,四方之中,诸侯之来,并会岳下,幽深远近,无不见者,圣人举事求其宜适也。禹王如舜,事无所改,巡狩所至,以复如舜。舜至苍梧,禹到会稽,非其实也。”王充一方面对舜到苍梧、禹到会稽之事表示怀疑,同时又将以上传说与治水相联系:“舜南治水,死于苍梧;禹东治水,死于会稽。贤圣家天下,故因葬焉。”可见,王充只是对舜“南巡狩,崩于苍梧之野”表示怀疑,但对舜葬苍梧并未予以否定,而只是用治水之事重新解释。参见《论衡》,上海人民出版社,1974年,第57页。

〔3〕《史通·外篇·疑古》:“苍梧者,于楚则川号汨罗,在汉则邑称零桂。地总百越,山连五岭。人风婐媠,地气歊瘴。虽使百金之子,犹惮经履其途;况以万乘之君,而堪巡幸其国?且舜必以精华既竭,形神告劳,舍兹宝位,如释重负。何得以垂殁之年,更践不毛之地?兼复二妃不从,怨旷生离,万里无依,孤魂溘尽,让王高蹈,岂其若是者乎?”刘知几用形式逻辑推理方法推论舜死苍梧乃系被禹篡位放逐,非因南巡:“历观自古人君废逐,若夏桀放于南巢,赵迁迁于房陵,周王流彘,楚帝徙郴,语其艰棘,未有如斯之甚者也。斯则陟方之死,其殆文命之志乎?”参见刘知几撰、赵吕甫校注:《史通新校注》,重庆出版社,1990年,第787页。

〔4〕《路史·发挥·辨帝舜冢》:“《竹书》《郡国志》言帝舜葬苍梧,则自汉失之,至郑康成遂以鸣条为南夷之地不已疏乎?夫苍梧自非五服,人风婀划,地气高瘴。在虞夏乃无人之境,岂巡守所至邪?方尧老舜摄也,于是有巡狩之事。今舜既已耄期倦剧,释负而付禹,则巡守之事禹为之矣,岂复躬巡守于要、荒之外也哉!……虽然虞帝之坟,在在有之,何邪?盖古圣王久于其位,恩沾于倮隅,泽及于牛马,赴格之日,殊方异域无不为位而坟土以致其哀敬而承其奉,是以非一所也。颛、喾、尧、汤之墓传皆数出,汉远郡国皆起国庙,亦若是也。”参见《路史》卷三十六“发挥五”,《四库全书》,第383册,上海古籍出版社,1987年,第525页。

〔5〕 罗苹曾为《路史》作注,《尧冢篇》注曰:“仪墓如汉世远郡园陵,与苍梧舜墓之类,非实所葬。”《舜冢篇》注曰:“传谓伐苗民而崩苍梧,伐苗乃禹也。”转引自梁玉绳:《史记志疑》卷一,中华书局,1981年。

〔6〕 郑樵:《六经奥论》卷五《礼经》,《四库全书》第184册,上海古籍出版社,1987年,第102页。

〔7〕 林之奇:《尚书全解》卷三《舜典》,《四库全书》第55册,上海古籍出版社,1987年,第68页。

〔8〕 梁玉绳:《史记志疑》卷一,中华书局,1981年,第25页。

〔9〕 刊于《国学论丛》第一卷第一号,1927年6月。

果之关系，全失真相。

汉人所传之《世本·帝系姓》，谓殷、周同出帝喾之后。世远代湮，其说难征。"

以后，徐先生举许慎《说文解字》以"为"为母猴之谬说，反复强调，古代文献记载，"时代愈后，则讹谬愈甚"[1]。徐先生考察中国农史的起源，对于《易系·辞下》"神农氏作，斫木为耜，揉木为耒"，《说文解字·耒部》"古者垂作耒枱"、《尚书·尧典》"后稷播时百谷"及《史记周·本纪》中弃教民稼穑等传说的真实性提出质疑："如果夏、商以前我们就有像后来的耒耜耕农，那岂不是我们的农耕从最初到现在就没有什么演进？从而我们社会上的一切，也完全在停滞之中。我们的历史，只要有几个帝王卿相的号谥，也就可以表示我们文化之古了？"[2]在强调对古史材料进行严格审查的理论和疑古辨伪学术思想指导下，徐先生对《豳诗》之地理背景、《战国策》的编写及有关苏秦史事记载的讹谬等问题进行了深入细致的考察。

徐先生指出，"春秋、战国之世，《诗》并无三千余篇之多。因而删《诗》之说，亦不足据"[3]。"《诗经》之结集实为一尚未解决之问题……《诗经》十五'国风'、大小'雅'、三'颂'，以国为别(雅与夏同，亦当作地名解)，其《诗》所涉及之时地，虽大多数可以证明所标示之国名相应，但仍有许多例外。如《邶风》《鄘风》，并咏卫事；《唐风》《魏风》，同为晋诗；《周南》《召南》《诗序》系之周公、召公，而《诗》则有平土之称。旧说于此每作曲解，如平王：毛、郑乃以为平正之王。若此之类，不必列举。"[4]文中，徐先生专门论及《豳风》："至于《豳风》之豳，原为公刘所居，但《诗》则绝无关于公刘之事。《七月》诗言农桑衣食之本甚备，农桑实非豳地所宜。"徐先生举十证论定"《豳风》宜为春秋时之鲁诗"，又详举五证推论"今本《诗经》宜为鲁国师工歌诗之底本"。

徐先生虽然赞同"战国时代最基本的史料是《战国策》"[5]，但同时又强调指出"此书出于战国、秦、汉间，是当时游说之士时代传习、随时增益和编录的总集，其中所保存的史料，也有不尽可信的"[6]，"《国策》是游说之士在递相传受中随时编录的总集，来源不一，其中又杂有纵横说士悬梁刺股、简练揣

〔1〕 徐中舒：《殷人服象及象之南迁》，《国立中央研究院历史语言研究所集刊》第二本第一分，1930年。

〔2〕 徐中舒：《耒耜考》，《国立中央研究院历史语言研究所集刊》第二本第一分，1930年。

〔3〕 徐中舒：《豳风说——兼论诗经为鲁国师工歌诗之底本》，《国立中央研究院历史语言研究所集刊》第六本第一分，1936年。

〔4〕 徐中舒：《豳风说——兼论诗经为鲁国师工歌诗之底本》，《国立中央研究院历史语言研究所集刊》第六本第一分，1936年。

〔5〕 徐中舒：《论〈战国策〉的编写及有关苏秦诸问题》，《历史研究》1964年第1期。

〔6〕 徐中舒：《论〈战国策〉的编写及有关苏秦诸问题》，《历史研究》1964年第1期。

摩的拟说、拟作”[1]。徐先生进一步举出以下例证:

“其中如《中山策》张登对蓝诸君说:‘请以公为齐王,而登试说,可行,乃行之。’这里就说明了是试说,而不是事实。

又如《齐策三》楚王死,太子在齐质章,苏秦说薛公要利用楚怀王死于秦、太子在齐为质的机会,作多方面的要挟……这里连用十个‘可以’,都是虚构的拟议之词,可以如此而已,并非实有其事。

又如《楚策二》楚襄王为太子时质于齐章,记楚太子返国后,慎子教太子同时采用三种不同的主张,以应付齐国的要挟,他说:‘臣请效其说而王且见其诚也。’效其说,也就是试说。”[2]

徐先生说:“《国策》中类此之说尚多,而苏秦、张仪以合纵连横说六国,更是系统的夸张的拟作,按其情事大率与当时历史条件无一相合。”[3]并在此基础上言及:“《国策》的成书和流传的版本,存在这样一大堆问题,我们要利用这些资料,就必须慎重地考虑了。”[4]

徐先生强调指出:“苏秦、张仪是战国时代合纵连横说的箭垛式人物,战国时代凡有关合纵连横的说词,往往都附会为他们的事迹而流传下来。司马迁为苏秦、张仪作传,虽然连篇累牍地罗列许多游说之词,他知道其中年代错牾,有许多都不是信史……所以他就告诫后人对于这些史料要分别看待,其中有的是本事,有的是出于后人附会。”[5]“凡有关苏秦的故事和传说,在战国、秦、汉间的漫长时期中,还在不断的塑造中,迄至司马迁作《史记·苏秦传》时,苏秦传说始凝成定型……凡有关合纵的传说与拟作,附会为苏秦的事迹,有的被涂改了,有的还保存着原状,纷然淆乱。”[6]在此基础上,徐先生对战国时期的文献记载提出自己的看法:

“战国时的历史,既赖当时游说之士递相传习而保存至今,但这些游说之士为达到其游说目的,对于当时的历史不惜加以杜撰和窜改,也造成这个时期历史不少的错乱。这些错乱的历史,流传二千余年还没有得到彻底的澄清。”[7]

综上所述,在长期的学术实践中,徐中舒先生直接继承中国传统史学考据辨疑理论,在古史研究中形成了完整的对古史材料进行严格甄别与审查的理论,从而为其古史研究奠定了较为坚实的理论基础。

---

[1] 徐中舒:《论〈战国策〉的编写及有关苏秦诸问题》,《历史研究》1964年第1期。
[2] 徐中舒:《论〈战国策〉的编写及有关苏秦诸问题》,《历史研究》1964年第1期。
[3] 徐中舒:《论〈战国策〉的编写及有关苏秦诸问题》,《历史研究》1964年第1期。
[4] 徐中舒:《论〈战国策〉的编写及有关苏秦诸问题》,《历史研究》1964年第1期。
[5] 徐中舒:《论〈战国策〉的编写及有关苏秦诸问题》,《历史研究》1964年第1期。
[6] 徐中舒:《论〈战国策〉的编写及有关苏秦诸问题》,《历史研究》1964年第1期。
[7] 徐中舒:《论〈战国策〉的编写及有关苏秦诸问题》,《历史研究》1964年第1期。

二、考而后信的学术倾向及“澄滤”说、“素地”论的理论价值

和《古史辨》的旨趣略有不同，对上古传说和记载，徐先生并非一味地全盘否定，而是主张在上古传说和记载中，寻绎出真实的历史信息和素材。如徐先生强调：“史言上古之事，虽属传说，然其立国建都之地，犹可考见。以此证史，固嫌文献之不足，而以此说古代民族分布之迹，则绝好之资料也。”〔1〕徐先生反复强调：“古代传说，本多缘饰之词，但亦当有若干事实，为其素地。此若干事实，如在传说中澄滤而出，即与信史无二。而传说之可信与否，即视澄滤而出之事实之多寡而定。”〔2〕

在澄滤说的基础上，徐先生借鉴王国维先生“上古之事，传说与史事混而不分，史实之中固不免有所缘饰，与传说无异；而传说中亦往往有史实为之素地”〔3〕的论断继续阐述了著名的古史传说“素地”论。他说：“殷虚产象，既由甲骨文为之证明，则殷人服象之说，经此次澄滤，实已取得信史之价值。而殷代河南产象之说，又因此传说，为两重之证明。”〔4〕徐先生结合甲骨文资料及《孟子》等先秦文献，一证殷人服象“必为古代相传之信史”〔5〕，“河东产象，在殷商以前，或为事实”〔6〕。徐先生指出，“《吕氏春秋》与《孟子》并为战国末年之书，其时服象之事，早已轶出黄河流域居民记忆之外，必不能臆造此种传说也”〔7〕。又如徐先生对《史记·匈奴列传》中有关匈奴族源的传说力陈自己的见解：“此据匈奴的习俗，附会古代传说，可信的程度自然不多，但此传说决不能凭空捏造，至少也得像刘聪之称大汉，赫连勃勃之称大夏，必有若干事实为其素地。”〔8〕徐先生就《左传》昭公二十年所载齐国沿革的传说亦提出类似的看法：“这个传说必含有若干可信的史实在内。”〔9〕徐先生曾评价丁山先生

---

〔1〕 徐中舒：《从古书中推测之殷周民族》，《国学论丛》第一卷第一号，1927年。

〔2〕 徐中舒：《殷人服象及象之南迁》，《国立中央研究院历史语言研究所集刊》第二本第一分，1930年。

〔3〕 王国维：《古史新证——王国维最后的讲义》，清华大学出版社，1994年，第1页。

〔4〕 徐中舒：《殷人服象及象之南迁》，《国立中央研究院历史语言研究所集刊》第二本第一分，1930年。

〔5〕 徐中舒：《殷人服象及象之南迁》，《国立中央研究院历史语言研究所集刊》第二本第一分，1930年。

〔6〕 徐中舒：《殷人服象及象之南迁》，《国立中央研究院历史语言研究所集刊》第二本第一分，1930年。

〔7〕 徐中舒：《殷人服象及象之南迁》，《国立中央研究院历史语言研究所集刊》第二本第一分，1930年。

〔8〕 徐中舒：《再论小屯与仰韶》，《安阳发掘报告》1931年第三期。

〔9〕 徐中舒：《再论小屯与仰韶》，《安阳发掘报告》1931年第三期。

“古帝王世系，必渊源有自，绝非晚周诸子所得凭空虚构”[1]的论点乃“实为不可摇撼之说”[2]。他再次强调：“商、周以前的古史，大概都可认为传说。传说中固有许多错误、重复、分化、演变种种；但传说总有若干史事为素地，绝不能凭空虚构。”[3]徐先生具体指出，“殷、周以前之古史，又未必尽属无征”[4]，“周公适楚，必为春秋以来相传之旧说，必有若干史事为其素地”[5]，“先秦以来兵法权谋之家，及《六韬》《阴符》多传太公阴谋……或非虚言”[6]，《易·系辞》“上古结绳而治”的传说“必非虚语”[7]，“苏秦的传说，既非全属信史，也非全属虚构”[8]。

和《古史辨》派学者相比，徐先生对古史传说的“素地”有自己独到的认识。他在顾颉刚先生“层累地造成的古史”说的基础上，借鉴陈寅恪先生蒙古民族史之构成的论述，提出了“商、周以前之古史，实即一部古代民族史”的著名理论：

> “铸为黄帝后，黄帝即铸民族所构成之传说。此犹后稷之于周，契之于商，禹之于夏，舜之于陈，少皞之于郯，大皞之于风姓，盘古（即盘瓠之音转）之于南蛮，原皆为各民族之传说。中国历史自商、周以来始用文字写定，同时此民族乃由黄河流域渐次同化其邻近不同之民族，因此邻近民族固有之传说，乃随其同化之先后，而渗入中国文化中，使之渐次构成一荒远古史系统。其同化愈后者，其在古史系统中之年代，转愈高而愈远。故中国商、周以前之古史，实即一部古代民族史……中国古史之构成，在长期演进中，自不免采取多民族之传说，而演为直贯一系之事迹。
>
> 凡一民族必有一民族之传说，其被同化者，又将其固有之传说携入……中国古史乃由并行的传说，演为直系的系统。在长期演进中，其同化愈后者，其在古史系统中，转愈高而愈远。似此演成之古史，真既非是，伪亦不能。”[9]

他运用此种理论解释五帝时期的古史传说：

---

〔1〕 丁山：《由陈侯因𬳿镦铭黄帝论黄帝》，《国立中央研究院历史语言研究所集刊》第三本第四分，1933年。

〔2〕 徐中舒：《陈侯四器考释》附记，《国立中央研究院历史语言研究所集刊》第三本第四分，1933年。

〔3〕 徐中舒：《陈侯四器考释》附记，《国立中央研究院历史语言研究所集刊》第三本第四分，1933年。

〔4〕 徐中舒：《陈侯四器考释》附记，《国立中央研究院历史语言研究所集刊》第三本第四分，1933年。

〔5〕 徐中舒：《殷周之际史迹之检讨》，《国立中央研究院历史语言研究所集刊》第七本第二分，1936年。

〔6〕 徐中舒：《殷周之际史迹之检讨》，《国立中央研究院历史语言研究所集刊》第七本第二分，1936年。

〔7〕 徐中舒：《结绳遗俗考》，《说文月刊》第四卷合订本，1944年。

〔8〕 徐中舒：《论〈战国策〉的编写及有关苏秦诸问题》，《历史研究》1964年第1期。

〔9〕 徐中舒：《陈侯四器考释》，《国立中央研究院历史语言研究所集刊》第三本第四分，1933年。

“司马迁整理的系统是有相当根据的。他所据的‘古文’是战国时代六国流传下来的资料，是保存了古代人民对于过去的酋长各据一方及相互次第代立的史传。这些传说的次第，经过战国的史学家们根据当时人民渴望统一的要求，从他们生活在私有制社会形成的父子世及观念出发而整齐划一的，司马迁就是以这种观念而评定选用他认为是‘雅驯’又‘不离古文’的资料，抛弃了汉代流传的对于黄帝的许多‘不雅驯’的传说，而著成《五帝本纪》。”〔1〕

“‘三皇’、‘五帝’的传说，既为后世追记，还夹杂理想成分，传者非一，记者非一，在战国秦汉前的两三千年间，愈后愈繁，附丽益多……战国或两汉的附加成分，当然应当归入相应的时期；西南、西北、东北和南方的土著传统神话，自应归入各族各该地区，以与中原区辨。同为一个‘黄帝’，《山海经》和《史记》二者之间有同有异，根源之一即在于不同时地的层累聚积于一个目标所致。”〔2〕

显然，和《古史辨》派学者相比，徐先生运用“澄滤”说和“素地”论对上古时期文献记载和古史传说的发生及其演变过程的分析，更具科学和理性的因素。早在顾颉刚先生“层累地造成的古史”说提出不久，就有不少学者对《古史辨》的疑古理论不断地提出大胆的质疑和批判。如王国维先生《古史新证》第一章“总论”批判《古史辨》“疑古之过，乃并尧、舜、禹之人物而亦疑之。其于怀疑之态度及批评之精神，不无可取，然惜于古史材料未尝为充分之处理也”〔3〕。张荫麟先生批判顾氏“误用默证”“凿空附会”〔4〕。新中国成立后，徐旭生先生批判极端疑古派学者错疑所不应疑的不良学术倾向，具体指出《古史辨》派学者“广泛地使用默证”〔5〕，“把主观的见解增损客观事实”〔6〕，夸张春秋、战国各学派所称古史的“歧异、矛盾”〔7〕，“对于掺杂神话的传说和纯粹神话的界限似乎不能分辨，或者是不愿意去分辨”〔8〕，“努力打击”尧、舜、禹的“人格问题”〔9〕，“对于夏启以前的历史一笔勾销”〔10〕。从徐旭生先生对极端疑古派学者不良学术倾向的纠偏为中国的古史传说时代的研究创

〔1〕 徐中舒：《先秦史论稿》，巴蜀书社，1992年，第16页。
〔2〕 徐中舒、唐嘉弘：《山海经和“黄帝”》，《山海经新探》，四川省社会科学院出版社，1986年。
〔3〕 王国维：《古史新证——王国维最后的讲义》，清华大学出版社，1994年。
〔4〕 张荫麟：《评近人对于中国古史之讨论》，《学衡》1925年第四十期。
〔5〕 徐旭生：《中国古史的传说时代》，广西师范大学出版社，2003年，第27页。
〔6〕 徐旭生：《中国古史的传说时代》，广西师范大学出版社，2003年，第28页。
〔7〕 徐旭生：《中国古史的传说时代》，广西师范大学出版社，2003年，第28页。
〔8〕 徐旭生：《中国古史的传说时代》，广西师范大学出版社，2003年，第28—29页。
〔9〕 徐旭生：《中国古史的传说时代》，广西师范大学出版社，2003年，第30页。
〔10〕 徐旭生：《中国古史的传说时代》，广西师范大学出版社，2003年，第30页。

立“一个新体系”[1],到当代学术界对疑古与复古、信古思潮的理性反思[2],学术界对《古史辨》的评价在旷日持久的激烈争鸣过程中,渐趋理性。不容忽视的是,徐中舒先生考而后信的学术倾向和对上古史料进行“澄滤”的学说及“传说中总有若干史事为素地,绝不能凭空虚构”[3]的理论,则早已为《古史辨》以后中国古典学的发展指明了一个正确的方向。徐先生“商、周以前之古史,实即一部古代民族史”[4]的著名理论由于其自身的科学性迄今仍备受学术界的重视。显然,徐中舒先生的古史研究已昭示着中国古典学早已开始了超越《古史辨》的学术实践。

三、“古史三重证”的运用与古史建设实践

按照郭沫若先生的说法,罗、王之学对于中国文化史所做出的贡献仅局限于“整理”[5],顾颉刚先生则坦言,他自己的工作“偏于破坏伪史方面”[6]。郭沫若先生评价罗、王之学“‘整理’的究极目标是在‘实事求是’”[7],“‘整理’的方法所能做到的是‘知其然’”[8],“‘整理’自是‘批判’过程所必经的一步,然而它不能成为我们所应该局限的一步”[9]。顾颉刚先生对“建设”和“破坏”有如是解释:“……建设的意义,只是‘恢复’,而所谓破坏也只等于扫除尘障。”[10]顾先生指出:“我们的破坏……只是使它们各各回复其历史上的地位:真的商周回复其商周的地位,假的唐虞夏商周回复其先秦或汉魏的地位。”[11]并强调指出:“我们要打破旧说甚易,而要建立新的解释则大难。这因为该破坏的有坚强的错误的证据存在,而该建设的则一个小问题往往牵涉到无数大问题上。”[12]同罗、王之学和《古史辨》相比,徐中舒先生的古史研究

〔1〕 黄石林:《徐旭生先生传略》,《中国现代社会科学家传略》,山西人民出版社,1983年。

〔2〕 裘锡圭:《中国古典学重建中应该注意的问题》,《北京大学中国古文献研究中心集刊》第2辑,北京燕山出版社,2001年;杨春梅:《去向堪忧的中国古典学——“走出疑古时代”述评》,《文史哲》2006年第2期;张富祥:《“走出疑古”的困惑——从“夏商周断代工程”的失误谈起》,《文史哲》2006年第3期;林沄:《真该走出疑古时代吗?——对当前中国古典学取向的看法》,《史学集刊》2007年第3期;周书灿:《论“走出疑古”与古史重建》,《贵州大学学报》2007年第6期;王先胜:《评走出疑古时代》,《中国政法大学学报》2008年第2期;周书灿:《目前古史研究中的“信古”、“复古”倾向评析》,《社会科学评论》2009年第2期。

〔3〕 徐中舒:《陈侯四器考释》附记,《国立中央研究院历史语言研究所集刊》第三本第四分,1933年。

〔4〕 徐中舒:《陈侯四器考释》附记,《国立中央研究院历史语言研究所集刊》第三本第四分,1933年

〔5〕《郭沫若全集·历史编》第一卷《中国古代社会研究》自序,人民出版社,1982年。

〔6〕 顾颉刚:《古史辨》第四册顾颉刚自序,上海古籍出版社,1982年。

〔7〕《郭沫若全集·历史编》第一卷《中国古代社会研究》自序,人民出版社,1982年。

〔8〕《郭沫若全集·历史编》第一卷《中国古代社会研究》自序,人民出版社,1982年。

〔9〕《郭沫若全集·历史编》第一卷《中国古代社会研究》自序,人民出版社,1982年。

〔10〕 顾颉刚:《古史辨》第三册顾颉刚自序,上海古籍出版社,1982年。

〔11〕 顾颉刚:《古史辨》第四册顾颉刚自序,上海古籍出版社,1982年。

〔12〕 顾颉刚:《古史辨》第三册顾颉刚自序,上海古籍出版社,1982年。

则基本告别了“整理”和“破坏”，并在“古史三重证”法的探索和实践过程中，开始了古史重建工作。

与罗、王之学和《古史辨》不同，徐中舒先生在强调对古代文献记载和古史传说进行大胆怀疑的同时，也注意到对考古学资料进行科学的审查。徐先生讲到：“在仰韶遗物中，据现在所得的还没有文字发现过，在研究上似缺乏精确的论证。”[1]徐先生认为，安特生据苏萨(Susa)、安诺(Anau)第一纪及第二纪的彩色陶片，计算仰韶时代约在公元前三千年的推断“可信的程度也很薄弱”[2]，他指出：“纵使苏萨、安诺与仰韶有若何显著的关联，我们只看有记载以来的交通，从小亚细亚传播到黄河流域，也须要相当的时日，何况这两方的关系，我们还无从明了呢？”[3]徐先生一再强调要充分注意到田野考古材料自身所固有的复杂性。他曾举例说明：

“安氏曾郑重指出仰韶具有东方式的器物及食猪的习惯，但这些事实我们不能就认为是小屯文化的前驱。李济之氏说小屯所得牛骨较多于猪骨，这已与仰韶不同；且仰韶遗物大部仍属于西方式，其具有东方式的三足的鬲与鼎，则有由东向西传播的趋势，这不过在其固有的文化中，输入一点东方的物事而已。近来蒙古小库伦也曾发现过土鬲，我们并不能因此断定蒙古也属汉化范围。而且器物形制的仿效，要比器物纹饰容易得多，隋唐以来中国制的玻璃器也具有西方的样式，而附加的花纹则中国化了；日本制的镜子，也具有中国的样式，而附加的纽扣花纹则日本化了。我们正见因这两遗迹的纹饰作风的不同，断定这两遗址为两种不同的各自发展的文化。”[4]

徐先生还就陈侯四器论及：

“铜器中之素鼎、模制圆整之鸟兽纹壶及具有熊足之螭梁盉，在《博古图》《西清古鑑续鑑》诸书中以为汉器或唐器者，其年代皆当重定。”[5]

徐先生强调指出：“传世青铜器还没有发现夏代遗物，群书所载夏器无一可信”[6]，“薛尚功、阮元、吴荣光等编集的铜器款识，有许多题为夏器的都属于晚周之物”[7]，亦不止一次言及“罗振玉《殷文存》里所收的铭文十之七八属于周器。铜器中以甲乙为名的并不能为断定年代的标准”[8]。正因为此，

---

〔1〕 徐中舒：《再论小屯与仰韶》，《安阳发掘报告》1931年第三期。
〔2〕 徐中舒：《再论小屯与仰韶》，《安阳发掘报告》1931年第三期。
〔3〕 徐中舒：《再论小屯与仰韶》，《安阳发掘报告》1931年第三期。
〔4〕 徐中舒：《再论小屯与仰韶》，《安阳发掘报告》1931年第三期。
〔5〕 徐中舒：《陈侯四器考释》，《国立中央研究院历史语言研究所集刊》第三本第四分，1933年。
〔6〕 徐中舒：《再论小屯与仰韶》，《安阳发掘报告》1931年第三期。
〔7〕 徐中舒：《再论小屯与仰韶》，《安阳发掘报告》1931年第三期。
〔8〕 徐中舒：《再论小屯与仰韶》，《安阳发掘报告》1931年第三期。

徐先生研究古史并非简单套用王国维先生积极宣导并实践的以“地下之新材料”补正“纸上之材料”的“二重证据法”[1],而是在更为科学理性的方法论的基础上,开拓性地进行繁难的古史重建工作。

徐先生检讨殷、周之际的历史,指出:“吾人如尚论殷以降至殷、周之际,则又觉有难言者。其地下史料如铜器等,虽偶有发现,但尚无甲骨文字及其同出器物之丰富整秩。吾人决不能仅据此若干遗物,以治此期之史。至于旧有之纸上史料,其出于当时所记述者,如《周书》所载既为周人一方面之辞,而又残阙不全。其出于后来相传述者……则又食土践毛之民,历代积誉之总录……故此期新旧史料,皆有所不足。”[2]徐先生主张“据……新旧史料而善为抉择、贯串、证明之”[3],并提出以下三条原则:“(一)综合旧史料中有关地理之记载,而推论其发展之次第。(二)以新史料中涉及地理者,证明旧史料之可信。(三)以后来开国期之史事比拟之”[4]。徐先生所提出的以上三条原则,显然在学理上已较王氏“二重证据法”向前迈进了一步。以后,徐先生反复强调,“用边裔民族的资料阐述古代社会发展的实际情况,同样成为研究古代历史的重要途径”[5],并自觉将历史文献、考古学资料和民族学材料有机结合起来,成功地开创了古史研究的新途径。有的学者指出,“这种尝试已预示着考据学方法和视界的又一次突破性变革”[6],并指出,“这一方法的成熟势必使人们看到以前看不到的东西,推进学术格局的‘新’变”[7]。徐先生运用“古史三重证”法研究中国古代社会的例子颇多,兹略举数例:

徐先生探讨井田制度[8],其针对“社会学家每以渔猎、游牧、农业为社会演进中之三阶段”的说法,提出不同意见:“我国先秦社会田猎、畜牧、农业乃同时并存。”他举《后汉书》《三国志》《北史》所载东夷之夫余、高丽、濊貉的社会状况,又举“清初女真初起,仍为城郭、田猎、畜牧而兼具农业之部族”,以“边裔部族既为文教所不及,其农业亦未发达,因之其射猎之风遂终古不改”为证,指出:“殷、周之世畜牧既兴,而田猎犹盛;农业代起,而畜牧不废,社会之演进,久陷停顿,论者徒羡井田均产之美名,而不知此制实为统治部族奴役

〔1〕王国维:《古史新证——王国维最后的讲义》,清华大学出版社,1994年,第2—3页。
〔2〕徐中舒:《殷周之际史迹之检讨》,《国立中央研究院历史语言研究所集刊》第七本第二分,1936年。
〔3〕徐中舒:《殷周之际史迹之检讨》,《国立中央研究院历史语言研究所集刊》第七本第二分,1936年。
〔4〕徐中舒:《殷周之际史迹之检讨》,《国立中央研究院历史语言研究所集刊》第七本第二分,1936年。
〔5〕徐中舒:《我的学习之路》,《文史知识》1987年第6期。
〔6〕叶舒宪:《国学方法论的现代变革》,《文史哲》1994年第3期。
〔7〕叶舒宪:《国学方法论的现代变革》,《文史哲》1994年第3期。
〔8〕徐中舒:《井田制度探原》,《中国文化研究汇刊》第四卷上册,1944年。

他族之工具，于农业实无多贡献，徒使封建社会因此绵展千岁而不坠。”为深入细致地考察周代田制，徐先生用专门一节论及边裔部族之田制与屯田。徐先生说：“唐、宋以来，我国边裔之羁縻州府，土司藩属，其酋有土有民，皆各以其俗治，惟岁时朝贡，与古之封建无异。”他将周去非《岭外代答》卷三所记深广、清余庆远《维西见闻记》所记滇边栗粟、宋范成大《桂海虞衡志》所记邕州羁縻州洞、商务印书馆所出李拂一著《车里》所记车里十二版纳之田制、朝鲜平壤府城大同江畔之箕田同殷、周时期中原地区田制进行比较，以为车里田制“犹存殷人井田之遗意”，栗粟田制“犹存周人借田之意”，朝鲜大同江畔之箕田“尤与殷、周田制为近”，并附录冯汉骥先生记述英卡(Inca)帝国之田制，从而得出结论：“在我国边裔及初民社会中，既有此制，则《孟子》《周官》所称之井田，必非向壁之谈。”综上所述，不难看出，徐先生对殷、周时代田制的考察，较之学术界，材料更为充分，结论亦更近合理。

氏族制是徐先生重点考察的社会问题之一。在考察殷代社会的氏族组织之前，徐先生首先强调，中国奴隶社会的内容及其分期的研究存在两个不容易解决的问题：“一、氏族社会是奴隶社会的基层组织，而在中国史上关于氏族的资料，还是极端的缺乏或是过于零碎；就是中国四裔的兄弟民族的历史，也都是氏族组织解体以后而以家族谱系为骨干来写成的，所以它的面貌一直是看不清楚的。二、希腊、罗马的奴隶社会到铁器时代才出现，而中国的封建社会反而在铜器时代就已经存在了，这个距离是不容易比较说明的；亚细亚生产方式在马克思的著作里，只有简略的概念，关于这方面我们期待他日再作进一步的研究。”[1]徐先生以澳洲土人中阿兰大(Aranda)部族分族婚级制下的亲族称谓与周代昭穆制作比较，结合殷代遗物，以证殷代王族确属父系。为说明族的原始意义，他举《北史·突厥传》《新唐书·吐蕃传》和清《开国方略》卷三中古代民族的材料，得出结论：“古代的氏族组织，就是聚集血缘的兄弟辈于一个旗帜统一指挥之下以从事田猎或战争。”[2]为说明“古代父系氏族只有贵族行亲迎礼，女子从夫居；至于平民，大都是先从妇居，等到生子长大后，挈其妻子返家”[3]的论点，徐先生举《后汉书·高句丽传》“其婚姻皆就妇家，生子长大，然后将还”这种边裔民族普遍的风俗相互参证，并由以上论述对殷、周社会基层组织的变化情况进行了科学的考察与分析。

为考察《易·系辞》“上古结绳而治”传说，徐先生列举了宋代学者李心传《建炎以来朝野杂记》中鞑靼“刻木为契”、明代田汝成《炎徼纪闻》中白罗罗

〔1〕 徐中舒：《论殷代社会的氏族组织》，成都《工商导报》学林副刊，1951年1月7日。
〔2〕 徐中舒：《论殷代社会的氏族组织》，成都《工商导报》学林副刊，1951年1月7日。
〔3〕 徐中舒：《论殷代社会的氏族组织》，成都《工商导报》学林副刊，1951年1月7日。

"结绳刻木为信"、清代严如煜《苗疆风俗考》中苗民"结于绳""为契券刻木以为信"的典型例证参互印证，指出"夫我国周遭民族既皆行之，则《系辞》所云，必非虚语也"[1]。

为论证殷代兄终弟及为贵族选举制的论点，徐先生指出："殷之王族既与北族或东北族为近，中国史上北族、东北族所缔构之王朝，如契丹，如女真，如蒙古，其大统之继承，如未受汉化影响，其初皆由贵族选举。如契丹八部大人之递代，蒙古之库鲁泰大会，清初八旗之合议皆是。"[2]在相互参证的基础上，徐先生指出："殷代王族，其开祖传说既与东夷、北狄为近……则殷代武丁以前王位之继承，由于贵族选举，亦非过论也。"[3]由于材料的扩张，徐先生的以上认识较王国维、胡厚宣的认识，向前迈进了一大步。

为了揭示古代黄河流域穴居遗俗，徐先生在涉猎文献资料和新出的考古学资料的基础上，同样高度重视民族学材料。徐先生指出："豳地穴居，不仅殷末周初如此，现在陕、甘、豫西一带，还有许多人民仍旧居在窑洞里。穴居遗俗，在这里的劳苦大众就一直没有改变过。"[4]"更辽远的边区，北狄或黑龙江一带的女真，也曾盛行穴居……东北民俗穴居之风，也是我们古代遗俗留存于边区的一环。"[5]他以周去非《岭外代答》、田汝成《行边纪闻》所载僮、瑶，顾炎武《天下郡国利病书》所载畲民之俗申明"南方卑湿，不宜穴居，从来就居在地面上"[6]之论点。由于徐先生研究该问题的视野更为开阔，所以，以上观点，信而有征，自成一说。

诸如此类的例子，还有很多。由此可见，在努力实现对《古史辨》的超越的过程中，徐中舒先生逐步建立起了自己独到的古史体系。新中国成立后，徐先生在《试论周代田制及其社会性质》[7]《论西周是封建社会——兼论殷代社会性质》[8]等代表性论著中，力陈"西周是封建社会"。在新中国成立后的古史分期讨论中，西周封建论与郭沫若先生《中国古代史的分期问题》《关于周代社会的商讨》(均收入《郭沫若全集·历史编》第三卷《奴隶制时代》，人民出版社，1984 年)等文所主张的"中国奴隶社会与封建社会的交替，是在春秋、战国之交"的观点，成为中国古史分期问题中最有影响力的两种说法。学术界普遍认为，西周封建论因为有了徐中舒这样的古史专家的

[1] 徐中舒：《结绳遗俗考》，《说文月刊》第四卷合订本，1944 年。
[2] 徐中舒：《殷代兄终弟及为贵族选举制说》，《文史杂志》第五卷第五、六期合刊，1945 年。
[3] 徐中舒：《殷代兄终弟及为贵族选举制说》，《文史杂志》第五卷第五、六期合刊，1945 年。
[4] 徐中舒：《黄河流域穴居遗俗考》，《中国文化研究汇刊》第九卷，1950 年。
[5] 徐中舒：《黄河流域穴居遗俗考》，《中国文化研究汇刊》第九卷，1950 年。
[6] 徐中舒：《黄河流域穴居遗俗考》，《中国文化研究汇刊》第九卷，1950 年。
[7] 刊于《四川大学学报》1955 年第 2 期。
[8] 刊于《历史研究》1957 年第 5 期。

支持和参与，学术主张的坚定性才有了深厚的底蕴[1]。"古史三重证"的方法论对于徐中舒先生从疑古辨伪到古史重建的学术路向的转变起到了颇为关键的作用。

（原载《四川大学学报》哲学社会科学版 2011 年第 2 期）

〔1〕 王晓清：《专家之学寄遥深——徐中舒学述》，《博览群书》2001 年第 7 期。

论蒙文通上古民族文化理论建构

一、《古史甄微》的著述背景、重要论点与学术贡献

《古史甄微》是蒙文通先生探究我国传说时代及三代时期民族文化问题的学术名作。蒙氏《古史甄微》发表前后，正值中国传统学术现代转型的关键时期。时人曾依学术研究风气将当时古史研究中的流派区分为旧史学派、新史学派和疑古派〔1〕，并对不同学派的学术风格作出如是评价："所谓旧史学派者，一遵往古代代相承之说，亦步亦趋，不稍更易；或更博采诸子，以相涂附。新史学派则依地下掘得之新史料，以补旧史之偏而救其弊……惟真是求，惟信是录，态度最为纯正，成绩亦特为卓异。其疑古一派，则稍窥皮毛，率尔立异，师心自用，如饮狂药，一切旧史，目为土饭；以现代之理论，决遂古之事实；深文周纳，惟意所欲，裂冕毁裳，靡所不至……"在我们今天看来，以上区分实仅属作者一己之见，对不同学派尤其是疑古派学术风格的评价，也并非完全公允，但从以上文字，我们大体可以领略到，蒙氏《古史甄微》发表的时代，中国传统学术在经历了清末民初的低迷徘徊之后，正在中西文化思潮激烈碰撞的背景下经历着新陈代谢，并向着科学和理性的方向发展。

按照蒙氏《古史甄微·自序》的记述，《古史甄微》一书的撰著受到其师廖平的一则命题的启迪：

> "古言五帝疆域，四至各殊；祖孙父子之间，数十百年之内，日辟日蹙，不应悬殊若是。盖纬说帝各为代，各传十数世，各数百千年。五行之运，以子承母，土则生金，故少昊为黄帝之子。详考论之，可破旧说一系相承之谬，以见华夏立国开化之远，迥非东西各民族所能及。"〔2〕

廖氏命题提出于1915年春，此时根植于中国传统学术并力求符合科学精神的新史学尚刚刚起步，受到西方现代科学思想和方法影响而引发的古史辨运动尚未展开。因此，从学术路径看，廖氏的这一命题大体上未超出中国传统历史考据学与疑古辨伪理论的总体范畴。但到了20世纪20年代末，顾颉

---

〔1〕 张崟：《〈古史甄微〉质疑》，《史学杂志》第二卷第三期，1930年。事实上，20世纪上半期中国史学派别林立，除以上所举三派外，当代学术界还另区分出国粹派、史料派、史观派、南高史地派、战国策派等，区分标准不一，师承亦非完全清晰，尚难为定论。

〔2〕《中国现代学术经典·廖平蒙文通卷》，河北教育出版社，1996年，第335页。

刚的“层累地造成的中国古史”说的提出及由此引发的一场轰轰烈烈的古史辨运动，以及王国维在二重证据法基础上关于古史新证的学术实践，不断从根本上对中国传统史学提出大胆的质疑和挑战。面对异彩纷呈的各种新旧学术思潮，直接师承经学大师廖平、刘师培的蒙文通先生，力图克服旧史学之杂糅、泥古等种种流弊，试图就传说时代及三代时期的一系列历史问题，进行全面的梳理与甄别，并在此基础上提出自己独到的见解。

正是出于此种学术动机，蒙氏撰著了探究我国传说时代及三代时期民族文化问题的学术名作《古史甄微》。该作发表后，长期受到中外古史学界的高度重视。值得注意的是，在“三皇五帝”一章，蒙氏对流传数千年的古史系统大胆提出质疑。蒙氏引述谷永之说和师古注释，明确指出：“三皇、五帝之说，起自晚周。”蒙氏引证古代文献，论及“五帝固神只”，“三皇之说，本于三一，五帝固神只，三皇亦本神只，初谓神、不谓人也”。在对“帝”“皇”本义作文字学考察的基础上，蒙氏指出：“撮周、秦书之不涉疑伪者而论之，孟子而上，皆惟言三王，自荀卿以来，始言五帝，《庄子》《吕氏春秋》乃言三皇……则战国之初惟说三王，及于中叶乃言五帝，及于秦世乃言三皇。”〔1〕蒙氏在揭发三皇五帝之说发生次第的同时，依五帝、三皇说分别始见于《孙子》《庄子》推测：“三五皆南方之说，驺子取之而别为之释，乃渐遍于东方北方。”〔2〕蒙氏在考察三皇说渐次发展演变之迹及三皇五帝古史系统形成过程的同时，对九皇及盘古的传说进一步提出质疑：“上古部落而治之时，各长其长，各民其民，乌有所谓三皇、九皇、盘古之说哉！”在“历年世系”一章，蒙氏发现，早在司马迁著作《三代世表》时，古代文献有关黄帝以来的年数已无可考。班固《世经》及以下《帝王世纪》所记唐、虞、夏年数“同一家之言，未可据为征信也”〔3〕。征诸相关文献，蒙氏发现司马迁以五帝以来皆为黄帝子孙的说法，“自抵牾者”〔4〕，并由此得出结论：“三代世系之不足据，事甚明凿”〔5〕。所以，蒙氏评说“郑玄、谯周皆信《生民》《玄鸟》之诗，共言五帝三皇传世之远……则于《世本》众家所说之纷纭缴绕，如斩乱丝，廓清摧陷而无遗也”〔6〕。综上所述，蒙氏以古代文献记载的三皇五帝体系皆晚期之说，不足信据为证，彻底打破了流传已久的三皇五帝说，蒙默先生以此即蒙氏之“层累地造成的中国古史观”〔7〕。然蒙氏

〔1〕《中国现代学术经典·廖平蒙文通卷》，河北教育出版社，1996年，第349页。
〔2〕《中国现代学术经典·廖平蒙文通卷》，河北教育出版社，1996年，第351页。
〔3〕《中国现代学术经典·廖平蒙文通卷》，河北教育出版社，1996年，第356页。
〔4〕《中国现代学术经典·廖平蒙文通卷》，河北教育出版社，1996年，第362页。
〔5〕《中国现代学术经典·廖平蒙文通卷》，河北教育出版社，1996年，第362页。
〔6〕《中国现代学术经典·廖平蒙文通卷》，河北教育出版社，1996年，第365页。
〔7〕蒙默：《蒙文通先生小传》，《中国现代学术经典·廖平蒙文通卷》，河北教育出版社，1996年，第324页。

“并非娲燧牺农两皞祝共诸传说而摒弃之，故与疑古者流迥异其趣”[1]。由此可见，蒙氏关于中国传说时代古史的研究既与“疑古派”学分两途，同时二者之间又存在着千丝万缕的联系。[2]

此外，“江汉民族”“河洛民族”“海岱民族”三章，蒙氏在打破传统的三皇五帝体系的基础上，力求进一步探究上古时期的部分历史真相。蒙氏尝试性地提出了“太古民族三系说”。他将我国上古居民划分为三个民族部落集团，谓其分别分布于江汉、河洛、海岱三个地区，其姓氏、部落、经济、文化各具特点。有的学者指出，蒙先生划分中国上古民族为三系的创说，有着多方面的意义；尤其蒙氏应用区系类型学的原理和方法研讨中国古史、古文化，强调上古部族、地域、文化三位一体的分布格局，对这一研究形式的建立有创始之功。[3]由此可见，蒙氏“太古民族三系说”的建立，对日臻科学的中国古史体系的建立是有开创之功的。

长期以来，从事古史研究的学者，一方面慨叹上古文献的相对贫乏，同时又注意到上古史料自身的复杂性。先秦史料“真赝错出，非经谨严之抉择，不能甄别适当”[4]，对史料的考据辨疑为中国考据学的传统。然由于时代的局限，在据守经籍、宗法汉儒学风的主导下，中国古代学者对上古史料的辨疑长期只能停留在问题表层，知其然不知其所以然。直到蒙氏《古史甄微》发表前夕，顾颉刚先生仍较为客观地批评被誉为“新史学开山”[5]的王国维先生受“传统学说的包围”，其“《殷周制度论》根据了《帝系姓》的话而说‘尧、舜之禅天下以舜、禹之功，然舜、禹皆颛顼后，本可以有天下，汤、武之代夏、商固以其功与德，然汤、武皆帝喾后，亦本可以有天下’，这是全本于秦、汉间的伪史”[6]。由此可知，蒙氏突破传统经学的藩篱，彻底打破流传数千年的三五体系，首次提出“太古民族三系说”，其学术价值和此前不久顾颉刚先生“古史层累地造成”说[7]及“打破民族出于一元的观念”“打破地域向来一统的观念”“打破古史人化的观念”“打破古代为黄金世界的观念”[8]的四条法则一样，“替中国史学界开了一个新纪元”[9]，被学术界盛赞为继崔述之后中国古史学上的

---

〔1〕 蒙默：《蒙文通先生小传》，《中国现代学术经典·廖平蒙文通卷》，河北教育出版社，1996年，第324页。

〔2〕 路新生：《试论疑古史学对蒙文通的影响——以蒙文通的中国传说时代古史研究为例》，《齐鲁学刊》2010年第3期。

〔3〕 张富祥：《蒙文通与〈古史甄微〉》，《光明日报》2008年3月3日。

〔4〕 梁启超：《中国历史研究法》，上海古籍出版社，1998年，第69页。

〔5〕 《郭沫若全集·历史编》第二卷《十批判书》，人民出版社，1982年，第6页。

〔6〕 顾颉刚：《古史辨》第一册顾颉刚自序，上海古籍出版社，1982年。

〔7〕 顾颉刚：《与钱玄同先生论古史书》，《努力周报》附刊《读书杂志》第九期，1923年5月6日。

〔8〕 顾颉刚：《讨论古史答刘胡二先生书》，《努力周报》附刊《读书杂志》第十二期，1923年8月5日

〔9〕 胡适：《介绍几部新出的史学书》，《现代评论》第四卷第91至92期，1926年9月4日至11日。

"第二次革命"[1]。

综上所述，蒙氏《古史甄微》"运用大量经典以外的材料去揭开早已被儒家经典一元古史观所淹没的古史"，"打破了古来一系相承的旧说"，学术界誉其"是革命性的论述"[2]。正因为此，我们可以清晰地看到，蒙氏有关传说时代及三代时期民族文化问题的探究，既不同于旧史学派，亦有别于新史学派和古史辨派，而是更多地在旧史学的基础上，借鉴现代科学方法，融入新的观念，开辟了一条旧中有新的学术路径。对此，时人曾对蒙氏学术理论有较为公允的评价：蒙文通先生"自树赤帜，发明古史三系之说，以推阐往事，不偏于新，不党于故，祛门户之成见，冶今古学于一炉，博稽众籍，惟信是征，错综比较，以验厥情；其诚不缪乎近世科学精神，而深合乎培根之归纳法矣"[3]。沿着新的学术路径，蒙氏在打破流传数千年的三五体系说的基础上，"备言太古民族显有三系之分，其分布之地域不同，其生活与文化亦异"[4]，在此基础上逐步完成了对中国上古民族、文化理论的建构。

随着中国考古学的蓬勃发展与古史研究的不断深入，蒙氏以"太古民族三系说"为骨干的上古民族、文化理论不断迎接着学术界的是非褒贬，但历经八十个春秋，该理论的学术地位在学术界的臧否中不断得到彰显。在新的学术背景下，对蒙氏上古民族、文化理论作进一步深入的研究，有助于系统考察民国时期中国古史的学术倾向和中国古典学的路径，因而仍具有重要的学术价值。

二、现代学术视野下"太古民族三系说"重新审视

新史学家对上古时期民族族系进行区分，并非始于蒙氏。早在1917年9月，被誉为"新史学的开山"[5]的一代学术大师王国维先生在论证殷周制度的重大差异之前，即曾屡屡言及："自五帝以来，政治文物所自出之都邑，皆在东方，惟周独崛起西土"，"故以族类言之，则虞夏皆颛顼后，殷周皆帝喾后，宜殷周为亲，以地理言之，则虞夏商皆居东土，周独起于西方，故夏商二代文化略同"[6]。在我们今天看来，王氏依都邑分布将上古民族区分为东西两系，打破了司马迁以来三代同出一元的传统观念，但由于当时古史辨运动尚未兴起，加之中国民族学尚未建立，故王氏虽较早将三代民族区分为东西两系，但并未能进行科学的解释。以后，徐中舒先生对王氏以上论点大胆提出质疑：

[1] 胡适：《介绍几部新出的史学书》，《现代评论》第四卷第91至92期，1926年9月4日至11日。
[2] 王汎森：《从经学向史学的过渡——廖平与蒙文通的例子》，《历史研究》2005年第2期。
[3] 张鉴：《〈古史甄微〉质疑》，《史学杂志》第二卷第三期，1930年。
[4] 《中国现代学术经典·廖平蒙文通卷》，河北教育出版社，1996年，第337页。
[5] 《郭沫若全集·历史编·第二卷·十批判书》，人民出版社，1982年，第6页。
[6] 王国维：《观堂集林》卷十《殷周制度论》，中华书局，1959年，第451页。

“王静安先生谓殷以前帝王宅京，皆在东方，惟周独崛起西土，其界划至为明白。此东西两土之民族，是否为同一民族？此问题在人类学地质学未有新发现以前，吾人实不能加以证明。”徐氏认为汉人所传《世本·帝系姓》殷周同出帝喾之后的记载，“世远代湮，其说难征”，他进一步结合上古时期的文献和金文资料，从多角度论定“殷、周非同种民族”〔1〕。以后，傅斯年先生“以东西地理角度来讨论三代时期的民族构成关系，揭示了夏商周三族的冲突与交替”〔2〕，提出著名的“夷夏东西说”〔3〕。

从学术史的角度看，傅氏《夷夏东西说》并非王氏《殷周制度论》的单纯延续，尤其傅氏自觉借鉴“混合”等西方民族学观念，考察上古时期民族构成，显然较王氏又向前迈进了一步。然随着考古学的蓬勃发展与文化人类学的兴起，傅氏以东西地理角度区分三代民族构成的理论，日臻暴露出不少突出的问题。如20世纪80年代，杨向奎先生即曾对傅说提出怀疑：“本来东方西方是一个相对概念，不建立一个坐标点的话，是没法分东分西的，傅的方法先建立商代起于中国东北部以至河南东部的坐标，而夏在其西，于是有夷夏东西说。”杨先生在文中还列举大量证据，对傅先生的论点进行了全面的批判：“我们不能说夏初的夷夏交争，是界划分明的斗争，他们是内部混战，夷夏杂处，已由对峙而趋于融合。”〔4〕李学勤先生进一步提出了“夏朝不是一个夷夏东西的问题，而是夷本身就在夏朝的范围之内”〔5〕的新说。综上所述，从王国维到傅斯年，新史学家对上古时期民族族系的区分，均存在着不同程度的问题。

蒙氏“太古民族三系说”以纯粹的山川地域来划分部族，与王、傅二氏二分说相比，显然旨趣迥异。近期有的学者对这一著名的理论给予高度评价：“蒙文通‘江汉’‘河洛’‘海岱’三大部族的重要构想，对于徐旭生1943年撰《中国古史的传说时代》，提出我国古代‘部族’的三集团说，即华夏集团、东夷集团和苗蛮集团，具有重要的启迪性。蒙文通及徐旭生的这一前瞻性构想现在已经被大量考古实践证明了它的正确性。”〔6〕然更多学者则指出，“蒙文通纯以山川地域为标准进行的划分，拿今天许多考古学家所做的工作来看，显然已

〔1〕 徐中舒：《从古书中推测之殷周民族》，《国学论丛》第一卷第一号，1927年6月。

〔2〕 李学勤：《夏商周与山东》，《烟台大学学报》2002年第3期。

〔3〕 傅斯年：《夷夏东西说》，《国立中央研究院历史语言研究所集刊》外编《庆祝蔡元培先生六十五岁论文集》，国立中央研究院历史语言研究所，1933年。

〔4〕 杨向奎：《评傅孟真的〈夷夏东西说〉》，《夏史论丛》，齐鲁书社，1985年，第152页。

〔5〕 李学勤：《夏商周与山东》，《烟台大学学报》2002年第3期。

〔6〕 路新生：《试论疑古史学对蒙文通的影响——以蒙文通的中国传说时代古史研究为例》，《齐鲁学刊》2010年第3期。

经不符合新石器时代考古发现所揭示的考古学文化聚落所处的地域环境”[1]。自蒙氏“太古民族三系说”及徐氏三集团说相继提出以来，随着新石器时代田野考古工作的全面展开，学术界又陆续提出了五分说[2]、六大区域说[3]及九个人文地理区系说[4]，均在一定程度上从考古学角度对蒙氏“太古民族三系说”提出了不少新的疑问。

在我们今天看来，运用现代考古学的区系理论探究上古史时期尤其是传说时代的历史，迄今仍有不少学理上的疑难。如目前的考古学资料表明，长江中游的新石器时代存在着一种不同于黄河流域的自身有连续发展序列的文化系统。已知有三大阶段，每阶段都可以划分成好几个文化或类型。唐嘉弘先生指出，所谓这个文化的三大阶段，它们的绝对年代还说不准确，“缺环尚多”；一些地区的文化，“自身的发展序列还连贯不起来”；“显然还有别的类型”。总之，所谓这个不同于黄河流域的文化系统，本身确实存在了许多问题，究竟其中有多少类型，各文化类型之间的关系如何，各类型与该文化系统之间的异同和归属如何，它们的主人是否属于同一族属的部落，各部落间的源流、演变和分化如何，文化类型之间的渗透、影响和混融情况如何，等等，均无确切可靠的材料予以说明。[5]又如黄帝文化与考古学文化的关系，唐嘉弘先生曾提出二者之间不可对应说：“黄河中下游流域中原大地及华北冲积平原上的新石器时代文化中多元现象更为突出，肯定其中许多均为炎黄族群或其分支的文化，如果要定点判断某遗址为炎帝或黄帝氏族部落的文化，目前显然属于臆测，实在是可资论断的材料太少了。”[6]由此可以想见，有的学者断言，蒙氏在中国新石器时代考古学几为空白的情况下，对古代民族、文化之区系研究，“不但将纷繁纠结的上古史理出了一个头绪，使很多千百年来争讼不决的问题如桶底脱落，豁然而通；而且其科学性已经为近年来的考古学和人类学的新发现所证明”，甚至誉其为“精密的考证，科学的预见”[7]，在我们今天看来，的确值得重新审视。

不唯如此，蒙氏“太古民族三系说”也日益遭遇现代民族学理论的挑战。严格地讲，先秦时期的人们共同体，见于文献记载的如戎、夷、蛮、狄、濮等，有许多还处于氏族部落的发展阶段。他们的社会尚处于“野蛮向文明的过渡、

---

〔1〕 王晖：《古史传说时代新探》前言，科学出版社，2009 年。
〔2〕 邹衡：《夏商周考古学论文集》，科学出版社，2001 年，第 270 页。
〔3〕 苏秉琦：《关于考古学文化的区系类型问题》，《文物》1981 年第 5 期。
〔4〕 邵望平：《〈禹贡〉“九州”的考古学研究》，《考古学文化论集》第 2 集，文物出版社，1989 年。
〔5〕 唐嘉弘：《楚与三苗并不同源》，《江汉论坛》1982 年第 11 期。
〔6〕 唐嘉弘：《炎帝传说考述——兼论姜炎文化的源流》，《史学月刊》1991 年第 1 期。
〔7〕 童恩正：《精密的考证，科学的预见——纪念蒙文通老师》，《文史杂志》1986 年第 1 期。

部落制度向国家的过渡、地方局限性向民族的过渡"[1],在漫长的岁月里,民族、部落之间的增殖裂变与迁徙混融为一历史共相。

自20世纪30年代以来,傅斯年、徐中舒先生均从语言学角度对"民"字进行了深入解析:

"民、蛮、闽、苗诸字皆双声,似是一名之分化。

(人、黎、民)三词,由部落之类名成为人类之达名者,盖有同一之经历焉。其始为广漠之部族,曰人、曰黎、曰民,似皆为丁口众多之种类。"[2]

"氓和民是中国历史上最广大的土著部族。他们和历史上称为蛮或闽的人,都属同音同义的名称。在更古的年代里,他们就应属于同一族类的人群。

貉或作貊,从百,乃后起的形声字。貉、貊为入声字,古收K声。莫白切就是在氓民的尾音后面,加上了一个K的收声。貉如为形声字,它也只代表这个收声。据此言之,貉也应是氓、民的转音。因此貉族也就是从氓、民分化出来的一支。"[3]

以上文字学解析显然对蒙氏"太古民族三系说"提出不少疑难。几乎与傅氏同时,1937年6月,顾颉刚先生提出著名的"戎夏一源说"[4]。徐中舒先生认为:"经过长期的发展,夏人分为两支,一支是姜姓民族,这是周朝母系的祖先;一是羌族,后来变成了留居于四川、青海、甘肃一带的少数民族。"[5]与此同时,徐先生还曾提出过著名的"周族起源于白狄说"[6]。因而这些尚处于不大稳定状态的共同体和秦汉以后形成的"有共同语言、共同地域、共同经济生活以及表现于共同文化上的共同心理素质的稳定的共同体"[7]的民族有着很大的区别。显然,中国早期民族族系并非简单地依山川地域能够区分清楚。蒙氏之后,著名历史学家徐旭生先生研究中国古史的传说时代,不用"民族",而是用"集团"对上古族群进行区分。显然,徐氏的研究较蒙氏增加了诸多科学的因素。

---

〔1〕《马克思恩格斯选集》第1卷,人民出版社,1972年,第56页。

〔2〕傅斯年:《性命古训辨证》,《中国现代学术经典·傅斯年卷》,河北教育出版社,1996年,第106页。

〔3〕徐中舒:《巴蜀文化续论》,《四川大学学报》1960年第1期。

〔4〕顾颉刚:《九州之戎与戎禹》,《禹贡》半月刊第七卷第六七期合刊,1937年6月。

〔5〕徐中舒:《先秦史论稿》,巴蜀书社,1992年,第24页。

〔6〕徐中舒:《西周史论述》(上),《四川大学学报》1979年第3期。

〔7〕《马克思主义和民族问题》,《史达林全集》第2卷,人民出版社,1953年,第294页。

三、以五岳说演变及十二州疆域扩展证中国古代民族、文化西渐质疑

综前所论，蒙氏《古史甄微》“乃本三系之说而演绎；盖古史分三方传说，实全部《甄微》之骨干也。故其言民族，则有泰炎黄之殊；称史说，则拈晋、楚、邹鲁之互歧；推之以至于学术思想制作政教等族之不同”[1]。早在蒙氏《甄微》发表不久，中央大学史学系学生张崟即对蒙氏材料运用先入为主以致若干理论证据薄弱的问题提出质疑。[2]

如张氏举《楚辞·天问》之记载屡有与《竹书纪年》“等视齐观”、与《孟子》引书“说合”，《离骚》所记与三晋及东方之说“并合”；又举《竹书纪年》三条并与《书序》合，又举《竹书》多条与其他文献“同过于异”。张氏力陈《韩非子》为杂家之作，“自不足以厕北方史说之林”，批评蒙氏“掩其相同，而吹毛索瘢，惟异之求”。又举证“墨翟孟轲常相对举”，对蒙氏“邹鲁之说必自相同”的论点提出质疑。张氏并举九例，以证“晋楚邹鲁之所传”，多“彼此相通”；举证《荀子·正论》“直攻北方之说，而目之为世俗之说”，质疑蒙氏将荀子“目以为北方之儒，而且谓其持论不同邹鲁者”。张氏以为，“三方史说之既不必尽别”，蒙氏“所以证各方学者自成一系之说之证，又不免已胸具成见，征嫌阿厶”。张氏批评蒙氏将《楚辞》“以神话荒唐一概视之”，又结合文献和卜辞，对蒙氏“三晋之学，史学实其正宗；《六经》《天问》所陈，翻不免于理想虚构”“北方三晋之学邻于事实”等论点提出反证。此外，张氏以为，“诸子立说……随事取譬，初无一贯之史识”，批评蒙氏“必云某也属于彼系史说，某也属于此系史说，案部就班，壁垒井井，似反觉戾于事实矣”；举证蒙氏“所举以为三晋南方史说之代表最星宿者，不过《山经》及《汲冢》之书；而前者既决非禹制，《纪年》又显成于战国；本身真伪，犹未分明，则吾后学者于古史传说之从远，自不容舍去古未远之孔门儒家传说，而反仞晚出诸子百家之谰言耳”。

在我们今天看来，张氏以上质疑，大多是有根据的。毫无疑问，蒙氏论证“太古民族三系说”并以他的三系统证明自古以来的华夏中心扩散说是靠不住的，对于打破传统的三皇五帝“一系相承之谬”，矫正晚清以来中国古代文化西来之说，对于新史学观念和科学的古史系统的建立，颇具重要的启迪作用。但正如张氏所言，蒙氏在论证自己的学术观点时，选取材料往往先入为主，胸具成见，诸多结论疑窦丛生，从而使其建构的上古民族、文化理论，证据薄弱，学理逻辑显失缜密。

---

〔1〕 张崟：《〈古史甄微〉质疑》《史学杂志》第二卷第三期，1930年。
〔2〕 张崟：《〈古史甄微〉质疑》《史学杂志》第二卷第三期，1930年。

如蒙氏力陈“中国文化之起于渤海，盛于岱宗，光大于三河”〔1〕，他认为，“以五岳帝都考汉族自东而西之迹，其事已彰，再考之九州，则尤明凿”〔2〕。事实上，在我们今天看来，蒙氏用以立论的证据，既非“已彰”，也非“明凿”。

值得进一步思考的是，《尔雅·释地》更有“中有岱岳，与其五谷，鱼盐生焉”之地理观念，与《尔雅·释山》出入较大。

蒙氏曾试图对以上材料进行疏通，提出了如下观点：

“上世华族聚居偏在东北，故泰山为中。上世都鲁、卫而泰山为中，东土固辽；中世都三河，周世居三辅，嵩华为中，而西南辟地日广。是以五岳与王都言之，惟见我华族之自东而西……”〔3〕

无独有偶，著名历史学家吕思勉先生似乎也较早注意到以上材料中有关岱岳记载的歧异，指出：“以嵩高为中，乃吾族西迁后事，其初实以泰岱为中。”〔4〕

蒙、吕二氏用族群流徙、政治中心转移来解释《尔雅》有关岱岳方位的分歧，长期受到学术界的普遍重视，因此，在蒙、吕二氏已有研究成果基础上，在新的学术背景下对该问题进一步作一番更为深入细致的研究，仍显得颇有必要。为进一步说明该问题，兹将《尔雅·释地》中所举“八陵”相关文字，录之如下：

“东方之美者有医无闾之珣玗琪焉。东南之美者有会稽之竹箭焉。南方之美者有梁山之犀象焉。西南之美者有华山之金石焉。西方之美者有霍山之多珠玉焉。西北之美者有昆仑虚之璆琳琅玕焉。北方之美者有幽都之筋角焉。东北之美者有斥山之文皮焉。中有岱岳，与其五谷，鱼盐生焉。”

值得注意的是，《尔雅·释地》中的“八陵”，《淮南子·坠形》中亦有类似记载，只是个别文字略有出入：

“东方之美者有医无闾之珣玗琪焉。东南方之美者有会稽之竹箭焉。南方之美者有梁山之犀象焉。西南方之美者有华山之金石焉。西方之美者有霍山之珠玉焉。西北方之美者有昆仑之球琳琅玕焉。北方之美者有幽都之筋角焉。东北方之美者有斥山之文皮焉。中央之美者有岱岳以生五谷桑麻，鱼盐出焉。”

以上各陵除东南之会稽、西南之华山、西北之昆仑虚屡见于古代文献、地望略微清晰外，南方之梁山、西方之霍山之方位均与传统记载不合，此外，东

〔1〕《中国现代学术经典·廖平蒙文通卷》，河北教育出版社，1996年，第374页。
〔2〕《中国现代学术经典·廖平蒙文通卷》，河北教育出版社，1996年，第366页。
〔3〕《中国现代学术经典·廖平蒙文通卷》，河北教育出版社，1996年，第365—366页。
〔4〕吕思勉：《先秦史》，上海古籍出版社，1982年，第31页。

北之医无闾、北方之幽都，鲜见于文献记载。兹综合前人已有研究成果，对八陵地望予以重新考察。

陵名	地望及文献来源	考　辨
医无闾	《尔雅·释地》郭璞注："今在辽东。"	
会　稽	《尔雅·释地》郭璞注："在山阴县南。"	
梁　山	《淮南子·坠形训》高诱注："梁山，在会稽，长沙，湘南，有犀角象牙。"	叶国庆先生认为，《尔雅·释地》所指梁山，指"漳州漳浦县之梁山"。黄仲琴先生则认为，《尔雅》所指之梁山，"非福建之梁山"，"当为四川之梁山"。参见叶国庆：《〈尔雅〉梁山产象考》，《笔耕集》，厦门大学出版社，1997年；黄仲琴：《〈尔雅〉"梁山之犀象"考》，《国立第一中山大学语言历史学研究所周刊》1928年第10期。
华　山	《淮南子·坠形训》高诱注："华山，今宏农（笔者按：盖"弘农"）华阴南山是也。"	
霍　山	《尔雅·释地》郭璞注："霍山，今在平阳永安县东北。"《淮南子·坠形训》高诱注："今河东永安县也。"	
昆　仑	无解	
幽　都	《淮南子·坠形训》高诱注："古之幽都在雁门以北。"	
斥　山	无解	

《淮南子》是战国至汉初黄老之学理论体系的代表作。该书以道家思想为指导，吸收诸子百家学说，融会贯通而成，著作时代约在汉景、武之际。[1]该书作者众多，内容庞杂。根据当代历史学家研究，"《淮南子》和《山海经》不仅都采用了邹子的大九州世界图式，而且在内容上彼此承袭，有时竟原文照

〔1〕《汉书》卷四十四《淮南王传》说："淮南王安为人好书……招致宾客方术之士数千人，作为《内书》二十一篇，《外书》甚众，又有《中篇》八卷，言神仙黄白之术，亦二十余万言。时武帝方好艺文，以安属为诸父，辩博善为文辞，甚尊重之……初，安入朝，献所作《内篇》，新出，上爱秘之。"由此推测，《淮南子》的著作时代可能在汉景帝时期，汉武帝时期献于朝廷。

录,两部文献都是方士所传的邹子遗说,其间不同者乃至抵牾者则是此说流传中的变形";"至少也可以说,《淮南子》作者曾参考了《山海经》"〔1〕。由此推测,《尔雅·释地》有关八陵及"中有岱岳"的地理观念,似最初亦采自邹衍大九州说,而受到《山海经》等著作的深刻影响并直接袭自《淮南子·坠形》篇。

既然如此,我们对《尔雅·释地》"中有岱岳"的地理观念就不难给出较为真实的解释。《史记·孟子荀卿列传》说,邹衍"先列中国名山大川,通谷禽兽,水土所殖,物类所珍,因而推之,及海外人之所不能睹",并在此基础上作出推论。邹衍生活的时代相当于齐宣王、齐湣王之世。齐国自齐威王政治改革以后,社会经济空前繁荣,齐国逐步强大起来。《史记·齐太公世家》说,齐威王时期,"田氏卒有齐国……强于天下"。齐威王以后,随着国际政治、军事形势的变化,"天下强国无过齐者"〔2〕,齐迅速与秦、魏等大国形成鼎立之势。《战国策·齐策一》记载苏秦为赵合纵说齐宣王云:

"齐南有太山,东有琅邪,西有清河,北有渤海,此所谓四塞之国也。齐地方二千里,带甲数十万,粟如丘山。齐车之良,五家之兵,疾如锥矢,战如雷电,解如风雨,即有军役,未尝倍太山、绝清河、涉渤海也。临淄之中七万户,臣窃度之,下户三男子,三七二十一万,不待发于远县,而临淄之卒,固以二十一万矣。临淄甚富而实,其民无不吹竽、鼓瑟、击筑、弹琴、斗鸡、走犬、六博、蹹踘者,临淄之徒,车毂击,人肩摩,连衽成帷,举袂成幕,挥汗成雨;家敦而富,志高而扬,夫以大王之贤与齐之强,天下不能当。"

齐湣王继位后,国力更加强盛。《史记·乐毅列传》记载:"齐闵王强,南败楚相唐眛于重丘,西摧三晋于观津,遂与三晋击秦,助赵灭中山,破宋,广地千余里。与秦昭王争重为帝……诸侯皆欲背秦而服于齐。"正是在这样的情况下,邹衍为齐国设计了一套新的统一天下的未来版图和统治方案。因而,其以岱岳为"中央之美者",形成八陵之外,"中有岱岳"的地理观念,是不足为怪的。惜吕思勉、蒙文通二先生未能将该段历史结合起来,而用族群流徙、政治中心转移来解释《尔雅》有关岱岳方位的分歧,与先秦秦汉时期的历史实际相去甚远。

不唯五岳问题多多,九州同样也是一个极其复杂的难题。蒙氏以今文家十二州"不自舜始分"为据,断言:

"唐虞以前疆土,北有并、幽,而东越海有营,东北土宇固视《禹贡》为辽。岱岳既为中央,则上古汉族聚居之地偏于东北可知也。"〔3〕

〔1〕 常金仓:《邹衍"大九州说"考论》,《管子学刊》1997 年第 1 期。
〔2〕《战国策·齐策一》。
〔3〕《中国现代学术经典·廖平蒙文通卷》,河北教育出版社,1996 年,第 366 页。

事实上，不唯蒙氏对《尔雅》“中有岱岳”解读有误，而且以《尚书·尧典》所记十二州为据，推测唐、虞以前疆土较《禹贡》辽阔，则重现旧史学家“杂糅”“泥古”之流弊。

通读《尧典》，知其虽泛言十二州，并无具体州名。顾颉刚先生以为《汉书·地理志》“武帝攘却胡越，开地斥境，南置交阯，北置朔方之州，兼徐、梁、幽、并夏、周之制，改雍曰凉，改梁曰益，凡十三部，置刺史”，“就是十二州的背景的最好的说明”[1]。陈梦家先生谓“今所传汉本《尧典》非先秦之旧。改九为十二，当在秦并天下以后”[2]。尽管以上两位先生在没有确切的版本依据及历史事实根据的前提下所提出以上论点并非学术界的最终定论，但以十二州较九州晚出，则较为符合先秦时期的历史实际。

随着考古学的蓬勃发展，学术界对九州的认识日趋明晰。春秋时期齐灵公时期的青铜器《齐侯镈钟》铭文论及成汤“有严在帝所，咸有九州，处禹之都”。《左传》襄公四年引《虞人之箴》：“茫茫禹迹，画为九州，经启九道。”这是有关禹画九州的较早记载。但事实上，以上文字虽然记录了“禹画九州”的传说，但并无具体的州名。战国时期的文献中，“九州”名称逐渐具体化。其中，《尚书·禹贡》[3]《周礼·职方》[4]和《吕氏春秋》中九州州名，有同有异，兹简单列表如下：

---

〔1〕 顾颉刚：《州与岳的演变》，燕京大学《史学年报》1933年第5期。

〔2〕 陈梦家：《尚书通论》，中华书局，2005年，第138页。

〔3〕 《禹贡》的制作时代历来争议很大。顾颉刚先生所著《论〈今文尚书〉著作时代书》中有《〈禹贡〉作于战国考》（《古史辨》第一册下编，上海古籍出版社，1982年）。以后，史念海《论〈禹贡〉的著作年代》（《陕西师大学报》1979年第3期）、陈连庆先生《〈禹贡〉研究》（《夏史初探》，齐鲁书社，1985年）、刘起釪先生《〈禹贡〉的写成时期及其作者》（《古史续辨》，中国社会科学出版社，1991年）等分别从不同角度对该问题进行了更为深入的探讨。史先生综合《禹贡》九州与战国前期形势、河水流经的地方、禹都与魏都以及《禹贡》的撰述与梁惠王的霸业等内容，指出《禹贡》成书年代可能在公元前370年至公元前362年之间。陈先生从《禹贡》九州的地理范围、《禹贡》中的各种制度及《禹贡》的用字等方面论证了《禹贡》是地道的战国时期作品。其成书的上限是秦灭蜀之年（公元前316年），下限是邹衍创立大九州说（公元前265年至公元前245年）。刘先生特别强调古代文籍往往是经过一个较长的流传过程，由前后不同的人递增而成。《禹贡》反映战国地理情况，但文字中亦有不少内容不能晚于春秋时期，又常有战国出现新情况以前的事。总之，目前，学术界比较普遍地认为，《禹贡》最大可能制作于战国时代，只是具体年代方面尚存在一些分歧。

〔4〕 《周礼》是学术界争议最大的一部古书。郭沫若、钱穆、顾颉刚、杨向奎等先生分别从不同角度论及《周礼》为战国时期作品。参见郭沫若：《〈周官〉质疑》，《金文丛考》，人民出版社，1954年；钱穆：《〈周官〉著作时代考》，《燕京学报》1932年第11期；顾颉刚：《“周公制礼”的传说和〈周官〉一书的出现》，《文史》第六辑，中华书局，1979年；杨向奎：《〈周礼〉的内容分析及其成书年代》，《山东大学学报》1954年第4期。

《禹贡》九州	冀	兖	青	徐	扬	荆	豫	梁	雍		
《职方》九州	冀	兖	青		扬	荆	豫		雍	幽	并
《吕氏春秋》九州	冀	兖	青	徐	扬	荆	豫		雍	幽	

从上表可以看出，冀、兖、青、扬、荆、豫、雍七州并见以上三部著作，说明战国时期九州州名不仅已逐渐具体化，而且基本定型。

近年发布的《上海博物馆藏战国楚竹书(二)》〔1〕中《容成氏》篇有大禹治水、分九州的传说。整理者李零先生说："简文述禹分九州，九州之名……异乎《尚书·禹贡》等书"，"是可补古史之缺的宝贵材料"〔2〕。兹参照李零先生所隶，抄录简文如下：

"墨(禹)亲执枌〈枋〉(耒)耜(耜)，吕波(陂)明者(都)之泽，决九河之淉(阻)，于是虖(乎)夹州、淦(徐)州司(始)可凥(处)。墨(禹)迵(通)淮与忻(沂)，东豉(注)之海(海)，于是虖(乎)竞州、篖(莒)州司(始)可凥(处)也。墨(禹)迵(通)蒌与汤，东豉(注)之海(海)，于是虖(乎)蓏州司(始)可凥(处)也。墨(禹)迵(通)三江五沽(湖)，东豉(注)之海(海)，于是虖(乎)[illegible](荆)州、豉(扬)州司(始)可凥(处)也。司(禹)迵(通)泥(伊)、洛，并里〈瀍〉、干(涧)，东豉(注)之河，于是虖(乎)敘(豫)州司(始)可凥(处)也。墨(禹)迵(通)经(泾)与渭，北豉(注)之河，于是虖(乎)虘州司(始)可凥(处)也。"

根据以上简文可知，《容成氏》另有一套九州系统：

夹	淦(徐)	竞	篖(莒)	蓏	荆	扬	敘(豫)	虘

从上表可以较为清晰地发现，《容成氏》九州州名与州域与传世战国文献如《禹贡》《职方》《吕氏春秋》均有同有异，并不能完全相对应，因而完全可以视为自成一系的古老传说系统。由此可知，《尧典》十二州概念的产生时代，必然在九州州名逐渐具体化之后。

随着古史研究的全面深入，目前基本上没有人相信《尧典》为唐虞时作品〔3〕，《尧典》泛言十二州，但并无举具体州名。十二州名从空泛到进一步具体化，经历了相当长的一段时期。《史记·五帝本纪·集解》引马融语："禹平水土，置九州。舜

〔1〕 马承源：《上海博物馆藏战国楚竹书(二)》，上海古籍出版社，2002年，第249页。

〔2〕 马承源：《上海博物馆藏战国楚竹书(二)》，上海古籍出版社，2002年，第249页。

〔3〕《尧典》的著作时代，近世以来学术界历来争议甚大。顾颉刚先生对《尧典》的著作时代的考证颇为精详，影响亦最大。1923年，顾先生备撰《尧典皋陶谟辨伪》，写出提纲，载《古史辨》第一册，上海古籍出版社，1982年，第203页。1933年顾先生编《尚书研究讲义》，其中《尧典著作时代问题》《尚书》各篇之评论专论《尧典》，言《孟子》两引《尧典》，是在其前已有《尧典》存在。但今日所见之《尧典》则多袭秦汉之制，因此以为今本《尧典》写定于汉武帝时期。参见顾颉刚、刘起釪：《尚书校释译论》第一册，中华书局，2005年，第362—363页。

以冀州之北广大,分置并州;燕、齐辽远,分燕置幽州,分齐为营州,于是为十二州也。”《尚书·尧典》引郑玄注:“舜以青州越海,而分齐为营州,冀州南北太远,分卫为并州,燕以北为幽州。新置三州,并旧为十二州也。”由此可见,十二州的观念不会早于汉代。近代以来的史学家早已注意到问题的症结所在。如崔述云:“十二州之名,‘经’‘传’皆无之。幽、并、营之为州虽见于《周官》《尔雅》,然彼自记九州之名,与舜之十二州初无涉也……古书既缺,十二州名无可考证,则亦已矣。适见《周官》《尔雅》有幽、并、营三州名为《禹贡》所无,遂附会之以补舜十二州之数……而不知其误且诬也。”[1]郭沫若先生云:“《尚书·禹贡》称夏禹敷治洪水,分天下为九州……《尔雅·释地》《逸周书·职方篇》《吕氏春秋·有始览》……诸书所错见之州名恰为十有二,故又以为乃《虞书》‘十有二州’之旧,案此均莫须有之说也。”[2]总之,迄今为止,绝大多数学者赞同“汉代经师要为《尧典》指实州名,就正好把九州加此三州(作者按:幽、并、营州),遂有马融、郑玄之注,牵强附会地说成这三州是舜从禹九州中的冀、兖两州分出来,而后就成为十二州了”[3]。由此可知,蒙氏以《尧典》十二州以证唐、虞以前疆土,“东北土宇固视《禹贡》为辽”,显然由于缺乏对材料的严格审查而不能成立。此外,蒙氏笃信“《禹贡》,夏制也,《职方》,周制也”[4],“自禹平水土,制定九州,作《禹贡》,殷周沿之”[5],并且由二者比较中得出“所谓汉族者,历三代益复西南移”[6]之结论,同样承袭旧史学家“一遵往古代代相承之说,亦步亦趋,不稍更易”[7]之弊,从而使其建构的“中国文化之起于渤海,盛于岱宗,光大于三河”[8]的上古民族、文化理论,失去坚实的史料基础。

以上仅由蒙氏据五岳说之演变及十二州疆域之扩展论及中国古代民族西渐及中国文化自东向西发展之势,可以清晰地发现,蒙氏由于对文献材料的时代、真伪、著述背景等关键性问题缺乏严格的审查,由此其立论证据薄弱,理论体系多失缜密。

四、“上古”“三代”文化论的逻辑疑难

蒙氏《古史甄微》发表不久,又作《三代文化论》作为《古史甄微》之补篇,刊于《史学杂志》1930 年第二卷第四期。此前,《古史甄微》已有“上古文化”一

〔1〕 崔述:《唐虞考信录》卷二,商务印书馆,1937 年,第 29—30 页。
〔2〕 郭沫若:《金文丛考·金文所无考》四《九州》,人民出版社,1954 年,第 44—45 页。
〔3〕 顾颉刚、刘起釪:《尚书校释译论》,第一册,中华书局,2005 年,第 156 页。
〔4〕《中国现代学术经典·廖平蒙文通卷》,河北教育出版社,1996 年,第 366 页。
〔5〕《中国现代学术经典·廖平蒙文通卷》,河北教育出版社,1996 年,第 450 页。
〔6〕《中国现代学术经典·廖平蒙文通卷》,河北教育出版社,1996 年,第 367 页。
〔7〕 张崟:《〈古史甄微〉质疑》,《史学杂志》第二卷第三期,1930 年。
〔8〕《中国现代学术经典·廖平蒙文通卷》,河北教育出版社,1996 年,第 374 页。

节。为研究方便,兹将以上两部分加以综合,称之曰“上古”“三代”文化论。蒙氏提出:“唐、虞以上,三族文化各不同,纪于远而听于神或略同……唐、虞之下,三代文化各不同,纪于近而命以民事则大体不异。”〔1〕蒙氏“上古”“三代”文化论在一定程度上可以揭示出上古时期文化发展的若干信息,然随着中国古史研究的深入,则似乎发现,蒙氏的以上理论表述并不能准确反映出上古文化产生与发展演变的总体趋势,因而仍具有一定的局限性。

早在蒙氏《三代文化论》发表之前的1917年,王国维先生在其学术名作《殷周制度论》中明确提出了“中国政治与文化之变革,莫剧于殷、周之际”,“夏、殷间政治与文物之变革,不似殷、周间之剧烈”,“虞、夏、商皆居东土,周独起于西方,故夏、商二代文化略同”〔2〕一系列重要论点。显然,王氏有关上古、三代文化的理论与蒙氏的旨趣相差甚远。这里应该强调的是,王、蒙二氏谈论上古、三代文化的重点有较大区别,王氏侧重从三代制度变迁角度立论,而蒙氏则更多强调“地理关于文化之重要”〔3〕,因而很难以科学的标准去评论二者孰优孰劣,但唯从逻辑学角度,便不难发现,蒙氏“上古”“三代”文化论似乎存在若干疑难。蒙氏屡屡言及:“中国古代之文化,创始于泰族,导源于东方。”〔4〕蒙氏依据大量后起之说,申论“泰族为长于科学、哲学之民族”,“炎族为长于明祆祥、崇宗教之民族”,“黄族为长于立法度、制器用之民族”〔5〕,并强调指出“泰族者武事恒劣于炎、黄二族而文化独盛”〔6〕。不唯如此,蒙氏将三族文化强与春秋、战国时期方渐成体系的各种文化进行机械的联系:“法家者流,此东方之北方文化;道家者流,为东方之南方文化;儒家者流,独行数千载,义理实为中国文化之精华,此正东方之东方文化也。”〔7〕很显然,蒙氏此种牵强附会的区分,建立在其创立的“太古民族三系说”的基础之上。前已论及,“太古民族三系说”已日益遭遇考古学与民族学理论的质疑而疑难重重,与此同时,蒙氏将数千年间之文化流变视为一系相承,同样也不符合中国古代文化发展演变的历史实际。

历来治中国文化史的学者,并不否认地理环境对于文化生成与发展的重要影响。在以往的学术论著中,或将中国早期文化区分为农耕文化与游牧文化,更有学者从更辽阔的视域用农耕文化与海洋文化加以区分,但有一个事

〔1〕《中国现代学术经典·廖平蒙文通卷》,河北教育出版社,1996年,第452页。
〔2〕王国维:《观堂集林》卷十《史林二·殷周制度论》,中华书局,1959年,第451页。
〔3〕《中国现代学术经典·廖平蒙文通卷》,河北教育出版社,1996年,第399页。
〔4〕《中国现代学术经典·廖平蒙文通卷》,河北教育出版社,1996年,第393页。
〔5〕《中国现代学术经典·廖平蒙文通卷》,河北教育出版社,1996年,第397页。
〔6〕《中国现代学术经典·廖平蒙文通卷》,河北教育出版社,1996年,第402页。
〔7〕《中国现代学术经典·廖平蒙文通卷》,河北教育出版社,1996年,第400—401页。

实则是不容否定的，即“中国文化自始即在一大环境下展开”[1]。正因为此，钱穆先生以黄河流域的早期文化为例指出：“中国文化发生……它所依凭的是黄河的各条支流。”即在此地理环境下，被钱氏区分为“中国古代较为西部的一个文化系统”的“虞、夏、周三系的文化，很早便能融成一体，很难再分辨得了”。不仅如此，钱氏认为，它们与“中国古代较为东部的一个文化系统”的“中国东西两大系统的文化，早已有不断的接触与往来，因此也就很难分辨说它们是两个系统”，“及到周代兴起，则长江流域汉水、淮水，济水、辽河诸流域，都成为中国文化区域之一部分”[2]。钱氏以上论断，颇为符合中国文化发生、发展的历史实际。在统一的大环境下，由于经济生活方式相对接近，中国上古时期各族的文化在长期的碰撞与交流过程中，相互兼收并蓄，“殷因于夏礼”，“周因于殷礼”[3]，“周监于二代”[4]，有损有益，共性逐渐远远大于个性，从而逐步奠定了中国古代多元一体的民族、文化格局。应该强调的是，随着田野考古工作的全面展开与中国古史研究的逐步深入，中华文明“从多元走向一体”的“总体趋势”[5]不仅与古代文献透露的若干重要历史信息颇为一致，而且逐渐为新石器时代和夏商周三代考古学资料所证实，从而逐步得到学术界的认可。综上所论，在新的学术背景下，蒙氏“上古”“三代”文化论的确有重新检讨的必要。

根据前面的综合分析，对蒙氏上古民族、文化理论的建构基本可以获得如下几点认识：

(1) 蒙氏在中国传统学术的现代转型时期，打破流传数千年的三五体系，从而逐步建立新的民族、文化理论，就此而论，其建构新的古史理论的基础已渐趋科学和理性。

(2) 随着考古学和民族学研究的深入，作为蒙氏建构新的民族、文化理论的重要基础和骨干的“太古民族三系说”，不断受到新的质疑和挑战，并日渐动摇着蒙氏的上古民族、文化理论的基础。

(3) 从学术理路看，蒙氏终究没有完全去除旧史学“杂糅”“泥古”等流弊，诸如他用五岳的演变与十二州疆域的扩展以证中国古代民族文化西渐之势，由于缺乏对古史材料的严格考察，难免导致立论证据薄弱，理论体系多失缜密。

(4) 由于蒙氏著述《古史甄微》的时代，中国的田野考古工作尚未全面起

---

〔1〕 钱穆：《中国文化史道论》，三联书店，1988 年，第 6 页。

〔2〕 钱穆：《中国文化史道论》，三联书店，1988 年，第 2—4 页。

〔3〕《论语・为政》。

〔4〕《论语・八佾》。

〔5〕 李伯谦：《长江流域文明的进程》，《考古与文物》1997 年第 4 期。

步，加之蒙氏对新史学家的学术理论和方法未予以关注和重视，其所建立的上古、三代民族、文化理论，在学理上的疑难越来越明显。

(5) 在新的学术背景下，对蒙氏建构的上古民族、文化理论需要作实事求是的探究和重新审视。从学术史研究的角度看，这一审视对中国上古民族、文化研究的继承与发展有着重要的现实意义。

（原载《人文杂志》2012 年第 2 期）

附录:主要学术论著简目(1994.7—2014.5)

一、著作

1. 专著:《西周王朝经营四土研究》(独著),中州古籍出版社,2000年4月。

2. 专著:《中国早期国家结构研究》(独著),人民出版社,2002年9月。

3. 专著:《中国早期四土经营与民族整合》,合肥工业大学出版社,2011年9月。

4. 专著:《七雄并立——战国前期的"国际"格局》,河南人民出版社,2011年9月。

5. 专著:《合纵连横——战国中期的军事外交》,河南人民出版社,2012年12月。

6. 著作:《中国社会通史·先秦卷》,山西教育出版社,1996年12月。参加撰写约10万字。

7. 著作:《河北经济史》,人民出版社,2003年12月。参加撰写先秦部分约8万字。

8. 著作:《中国文化概要》,人民出版社,2008年9月。参加撰写第五章"中国传统伦理道德"等约2万字。

9. 著作:《中国社会史教程》,安徽人民出版社,2009年9月。

10. 著作:《中国五千年中央与地方关系》,人民出版社,2010年3月。

二、论文

1.《春秋姬密地望考》,《史学月刊》1994年第4期。

2.《春秋嚣器浅议》,《中原文物》1994年第3期。

3.《〈汉志武功县淮水祠建置年代考〉质疑》,《人文杂志》1996年第6期。

4.《叔牝方彝断代新论》,《中原文物》1996年第4期。

5.《有关周初陈、杞封建的几个问题》,《河北师院学报》1996年第4期。

6.《东周、秦汉南阳并非一地》,《中国历史地理论丛》1997年第2辑。

7.《殷周"地东不过江黄"辨》,《河南大学学报》1997年第3期。

8.《晋侯苏编钟的作战地点与行军路线》,《中国历史地理论丛》1998年第4辑。

9.《三监人物及其疆地再考察》,《北方论丛》1998年第5期。

10.《周初封建先圣王之后史事续论》,《河北师范大学学报》1998年第4期。

11.《由员卣铭文论及西周王朝对南土经营的年代》,《考古与文物》1999年第3期。

12.《再论确山县竹沟镇窖藏青铜器的国别和族属问题》,《东南文化》1999年第5期,又载于《江汉考古》1999年第3期。

13.《殷商时期的天下格局》,《殷都学刊》1999年第1期。

14.《夏代早期国家结构探析》,《中州学刊》2000年第1期。

15.《战国时期中央与地方关系简论》,《历史教学》2000年第12期。

16.《从〈人物志〉看刘劭的人才思想》,《齐鲁学刊》2000年第2期。

17.《西周王朝的天下格局与国家结构》,《河北师范大学学报》2000年第1期。

18.《有关先秦时期北方地区麦子种植的几个问题的思考》,《中国历史地理论丛》2001年第1辑。

19.《西周王朝国家结构探论》,《社会科学辑刊》2001年第2期。

20.《〈诗经〉的历史地理学价值新论》,《河南大学学报》(社会科学版)2001年第4期。

21.《王守仁教育思想探析》,《河南大学学报》(教育科学版)2001年第4期。

22.《〈禹贡〉研究概论》,《河北师范大学学报》2001年第2期。

23.《徐中舒的学术思想及实践》,《广西师范大学学报》2001年第3期。

24.《商朝国家结构与国土构造》,《殷都学刊》2001年第4期。

25.《有关齐桓公西征的几个地理问题》,《齐鲁文化研究》2002年第1辑,又载《烟台师范学院学报》2003年第2期。

26.《从早期国家结构的基本形式看秦汉大一统政治的社会基础》,《河北师范大学学报》(哲学社会科学版)2002年第6期。

27.《西周王朝的国土结构及其特点》,《南都学坛》2002第3期。

28.《春秋时期县的组织形式和管理形态》,《江海学刊》2003年第3期。

29.《商代外服制探讨》,《河北大学学报》(哲学社会科学版)2003年第2期。

30.《〈穆天子传〉研究述论》,《贵州大学学报》(社会科学版)2003年第2期。

31.《战国时期中央与地方的关系研究》,《广西师范大学学报》2003年第3期。

32.《郑州市洼刘村西周早期墓葬(ZGWM99)的两点认识》,《考古与文物》2004年第4期。

33.《有关先秦人口史研究中若干理论个方法问题的思考》,《湘潭大学学报》2004年第5期。

34.《先秦儒家的国家结构观》,《河北师范大学学报》(哲学社会科学版)2004年第1期。

35.《古本〈竹书纪年〉“穆王起师,至于九江”解》,《云梦学刊》2004年第6期。

36.《〈穆天子传〉启居黄台之丘考》,《中国历史地理论丛》2005年第2辑。

37.《大隗氏与新密古城寨龙山古城》,《河南科技大学学报》2005年第4期。

38.《〈考工记〉的科技史料价值新探》,《殷都学刊》2005年第2期。

39.《新密古城寨龙山古城的族属及相关历史地理问题》,《中原文物》2006年第1期。

40.《殷都安阳兴衰的地理因素探析》,《人文地理》2006年第5期。

41.《20世纪以前的周礼学述论》,《河北师范大学学报》2006年第4期。

42.《20世纪以来中国历史气候研究述论》,《史学理论研究》2007年第4期。

43.《从五帝传说看中原和古蜀地区文明化进程中的碰撞与交流》,《四川文物》2007年第1期。

44.《嫘祖文化流变》,《文史知识》2007年第4期。

45.《三苗南迁与湖南境内虞夏传说的发生》,《南方文物》2007年第4期,又载于《贵州民族研究》2007年第5期。

46.《论唐嘉弘先生的学术贡献》,《社会科学评论》2007年第2期。

47.《经学传统下的左传学研究》,《学习与探索》2007年第5期。

48.《论“走出疑古”与古史重建》,《贵州大学学报》2007年第6期。

49.《唐诗与历史地理学》,《殷都学刊》2007年第1期。

50.《走出夏史研究的误区——评沈长云的夏史研究》,《南方文物》2008年第4期,又载于《社会科学评论》2008年第2期。

51.《舜虞文化源流的民族学考察》,《民族史研究》第8辑,中央民族大学出版社,2008年9月。

52.《五帝传说与中原和古蜀地区文明化进程中的文化交流》,段渝主编《巴蜀文化研究集刊》(4),巴蜀书社,2008年3月。

53.《共工氏流徙的考古学考察》,《文物春秋》2008年第2期。

54.《太康——夏朝国家的真正建立者》,《学术月刊》2008年第7期。

55.《鲧之传说的地域分野与鲧生高密的历史地理学解析》,《人文杂志》

2008年第6期。

56.《透视古史研究中的“何光岳现象”》,《河北学刊》2008年第3期,又载《社会科学评论》2007年第4期。

57.《夏代对东方地区的经营与夷夏民族整合》,《山东大学学报》2008年第5期。

58.《商代对晋南地区的经营》,《晋阳学刊》2008年第6期。

59.《夏族族属及古羌族早期历史初论》,《西南民族大学学报》2008年第8期。

60.《文化播迁与山东境内大禹传说探析》,《河北师范大学学报》2008年第1期。

61.《虞夏之际族群流徙、混融的考古学研究》,《贵州师范大学学报》2008年第5期。

62.《九州与畿服之制起源新研》,《贵州师范大学学报》2008年第6期。

63.《晚商时期对东方地区的军事经略和主权管辖》,《东方论坛》2008年第2期。

64.《大禹与防风氏传说的发生与分化》,《绍兴文理学院学报》2008年第3期。

65.《高拱的经学贡献》,《淮阴师范学院学报》2008年第5期。

66.《郭沫若对“古史辨”的超越》,《郭沫若学刊》2009年第1期。

67.《目前古史研究中的“信古”、“复古”倾向评析》,《社会科学评论》2009年第2期。

68.《学者应如何面对学术批评》,《历史学家茶座》2009年第4辑。

69.《后晓荣〈秦代政区地理〉评介》,《社会科学评论》2009年第4期。

70.《启征西河与夏代西河地望》,《齐鲁学刊》2009年第6期。

71.《中国早期四土经营与民族整合论纲》,《贵州大学学报》2009年第2期。

72.《商代对江淮地区的经营》,《安徽师范大学学报》2009年第3期。

73.《民族认同与高密境内的鲧、禹传说》,《苏州科技学院学报》2009年第4期。

74.《从外服制看商代四土的藩属体制与主权形态》,《中国边疆史地研究》2010年第3期。

75.《楚怀王灭越置东郡说质疑》,《中国历史地理论丛》2010年第3辑。

76.《邢侯簋与西周服制》,《四川文物》2010年第3期。

77.《谁是古史三重证的提出者》,《中国社会科学报》2010年2月11日。

78.《“古史三重证”的提出者考论》,《中华文化论坛》2010年第2期。

79.《从青铜技术传播看中原与广东岭南之间的文化联系》,《岭南文史》

2010年第3期。

80.《论郭沫若对罗、王之学的臧否》,《郭沫若学刊》2010年第2期。

81.《战国时期楚国置郡问题三论》,《贵州师范大学学报》2010年第3期。

82.《论"古史三重证"》,《江西师范大学学报》2010年第3期,又刊《青海民族大学学报》(教育科学版)201年第3期。

83.《层累说与古史重建》,《南都学坛》2010年第6期。

84.《〈逸周书·世俘〉所见周初方国地理考》,《商丘师范学院学报》2010年第1期。

85.《大禹传说的流变与整合》,《文史》2011年第1辑。

86.《论徐中舒的澄滤说与古史建设理论》,《四川大学学报》2011年第2期。

87.《济南大辛庄商代遗址的性质问题》,《中原文物》2011年第1期。

88.《早商时期经营四土之考古学新证》,《考古与文物》2011年第1期。

89.《河南新密市新砦城址中心区大型浅穴式建筑的性质再思考》,《华夏考古》2011年第1期。

90.《由姬姜姓族论及"周人尊夏"说》,《人文杂志》2011年第5期。

91.《戎夏一源说续论》,《中州学刊》2011年第5期。

92.《为何对学术大师集体失忆?》,《社会科学报》2011年1月6日。《深圳商报》2011年2月13日A9《文化广角》发表署名周书灿的《大师集体失忆,研究生如何教育?》一文。2012年3月12日《邵阳日报》转载该文。

93.《经学史学化对郭沫若中国古代社会研究的影响》,《郭沫若学刊》2011年第1期。

94.《试论郭沫若对民族学材料的运用——兼及其与徐中舒先生"古史三重证"的分野》,《郭沫若学刊》2011年第2期。

95.《"民"、"氓"语义转换及周代"氓"之身份考察》,《苏州大学学报》2011年第1期。

96.《文化认同在中国早期国家经略与民族整合过程中的功能》,《河北师范大学学报》2011年第4期。

97.《陈寅恪"不敢观三代两汉之书"的学术启示》,《青海民族大学学报》(教育科学版)2011年第1期。

98.《周初对殷商王畿的控制与管理》,《商丘师范学院学报》2011年第7期。

99.《氏族封建说与先秦社会形态再思考》,《史学理论研究》2012年第3期。

100.《〈殷周制度论〉新论——学术史视野下的再考察》,《清华大学学报》2012年第5期。

101.《上博简〈容成氏〉九州补论》,《史学集刊》2012 年第 3 期。

102.《庄蟜王滇与云南地区文明化进程初论》,《长江文明》第 9 辑,光明日报出版社,2012 年。(又刊于《贵州社会科学》2012 年第 12 期)

103.《论蒙文通上古民族文化理论建构》《人文杂志》2012 年第 2 期。

104.《中国早期的四岳五岳地理观念析疑》《浙江学刊》2012 年第 4 期。

105.《卢戎、卢氏与河南卢姓来源》,《寻根》2012 年第 1 期。

106.《洞庭湖流域初期社会复杂化与文明化进程研究》,《苏州大学学报》2012 年第 1 期。

107.《龙年岁首忆常师》,《社会科学论坛》2012 年第 3 期。

108.《成康时期对大东一带的经营》,《齐鲁学刊》2012 年第 2 期。

109.《郭沫若与中国古史分期问题论争》,《河北师范大学学报》2012 年第 6 期。

110.《战国史发掘与整理的一次尝试》,《江苏科技大学学报》2012 年第 1 期。

111.《合纵连横:战国中期的军事外交论纲》,《宁波大学学报》2012 年第 6 期。

112.《〈牧誓〉蜀濮地望新考》,《南都学坛》2012 年第 1 期。

113.《东周文献对炎黄以前古史体系的构拟》,《重庆文理学院学报》2012 年第 1 期。

114.《葛天氏与〈葛天氏之乐〉》,《炎黄文化研究》第 16 辑,大象出版社,2013 年 12 月。

115.《上博简〈容成氏〉九州补论》,《史学集刊》2012 年第 3 期。

116.《卢戎、卢氏与河南卢姓来源》,《寻根》2012 年第 1 期。

117.《中国早期的四岳五岳地理观念析疑》《浙江学刊》2012 年第 4 期。

118.《〈殷周制度论〉新论——学术史视野下的再考察》,《清华大学学报》2012 年第 5 期。

119.《氏族封建说与先秦社会形态再思考》,《史学理论研究》2012 年第 3 期。

120.《合纵连横: 战国中期的军事外交论纲》,《宁波大学学报》2012 年第 6 期。

121.《郭沫若与中国古史分期问题论争》,《河北师范大学学报》2012 年第 6 期。收入《郭沫若研究年鉴》(2012 卷)。

122.《中国学术史无"前疑古时代"》,《中国社会科学报》2013 年 2 月 4 日。

123.《论傅斯年民族与古代中国史的理论与方法问题》,《浙江社会科学》2013 年第 4 期。

124.《由“禹兴西羌”说论及大禹传说的发生与重构》,《中原文化研究》2013年第1期。

125.《徐中舒与中国前封建社会研究》,《苏州大学学报》2013年第3期。

126.《潘姓源流琐议》,《寻根》2013年第3期。

127.《徐中舒与古史辨的学术互动》,《人文杂志》2013年第12期。

128.《徐中舒古诗考订方法综论》,《齐鲁学刊》2013年第6期。

129.《对新密李家沟遗址的几点认识》,《中原文物》2013年第5期(署名第二作者,与秦洪源合作)。

130.《还中国学术以碧水蓝天》,《中国社会科学报》2013年12月9日。

131.《社会史论战背景下学术界对〈中国古代社会研究〉的辩难》,《河南社会科学》2014年第2期。

132.《徐中舒上古民族文化“东西二分”论之再构》,《苏州大学学报》2014年第2期。

133.《求同与辨异——以郭沫若、徐中舒中国奴隶社会形态研究为中心的考察》、《浙江社会科学》2014年第2期。

134.《〈徐中舒先秦史讲义〉献疑》,《中国社会科学报》2014年4月14日。

135.《论徐中舒〈战国策〉考辨与苏秦史事考订》,《中原文化研究》2014年第3期。

136.《论徐中舒对史料的分类与运用》,《长江文明》2014年第2期。

137.《徐中舒左传学论析》,《南都学坛》2014年第3期。

138.《默证法与古史研究》,《史学理论研究》2014年第2期。

139.《战国南阳地名考辨:兼论秦南阳郡之建置》,《中国历史地理论丛》2014年第3辑。

140.《上古族群称谓与先秦民族史重构》,《中州学刊》2014年第6期。